Free Software를 활용한 메타분석

Meta-Analysis Using OpenMeta, R, or RevMan

OpenMeta, R, RevMan을 중심으로

Free Software를 활용한
메타분석

황성동 지음

Meta-Analysis Using OpenMeta, R, or RevMan

OpenMeta, R, RevMan을 중심으로

경북대학교출판부

황성동 Hwang, Sung-Dong

학력 및 주요 경력

- 부산대학교 사회복지학과(학사)
- 미국 West Virginia University(석사)
- 미국 University of California, Berkeley(박사)
- 행정고시, 입법고시, 사회복지사(1급) 출제위원 역임
- 건국대학교 교수, LG 연암재단 해외 연구교수, UC DATA 연구원 역임
- (현재) 경북대학교 사회복지학부 교수 및 사회과학연구원 데이터분석센터장

주요 저서 및 논문

- 『알기 쉬운 메타분석의 이해』(학지사)
- 『알기 쉬운 사회복지조사방법론』(학지사)
- "Licensure of Sheltered-Care Facilities : Does It Assure Quality?" (*Social Work*)
- 「한국 학령기 ADHD 아동을 위한 인지행동중재의 효과 연구 : 메타분석」(『대한간호학회지』)

Free Software를 활용한 **메타분석**
OpenMeta, R, RevMan을 중심으로

초판 1쇄 2016년 3월 11일 · **초판 2쇄** 2017년 7월 28일
지은이 황성동 · **펴낸이** 김상동 · **펴낸 곳** 경북대학교출판부
출판등록 1973년 10월 10일 ㉑97호 · **주소** 대구광역시 북구 대학로 80
전화 053-950-6741~3 · **팩스** 053-953-4692 · **이메일** press@knu.ac.kr
홈페이지 http://knupress.com
ISBN 978-89-7180-434-6 93330
정가는 뒤표지에 있습니다. 파본은 바꾸어 드립니다.

저자 서문

1980년대부터 본격적으로 등장한 메타분석은 기존의 선행 연구결과들을 종합하여 계량적인 분석 결과를 산출하는 중요한 종합적 연구방법(research synthesis)의 하나로 주목을 받게 되었다. 현재 메타분석은 심리학, 교육학 등 사회과학 분야의 학자들뿐만 아니라 의학, 간호학 등 보건과학 분야의 많은 연구자들까지 매우 활발하게 적용하고 있다. 실제 메타분석을 수행하는 소프트웨어로는 여러 가지가 있지만 일반적으로 상용 프로그램인 Comprehensive Meta-Analysis(CMA)와 Stata가 널리 사용되고 있다. 하지만 그 비용 부담이 만만치 않은 실정이어서 학생들이나 연구자들이 손쉽게 사용하기에는 어려움이 있다. 따라서 본 저서는 메타분석을 위한 여러 프로그램 중에서 free software로서 누구나 인터넷 공간에서 쉽게 다운받아 설치할 수 있는 무료 프로그램을 소개하여 연구자와 학생들이 쉽게 메타분석에 활용할 수 있도록 하는 데 목적이 있다.

구체적으로 미국 Brown University에서 개발한 OpenMeta를 먼저 소개하였는데, 이 프로그램은 CMA와 같이 그래픽 인터페이스(GUI)를 바탕으로 구현되기 때문에 연구자가 비교적 쉽게 배워 익숙해질 수 있다는 장점을 지닌다. 다음으로 최근 데이터과학자들뿐만 아니라 일반 연구자들에게도 호평을 받고 있는 R을 통한 메타분석 방법을 구체적으로 제시하였다. R은 쉽게 사용할 수 있을 뿐만 아니라 여러 가지 강력한 분석 기능을 갖추고 있어 매우 활용도 높은 프로그램이다. 마지막으로 Cochrane에서 개발한 RevMan을 통해 메타분석을 수행하는 절차와 과정을 서술하였다. RevMan은 체계적 리뷰를 작성하기 위한 프로그램으로 개발되었지만 메타분석을 수행할 수 있는 기능이 있으며, 또한 메타분석에서 간과할 수 없는 개별 연구의 질 검증을 실행할 수 있는 특성을 갖추고 있어 매우 유용한 프로그램이라고 하겠다.

본 저서는 전체 3부로 구성되어 있다. 제1부는 메타분석에 대한 이해를 목적으로 메타분석의 목적과 단계, 효과크기 및 효과크기의 이질성으로 구성하였으며, 제2부에서는 메타분석을 수행하는 프로그램으로 OpenMeta, R, RevMan을 구체적으로 소개하고 각 프로그램을 통해 메타분석을 수행하는 구체적인 방법과 절차 및 내용들을 자세히 다루고 있다. 그리고 제3부는 메타분석 결과에 대한 타당성 검증 및 메타분석의 결과 보고에 대한 내용으로 구성되었다. 아울러 부록에는 효과크기 계산 공식, 메타분석 관련 학회, 그리고 메타분석 상용 소프트웨어에 대한 소개를 담고 있다.

본 저서를 통해 최근 각광을 받고 있는 종합적 연구방법인 메타분석을 보다 체계적으로 이해할 수 있도록 하여 연구자들이 자신들의 연구에 메타분석을 널리 활용할 수 있을 것으로 기대된다. 아울러 메타분석을 수행할 수 있는 공개 프로그램을 구체적으로 소개함으로써 연구자들이나 대학원생들이 소프트웨어에 대한 경제적 부담 없이 메타분석 프로그램을 사용할 수 있게 될 것이다. 따라서 향후 메타분석에 대한 연구가 더 활발하게 진행되어 더 많은 양질의 메타분석 연구결과가 학문 발전에 기여할 것으로 기대한다.

2016. 3.

황성동

목 차

저자 서문 • 5

제1부 메타분석에 대한 이해 • 11

제1장 메타분석의 목적 및 단계 • 13

제2장 효과크기 • 26

제3장 효과크기의 이질성 • 76

제2부 메타분석의 수행 • 85

제4장 OpenMeta로 하는 메타분석 • 87

제5장 R로 하는 메타분석 • 134

제6장 RevMan으로 하는 메타분석 • 176

제3부 메타분석의 결과 보고 • 267

제7장 메타분석 결과에 대한 타당성 검증 • 269

제8장 메타분석 결과 보고서 작성 • 295

참고문헌 • 311

부록1 효과크기 및 이질성 통계치 계산 공식 • 317

부록2 메타분석 관련 전문 학회 • 322

부록3 메타분석 상용 소프트웨어: CMA, Stata • 324

저자 서문 • 5

제1부 메타분석에 대한 이해 11

제1장 메타분석의 목적 및 단계 13

1. 메타분석의 정의 13
2. 메타분석의 목적 13
3. 메타분석의 단계 18
   1) 연구 주제 선정 및 연구 질문 19
   2) 관련 문헌 검색 및 선정 19
   3) 데이터 추출 및 코딩 20
   4) 데이터 분석 23
   5) 결과 보고 24

제2장 효과크기 26

1. 효과크기의 의미 26
2. 효과크기의 유형 27
3. 효과크기 해석 28
4. 효과크기 계산 33
   1) 연속형 데이터의 효과크기 계산 33
   2) 이분형 데이터의 효과크기 계산 50
   3) 상관관계 데이터의 효과크기 계산 58
   4) 효과크기의 상호 전환 61
5. 고정효과모형과 무선효과모형 65
   1) 고정효과모형과 무선효과모형의 의미 65
   2) 고정효과모형과 무선효과모형의 차이 67
   3) 고정효과모형과 무선효과모형의 적용 사례 67
   4) Excel을 이용한 고정효과모형과 무선효과모형의 평균효과크기 계산 71

제3장 효과크기의 이질성 76

1. 이질성의 의미 76
2. 이질성 통계치(T^2 및 I^2) 77
3. 조절효과 분석 82

제2부 메타분석의 수행 85

제4장 OpenMeta로 하는 메타분석 87

1. 데이터 불러오기 92
2. 연속형 데이터의 효과크기 분석 101
   1) 두 집단(사후검사)의 경우 101
   2) 두 집단(사전-사후검사)의 경우 111
3. 이분형 데이터의 효과크기 분석 114
4. 메타 회귀분석 및 하위집단분석 120

제5장 R로 하는 메타분석 134
1. 연속형 데이터의 효과크기 분석 140
1) 두 집단(사후검사)의 경우 140
2) 두 집단(사전-사후검사)의 경우 145
3) 단일집단(사전-사후)의 경우 148
2. 이분형 데이터의 효과크기 분석 152
3. 상관관계 데이터의 효과크기 분석 155
4. 일반화된 데이터의 효과크기 분석 158
5. 메타 ANOVA 및 메타 회귀분석 162

제6장 RevMan으로 하는 메타분석 176
1. 메타분석 준비하기 180
2. 연속형 데이터의 효과크기 분석 185
1) 두 집단(사후검사)의 경우 185
2) 두 집단(사전-사후검사)의 경우 202
3. 이분형 데이터의 효과크기 분석 211
4. 일반화된 데이터의 효과크기 분석 224
5. 하위집단분석 및 메타 ANOVA 235
6. 개별 연구의 질 검증: 오류위험 분석 255

제3부 메타분석의 결과 보고 267

제7장 메타분석 결과에 대한 타당성 검증 269
1. 출간오류 분석 269
1) 출간오류의 의미 270
2) 출간오류의 분석 과정 272
2. 누적메타분석과 민감성 분석 285
1) 누적메타분석 285
2) 민감성 분석 291

제8장 메타분석 결과 보고서 작성 295
1. 서론 296
2. 연구방법 296
3. 분석결과 297
4. 논의 및 결론 305
5. 참고문헌 306
6. 부록 306

참고문헌 • 311 | 부록1 효과크기 및 이질성 통계치 계산 공식 • 317 | 부록2 메타분석 관련 전문 학회 • 322 | 부록3 메타분석 상용 소프트웨어: CMA, Stata • 324

제1부

메타분석에 대한 이해

- 제1장 메타분석의 목적 및 단계
- 제2장 효과크기
- 제3장 효과크기의 이질성

제1장 메타분석의 목적 및 단계

1. 메타분석의 정의

메타분석(meta-analysis)이란 동일한 주제에 대한 다양한 선행 연구결과들을 체계적이고 계량적으로 분석하는 종합적인 분석 방법(research synthesis)을 의미한다. 예를 들면, 간접흡연에 대한 다양한 연구결과들을 종합하여 간접흡연의 폐해를 종합적으로 밝힌다든가 또는 청소년들에 대한 멘토링이 과연 효과적인지, 효과적이라면 어느 정도 효과적인지에 대한 기존의 연구결과들을 종합적으로 분석하는 것을 의미한다. 그리고 메타분석은 체계적 리뷰(systematic review)의 과정으로 수행되는 것이 일반적이다.

포인트

데이터 분석 유형

- 1차적 분석(primary data analysis): 연구자가 직접 수집한 개별 데이터를 분석
- 2차적 분석(secondary data analysis): 기존에 수집된 데이터를 분석
- 메타분석(meta-analysis): 선행 연구들의 계량적 결과를 종합적으로 분석

2. 메타분석의 목적

일반적으로 임상적 실천이나 어떤 정책에 대한 의사결정을 할 때 특정한 연구(a single study)의 결과에만 의존해서 결정을 하게 되면 그 결정은 잘못될 위험이 있다. 왜냐하면 대체로 연구결과는 연구마다 최소한 조금씩 달라지며, 때로는 연구결과들이 상충되기도 하기 때문이다(Smith and Glass, 1977). <표 1.1>에서 보는 것처럼 학업성취도와 자기합리화의 관계를 연구한 연구결과들을 보면, 그 관계가 약한 부적 상관관계(-0.07~-0.08)를 보이는 경우가 있는가 하면 중간 정도의 부적 상관관계

(-0.15~-0.23)를 보이는 경우도 있으며, 매우 강한 부적 상관관계(-0.33~-0.40)를 보이는 경우도 있음을 알 수 있다(Schwinger, Wirthwein, Lemmer, and Steinmayr, 2014).

표 1.1 학업성취도와 자기합리화의 관계에 대한 연구결과

연구	결과 (r)	비고
Urdan, 2004; Wesley, 1994	-0.07~-0.08	약한 관계
Elliot and Church, 2003; Martin et al, 2001; McCrea and Hirt, 2001; Zuckerman et al., 1998	-0.15~-0.23	중간 관계
Gadbois and Urdan, 2011; Shih, 2005; Midgley and Urdan, 2001	-0.33~-0.40	강한 관계

따라서 합리적인 결론을 내리기 위해서는 기존의 연구결과들을 종합적으로 분석할 수 있는 메커니즘이 필요하다. 즉 어떤 치료(개입)에 대한 의사 결정을 위해서는 어떤 특정한 연구에 의존하기보다는 전체 연구결과를 이해하는 것이 필요하므로, 기존의 연구결과들을 종합적으로 분석(research synthesis)해야 할 것이다. 메타분석의 목적은 바로 여기, 즉 기존의 연구결과들을 종합적으로 분석하는 데 있다.

일반적으로 연구결과에 대한 종합적 분석 방법으로 체계적 리뷰(systematic review)와 메타분석(meta-analysis)이 있으며, 이러한 연구결과의 종합적 분석 방법은 궁극적으로 클라이언트의 문제 해결과 학문의 이론적 발전을 위해 필요하다.

연구결과에 대한 종합적인 접근(research synthesis)에는 먼저, 전통적인 리뷰(traditional or narrative reviews)가 존재했다. 하지만 전통적인 리뷰는 다음과 같은 결함들을 지니고 있었다.

- 연구결과들로부터 편의표본
- 서술적 설명(narrative description)
- 연구결과를 종합하기 위해 단순 계산 또는 투표 개표 방식(vote counting) 이용, 즉 기존 연구결과에서 제시하고 있는 통계적 유의성에 의존
- 결론에 도달하는 과정이 불투명
- 여러 가지 오류(예: publication bias, dissemination bias, confirmation bias)에 취약

1990년대 이전까지만 해도 전통적인 리뷰(narrative reviews)가 대세였다. 하지만 이 분석방법은 크게 다음과 같은 두 가지 결정적인 한계를 지닌다. (1) 투명성이 결여된 주관성(subjectivity with the lack of transparency), (2) 연구결과가 많아질수록 분석이 어려움(less useful as more information becomes available) 그래서 이에 대한 해결책으로 1980년대 중반 이후(주로 1990년대 보편화) 연구자들은 전통적인 리뷰에서 체계적 리뷰와 메타분석으로 전환하기 시작하였다.

체계적 리뷰와 메타분석은 전통적인 리뷰의 한계를 극복하고자 개발된 것으로, 체계적 리뷰와 메타분석에 대해서는 다음과 같이 이야기된 바 있다.

> (체계적 리뷰는) 구체적인 연구 질문에 대해 체계적이고 포괄적으로 데이터(연구결과)를 찾아서 분석하며, 그 과정은 투명하고 반복될 수 있도록 한다. 그래서 연구에 있어 오류와 편향됨을 최소화하도록 만들어졌다. … 메타분석은 어떤 주제에 대해 요약 정리된 실증적인 지식을 산출하기 위해 여러 연구로부터 추출된 계량적 연구결과들을 종합 분석하는 통계적 방법을 말한다(Littell, Corcoran & Pillai, 2008, pp. 1~2).

즉 체계적 리뷰와 메타분석은 모두 전통적인 리뷰의 단점을 보완하고자 고안된 것으로, 어떤 연구 질문에 대한 해답을 얻고자 기존의 연구결과들을 체계적이고 포괄적으로 분석하여 투명하고 반복 가능한 결과를 도출하는 종합적 연구 분석 방법이다. 특히 메타분석은 그 분석에 있어 계량적인 접근방법에 초점을 둔다. 일반적으로 전통적인 리뷰와 체계적 리뷰 및 메타분석을 비교하면 <표 1.2>와 같이 정리할 수 있겠다.

표 1.2 전통적인 리뷰와 체계적 리뷰/메타분석의 비교

전통적인 리뷰	체계적 리뷰/메타분석
편의 표본 추출	체계적 표본 추출
서술적(narrative) 설명 통계적 유의미성에 의존(vote counting)	계량적 분석 결과 제시 (SMD, r, OR)
연구자의 주관성	객관성(명확한 기준, 원칙)
절차, 과정이 투명하지 않음	절차, 과정이 투명함
왜곡과 오류에 취약(예: 출간오류, 선별적 보고오류, 확증오류 등)	왜곡과 오류를 최소화(예: 모수를 보다 정확하게 추정, 조절효과 분석 등)

포인트

체계적 리뷰의 타당성을 검증하는 네 가지 질문

- 적절한 연구 질문에 대한 분명한 해결방안을 제시하고자 하는가?
- 관련 연구들의 결과가 구체적이고 충분할 정도인가?
- 검토한 관련 연구들이 방법론적으로 우수한 연구인가?
- 관련 연구들의 결과가 서로 유사하고 일관성이 있는가?

(Feldstein, 2005)

그렇다면 체계적 리뷰와 메타분석이 동일한 개념인가라는 의문이 제기될 수 있다. 체계적 리뷰와 메타분석은 그 목적이나 과정이 거의 같지만, 실제로 이 두 가지 접근 방법이 반드시 일치하지는 않는다. <그림 1.1>에서 보는 바와 같이 체계적 리뷰(SR)는 반드시 메타분석을 포함하지는 않는다. 가끔 여러 개의 메타분석을 포함하기도 하지만 때로는 서술적 분석을 포함하기도 한다. 한편 메타분석(meta-analysis)은 항상 체계적 리뷰에 기초하지는 않는다. 상당수의 메타분석 연구들은 기존 연구들에서 편의표본을 추출한 후 메타분석을 실시한 것이어서 출간오류에 대한 취약성을 보이고 있다 (Campbell Collaboration, 2010).

따라서 연구결과의 종합적 분석이 의미 있는 결과를 도출하려면 기존의 연구결과들을 체계적으로 수집하는 것이 우선되어야 한다. 즉 연구결과들을 체계적으로 찾아내고, 평가하고, 다양한 출처로부터 수집된 많은 연구결과들을 객관적으로 분석할 수 있어야 한다. 이를 위해서는 오류 없이 체계적으로 데이터를 수집하는 것이 중요하다. 따라서 연구결과에 대한 종합 분석에서 오류와 왜곡을 최소화하려면 메타분석은 체계적 리뷰에 포함되어야 한다. 즉 메타분석은 <그림 1.2>에서와 같이 체계적 리뷰에 반드시 포함되어야 할 것이다(Meta-analyses should be embedded in systematic reviews).

그리고 메타분석은 기존 선행연구의 결과를 종합적으로 분석하는 계량적 방법으로서, 다음과 같은 장점을 가지고 있다고 할 수 있다.

- 모수를 더 정확하게 추정(better parameter estimates)

- 다중 결과를 분석, 평가(assessment of outcomes in multiple domains)
- 결과에 영향을 줄 만한 요인에 대한 분석(moderator analysis)
- 오류와 왜곡을 최소화(minimizing error and bias)

그림 1.1 체계적 리뷰와 메타분석의 관계

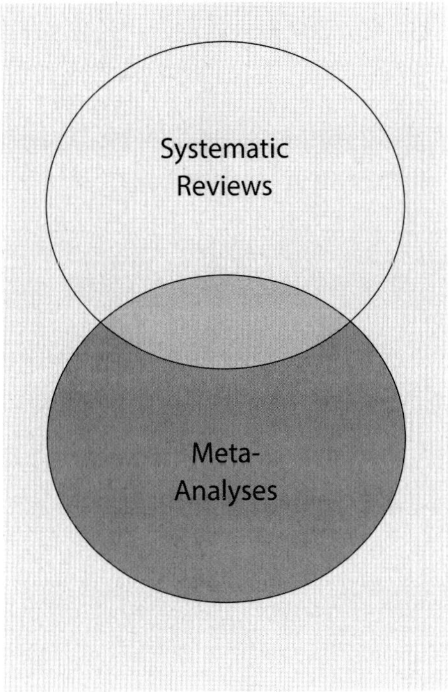

그림 1.2 메타분석과 체계적 리뷰의 바른 관계

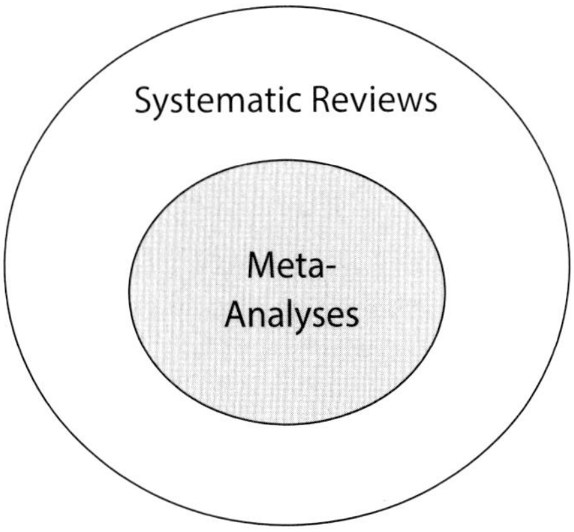

3. 메타분석의 단계

앞서 설명한 대로 메타분석이란 기존 연구들로부터 도출된 결과를 체계적으로 분석하는 계량적 분석 방법으로서, 일반적으로 체계적 리뷰의 한 부분으로 수행된다. 즉 메타분석은 기존의 연구들로부터 도출된 결과들을 통계적 방법을 통해 체계적으로 분석하는 것을 의미한다. 따라서 메타분석은 연구 과정이 객관적이고 투명하며, 반복할 수 있도록 만들어 준다.

이제 메타분석의 진행 과정, 즉 메타분석의 단계에 대해 살펴보자. 메타분석은 일반적인 조사연구의 단계인 연구 주제 선정, 문헌의 검색, 데이터 수집, 데이터 분석, 결과보고서 작성의 순서와 비슷하게 이루어진다. 일반적으로 메타분석의 구체적인 단계는 아래 <표 1.3>과 같이 정리될 수 있다.

표 1.3 메타분석의 5단계 및 7단계

(Beyne, 2010; Littell et al., 2008)

5단계	7단계
1. 연구 주제 선정 및 연구 질문 제기	1. 연구 주제 선정 및 연구 질문 제기
2. 관련 문헌(연구결과) 체계적 검색	2. 관련 문헌(연구결과) 검색 및 선정
	3. 데이터 추출 및 코딩, 개별 연구의 질 평가
3. 데이터 추출 및 코딩	4. 효과크기 계산
4. 데이터 분석	5. 동질성 검증 및 잠재적 조절효과 검증
	6. 연구결과 해석 및 데이터 오류 검증
5. 결과보고서 작성	7. 결과보고서 작성

Tip

메타분석 수행에 필요한 요건

- 연구 분야에 대한 전문적인 지식과 경험
- 문헌 검색 및 선정 등 정보과학 분야의 전문성
- 계량적 분석에 대한 전문성과 지식

이제 메타분석의 과정을 각 단계별로 자세히 살펴보자.

1) 연구 주제 선정 및 연구 질문

메타분석의 첫 단계는 다른 조사연구와 마찬가지로 연구 질문을 구체적으로 제기하는 과정인데, 이 제기된 연구 질문에 따라 보통 아래 사항들이 결정된다.

- 포함될 연구(Studies to be included)
- 효과크기의 유형(Type of effect size analyzed)
- 코딩하게 될 연구의 특성(Study characteristics coded)
- 분석 방법(Methods of analysis)

연구 질문 사례

- 멘토링이 청소년의 자아존중감을 높이는 효과가 있는가?
- 근거기반실천 훈련이 근거기반실천 태도를 변화시키는 효과가 있는가?
- 변혁적 리더십(또는 사회적 가치 인식)에 있어서 남녀 간에 차이가 있는가?
- 조산의 위험이 있는 산모에게 corticosteroids가 효과가 있는가?
- 급성 심근경색 환자에게 thrombolytic therapy가 유용한가?
- 낙상 위험이 있는 노인들에게 비타민 D가 낙상 위험을 줄이는가?
- 간접흡연이 배우자의 폐암 발생률을 높이는가?
- 유아 언어프로그램이 유아의 언어발달에 미치는 효과는?
- 직무역량과 직무수행도와의 관계는?

2) 관련 문헌 검색 및 선정

연구 질문이 결정되고 나면 그 다음 단계에서는 연구에 포함될 관련 문헌들을 검색하고 이를 찾아서 연구의 대상으로 선정한다. 문헌의 검색에 앞서 연구의 선정 기준을 명확히 하는 것이 중요하며, 이 연구의 선정 기준은 일반적으로 연구대상자, 개입방법, 비교집단, 연구결과, 연구유형을 의미하는 PICOS로 정리될 수 있다.

- P: 연구대상자(population or participants)
- I: 개입(치료)방법 및 프로그램(intervention)
- C: 비교집단(comparison)
- O: 연구(개입)결과(outcomes)
- S: 연구 설계유형(study designs)

PICOS 사례

- P: 11~18세 청소년(adolescents)
- I: 학교에서 실시되는 멘토링(school-based mentoring)
- C: 비교집단(no treatment or alternative treatment group)
- O: 학업성취도, 태도, 자아존중감 등(academic achievement, attitude, behavior, self-esteem)
- S: 실험 및 유사실험조사설계(randomized and quasi-experimental designs)

(Wood and Mayo-Wilson, 2012, p. 258)

이 PICOS에 따라 연구결과의 선정 기준이 정해지고 나면 본격적으로 관련 문헌, 즉 연구결과들을 검색하게 된다. 이때 검색 방법은 관련 학술 데이터베이스(예: PsychINFO, Medline, PubMed, ERIC 등)를 기본으로 하고 여기에 관련 저널에 대한 수작업 검색(hand search), 회색문헌(grey literature)에 대한 검색, 적합도가 높은 연구논문의 참고문헌 검색, 그리고 연구자들을 직접 접촉하는 방법 등을 활용하게 된다.

<그림 1.3>은 관련 문헌, 즉 연구결과(데이터)를 검색하고 선정하는 과정을 기술한 다이어그램이다. 이 그림은 일반적으로 체계적 리뷰와 메타분석 연구결과보고에서 기본적으로 요구하는 사항이다(Moher, Liberati, Tetzlaff & Altman, 2009).

3) 데이터 추출 및 코딩

두 번째 단계에서 선정된 연구결과들을 평가하고 각 연구결과로부터 적절한 데이터를 추출해서 분석을 위한 코딩 작업을 하는 단계가 바로 세 번째 단계이다. 이 단계에서는 일반적으로 연구이름, 출간연도, 출간유형, 표본의 특성, 개입의 특성(개입 기간, 횟수 등), 연구유형, 집단배정 방법, 측정도구, 효과크기 등에 대한 내용을 코딩하게 된다(표 1.4 참조).

그림 1.3 연구선정 과정에 대한 흐름도(flowchart)

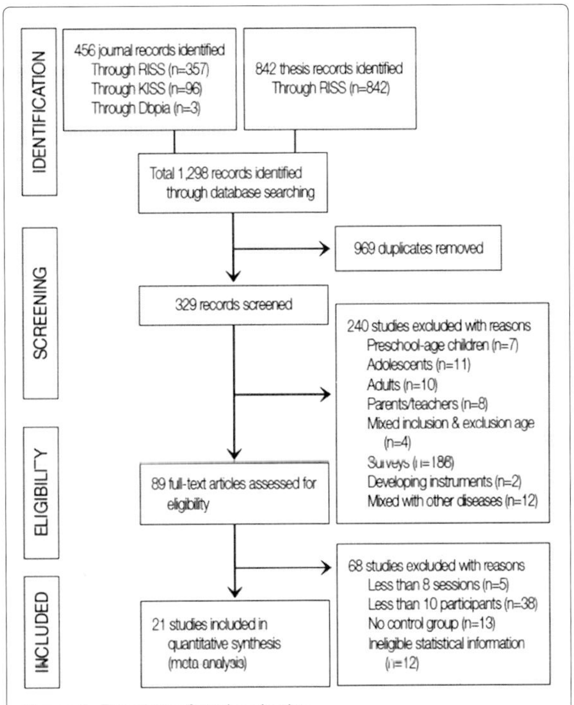

Figure 1. Flowchart of study selection.

(박완주 · 박신정 · 황성동, 2015, p. 173)

표 1.4 ADHD 아동에 대한 CBT의 효과에 대한 코딩(사례)

연구 이름	실험 N	통제 N	RCT	연도	표본 크기	학술지	세션 수	세션 시간	척도 신뢰도
Bae (2013)	12	6	No	2013	18	No	12	50	
Cho (2004)	17	5	Yes	2004	22	No	8	50	
Du et al. (2003)	7	8	No	2003	15	Yes	9	35	0.68
Hong (2013)	12	6	Yes	2013	18	No	12	50	0.84
Jang (2007)	8	8	No	2007	16	Yes	18	55	0.87
Jang et al. (2008)	8	8	No	2008	16	Yes	18	55	0.78
Kang (2006)	15	15	No	2006	30	No	20	40	
Kang et al. (2006)	10	10	Yes	2006	20	Yes	20	75	0.78
Kim (2002)	10	10	Yes	2002	20	No	12	40	
Kim (2009)	10	10	Yes	2009	20	No	10	50	0.88
Kim (2012)	6	6	Yes	2012	12	No	12	40	0.84

(박완주 등, 2015, p.174에서 재구성)

그리고 가끔은 아래 <표 1.5>와 같이 메타분석에 포함된 연구에 대한 특성을 설명하는 표를 제시하여 연구결과(데이터)에 대한 설명을 구체화하기도 한다.

표 1.5 메타분석에 포함된 연구의 특성 제시(사례)

연구	멘토링 대상자				멘토		
	프로그램	표본 수	학년	여학생 비율(%)	수	연령	여성 비율(%)
Aseltine et al.(2000)	주 1회, 2개월	505	6			65+	
Bernstein et al.(2009)	주 1회, 6개월	2,573	4~8	53	974	82.5%>18	72
Herrera et al.(2007)	주 1회, 5개월	1,139	4~9	54	554	52%>18	72
Karcher(2008)	주 1회, 3개월	525	5~8	66	292	70% 대학생	73
LoSciuto et al.(1996)		729	6	53		65+	
McPartland et al.(1991)	주 2회, 24개월	311	6				
Portwood et al.(2005)	주 1회, 8개월	208	4~12	52	211	46	80
Whiting et al.(2007)	주 1회, 24개월	82	5-6	49	30	대학생	

(Wood and Mayo-Wilson, 2012, Table 2, p. 264에서 재구성)

이 단계에서 빠뜨려서는 안 되는 작업이 있는데 그것은 바로 메타분석에 포함된 개별 연구들에 대한 질 검증(quality assessment)이다. 이는 분석에 포함된 연구들이 방법론적으로 결함이 없거나 적은, 질 높은 연구들(quality studies)이어야 한다는 전제에 해당된다. 일반적으로 포함된 연구들이 무작위 실험조사연구설계(randomized controlled trials, RCTs)인 경우 Cochrane의 Risk of Bias tool을 사용하며(Higgins and Green, 2011), 그 결과는 <그림 1.4>와 같이 제시할 수 있다.

그림 1.4 개별 연구의 질 검증 결과

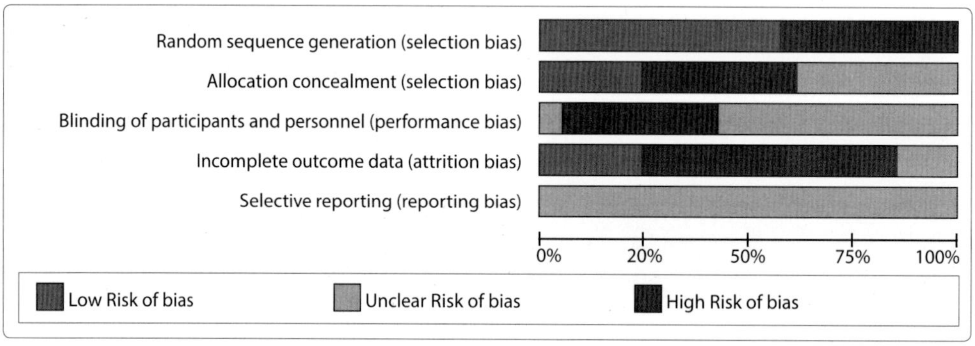

4) 데이터 분석

메타분석의 네 번째 단계는 코딩한 데이터를 분석하는 단계이다. 여기서는 각 연구의 효과크기를 우선적으로 계산한 후, 그 통계적 유의성을 살펴보며 평균효과크기와 통계적 유의성을 보게 된다. 분석결과를 명확하게 나타내기 위해서는 일반적으로 효과크기를 잘 표현해 주는 forest plot을 기본적으로 제시한다(그림 1.5~그림 1.7 참조).

그림 1.5 OpenMeta로 제시한 forest plot

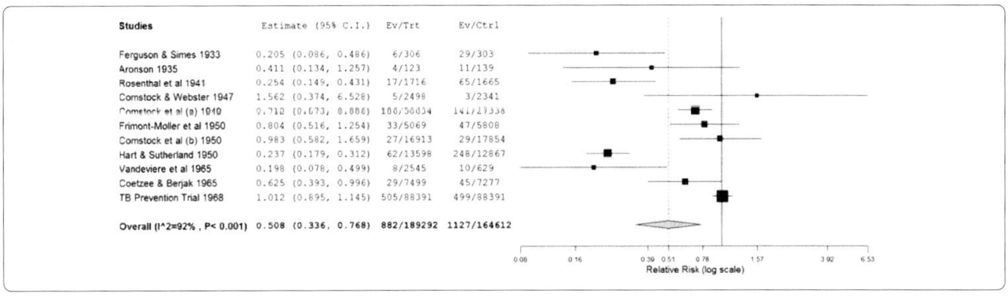

그림 1.6 R로 제시한 forest plot

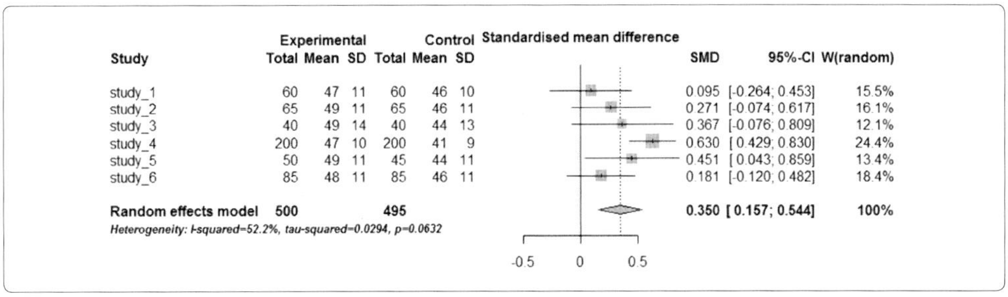

그림 1.7 RevMan으로 제시한 forest plot

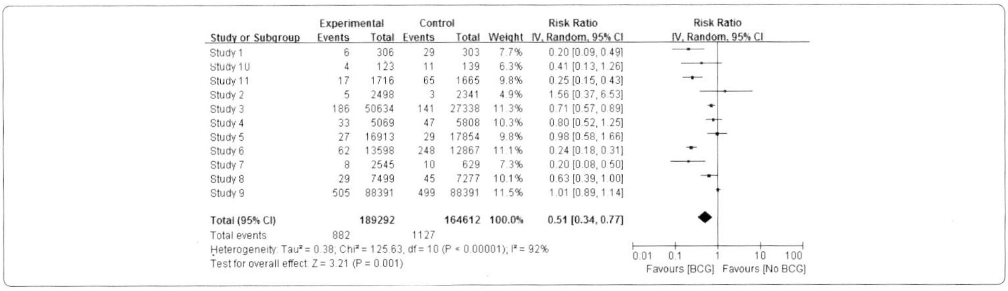

5) 결과 보고

일반적으로 메타분석의 결과에 대한 보고는 여타 연구의 결과 보고와 비슷하며 그 구성은 다음과 같이 이루어진다. 여기서 주목할 사실은 일반적인 연구에서는 별도의 장(chapter)으로 제시되는 문헌고찰 또는 이론적 배경을 메타분석 연구에서는 보통 서론에 포함시켜 설명하고 있다는 점이다.

- 서론(Introduction)
- 연구방법(Method)
- 분석결과(Results)
- 논의(Discussion)
- 참고문헌(References)
- 부록(Appendices)

그리고 메타분석의 결과 보고는 일반적으로 <표 1.6>에서 제시되고 있는 Preferred Reporting Items for Systematic Reviews and Meta-Analysis(PRISMA) 가이드라인(Moher et al., 2009)을 따르고 있으며, 이는 체계적 리뷰와 메타분석을 수행하는 연구자들과 학계에 널리 통용되는 가이드라인이다.

사례) 청소년들에 대한 학교기반 멘토링의 효과: 체계적 리뷰 및 메타분석
(School-Based Mentoring for Adolescents: A Systematic Review and Meta-Analysis)

1) 서론(이론적 배경, 선행연구 …)
2) 연구방법(포함될 연구의 기준, 연구 선정, 데이터 분석 …)
3) 분석결과(대상자 특성, 개입방법, 연구의 질, 개입효과 …)
4) 논의 및 함의
5) 결론
   - 이해관계의 명시(Declaration of Conflicting Interests)
   - 재정 지원(Funding)
   - 참고문헌(References)

(Wood & Mayo-Wilson, 2012)

표 1.6 PRISMA 가이드라인

섹션	주제
제목	연구 제목
요약	구조화된 요약
서론	필요성
	연구 목적
연구방법	프로토콜(연구계획서)과 등록
	선정 기준
	검색 출처
	검색 용어 및 전략
	연구 선정
	데이터 추출 및 수집 과정
	데이터 변수
	개별 연구에 대한 오류 위험 검증
	효과크기
	연구결과의 종합
	전체 연구에 대한 오류의 위험
	추가적인 분석
연구결과	연구 선정
	연구의 특성
	개별 연구의 오류 위험
	개별 연구의 분석결과
	분석결과의 종합
	전체 결과에 대한 오류 위험
	추가적인 분석
논의	결과(근거)의 요약
	제한점
	결론
재정 지원	재정 지원

(Moher et al., 2009)

제2장 효과크기

보통 연구들은 개입의 결과를 집단 간에 비교하여 그 효과성을 검증한다. 예를 들면, 백신을 접종한 집단과 접종하지 않은 집단 간에 결핵 감염 여부가 어떻게 달라지는가를 비교한다. 또는 두 가지 유형의 다이어트 방법에 따른 체중 감량 효과를 비교한다. 이러한 집단 간 비교에서는 서로 다르게 측정된 종속변수(결과변수)를 어떻게 비교할 것인가가 주요한 쟁점이 될 것이다. 이 경우에 효과크기(effect size, ES)를 활용하면 각 집단 간의 효과를 과학적으로 비교할 수 있다. 즉 개입의 결과를 효과크기라는 표준화된 단위로 만들어서 비교하는 것이다. 그래서 일반적으로 메타분석의 주요 내용은 다음과 같이 정리될 수 있다.

- 효과크기의 평균과 통계적 유의미성 확인
- 효과크기의 일관성 확인 및 동질성(homogeneity) 검증
- 효과크기의 이질성에 대한 설명(moderator analysis)

1. 효과크기의 의미

효과크기는 기본적으로 개입(치료)의 효과(the impact of an intervention)를 나타낸다. 예를 들면, 결핵(TB) 감염 위험에 대한 치료 백신의 효과, 학업 성적에 대한 교수법의 효과, 청소년의 정서적 안정감에 대한 멘토링의 효과 등을 나타낸다. 그리고 효과크기는 개입의 효과만을 나타내는 것이 아니라 두 변수 간의 관계 및 방향(the strength and direction of a relationship among variables)을 나타내는 데 활용되기도 한다. 예를 들면, 다음과 같은 경우이다.

- 어휘력에 있어서 남녀 간의 차이
- 간접흡연에 노출된 경우와 그렇지 않은 경우의 폐암 발생률 차이
- 학업성취도와 자기효능감의 관계 제시

이러한 효과크기는 학문에 따라 약간 다르게 활용되는데, 이를 보다 엄밀하게 설명하면 아래 표와 같이 정리될 수 있다. 하지만 이 양자는 동일한 용어로, 또한 동일한 의미로 사용되는 것이 일반적이다.

표 2.1 효과크기의 엄밀한 구분

치료효과(treatment effect)	효과크기(effect size)
승산비율, 이벤트발생비율 (Odds Ratio, Risk Ratio)	표준화된 평균 차이 또는 상관관계 (standardized mean difference or correlations)
보통 의학 관련 분야	보통 사회과학 분야
치료효과는 주로 실험집단과 비교집단 간의 치료(개입)의 차이를 통해 개입의 효과를 나타내는 데 적합	효과크기는 두 변수 간의 관계의 정도나 두 집단 간의 차이를 계량화하는 데 적합(예를 들면 남녀 간의 차이, 실험집단과 통제집단의 차이 등)

(Borenstein et al., 2009, p. 17)

2. 효과크기의 유형

효과크기의 유형은 우선 다음과 같이 간단하게 구분할 수 있다.

- 주로 두 집단 간의 평균 차이를 검증(d)
- 두 변수 간의 상관관계의 정도를 검증(r)
- 두 집단에 있어서 어떤 이벤트(치료, 성공 등)의 발생 비율을 검증(OR, RR, RD)

이러한 효과크기의 유형을 표로 정리하면 아래 <표 2.2>와 같다.

표 2.2 효과크기의 유형

데이터 유형	효과크기	부호
연속형 일원적 데이터	표준화된 평균 차이(Cohen's d) 교정된 표준화된 평균 차이(Hedges' g)	d g
연속형 이원적 데이터	상관관계계수(r)	r
이분형 데이터[1]	이벤트발생비율(Risk Ratio) 승산비율(Odds Ratio) 이벤트발생비율 차이(Risk difference)	RR OR RD

1 일반적으로 이분형 데이터(dichotomous data, 예: 성별, 공공 대 민간)라고 부르지만 엄밀하게 말하면 이항 데이터(binary data, 예: 치료 여부, 성공 여부)라고 하는 것이 더 정확하다.

그림 2.1 효과크기에 대한 유형

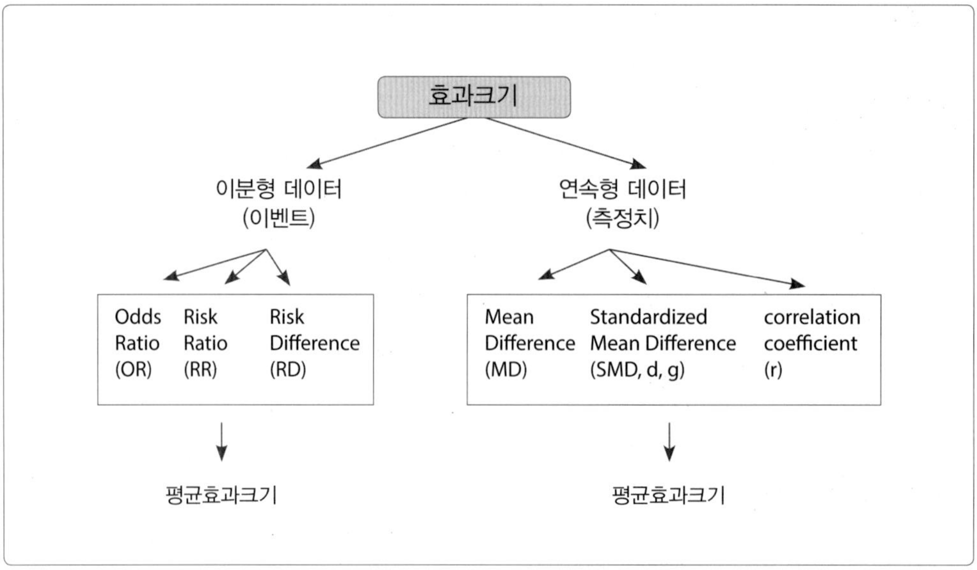

3. 효과크기 해석

효과크기에 대한 해석이 단순한 퍼센트 차이나 비율처럼 용이하지는 않지만 일반적으로 효과크기에 대한 해석은 대체로 다음과 같이 정리될 수 있다.

> 효과크기는 표준편차의 단위(standard deviation units)로 표시된 것이어서 어떤 연구 간에도 비교가 될 수 있고 메타분석에서 활용될 수 있다(Beeson & Robey, 2006, p. 163).

> 만약 d가 0.2로 산출되었다면 이는 두 집단의 평균의 차이가 1표준편차의 10분의 2에 해당되는 것이다. Cohen(1988, p. 21)에 따르면 d는 여타의 측정단위에 영향을 받지 않는 순수한 단위이다. 그리고 d가 2.0이라는 것은 평균의 차이가 2 표준편차만큼 차이가 있다는 의미이다(Lietz, 2006, p. 327).

그리고 이항 데이터의 경우 Risk Ratio=0.80이라면 실험집단의 이벤트발생확률이 통제집단에 비해 20% 낮은 것이고, 만약 Risk Ratio=3.0이라면 실험집단의 이벤트발생확률이 통제집단에 비해 3배 높다는 의미다.

이를 정리하면 효과크기는 어떤 개입에 따른 두 집단의 효과를 비교하는 단위로서, 표준화한 값이며 데이터의 유형에 따라 평균의 차이, 상관관계계수의 차이 또는 이벤트발생비율의 차이 등으로 해석할 수 있다. 효과크기에 대한 구분은 다음 <표 2.3>과 <표 2.4>에서, 그리고 그 해석은 <그림 2.2>~<그림 2.4>에서 보는 바와 같다.

표 2.3 효과크기의 구분

효과크기(d)	구분	백분위 비율(%) 증가 지표
+0.10	작은 효과크기	50 to 54
+0.20		50 to 58
+0.30		50 to 62
+0.40	중간 효과크기	50 to 66
+0.50		50 to 69
+0.60		50 to 73
+0.70		50 to 76
+0.80	큰 효과크기	50 to 79
+0.90		50 to 82
+1.00		50 to 84

(Cohen, 1988)

표 2.4 효과크기의 또 다른 구분

	r	d1	d2
작은 크기	0.1	0 ~ .32	4.0
중간 크기	0.3	.33 ~ .55	7.0
큰 크기	0.5	.56 ~	10.1

r: 상관관계계수(Cohen, 1988)

d1: 표준화된 평균 차이(Lipsey and Wilson, 1993)

d2: 단일사례조사의 경우(Robey & Beeson, 2005)

그림 2.2 효과크기가 0인 경우(zero effect size)

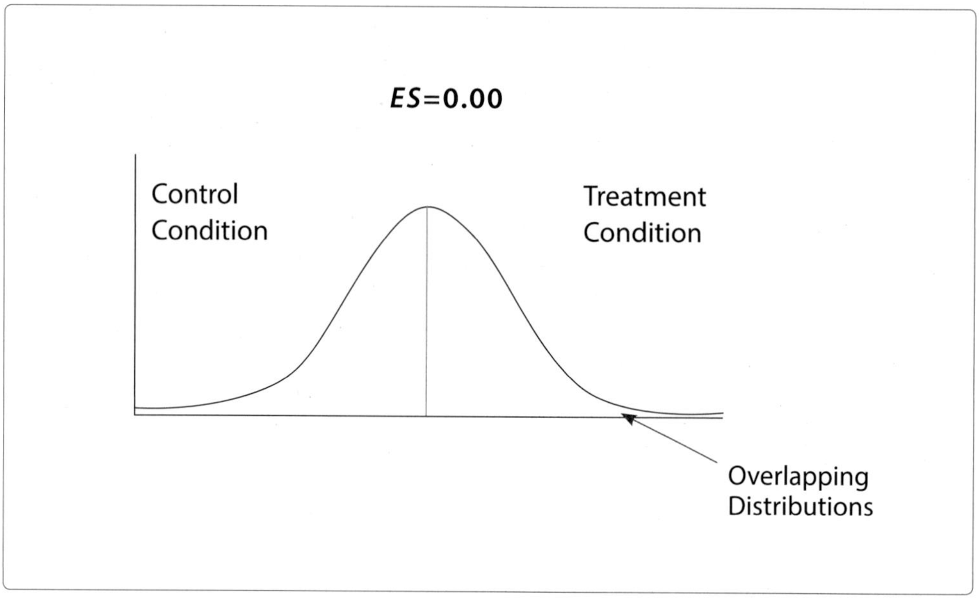

그림 2.3 효과크기가 중간 정도인 경우(medium effect size)

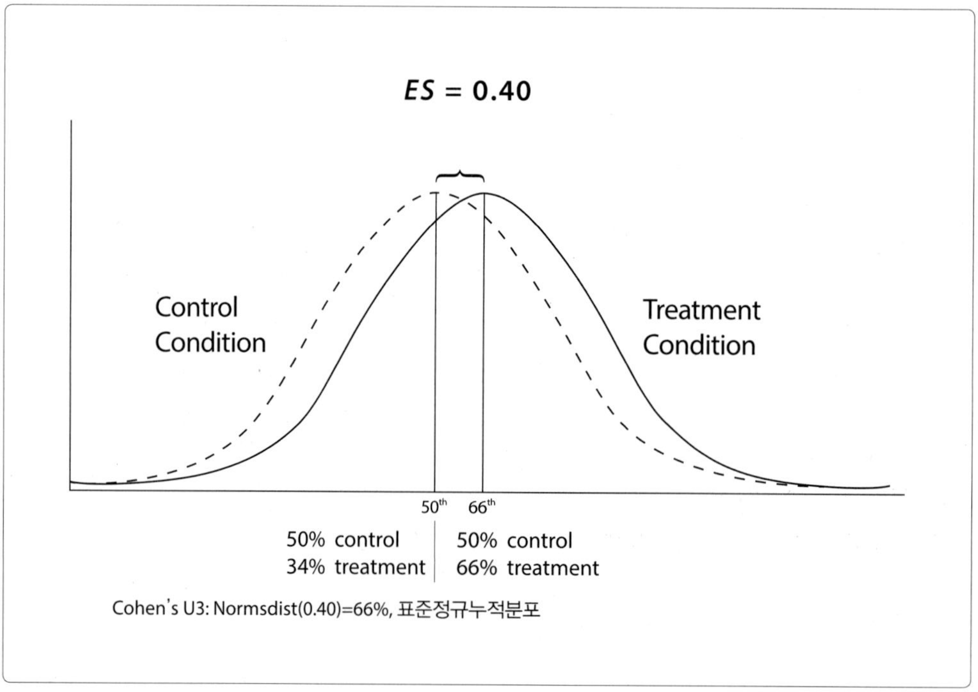

그림 2.4 효과크기가 큰 경우(large effect size)

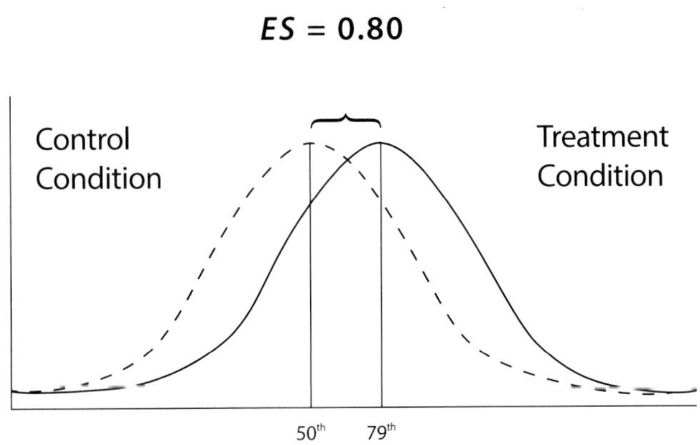

(Cooper, 2010, p. 163에서 재구성)

Tip

개입의 효과를 검증할 때 주로 활용되는 실험연구설계 유형

	순수실험조사설계: A (experimental designs)	유사실험조사설계: B (quasi-experimental designs)	전실험조사설계: C (pre-experimental designs)
유형 1	통제집단전후비교조사	비동일통제집단전후 비교조사	단일집단전후비교조사
	R O_1 x O_2 R O_3 x O_4	O_1 x O_2 O_3 x O_4	O_1 x O_2
유형 2	통제집단후비교조사		
	R x O_1 R x O_2		

independent groups (독립집단, 즉 두 집단): A, B
dependent(matched) group (단일집단): C

* 보통 순수실험조사설계를 RCT(Randomized Controlled Trial)라고 부른다.

참고로 효과크기를 해석할 때 보다 일반적인 해석을 위해 Cohen(1988)이 제시한 누적 표준화된 정규분포를 의미하는 U3, Rosenthal and Rubin(1982)이 제시한 두 집단, 즉 실험집단과 통제집단의 성공률을 비교하는 Bionomial Effect Size Display(BESD)를 효과크기 유형인 d, r과 비교하면 아래 <표 2.5>와 같이 나타낼 수 있다.

표 2.5 효과크기(d), 상관관계, U3 및 BESD의 비교

d	r	U3	BESD	
			통제집단 성공률	실험집단 성공률
0.1	.05	54	.47	.52
0.2	.10	58	.45	.55
0.3	.15	62	.42	.57
0.4	.20	66	.40	.60
0.5	.24	69	.38	.62
0.6	.29	73	.35	.64
0.7	.33	76	.33	.66
0.8	.37	79	.31	.68
0.9	.41	82	.29	.70
1.0	.45	84	.27	.72
1.1	.48	86	.26	.74
1.2	.51	88	.24	.75
1.3	.54	90	.23	.77
1.4	.57	92	.21	.78
1.5	.60	93	.20	.80
1.6	.62	95	.19	.81
1.7	.65	96	.17	.82
1.8	.67	96	.16	.83
1.9	.69	97	.15	.84
2.0	.71	98	.14	.85

(Lipsey & Wilson, 2001, p. 153에서 재구성)

여기서 예를 들어, d=0.4에 해당되는 U3=66%의 의미는 실험집단 케이스의 66%가 통제집단의 평균(50%) 이상의 결과(점수)를 기록한 것으로 해석할 수 있다.

4. 효과크기 계산

1) 연속형 데이터의 효과크기 계산

(1) 두 집단(사후검사) 즉 통제집단후비교조사의 경우

포인트

일반적으로 두 집단 간 비교연구의 연구결과에서 주로 보고되는 통계치는 다음과 같다.

① 평균, 표준편차, 표본크기(means, SDs, sample sizes)가 제시된 경우

② 통계적 유의성 수치(t-values, F-values 등)가 제시된 경우

③ 정확한 유의확률값(예: p=.013 등)이 제시된 경우

④ 추정된 유의확률값이 대략적으로(예: p<.05 등) 제시된 경우

보통 연구결과에는 두 집단의 평균, 표준편차, 표본크기가 제시되는 것이 가장 일반적이며, 이 경우가 또한 메타분석에서 가장 선호되는 경우이다. 예를 들어, 청소년들의 자아존중감에 대한 멘토링 프로그램의 효과(사후검사)의 경우를 분석해 보자.

표 2.6 실험집단과 통제집단의 평균, 표준편차, 표본크기

연구 이름	실험집단			통제집단		
	M1	S1	N1	M2	S2	N2
study_1	47	11	60	46	10	60
study_2	49	11	65	46	11	65
study_3	49	14	40	44	13	40
study_4	47	10	200	41	9	200
study_5	49	11	50	44	11	45
study_6	48	11	85	46	11	85

표준화된 평균 차이(Cohen's d)

이 경우 아래 공식을 이용하여 먼저 Cohen's d(표준화된 평균 차이)를 계산한다.

공식 2.1	ES_1	두 집단	T 또는 F값이 제시된 경우
	Effect Size(ES) (Cohen's d)	$D = \overline{X_1} - \overline{X_2} \qquad d = \frac{\overline{X_1} - \overline{X_2}}{S_p}$	$d = t\sqrt{\frac{n_1 + n_2}{n_1 n_2}}$
	표준화된 평균 차이(SMD)	$S_p = \sqrt{\frac{(n_1 - 1)S_1^2 + (n_2 - 1)S_2^2}{(n_1 + n_2 - 2)}}$	$d = \sqrt{\frac{F(n_1 + n_2)}{n_1 n_2}}$

먼저 평균 차이(Raw mean difference)를 계산해 보자. $D = \overline{X_1} - \overline{X_2}$

표 2.7 실험집단과 통제집단의 평균 차이

연구 이름	M1	S1	N1	M2	S2	N2	D
study_1	47	11	60	46	10	60	1
study_2	49	11	65	46	11	65	3
study_3	49	14	40	44	13	40	5
study_4	47	10	200	41	9	200	6
study_5	49	11	50	44	11	45	5
study_6	48	11	85	46	11	85	2

그리고 d를 계산하기 위해서는 통합표준편차(Pooled standard deviation)가 필요하며, 그 공식은 다음과 같다.

$$S_p = \sqrt{\frac{(n_1 - 1)S_1^2 + (n_2 - 1)S_2^2}{(n_1 + n_2 - 2)}}$$

표 2.8 실험집단과 통제집단의 통합 표준편차

연구 이름	M1	S1	N1	M2	S2	N2	D	S_p
study_1	47	11	60	46	10	60	1	10.512
study_2	49	11	65	46	11	65	3	11.000
study_3	49	14	40	44	13	40	5	13.509
study_4	47	10	200	41	9	200	6	9.513

study_5	49	11	50	44	11	45	5	11.000
study_6	48	11	85	46	11	85	2	11.000

이제 Cohen's d, 즉 표준화된 평균 차이(Standardized mean difference)를 아래와 같이 계산할 수 있다.

$$d = \frac{\overline{X_1} - \overline{X_2}}{S_p}$$

표 2.9 표준화된 평균 차이(Cohen's d)

연구 이름	M1	S1	N1	M2	S2	N2	D	S_p	d
study_1	47	11	60	46	10	60	1	10.512	0.095
study_2	49	11	65	46	11	65	3	11.000	0.273
study_3	49	14	40	44	13	40	5	13.509	0.370
study_4	47	10	200	41	9	200	6	9.513	0.631
study_5	49	11	50	44	11	45	5	11.000	0.455
study_6	48	11	85	46	11	85	2	11.000	0.182

다음은 아래 공식을 이용하여 d에 대한 분산(variance of d)을 계산하자.

공식 2.2

ES_1	Continuous data	비고
V_d	$\frac{1}{n_1} + \frac{1}{n_2} + \frac{d^2}{2(n_1 + n_2)}$	$\frac{(n_1 + n_2)}{n_1 n_2} + \frac{d^2}{2(n_1 + n_2)}$

표 2.10 표준화된 평균 차이(d)와 그 분산

연구 이름	M1	S1	N1	M2	S2	N2	D	S_p	d	V_d
study_1	47	11	60	46	10	60	1	10.512	0.095	0.033
study_2	49	11	65	46	11	65	3	11.000	0.273	0.031
study_3	49	14	40	44	13	40	5	13.509	0.370	0.051
study_4	47	10	200	41	9	200	6	9.513	0.631	0.010
study_5	49	11	50	44	11	45	5	11.000	0.455	0.043
study_6	48	11	85	46	11	85	2	11.000	0.182	0.024

교정된 표준화된 평균 차이(Hedges' g)

이제 Cohen's d를 교정한 Hedges' g를 계산해 보자. Cohen's d는 표본이 작을 경우 효과크기를 과대 추정하는 경향이 있다. 따라서 이를 교정해 주는 Hedges' g가 필요하다(Hedges & Olkin, 1985). 그리고 표본이 큰 연구와 작은 연구들이 함께 섞여 있을 때는 모두 g로 전환해 주는 것이 바람직하다(Bernard and Borokhovski, 2009).

공식 2.3

g (교정된 ES) (Hedges' g)	$g = J \times d(J{:}\, correction\ factor)$ $J = \left[1 - \frac{3}{4(n_1 + n_2) - 9}\right]\ or\ \left(1 - \frac{3}{4df - 1}\right)$	Cohen's d는 샘플이 작을 때 과대평가되는 경향이 있다. N=60, g is 99% of d N=20, g is 96% of d N=10, g is 90% of d
V_g	$V_g = J^2 \times V_d$	

이를 위해 먼저 교정지수(correction factor)인 J를 계산한다.

$$J = \left[1 - \frac{3}{4(n_1 + n_2) - 9}\right]\ or\ \left(1 - \frac{3}{4df - 1}\right)$$

표 2.11 교정된 표준화된 평균 차이를 계산하기 위한 교정지수(J)

연구 이름	M1	S1	N1	M2	S2	N2	D	S_p	d	V_d	J
study_1	47	11	60	46	10	60	1	10.512	0.095	0.033	0.994
study_2	49	11	65	46	11	65	3	11.000	0.273	0.031	0.994
study_3	49	14	40	44	13	40	5	13.509	0.370	0.051	0.990
study_4	47	10	200	41	9	200	6	9.513	0.631	0.010	0.998
study_5	49	11	50	44	11	45	5	11.000	0.455	0.043	0.992
study_6	48	11	85	46	11	85	2	11.000	0.182	0.024	0.996

다음으로 교정된 효과크기, 즉 Hedges' g를 계산한다. $g = J \times d$

표 2.12 교정된 표준화된 평균 차이(g)

연구 이름	M1	S1	N1	M2	S2	N2	D	S_p	d	V_d	J	g
study_1	47	11	60	46	10	6	1	10.512	0.095	0.033	0.994	0.095
study_2	49	11	65	46	11	65	3	11.000	0.273	0.031	0.994	0.271
study_3	49	14	40	44	13	40	5	13.509	0.370	0.051	0.990	0.367
study_4	47	10	200	41	9	200	6	9.513	0.631	0.010	0.998	0.630
study_5	49	11	50	44	11	45	5	11.000	0.455	0.043	0.992	0.451
study_6	48	11	85	46	11	85	2	11.000	0.182	0.024	0.996	0.181

이제 교정된 효과크기, 즉 g의 분산을 계산한다. $V_g = J^2 \times V_d$

표 2.13 교정된 표준화된 평균 차이(g)의 분산

연구 이름	M1	S1	N1	M2	S2	N2	D	S_p	d	V_d	J	g	V_g
study_1	47	11	60	46	10	60	1	10.512	0.095	0.033	0.994	0.095	0.033
study_2	49	11	65	46	11	65	3	11.000	0.273	0.031	0.994	0.271	0.031
study_3	49	14	40	44	13	40	5	13.509	0.370	0.051	0.990	0.367	0.050
study_4	47	10	200	41	9	200	6	9.513	0.631	0.010	0.998	0.630	0.010
study_5	49	11	50	44	11	45	5	11.000	0.455	0.043	0.992	0.451	0.043
study_6	48	11	85	46	11	85	2	11.000	0.182	0.024	0.996	0.181	0.023

효과크기의 표준오차와 신뢰구간(95% Confidence Interval)

이제 각 연구의 표준오차(standard error)와 신뢰구간(confidence interval)을 산출한다. 효과크기의 표준오차는 모집단에서의 표준편차의 추정치를 말한다. 표본이 작을수록 표준오차는 커지고 표본이 클수록 표준오차는 작아진다.

공식 2.4

ES_1	Continuous data	비고
SE_g (g 의 표준오차)	$SE_g = \sqrt{V_g}$	표본이 작으면 표준오차는 커지고 표본이 크면 표준오차는 작아진다. $SE = \frac{SD}{\sqrt{n}}$

신뢰구간(95%)	$CI = g \pm (1.96 \times SE_g)$	표본이 클수록 신뢰구간이 작아진다. (more precise)
Z값, 유의확률	$Z = \frac{g}{SE_g}$	$p = (1 - NORMSDIST(Z)) * 2$

효과크기의 신뢰구간(95% Confidence Interval, CI)은 모수(parameter)가 존재할 추정구간을 의미한다. 표준오차가 작을수록(표본이 클수록), 신뢰구간의 폭은 좁아진다. 따라서 모집단 추정값의 정밀성(precision)이 커지게 된다. 이때 신뢰구간이 0을 포함하지 않으면 그 값은 통계적으로 유의하다. 즉 p값이 0.05보다 작으므로 귀무가설(g=0 or the true effect is zero)을 기각하게 된다.

이제 산출된 각 연구의 효과크기, 표준오차, 신뢰구간, 유의확률(p-vlaue)은 다음과 같다.

표 2.14 효과크기, 표준오차, 신뢰구간 및 유의확률

연구 이름	D	S_p	d	V_d	J	g	V_g	se	LL	UL	Z	P
study_1	1	10.512	0.095	0.033	0.994	0.095	0.033	0.182	-0.261	0.450	0.521	0.603
study_2	3	11.000	0.273	0.031	0.994	0.271	0.031	0.175	-0.072	0.614	1.548	0.122
study_3	5	13.509	0.370	0.051	0.990	0.367	0.050	0.223	-0.071	0.804	1.641	0.101
study_4	6	9.513	0.631	0.010	0.998	0.630	0.010	0.102	0.429	0.830	6.156	0.000
study_5	5	11.000	0.455	0.043	0.992	0.451	0.043	0.206	0.046	0.855	2.184	0.029
study_6	2	11.000	0.182	0.024	0.996	0.181	0.023	0.153	-0.119	0.481	1.183	0.237

이 결과는 <그림 2.5>에서 보는 바와 같이 R로 분석한 결과와 동일함을 알 수 있다.

그림 2.5 R로 분석한 결과

```
              SMD            95%-CI %W(fixed) %W(random)
study_1 0.0945 [-0.2635; 0.4526]      12.36       15.53
study_2 0.2711 [-0.0743; 0.6166]      13.28       16.12
study_3 0.3665 [-0.0756; 0.8087]       8.11       12.14
study_4 0.6295 [ 0.4287; 0.8304]      39.28       24.43
study_5 0.4509 [ 0.0428; 0.8589]       9.52       13.40
study_6 0.1810 [-0.1203; 0.4823]      17.46       18.38

Number of studies combined: k=6
```

참고

유의수준(Confidence level)

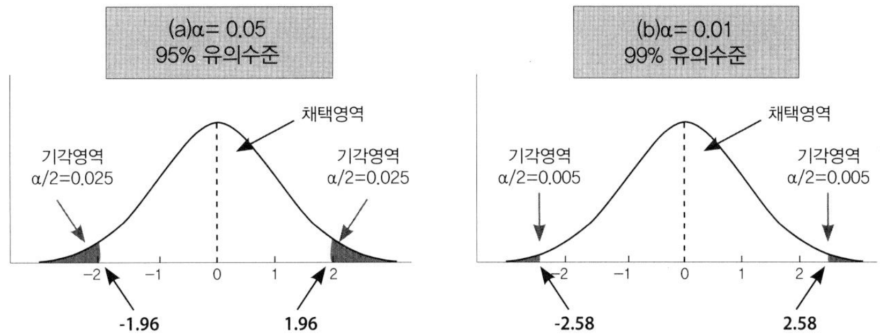

유의수준과 기각영역

가중치와 평균효과크기 계산

이제 평균효과크기, 즉 가중평균효과크기를 계산해 보자. 이 평균효과크기를 계산하기 위해서는 먼저 가중치를 구해야 한다. 왜냐하면 각 연구마다 특성이 다르므로 그 특성(여기서는 표본의 크기)을 반영한 가중치가 부여되어야 평균효과크기를 제대로 산출할 수 있기 때문이다.

공식 2.5

W_i 가중치 (weight)	inverse variance $W_i = \frac{1}{V}$ $W_i = \frac{1}{(SE)^2}$	표본이 큰 경우 가중치가 크다. (proportional to the sample size)
평균효과크기 $(M, \overline{g}, \overline{d})$	$M = \frac{\sum w_i g_i}{\sum w_i}$ weighted mean effect size summary effect overall effect	$V_M = \frac{1}{\sum W}$ $SE_M = \sqrt{V_M}$ $LL_M = M - (1.96 \times SE_M)$ $UL_M = M + (1.96 \times SE_M)$ $Z = \frac{M}{SE_M}$ $p = (1 - NORMSDIST(Z)) * 2$

가중치(Weight)

일반적으로 가중치는 분산의 역수이며, 표본이 클수록 가중치가 커지게 된다. $W_i = \frac{1}{V_i}$

표 2.15 각 연구의 가중치

연구 이름	D	S_p	d	Vd	J	g	V_g	W
study_1	1	10.512	0.095	0.033	0.994	0.095	0.033	30.352
study_2	3	11.000	0.273	0.031	0.994	0.271	0.031	32.582
study_3	5	13.509	0.370	0.051	0.990	.367	0.050	20.048
study_4	6	9.513	0.631	0.010	0.998	0.630	0.010	95.623
study_5	5	11.000	0.455	0.043	0.992	0.451	0.043	23.468
study_6	2	11.000	0.182	0.024	0.996	0.181	0.023	42.706

이제 평균효과크기를 계산하기 위해 각 효과크기에 가중치를 곱한 값, 즉 가중효과크기를 구하면 다음과 같다.

표 2.16 각 연구의 가중치와 가중효과크기

연구 이름	D	S_p	d	Vd	J	g	V_g	W	Wg
study_1	1	10.512	0.095	0.033	0.994	0.095	0.033	30.352	2.869
study_2	3	11.000	0.273	0.031	0.994	0.271	0.031	32.582	8.834
study_3	5	13.509	0.370	0.051	0.990	0.367	0.050	20.048	7.349
study_4	6	9.513	0.631	0.010	0.998	0.630	0.010	95.623	60.197
study_5	5	11.000	0.455	0.043	0.992	0.451	0.043	23.468	10.581
study_6	2	11.000	0.182	0.024	0.996	0.181	0.023	42.706	7.730
								244.779	97.559

평균효과크기(Mean effect)

평균효과크기는 아래 공식에서 보듯이 가중치를 곱한 효과크기의 합, 즉 가중효과크기의 합을 가중치의 합으로 나눈 값이다. 그리고 이는 R로 분석한 결과와 거의 동일하다(그림 2.6 참조).

$$W_i = \frac{1}{V_i} \qquad M = \frac{\sum w_i g_i}{\sum w_i} \qquad M = \frac{97.559}{244.779} = 0.3986$$

그림 2.6 R로 분석한 평균효과크기

```
              SMD            95%-CI %W(fixed) %W(random)
study_1 0.0945 [-0.2635; 0.4526]      12.36      15.53
study_2 0.2711 [-0.0743; 0.6166]      13.28      16.12
study_3 0.3665 [-0.0756; 0.8087]       8.11      12.14
study_4 0.6295 [ 0.4287; 0.8304]      39.28      24.43
study_5 0.4509 [ 0.0428; 0.8589]       9.52      13.40
study_6 0.1810 [-0.1203; 0.4823]      17.46      18.38

Number of studies combined: k=6

                        SMD            95%-CI      z  p-value
Fixed effect model   0.3992 [0.2733; 0.5251] 6.2156 < 0.0001
Random effects model 0.3504 [0.1569; 0.5438] 3.5499   0.0004
```

평균효과크기와 그 표준오차(Standard Error of the Mean)

이제 평균효과크기의 표준오차와 신뢰구간, 그리고 통계적 유의성을 검증해 보자. 이때 효과크기 평균의 표준오차는 각 표본 효과크기의 평균에 대한 표집분포의 표준편차를 의미한다(the standard deviation of the sampling distribution of the mean).

표 2.17 평균효과크기, 표준편차 및 95% 신뢰구간

평균효과크기	M	0.3986
분산	V_M	0.0041
표준오차	SE_M	0.0639
신뢰구간		
하한선(95%)	LL_M	0.2733
상한선(95%)	UL_M	0.5238
귀무가설(M=0) 검증		
Z값	Z	6.2356
유의확률(단측 검증)	p1	0.0000
유의확률(양측 검증)	p2	0.0000

$$M = \frac{\sum w_i g}{\sum w_i} \qquad LL_M = M - (1.96 \times SE_M)$$

$$UL_M = M + (1.96 \times SE_M)$$

$$Z = \frac{M}{SE_M}$$

$$V_M = \frac{1}{\sum W} \quad SE_M = \sqrt{V_M} \qquad p = (1 - NORMSDIST(Z)) * 2$$

위의 결과를 R로 분석할 경우 <그림 2.7>에서 보는 바와 같이 그 결과가 거의 일치함을 알 수 있다.

그림 2.7 R로 분석한 평균효과크기 및 신뢰구간

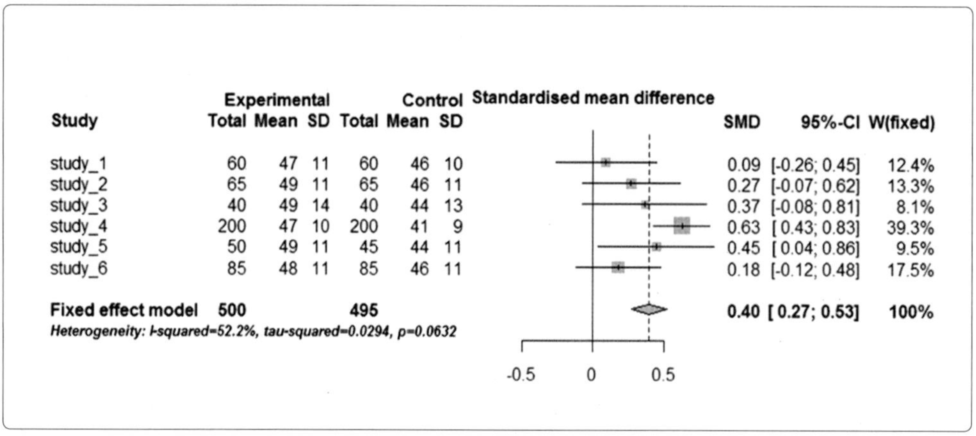

Tip

연구결과에서 t값, F값 및 유의확률(p–value)이 제시된 경우

① t값 또는 F값이 제시된 경우(공식에 대입하며, 반드시 효과크기의 부호를 명시한다.)

결과 제시 t(60)=+2.66

$$d = \pm\, t\sqrt{\frac{n_1 + n_2}{n_1 n_2}} = +\,2.66\sqrt{\frac{31 + 31}{961}} = +\,2.66\sqrt{0.254} = 0.676$$

결과 제시 F(1, 61)=+7.076

$$d = \pm\sqrt{\frac{F(n_1 + n_2)}{n_1 n_2}} = \sqrt{\frac{7.076(62)}{961}}$$

$$d = \sqrt{0.457} = 0.676$$

② p값이 제시된 경우(표에서 t값을 찾으며, 반드시 효과크기의 부호를 명시한다.)

결과 제시 t(60) is sig. p=0.01
p=0.01 (df=60)을 t 분포표에서 찾는다
t = 2.66

$$d = \pm\, t\sqrt{\frac{n_1 + n_2}{n_1 n_2}} = +\,2.66\sqrt{\frac{31 + 31}{961}}$$

$$d = 2.66\sqrt{0.254} = 0.676$$

③ p<α 제시된 경우(표에서 t값을 추정하며, 이 경우 역시 효과크기의 부호를 명시한다.)

결과 제시 p < .05, n1=31, n2=31

$$\text{추정}\ +t(60) = +\,2.00,\ TINV(0.05, 60) = 2.000$$

$$d = \pm\, t_{\alpha=.05}\sqrt{\frac{n_1 + n_2}{n_1 n_2}} = +\,2.00\sqrt{\frac{62}{961}} = +\,2.00\sqrt{0.065} = 2.00(0.255) = 0.51$$

이 값은 앞에서 산출된 0.676에 비하면 75% 정도만 정확하다.

(Bernard and Borokhovski, 2009)

표 2.18 t-분포표

cum. prob	$t_{.50}$	$t_{.75}$	$t_{.80}$	$t_{.85}$	$t_{.90}$	$t_{.95}$	$t_{.975}$	$t_{.99}$	$t_{.995}$	$t_{.999}$	$t_{.9995}$
one-tail	0.50	0.25	0.20	0.15	0.10	0.05	0.025	0.01	0.005	0.001	0.0005
two-tails	1.00	0.50	0.40	0.30	0.20	0.10	0.05	0.02	0.01	0.002	0.001
df											
1	0.000	1.000	1.376	1.963	3.078	6.314	12.71	31.82	63.66	318.31	636.62
2	0.000	0.816	1.061	1.386	1.886	2.920	4.303	6.965	9.925	22.327	31.599
3	0.000	0.765	0.978	1.250	1.638	2.353	3.182	4.541	5.841	10.215	12.924
4	0.000	0.741	0.941	1.190	1.533	2.132	2.776	3.747	4.604	7.173	8.610
5	0.000	0.727	0.920	1.156	1.476	2.015	2.571	3.365	4.032	5.893	6.869
6	0.000	0.718	0.906	1.134	1.440	1.943	2.447	3.143	3.707	5.208	5.959
7	0.000	0.711	0.896	1.119	1.415	1.895	2.365	2.998	3.499	4.785	5.408
8	0.000	0.706	0.889	1.108	1.397	1.860	2.306	2.896	3.355	4.501	5.041
9	0.000	0.703	0.883	1.100	1.383	1.833	2.262	2.821	3.250	4.297	4.781
10	0.000	0.700	0.879	1.093	1.372	1.812	2.228	2.764	3.169	4.144	4.587
11	0.000	0.697	0.876	1.088	1.363	1.796	2.201	2.718	3.106	4.025	4.437
12	0.000	0.695	0.873	1.083	1.356	1.782	2.179	2.681	3.055	3.930	4.318
13	0.000	0.694	0.870	1.079	1.350	1.771	2.160	2.650	3.012	3.852	4.221
14	0.000	0.692	0.868	1.076	1.345	1.761	2.145	2.624	2.977	3.787	4.140
15	0.000	0.691	0.866	1.074	1.341	1.753	2.131	2.602	2.947	3.733	4.073
16	0.000	0.690	0.865	1.071	1.337	1.746	2.120	2.583	2.921	3.686	4.015
17	0.000	0.689	0.863	1.069	1.333	1.740	2.110	2.567	2.898	3.646	3.965
18	0.000	0.688	0.862	1.067	1.330	1.734	2.101	2.552	2.878	3.610	3.922
19	0.000	0.688	0.861	1.066	1.328	1.729	2.093	2.539	2.861	3.579	3.883
20	0.000	0.687	0.860	1.064	1.325	1.725	2.086	2.528	2.845	3.552	3.850
21	0.000	0.686	0.859	1.063	1.323	1.721	2.080	2.518	2.831	3.527	3.819
22	0.000	0.686	0.858	1.061	1.321	1.717	2.074	2.508	2.819	3.505	3.792
23	0.000	0.685	0.858	1.060	1.319	1.714	2.069	2.500	2.807	3.485	3.768
24	0.000	0.685	0.857	1.059	1.318	1.711	2.064	2.492	2.797	3.467	3.745
25	0.000	0.684	0.856	1.058	1.316	1.708	2.060	2.485	2.787	3.450	3.725
26	0.000	0.684	0.856	1.058	1.315	1.706	2.056	2.479	2.779	3.435	3.707
27	0.000	0.684	0.855	1.057	1.314	1.703	2.052	2.473	2.771	3.421	3.690
28	0.000	0.683	0.855	1.056	1.313	1.701	2.048	2.467	2.763	3.408	3.674
29	0.000	0.683	0.854	1.055	1.311	1.699	2.045	2.462	2.756	3.396	3.659
30	0.000	0.683	0.854	1.055	1.310	1.697	2.042	2.457	2.750	3.385	3.646
40	0.000	0.681	0.851	1.050	1.303	1.684	2.021	2.423	2.704	3.307	3.551
60	0.000	0.679	0.848	1.045	1.296	1.671	2.000	2.390	2.660	3.232	3.460
80	0.000	0.678	0.846	1.043	1.292	1.664	1.990	2.374	2.639	3.195	3.416
100	0.000	0.677	0.845	1.042	1.290	1.660	1.984	2.364	2.626	3.174	3.390
1000	0.000	0.675	0.842	1.037	1.282	1.646	1.962	2.330	2.581	3.098	3.300
z	0.000	0.674	0.842	1.036	1.282	1.645	1.960	2.326	2.576	3.090	3.291
	0%	50%	60%	70%	80%	90%	95%	98%	99%	99.8%	99.9%
	Confidence Level										

(2) 두 집단(사전-사후검사) 즉 통제집단전후비교조사의 경우

일반적으로 두 집단(사전-사후검사)인 경우 아래와 같이 연구결과에서 보고한다.

예)	결과 제시	
D_T (사후-사전)	$M_{diff} = 7.5$	$SD_{diff} = 4.80$
D_C (사후-사전)	$M_{diff} = 8.5$	$SD_{diff} = 4.70$

여기서는 다문화교육의 효과성을 검증한 연구를 사례로 하여 두 집단(사전-사후검사)의 효과크기를 계산해 보자(황성동, 임혁, 윤성호, 2012). 일차적 분석의 결과 <그림 2.8>과 같이 나타난다.

그림 2.8 두 집단의 사전–사후 차이를 비교할 수 있는 데이터

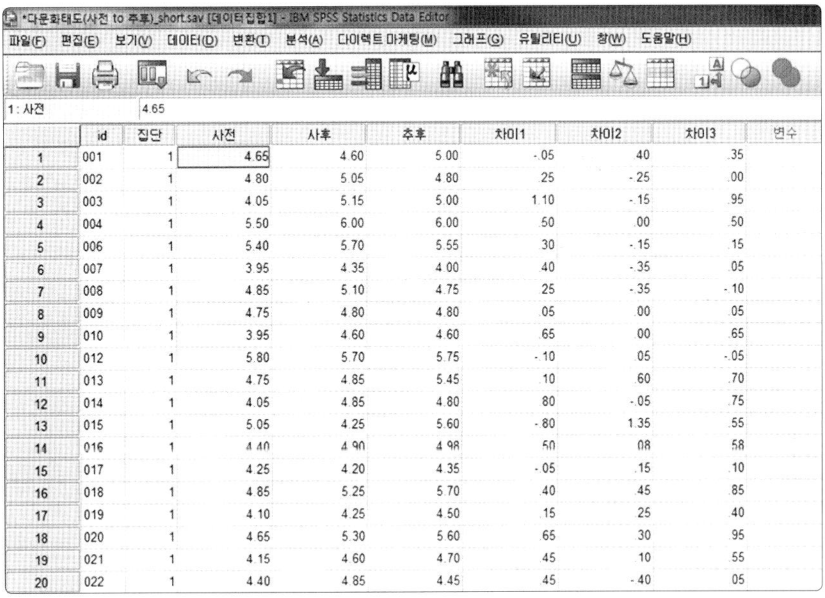

	id	집단	사전	사후	추후	차이1	차이2	차이3	변수
1	001	1	4.65	4.60	5.00	-.05	.40	.35	
2	002	1	4.80	5.05	4.80	.25	-.25	.00	
3	003	1	4.05	5.15	5.00	1.10	-.15	.95	
4	004	1	5.50	6.00	6.00	.50	.00	.50	
5	006	1	5.40	5.70	5.55	.30	-.15	.15	
6	007	1	3.95	4.35	4.00	.40	-.35	.05	
7	008	1	4.85	5.10	4.75	.25	-.35	-.10	
8	009	1	4.75	4.80	4.80	.05	.00	.05	
9	010	1	3.95	4.60	4.60	.65	.00	.65	
10	012	1	5.80	5.70	5.75	-.10	.05	-.05	
11	013	1	4.75	4.85	5.45	.10	.60	.70	
12	014	1	4.05	4.85	4.80	.80	-.05	.75	
13	015	1	5.05	4.25	5.60	-.80	1.35	.55	
14	016	1	4.40	4.90	4.98	.50	.08	.58	
15	017	1	4.25	4.20	4.35	-.05	.15	.10	
16	018	1	4.85	5.25	5.70	.40	.45	.85	
17	019	1	4.10	4.25	4.50	.15	.25	.40	
18	020	1	4.65	5.30	5.60	.65	.30	.95	
19	021	1	4.15	4.60	4.70	.45	.10	.55	
20	022	1	4.40	4.85	4.45	.45	-.40	.05	

위의 데이터를 분석하면, 즉 두 집단 간 t-검증(사전-사후 차이)을 실시하면 다음과 같은 결과를 얻게 된다.

표 2.19 두 집단 간 사전–사후 차이 검증(t–검증) 결과

		N	M	SD	S.E	t	p
차이1 (사전-사후)	실험	45	.378	.440	.066	4.264	.000
	통제	47	.036	.323	.047		

위의 결과를 가지고 아래 공식을 활용하면 다음과 같이 사전-사후의 평균 차이, 사전-사후 차이의 통합 표준편차, 그리고 효과크기 d값을 구할 수 있다.

공식 2.6

$$d_{diff} = \frac{\overline{D_T} - \overline{D_C}}{S_{diff_P}} \qquad S_{diff_P} = \sqrt{\frac{(n_1 - 1)S_1^2 + (n_2 - 1)S_2^2}{(n_1 + n_2 - 2)}}$$

표 2.20 두 집단 간 사전–사후 차이에 대한 효과크기 계산

연구 이름	M1	S1	N1	M2	S2	N2	M1–M2	S_p	d
study1	0.378	0.440	45	0.036	0.323	47	0.342	0.385	0.889

앞에서 본 두 집단의 사후검사의 경우와 달리 사전-사후검사의 경우 이러한 기본 계산방식을 가지고 효과크기를 구하게 된다. 이제 본격적으로 통제집단전후비교조사의 효과크기를 구해 보자.

다문화교육 프로그램의 효과를 검증한 연구들로부터 아래의 데이터를 얻었다고 가정해 보자.

표 2.21 두 집단 간 사전–사후 차이 데이터

연구 이름	M1	S1	N1	M2	S2	N2
study1	0.378	0.440	45	0.036	0.323	47
study2	0.100	0.586	44	0.016	0.362	45
study3	0.288	0.529	44	0.047	0.383	45
study4	0.476	0.543	45	0.015	0.384	47
study5	0.406	0.401	44	0.053	0.370	45
study6	0.280	0.469	45	0.057	0.390	47
study7	0.171	0.89	44	0.042	0.542	45

1: 실험집단의 차이(차이의 평균, 차이의 표준편차)

2: 통제집단의 차이(차이의 평균, 차이의 표준편차)

이 데이터를 가지고 앞에서 본 공식을 활용하면 다음과 같은 사전-사후 차이의 평균 차이, 차이의 통합표준편차, 효과크기(d)를 얻을 수 있다.

표 2.22 두 집단 간 사전–사후 차이에 대한 효과크기 계산

연구 이름	M1	S1	N1	M2	S2	N2	M1–M2	S_p	d
study1	0.378	0.440	45	0.036	0.323	47	0.342	0.385	0.889
study2	0.100	0.586	44	0.016	0.362	45	0.084	0.486	0.173
study3	0.288	0.529	44	0.047	0.383	45	0.241	0.461	0.523
study4	0.476	0.543	45	0.015	0.384	47	0.461	0.469	0.984
study5	0.406	0.401	44	0.053	0.370	45	0.353	0.386	0.915
study6	0.280	0.469	45	0.057	0.390	47	0.223	0.430	0.518
study7	0.171	0.896	44	0.042	0.542	45	0.129	0.738	0.175

이제 아래 공식을 이용하여 효과크기(d)의 분산을 구해 보자.

ES_1	Continuous data	비고
V_d	$\frac{1}{n_1}+\frac{1}{n_2}+\frac{d^2}{2(n_1+n_2)}$	$\frac{(n_1+n_2)}{n_1 n_2}+\frac{d^2}{2(n_1+n_2)}$

표 2.23 두 집단 간 사전–사후 차이에 대한 효과크기 및 분산

연구 이름	M1	S1	N1	M2	S2	N2	M1−M2	S_p	d	V_d
study1	0.378	0.440	45	0.036	0.323	47	0.342	0.385	0.889	0.048
study2	0.100	0.586	44	0.016	0.362	45	0.084	0.486	0.173	0.045
study3	0.288	0.529	44	0.047	0.383	45	0.241	0.461	0.523	0.046
study4	0.476	0.543	45	0.015	0.384	47	0.461	0.469	0.984	0.049
study5	0.406	0.401	44	0.053	0.370	45	0.353	0.386	0.915	0.050
study6	0.280	0.469	45	0.057	0.390	47	0.223	0.430	0.518	0.045
study7	0.171	0.896	44	0.042	0.542	45	0.129	0.738	0.175	0.045

나머지 계산 및 공식 적용은 앞의 두 집단(사후검사)의 경우와 동일하다. 그리고 그 결과는 <그림 2.9>에서 보는 바와 같이 R을 이용한 분석 결과와 동일함을 알 수 있다.

그림 2.9 R로 분석한 평균효과크기 및 신뢰구간

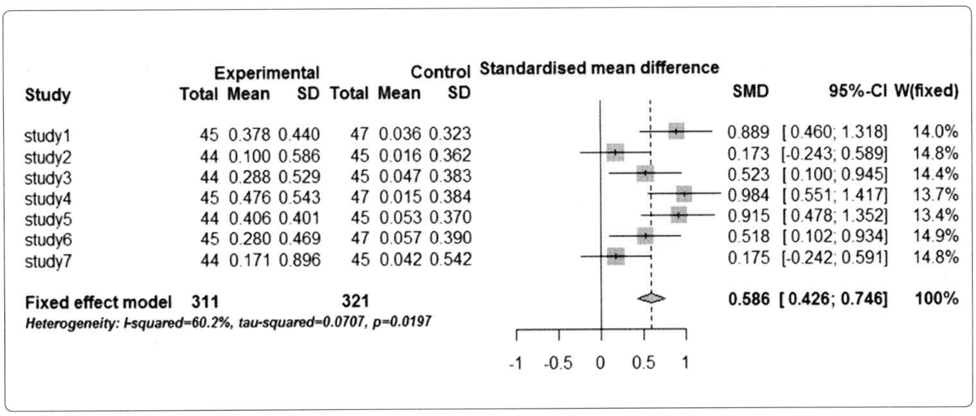

(3) 단일집단(사전-사후검사)

일반적으로 단일집단(사전-사후검사)인 경우 연구결과에서 아래와 같이 보고된다. 이 경우에는 두 집단의 경우와는 조금 다른 공식을 활용하며, 이때는 사전-사후검사의 상관관계계수가 필요하다.

예) 결과 제시
Mean(사후= 8.5, 사전= 7.5) r(사전-사후) = 0.80 SD_{change} = 2.98

$$d_{change} = \frac{\overline{Y}_{post} - \overline{Y}_{pre}}{SD_{change}/\sqrt{2(1 - r_{pre\text{-}post})}} = \frac{8.5 - 7.5}{2.98/\sqrt{2(1 - 0.80)}} = 0.21$$

여기서는 <표 2.24>와 같은 근거기반실천(EBP) 교육훈련프로그램의 효과 검증 결과(단일집단전후비교조사연구)에 대한 데이터를 활용해서 효과크기를 계산해 보자.

표 2.24 단일집단 사전-사후 차이에 대한 데이터

연구 이름	mean_pre	sd_pre	mean_post	sd_post	pre/post correlation	N
마음재단	3.79	0.383	3.99	0.425	0.938	11
가정복지회	3.50	0.333	3.89	0.453	0.576	14
대구_1	3.60	0.387	3.91	0.420	0.760	39
대구_2	3.82	0.508	4.02	0.530	0.539	39
부산_1	3.82	0.430	3.97	0.407	0.520	50
부산_2	3.47	0.403	3.68	0.362	0.376	50
대학원	3.83	0.240	4.13	0.326	0.391	15

먼저 다음 공식을 활용하여 각 연구의 효과크기와 분산을 계산하면 <표 2.25>와 같은 결과를 얻을 수 있다.

공식 2.7

Standardized difference	$d = \dfrac{\overline{X_2} - \overline{X_1}}{S_p}$ $\quad S_p = \dfrac{S_{diff}}{\sqrt{2(1-r)}}$	$V_d = \left(\dfrac{1}{n} + \dfrac{d^2}{2n}\right) \times 2(1-r)$ $SE_d = \sqrt{V_d}$
Paired difference SD	$S_{diff} = \sqrt{S_1^2 + S_2^2 - (2 \times r \times S_1 \times S_2)}$	$SE_{diff} = \dfrac{S_{diff}}{\sqrt{n}}$ $J = 1 - \left(\dfrac{3}{4df - 1}\right) \quad df = n - 1$

이하 나머지 계산은 앞의 두 집단(사후검사 또는 사전-사후검사)의 경우와 동일하며, 그 결과는 R을 활용한 분석 결과와 일치함을 알 수 있다(그림 2.10, 2.11 참조).

표 2.25 단일집단 사전–사후 차이에 대한 효과크기 및 분산

연구 이름	D	S_{diff}	S_p	d	V_d	J	g	V_g
마음재단	0.20	0.148	0.421	0.475	0.013	0.923	0.439	0.011
가정복지회	0.39	0.377	0.410	0.952	0.088	0.941	0.896	0.078
대구_1	0.31	0.281	0.406	0.764	0.016	0.980	0.748	0.015
대구_2	0.20	0.499	0.519	0.385	0.025	0.980	0.377	0.024
부산_1	0.15	0.411	0.419	0.358	0.020	0.985	0.352	0.020
부산_2	0.21	0.429	0.384	0.547	0.029	0.985	0.539	0.028
대학원	0.30	0.320	0.290	1.033	0.125	0.945	0.977	0.111

그림 2.10 R을 활용한 각 효과크기 및 신뢰구간

```
> meta1b <- metagen(yi, sqrt(vi), sm="SMD", Study, data=one_group)
> meta1b
            SMD            95%-CI %W(fixed) %W(random)
마음재단   0.4388 [0.2362; 0.6415]     30.35      22.92
가정복지회 0.8960 [0.3487; 1.4433]      4.16       6.51
대구_1     0.7484 [0.5062; 0.9906]     21.24      19.56
대구_2     0.3774 [0.0713; 0.6835]     13.30      15.15
부산_1     0.3525 [0.0766; 0.6284]     16.38      17.09
부산_2     0.5389 [0.2120; 0.8658]     11.66      13.96
대학원     0.9768 [0.3229; 1.6308]      2.91       4.81

Number of studies combined: k=7

                        SMD           95%-CI      z  p-value
Fixed effect model   0.5287 [0.4170; 0.6403] 9.2818 < 0.0001
Random effects model 0.5450 [0.3916; 0.6983] 6.9650 < 0.0001
```

그림 2.11 R로 분석한 평균효과크기(g) 및 95% 신뢰구간

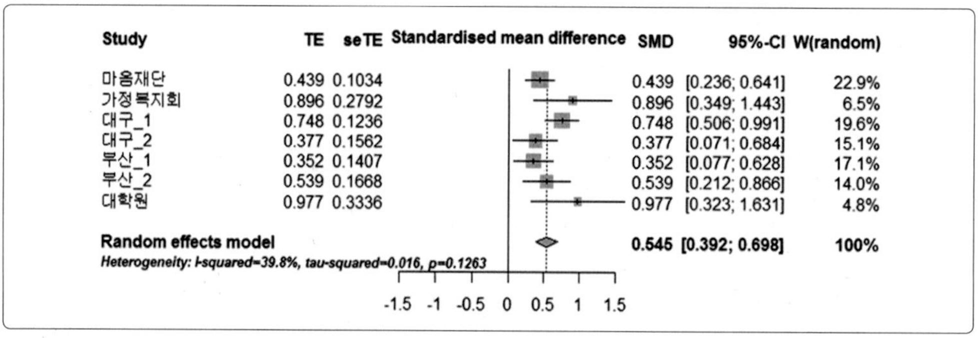

2) 이분형 데이터의 효과크기 계산

메타분석에서 데이터가 이분형 데이터[2]인 경우 구하는 효과크기는 표준화된 평균효과 차이(d, g)가 아닌, 다른 이벤트발생비율(Risk Ratio, RR)과 승산비율(Odds Ratio, OR)이다.

(1) 이벤트발생비율과 승산비율

예를 들어 이분형 데이터 사례로 BCG 백신의 효과를 분석하는 경우, Risk Ratio(이벤트발생비율)와 Odds Ratio(승산비율)의 의미를 생각해 보자. 먼저 Risk와 Odds의 개념을 살펴보자. Risk는 전체 중에서 이벤트가 발생할 경우를 말하고, Odds는 이벤트가 일어나지 않는 경우에 비해 일어날 경우를 말한다(그림 2.12 참조).

그림 2.12 Risk와 Odds의 비교

Risk of TB with BCG: $\frac{10}{100} = 0.10$

Odds of TB with BCG: $\frac{10}{90} = 0.11$

	TB +	TB −	Total
BCG+	10	90	100
BCG−	14	86	100

2 이분형(dichotomous) 데이터 중에서 그 데이터의 속성이 '예/아니오' 또는 '성공/실패' 등으로 이분화될 경우, 특히 이러한 데이터를 이항(binary) 데이터라고 부른다. 하지만 여기서는 이분형 데이터와 이항 데이터를 호환하며 사용하고자 한다.

그렇다면 Risk Ratio 및 Odds Ratio는 아래 <그림 2.13>에서 보듯이 두 집단, 즉 실험집단과 통제집단의 Risk 및 Odds를 비교한 값, 즉 비율을 의미하게 된다.

그림 2.13 이벤트발생비율과 승산비율의 비교

$$Risk\ Ratio = \frac{\text{실험집단}\ risk}{\text{통제집단}\ risk}$$

$$Odds\ Ratio = \frac{\text{실험집단}\ odds}{\text{통제집단}\ odds}$$

	Event	No-Event	Total
실험	a	b	n1
통제	c	d	n2

$$Risk\ Ratio = \frac{\frac{a}{n_1}}{\frac{c}{n_2}}$$

$$Odds\ Ratio = \frac{\frac{a}{b}}{\frac{c}{d}}$$

즉 Risk Ratio는 어떤 이벤트가 일어날 확률에 대한 두 집단의 비율을 비교한 값을 의미하며, Odds Ratio는 어떤 이벤트가 일어나지 않을 확률에 비해 그 이벤트가 일어날 확률에 대한 두 집단의 비율을 비교한 값을 의미한다. 이는 아래 보기에서와 같이 Risk Ratio=0.71, Odds Ratio=0.68로 계산된다.

	TB +	TB −	Total
BCG+	10	90	100
BCG−	14	86	100

$$RR = \frac{\frac{10}{100}}{\frac{14}{100}} = 0.71 \quad OR = \frac{\frac{10}{90}}{\frac{14}{86}} = 0.68$$

이제 Risk 및 Odds를 비교해 보자. <표 2.26>에서 보는 것처럼 이벤트발생확률이 작을 경우 Risk와 Odds의 차이는 작지만, 이벤트발생확률이 커질수록 그 차이도 커진다. 그리고 Risk와 Odds는 다음과 같은 공식에 의해 상호 전환이 된다(Veroniki & Mavridis, 2011).

표 2.26 Risk와 Odds의 비교

Event	Total	Risk	Odds
5	100	0.05	0.0526
50	100	0.5	1
95	100	0.95	19

$$Risk = \frac{odds}{1 + odds} \qquad Odds = \frac{risk}{1 - risk}$$

이벤트발생비율(Risk Ratio)과 승산비율(Odds Ratio)의 해석

이 두 가지 효과크기에 대한 해석은 다음과 같이 이루어진다. 예를 들어 Risk Ratio의 경우 RR=3.0이라면 실험집단이 통제집단에 비해 이벤트가 발생할 확률이 3배 높다는 의미이고, 만약 RR=0.25라면 실험집단의 이벤트발생률이 통제집단에 비해 75% 낮다는 의미이다. 물론 RR=1.0이라면 실험집단과 통제집단의 이벤트발생률이 동일하다는 의미이다. 그리고 OR=2.0이라면 이벤트가 발생하지 않을 경우에 비해 이벤트가 발생할 경우가 통제집단에 비해 실험집단이 두 배가 된다는 의미이다.

Log Risk Ratio(LogRR) 및 Log Odds Ratio(LogOR)

그런데 이벤트발생비율이나 승산비율을 계산할 때는 단순한 Risk Ratio나 Odds Ratio를 이용하는 것이 아니라 아래 공식을 활용하여 로그를 취한 Log Risk Ratio 및 Log Odds Ratio를 활용한다.

공식 2.8

	Events	Non-Events	N
Treated	A	B	n_1
Control	C	D	n_2

Risk Ratio	$\frac{A/n_1}{C/n_2}$ Log Risk Ratio = ln(Risk Ratio) Risk Ratio=Exp(Log Risk Ratio)	$V_{Log\ Risk\ Ratio} = \frac{1}{A} - \frac{1}{n_1} + \frac{1}{C} - \frac{1}{n_2}$
Odds Ratio	$\frac{A/B}{C/D} = \frac{AD}{BC}$ Log Odds Ratio = ln(Odds Ratio)	$V_{Log\ Odds\ Ratio} = \frac{1}{A} + \frac{1}{B} + \frac{1}{C} + \frac{1}{D}$

포인트

로그로 전환하는 이유

승산비(OR)는 0에서 ∞의 범위이므로 비대칭(asymmetric)이 된다. 따라서 승산비에 로그값을 취한 Log(OR)는 -∞에서 ∞의 범위이므로 대칭(symmetric)이 된다.

Log(OR) 및 Log(RR)로 전환할 경우의 장점은 수치를 비교하기 용이하다는 것이다. 즉 Log(OR)의 범위는 (-∞, ∞)이며, Log(RR)의 범위는 (-∞, Log(1/통제집단 이벤트발생률))이 된다. 그리고 0의 경우 효과크기가 없음(neutral value)을 나타내게 된다. 또 다른 장점으로는 좌우대칭(symmetric)이 된다는 점을 들 수 있다. 즉 Log(OR)는 정규분포를 따르며, Log(RR)도 RR보다 정규분포에 가깝다(Veroniki & Mavridis, 2011).

로그 전환의 의미

예를 들어 노인들의 정보 활용 역량이 기부 여부에 미치는 영향에 대한 연구가 있다면, 종속변수는 이분형 데이터인 기부 여부가 된다. 이 경우 두 변수 간의 관계를 산포도로 그리면 아래 <그림 2.14>와 같다(홍세희, 2012).

그림 2.14 정보 활용 역량과 기부와의 산포도

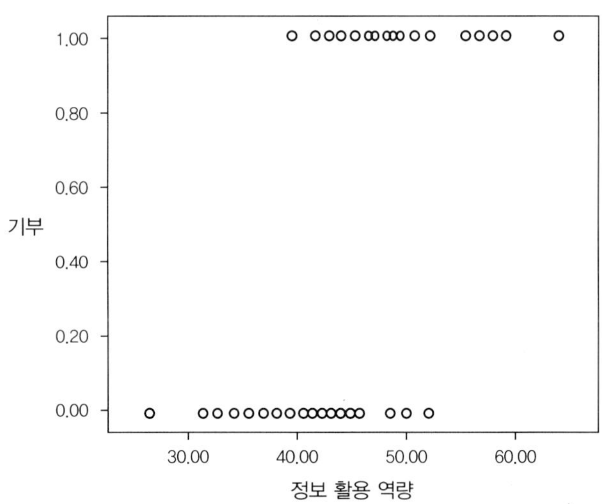

이때 기부 확률을 로짓(Logit)으로 전환하면 독립변수와 로짓의 관계를 선형함수로 표현할 수 있다. 이를 위해 먼저 승산(Odds)을 계산한 후 여기에 로그값을 취하여 로짓으로 만든다.

$$승산(Odds) : \frac{p}{1-p}$$

이를 위해 먼저 확률과 승산의 관계를 만들면 아래 <표 2.27>과 같다.

표 2.27 확률과 승산의 관계

발생할 확률 (p)		0.1	0.2	0.3	0.4	0.5	0.6	0.7	0.8	0.9
발생하지 않을 확률 (1-p)		0.9	0.8	0.7	0.6	0.5	0.4	0.3	0.2	0.1
승산(Odds)	$\frac{p}{1-p}$	0.11	0.25	0.43	0.67	1.00	1.50	2.33	4.00	9.00

$$로짓(Logit) : \ln\left(\frac{p}{1-p}\right)$$

여기서 승산(p/1-p)에 자연로그(Loge, e=2.718)를 취하면 로짓을 계산하게 되며, 이를 정리하면 <표 2.28>과 같다.

표 2.28 확률, 승산 및 로짓의 관계

p		0.1	0.2	0.3	0.4	0.5	0.6	0.7	0.8	0.9
1-p		0.9	0.8	0.7	0.6	0.5	0.4	0.3	0.2	0.1
Odds	$\frac{p}{1-p}$	0.11	0.25	0.43	0.67	1.00	1.50	2.33	4.00	9.00
Logit	$\ln\left(\frac{p}{1-p}\right)$	-2.20	-1.39	-0.85	-0.41	0.00	0.41	0.85	1.39	2.20

<표 2.28>에서 보는 바와 같이 로짓의 경우 좌우대칭이 된다. 따라서 <그림 2.15>에서 보는 것처럼 두 변수 '정보 활용 역량'과 '기부 여부'는 **선형관계**로 표현된다.

그림 2.15 정보 활용 역량과 기부의 선형관계

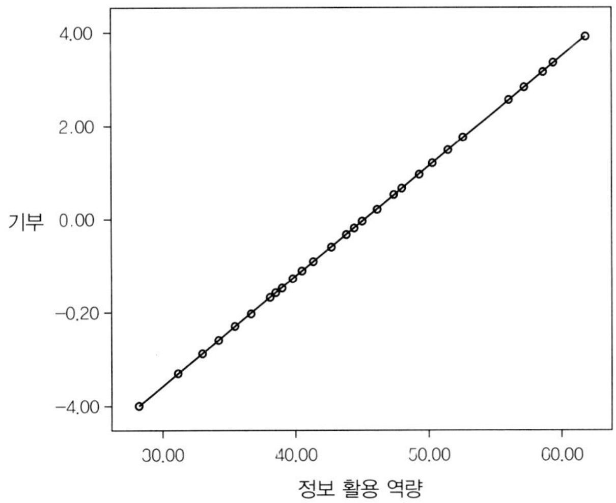

(2) 이벤트발생률 차이(Risk difference, RD)

이벤트발생률 차이(RD)는 실험집단과 통제집단의 이벤트발생률(Risk)의 차이를 의미하는 단순한 개념이지만 이것을 임상적인 맥락에서 이해하기란 쉽지 않다. 그리고 Risk 차이는 상대적 개념이 아니라 절대적 개념을 말하며, 실제 메타분석에 사용되는 경우는 흔하지 않다.

공식 2.9

Risk difference	$\left(\frac{A}{n_1}\right)-\left(\frac{C}{n_2}\right)$	$V_{RiskDiff}=\frac{AB}{n_1^3}+\frac{CD}{n_2^3}$

Tip

Number Needed to Treat(NNT)

NNT는 어떤 이벤트가 발생할 케이스를 하나 더 추가하기 위해 필요한(치료를 받아야 할) 케이스 수를 의미한다. 예를 들어, NNT=5이면 TB가 발생할 케이스를 하나 더 얻기 위해 5명의 케이스가 백신을 접종받아야 한다. 즉 NNT=1/RD, RD의 역수로서 RD가 작을수록 NNT는 커진다.

(3) 사례

이제 실제 이분형 데이터를 활용하여 효과크기를 계산해 보자. 여기서 활용할 데이터는 대학생들의 취업동아리 활동 유무가 취업에 미치는 영향에 대한 데이터로, 아래 <표 2.29>와 같다.

표 2.29 취업동아리 활동의 취업에 대한 효과 데이터

	실험집단			통제집단		
연구 이름	Events1	Non-Events1	Total N1	Events2	Non-Events2	Total N2
study_1	16	49	65	12	53	65
study_2	10	30	40	8	32	40
study_3	19	61	80	14	66	80
study_4	80	320	400	25	375	400
study_5	11	29	40	8	32	40
study_6	18	47	65	16	49	65

이분형 데이터인 경우 효과크기는 주로 이벤트발생률(Risk Ratio)과 승산비율(Odds Ratio)로 계산하는데, 여기서는 승산비율(OR)을 아래 공식을 활용하여 계산해 보자.

ES_2	Binary data				V
		Events	Non-Events	N	
	Treated	A	B	n_1	
	Control	C	D	n_2	
Odds Ratio	$\frac{A/B}{C/D} = \frac{AD}{BC}$ Log Odds Ratio = ln(Odds Ratio)				$V_{Log\ Odds\ Ratio} = \frac{1}{A} + \frac{1}{B} + \frac{1}{C} + \frac{1}{D}$

우선 위의 공식을 통해 Excel을 이용하여 효과크기를 계산하면 <표 2.30>과 같이 나타난다.

표 2.30 취업동아리 활동의 취업에 대한 효과에 대한 승산비(OR) 및 로그 승산비

연구 이름	Events1	Non-Events1	Total N1	Events2	Non-Events2	Total N2	OR	lnOR	V_{lnOR}
study_1	16	49	65	12	53	65	1.442	0.366	0.185

study_2	10	30	40	8	32	40	1.333	0.288	0.290
study_3	19	61	80	14	66	80	1.468	0.384	0.156
study_4	80	320	400	25	375	400	3.750	1.322	0.058
study_5	11	29	40	8	32	40	1.517	0.417	0.282
study_6	18	47	65	16	49	65	1.173	0.159	0.160

위의 결과는 <그림 2.16>과 같이 R을 이용한 결과와 동일함을 알 수 있다.

그림 2.16 R로 분석한 취업동아리 활동의 취업에 대한 효과를 계산한 결과

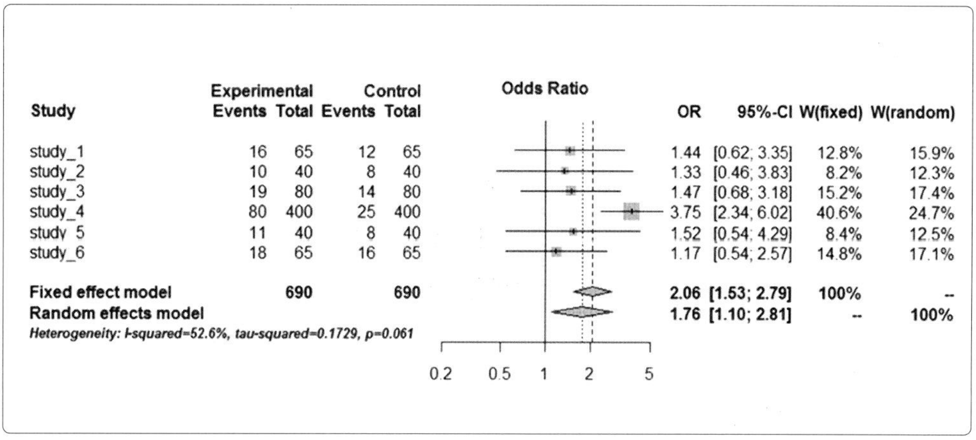

가중치 계산 및 평균효과크기도 아래와 같이 얻을 수 있다(표 2.31, 표 2.32 참조).

표 2.31 취업동아리 활동의 취업에 대한 효과

Name	Y (lnOR)	V_y (V_{lnOR})	W	WY
study_1	0.366	0.185	5.402	1.978
study_2	0.288	0.290	3.453	0.993
study_3	0.384	0.156	6.427	2.469
study_4	1.322	0.058	17.155	22.675
study_5	0.417	0.282	3.551	1.480
study_6	0.159	0.160	6.260	0.998
			42.248	30.594

표 2.32 평균효과크기, 표준편차 및 95% 신뢰구간

평균효과크기	M	0.7241
분산	V_M	0.0237
표준오차	SE_M	0.1539

신뢰구간		
하한선(95%)	LL_M	0.4226
상한선(95%)	UL_M	1.0257

귀무가설(M=0) 검증		
Z값	Z	4.7068
유의확률(단측 검증)	p1	0.0000
유의확률(양측 검증)	p2	0.0000

Tip

이분형 데이터에서 가중치 계산 방법(고정효과모형)

1. 분산의 역수(inverse variance, IV): 가장 흔히 사용하는 방법
2. Mantel-Haenszel(MH) 방법: 이벤트발생비율이 작을 때 더 유용한 방법
3. Peto Odds Ratio: 집단 크기가 같고 이벤트 발생이 아주 드문 경우 최선의 방법

$$OR_{MH} = \frac{\sum(ad/n)}{\sum(bc/n)}(n = a + b + c + d)$$

(Higgins & Green, 2011)

3) 상관관계 데이터의 효과크기 계산

효과크기 계산에 있어 상관관계 데이터는 가장 계산하기 용이한 데이터이다. 여기서는 <표 2.33>의 데이터를 사용해서 효과크기를 산출해 보자.

표 2.33 학업성취도와 자기효능감과의 관계 연구

연구 이름	Correlation	n
study_1	0.530	40
study_2	0.650	90

study_3	0.450	25
study_4	0.230	400
study_5	0.730	60
study_6	0.450	50

데이터가 상관관계 데이터인 경우 효과크기 계산 공식은 아래와 같다. 여기서는 상관계수 r을 Fisher's Z로 전환한다. 그 이유는 Fisher's Z값이 r보다는 더 정규분포를 따르기 때문이다.

공식 2.10

ES_3	Correlational data	V
Correlation coefficient (r)		$V_r = \frac{(1-r^2)^2}{n-1}$ $SE_r = (1-r^2)SE_Z$
convert to	Fisher's z $Z = 0.5 \times ln\left(\frac{1+r}{1-r}\right)$	$V_Z = \frac{1}{n-3}$ $SE_Z = \sqrt{V_Z}$
convert back to	$r = \frac{e^{2z}-1}{e^{2z}+1}$	

이제 위의 공식을 이용하여 Excel을 활용한 효과크기를 계산하면 우선 아래 <표 2.34>와 같은 결과를 얻을 수 있다.

표 2.34 상관관계 및 Fisher's Z

연구 이름	Correlation	n	Z_r	V_Z
study_1	0.530	40	0.590	0.027
study_2	0.650	90	0.775	0.011
study_3	0.450	25	0.485	0.045
study_4	0.230	400	0.234	0.003
study_5	0.730	60	0.929	0.018
study_6	0.450	50	0.485	0.021

이 결과는 R을 통해 분석한 결과와 동일함을 알 수 있다.

그림 2.17 R로 학업성취도와 자기효능감의 관계에 대한 효과크기를 분석한 결과

```
             COR            95%-CI %W(fixed) %W(random)
study_1 0.53 [0.2617; 0.7223]       5.72       15.62
study_2 0.65 [0.5118; 0.7554]      13.45       17.91
study_3 0.45 [0.0667; 0.7175]       3.40       13.55
study_4 0.23 [0.1350; 0.3208]      61.36       19.58
study_5 0.73 [0.5844; 0.8301]       8.81       16.94
study_6 0.45 [0.1962; 0.6473]       7.26       16.39

Number of studies combined: k=6

                        COR            95%-CI       z  p.value
Fixed effect model   0.3929 [0.3258; 0.4560] 10.5614 < 0.0001
Random effects model 0.5222 [0.3003; 0.6905]  4.2133 < 0.0001
```

이제 앞에서(연속형 데이터) 활용한 평균효과크기 계산 공식을 활용하여 상관관계에 대한 효과크기를 계산해 보면 <표 2.35>와 <표 2.36>과 같은 결과를 얻을 수 있다.

표 2.35 상관관계, Fisher's Z, 가중치

연구 이름	Correlation	n	Y (Z_r)	V_y (V_z)	W	WY
study_1	0.530	40	0.590	0.027	37.000	21.835
study_2	0.650	90	0.775	0.011	87.000	67.451
study_3	0.450	25	0.485	0.045	22.000	10.663
study_4	0.230	400	0.234	0.003	397.000	92.973
study_5	0.730	60	0.929	0.018	57.000	52.937
study_6	0.450	50	0.485	0.021	47.000	22.781
					647.000	268.641

표 2.36 평균효과크기, 표준편차 및 95% 신뢰구간

평균효과크기	M	0.4152
분산	V_M	0.0015
표준오차	SE_M	0.0393
신뢰구간		
하한선(95%)	LL_M	0.3382
상한선(95%)	UL_M	0.4923
귀무가설(M=0) 검증		

Z값	Z	10.5614
유의확률(단측 검증)	p1	0.0000
유의확률(양측 검증)	p2	0.0000

이 결과는 R을 이용한 분석 결과와 동일하다.

그림 2.18 R을 이용한 학업성취도와 자기효능감과의 관계에 대한 메타분석 결과

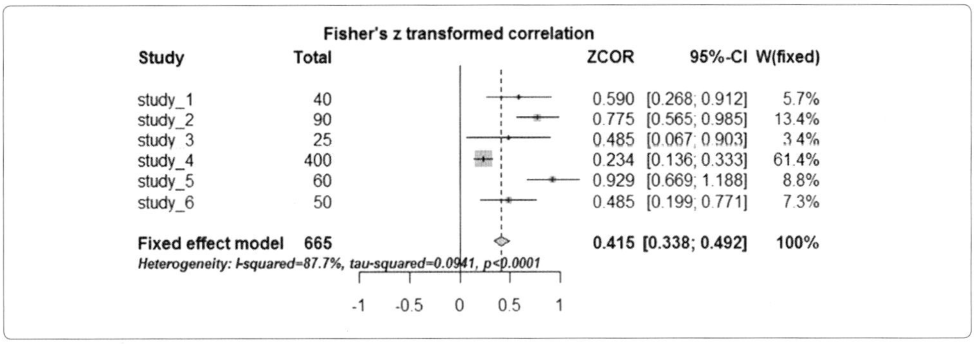

4) 효과크기의 상호 전환

다양한 유형의 데이터로부터 계산된 효과크기는 아래 그림과 같이 상호 전환이 가능하며 그 공식은 다음과 같다(Borenstein et al., 2009, pp. 45-49).

그림 2.19 다양한 효과크기의 상호 전환

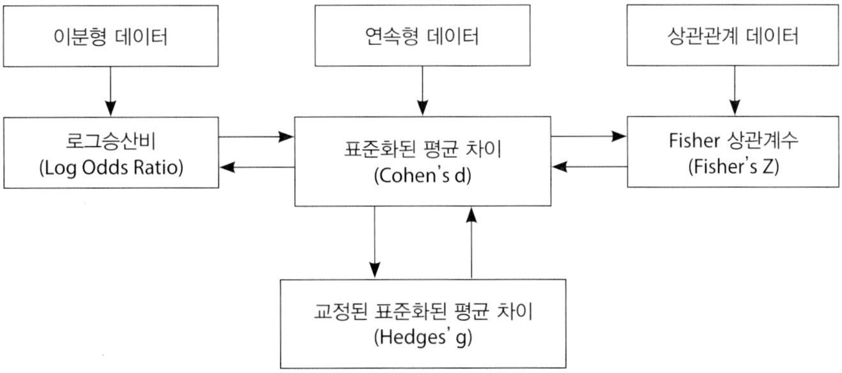

먼저 표준화된 평균 차이(d)에서 로그 승산비(Log Odds Ratio)로 전환하는 경우 아래의 공식을 활용한다.

$$LogOddsRatio = d\frac{\pi}{\sqrt{3}}$$

$$V_{LogOddsRatio} = V_d\frac{\pi^2}{3}$$

π : 수학적 상수 (약 3.14159)

그리고 로그 승산비(Log Odds Ratio)에서 표준화된 평균 차이(d)로 전환하는 경우에는 아래의 공식을 활용한다.

$$d = LogOddsRatio \times \frac{\sqrt{3}}{\pi}$$

$$d = \frac{\ln(OR)}{1.814}$$

$$V_d = V_{LogOddsRatio} \times \frac{3}{\pi^2}$$

π : 수학적 상수 (약 3.14159)

다음으로 상관계수(r)에서 표준화된 평균 차이(d)로 전환하는 경우에는 다음 공식을 활용한다.

$$d = \frac{2r}{\sqrt{1 - r^2}}$$

$$V_d = \frac{4V_r}{(1 - r^2)^3}$$

그리고 표준화된 평균 차이(d)에서 상관계수(r)로 전환하는 경우는 아래 공식을 활용한다.

$$r = \frac{d}{\sqrt{d^2 + a}}$$

$n_1 \neq n_2$ 이면 교정지수(a)는

$$a = \frac{(n_1 + n_2)^2}{n_1 n_2}$$

만약 n_1과 n_2를 정확히 알 수 없다면 $n_1 = n_2$이라고 가정하고 $a = 4$로 인정한다.

$$V_r = \frac{a^2 V_d}{(d^2 + a)^3}$$

이러한 공식을 보기와 함께 정리하면 다음과 같다.

표 2.37 효과크기의 전환 공식 및 보기

전환	공식	보기
1) d에서 로그 승산비로 전환	$LogOddsRatio = d\frac{\pi}{\sqrt{3}}$ $V_{LogOddsRatio} = V_d\frac{\pi^2}{3}$ $\pi = 3.14159$	예를 들어, $d = 0.370$, $V_d = 0.051$이면 $LogOddsRatio = 0.370 \times \frac{3.1416}{\sqrt{3}} = 0.671,$ $V_{LogOddsRatio} = 0.051 \times \frac{3.1416^2}{3} = 0.168$
2) 로그 승산비에서 d로 전환	$d = LogOddsRatio \times \frac{\sqrt{3}}{\pi}$ $V_d = V_{LogOddsRatio} \times \frac{3}{\pi^2}$	예를 들어, $LogOddsRatio = 0.671,$ 분산은 $V_{LogOddsRatio} = 0.168$일 때 $d = 0.671 \times \frac{\sqrt{3}}{3.1416} = 0.370$ $V_d = 0.168 \times \frac{3}{3.1416^2} = 0.051$
3) r에서 d로 전환	$d = \frac{2r}{\sqrt{1 - r^2}}$ $V_d = \frac{4V_r}{(1 - r^2)^3}$	예를 들어, $r = 0.50$, $V_r = 0.0058$이면 $d = \frac{2 \times 0.50}{\sqrt{1 - 0.50^2}} = 1.1547$ $V_d = \frac{4 \times 0.0058}{(1 - 0.50^2)^3} = 0.0550$

<table>
<tr>
<td>4) d에서 r로 전환</td>
<td>$r = \frac{d}{\sqrt{d^2 + a}}$
$n_1 \neq n_2$ 이면 교정지수(a)는
$a = \frac{(n_1 + n_2)^2}{n_1 n_2}$
만약 n_1과 n_2를 정확히 알 수 없다면
$n_1 = n_2$이라고 가정하고 $a = 4$로 인정
$V_r = \frac{a^2 V_d}{(d^2 + a)^3}$</td>
<td>예를 들어, $n_1 = n_2$, $d = 1.1547$, $v_d = 0.0550$일 때
$r = \frac{1.1547}{\sqrt{1.1547^2 + 4}} = 0.5000$
$V_r = \frac{4^2 \times 0.0550}{(1.1547^2 + 4)^3} = 0.0058$</td>
</tr>
</table>

이상과 같이 효과크기 간에는 대체로 상호 전환이 가능함을 알 수 있다. 각 효과크기(r, Zr , d, LogOR)를 상호 비교하면 그 차이는 <표 2.38>과 같이 나타난다.

표 2.38 r, Zr, d, ln(OR)의 상호 비교

study	r	Zr	d	ln(OR)
1	0.9	1.47	4.13	7.49
2	0.8	1.1	2.67	4.84
3	0.7	0.87	1.96	3.56
4	0.6	0.69	1.5	2.72
5	0.5	0.55	1.15	2.09
6	0.4	0.42	0.87	1.58
7	0.3	0.31	0.63	1.14
8	0.2	0.2	0.41	0.74
9	0.1	0.1	0.2	0.36
10	0	0	0	0.00
11	-0.1	-0.1	-0.2	-0.36
12	-0.2	-0.2	-0.41	-0.74
13	-0.3	-0.31	-0.63	-1.14
14	-0.4	-0.42	-0.87	-1.58
15	-0.5	-0.55	-1.15	-2.09
16	-0.6	-0.69	-1.5	-2.72
17	-0.7	-0.87	-1.96	-3.56
18	-0.8	-1.1	-2.67	-4.84
19	-0.9	-1.47	-4.13	-7.49

<표 2.38>에서 보는 것처럼 r보다는 Zr이, Zr보다는 d와 ln(OR)이 좌우대칭이 되며 정규분포에 더 가까움을 알 수 있다.

5. 고정효과모형과 무선효과모형

1) 고정효과모형과 무선효과모형의 의미

메타분석에서 고정효과모형과 무선효과모형은 평균효과크기(mean effect)를 계산하는 방식(computational model)을 의미한다. 즉 연구자가 평균효과크기를 계산할 때 두 가지 방식 중 어떤 방식을 선택해서 계산하느냐에 따라 평균효과크기 추정이 달라지고, 이에 따라서 평균효과크기의 정밀성(precision)도 달라진다.

우선 고정효과모형과 무선효과모형의 의미를 비교 설명하면 <표 2.39>와 같이 정리할 수 있다.

표 2.39 고정효과모형과 무선효과모형의 의미

고정효과모형	무선효과모형
가정: 모든 연구의 모집단 효과크기는 동일하다(모집단 효과크기의 동질성). **목적**: 동일한 모집단의 효과, 즉 one true effect (common effect)를 추정한다. 각 연구의 효과크기 차이는 표집오차(sampling error*)에 기인한다.	**가정**: 모든 연구의 모집단 효과크기는 서로 다르다. 왜냐하면 대상자, 개입방법, 기간 등이 서로 다르기 때문이다(모집단 효과크기의 이질성). **목적**: 서로 상이한 모집단의 효과크기 분포의 평균을 추정한다. 각 연구의 효과크기 차이는 표집오차와 연구 간 분산(between-study variance)으로 구성된다.
평균효과크기는 각 연구의 동일한 모집단 효과크기를 추정한 값이다.	평균효과크기는 각 연구의 상이한 모집단 효과크기 분포의 추정 평균값이다.
표본 크기가 커지면 표준오차는 0에 가깝다.	표본 크기가 크고 동시에 연구의 규모도 커지게 되면 표준오차는 0에 가깝다.

* 표집오차는 random error, sampling error, chance, within-study error로 표현된다.

이상을 그림으로 설명하면 <그림 2.20> 및 <그림 2.21>과 같이 제시할 수 있다.

그림 2.20 고정효과모형

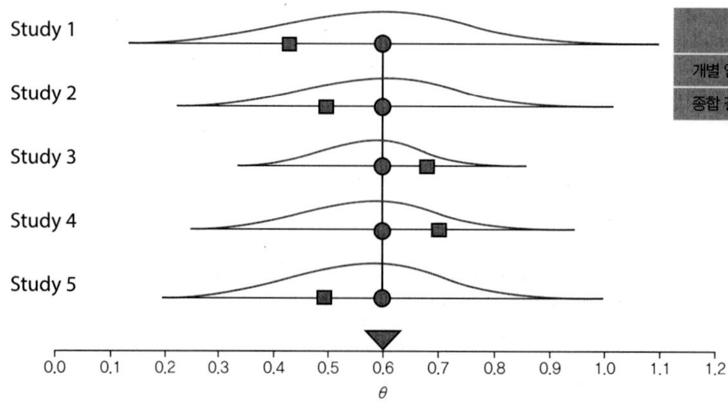

	모집단 효과크기	관찰된 효과크기
개별 연구	●	■
종합 결과	▼	

(Borenstein et al., 2009, p. 65에서 재구성)

<그림 2.20>에서 보는 것처럼 각 연구 간 관찰된 효과크기는 서로 다르지만 추정하고자 하는 모집단의 효과크기는 동일하다. 즉 효과크기가 연구 간 서로 다른 것은 표집오차(sampling error)에 의한 것이다.

그림 2.21 무선효과모형

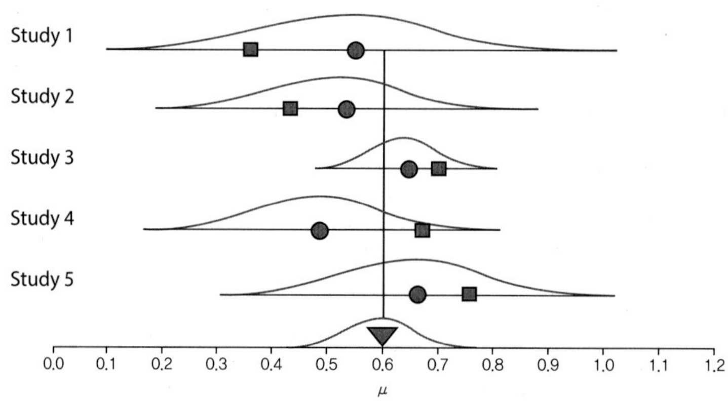

(Borenstein et al., 2009, p. 65에서 재구성)

<그림 2.21>에서는 각 연구 간 관찰된 효과크기가 서로 다른 것은 물론 추정하고자 하는 모집단의 효과크기도 각각 다름을 알 수 있다. 이는 표집오차에 의한 차이, 즉 연구 내 분산(within-study variance)뿐 아니라 연구 간 분산(between-study variance)이 존재하기 때문이다.

2) 고정효과모형과 무선효과모형의 차이

이제 고정효과모형과 무선효과모형을 보다 구체적으로 이해하기 위해 두 모형의 특성과 차이점을 <표 2.40>과 같이 설명할 수 있다.

표 2.40 고정효과모형과 무선효과모형의 차이

고정효과모형	무선효과모형
• 각 연구들이 기능적으로 동일(identical) • 추정하고자 하는 모집단 효과크기의 동질성을 가정(homogeneity) • 따라서 동질성 검정 통계치가 통계적으로 유의하지 않고, 연구 간 분산은 0으로 고정 • 각 연구의 가중치는 매우 다름 • 기능적으로 동일한 연구이며, 연구결과의 적용을 일반화하기 보다는 특정 집단에 한정하고자 하는 경우	• 연구들의 표본, 개입방법 등이 서로 다르다. • 모집단 효과크기의 이질성을 가정하고 연구 간 분산을 인정(heterogeneity) • 가중치가 보다 균형적이고 표준오차가 크고 따라서 신뢰구간이 더 크다. • 각 연구는 연구자들에 의해 각각 독립적으로 이루어진 연구들이며, 연구결과를 다른 집단에도 일반화하여 적용하고자 하는 경우

효과크기의 계산 모형(computational model)의 선택, 즉 평균효과크기를 계산할 때 고정효과모형을 선택할 것인가 아니면 무선효과모형을 선택할 것인가에 대한 것은 각 연구들이 동일한 모집단 효과를 가정하고 있느냐와 분석의 목적이 무엇인가에 따라 결정되어야 한다.

3) 고정효과모형과 무선효과모형의 적용 사례

청소년을 위한 멘토링이 자아존중감에 미치는 효과에 대한 데이터를 이용해서 고정효과모형과 무선효과모형을 적용해 보자. 다음과 같은 각 모형의 효과크기 산출 공식을 활용하면 <표 2.41>과 같은 결과가 나타난다.

공식 2.11	고정효과모형	무선효과모형
	$Wi=\frac{1}{Vi}$, $M=\bar{g}=\frac{\sum wg}{\sum w}$ $V_M=\frac{1}{\sum w}$ $SE_M=\sqrt{V_M}$ $Z=\frac{M}{SE_M}$ $p=(1-NORMSDIST(Z))*2$ $T^2=\frac{Q-df}{C}$ $Q=\sum wg^2-\frac{(\sum wg)^2}{\sum w}$ $c=\sum w-\frac{\sum w^2}{\sum w}$	$V^*=V+T^2$ $W^*=\frac{1}{V^*}$ $V_{M^*}=\frac{1}{\sum W^*}$ (within-study variance + between-study variance) $M^*=\frac{\sum W^* g}{\sum W^*}$ $Z^*=\frac{M^*}{SE_{M^*}}$ predicition interval: $M^* \pm t\sqrt{T^2+V_{M^*}}$

표 2.41 고정효과모형과 무선효과모형의 분산의 차이

	Treated			Control			고정효과모형				무선효과모형			
Name	Mean1	SD1	N1	Mean2	SD2	N2	g	V_g	T^2	V_{total}	g	V_g	T^2	V_{total}
study_1	47	11	60	46	10	60	0.095	0.033	0.000	0.033	0.095	0.033	0.029	0.062
study_2	49	11	65	46	11	65	0.271	0.031	0.000	0.031	0.271	0.031	0.029	0.060
study_3	49	14	40	44	13	40	0.367	0.050	0.000	0.050	0.367	0.050	0.029	0.079
study_4	47	10	200	41	9	200	0.630	0.010	0.000	0.010	0.630	0.010	0.029	0.040
study_5	49	11	50	44	11	45	0.451	0.043	0.000	0.043	0.451	0.043	0.029	0.072
study_6	48	11	85	46	11	85	0.181	0.023	0.000	0.023	0.181	0.023	0.029	0.053

V_g: 연구 내 분산(within-study variance)

T^2: 연구 간 분산(between-study variance)

이제 위의 결과를 반영하여 forest plot으로 나타내면 <그림 2.22>~<그림 2.25>와 같이 제시할 수 있다. 여기서 주목할 만한 점은 고정효과모형과 무선효과모형의 평균효과크기가 서로 다를 뿐 아니라 무선효과모형의 평균효과크기의 신뢰구간이 고정효과모형의 평균효과크기의 신뢰구간 보다 더 넓다는 점이다. 이는 무선효과모형에서는 그 분산이 더 크기 때문이다.

그림 2.22 고정효과모형을 활용한 메타분석 결과(R)

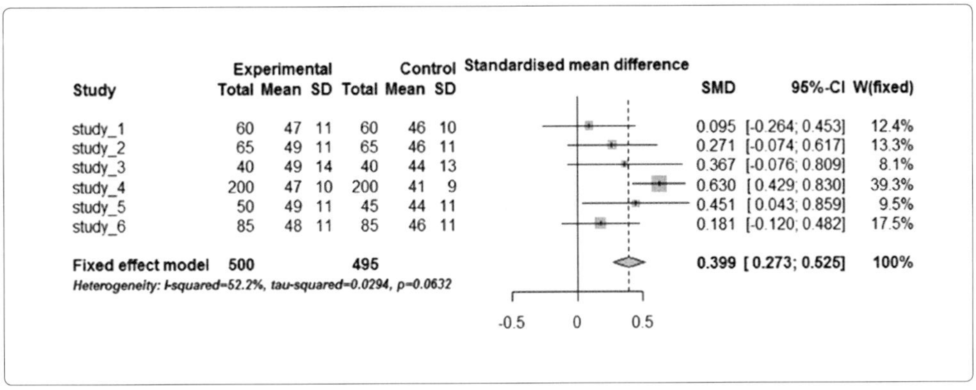

그림 2.23 고정효과모형을 활용한 메타분석 결과(RevMan)

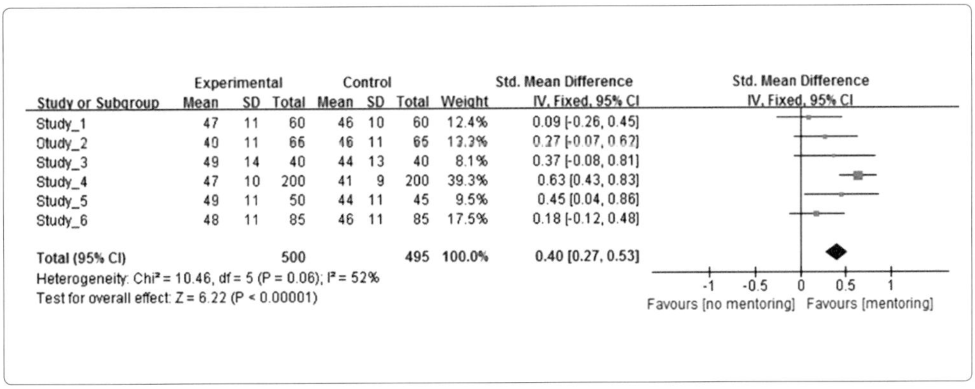

그림 2.24 무선효과모형을 활용한 메타분석 결과(R)

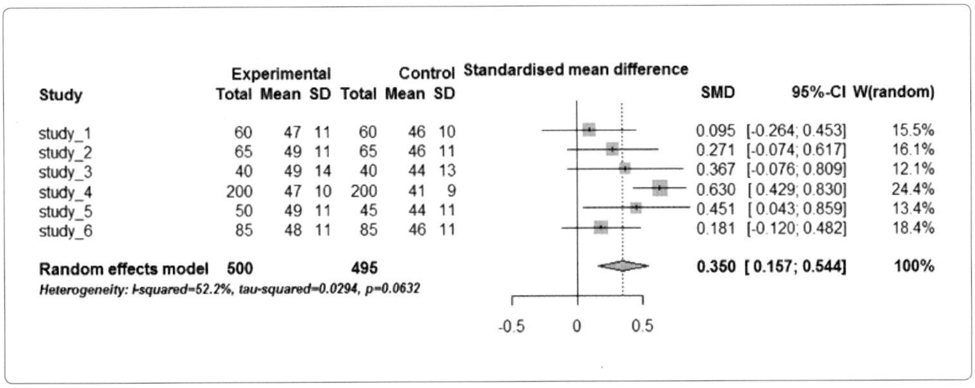

그림 2.25 무선효과모형을 활용한 메타분석 결과(RevMan)

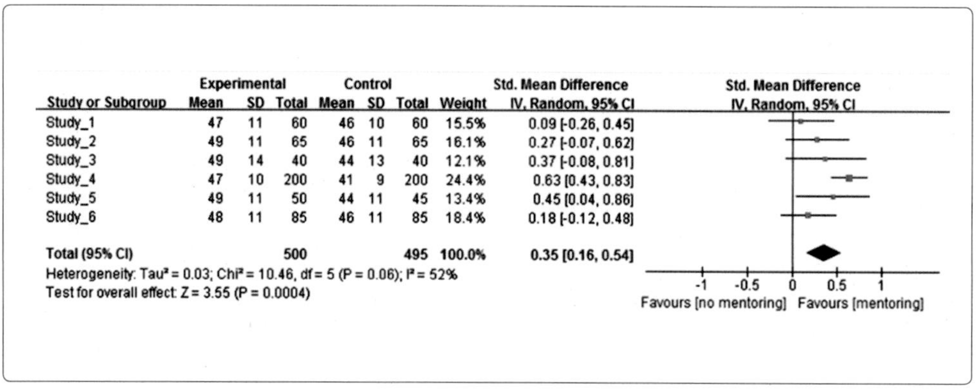

Study or Subgroup	Experimental Mean	Experimental SD	Experimental Total	Control Mean	Control SD	Control Total	Weight	Std. Mean Difference IV, Random, 95% CI
Study_1	47	11	60	46	10	60	15.5%	0.09 [-0.26, 0.45]
Study_2	49	11	65	46	11	65	16.1%	0.27 [-0.07, 0.62]
Study_3	49	14	40	44	13	40	12.1%	0.37 [-0.08, 0.81]
Study_4	47	10	200	41	9	200	24.4%	0.63 [0.43, 0.83]
Study_5	49	11	50	44	11	45	13.4%	0.45 [0.04, 0.86]
Study_6	48	11	85	46	11	85	18.4%	0.18 [-0.12, 0.48]
Total (95% CI)			**500**			**495**	**100.0%**	**0.35 [0.16, 0.54]**

Heterogeneity: Tau² = 0.03; Chi² = 10.46, df = 5 (P = 0.06); I² = 52%
Test for overall effect: Z = 3.55 (P = 0.0004)

이상 두 모형, 즉 고정효과모형과 무선효과모형의 의미와 특성을 정리하면 아래 <표 2.42>와 같다.

표 2.42 고정효과모형과 무선효과모형의 특성 요약 비교

	모집단 효과크기 (population effect)	표집 오차 (sampling error)	연구 간 분산 (heterogeneity)	전체 분산	가중치	연구결과 일반화
고정효과모형	동일	있음	없음	V	$\frac{1}{V}$	제한적
무선효과모형	다름	있음	있음	$V + T^2$	$\frac{1}{V + T^2}$	가능

유의할 점은 평균효과크기를 산출할 때 고정효과모형을 사용할 것인가 아니면 무선효과모형을 사용할 것인가를 연구자가 선택, 결정한다는 점이다. 많은 연구자들이 효과크기의 동질성 검증(test of homogeneity)을 한 결과에 기초해서 동질성 통계량에 따라 모형을 선택하는데, 이는 잘못된 결정이다. 왜냐하면 모형의 선택은 동질성 검증 통계량에 기초하는 것이 아니라 연구의 특성, 즉 연구 대상, 개입 방법, 연구의 환경 등에 따라 모형을 선택해야 하기 때문이다. 이에 대해서 Borenstein et al.(2009)은 다음과 같이 명확한 입장을 밝히고 있다.

> 어떤 연구자들은 처음에는 고정효과모형으로 계산했다가 동질성 검증의 결과가 통계적으로 유의하게 나타나면 무선효과모형으로 전환하는 방식을 시도한다. 하지만 이러한 방식은 반드

시 지양되어야 한다. 왜냐하면 무선효과모형을 선택하는 것은 통계적 검증의 결과에 기초해서가 아니라 메타연구에 포함된 연구들이 모두 동일한 모집단 효과크기를 공유하느냐 아니냐 하는 개념적 이해에 기초해야 하기 때문이다. 특히 동질성 검증의 통계적 분석방법은 통계적 검증력이 낮은 경우가 많다(p. 84).

4) Excel을 이용한 고정효과모형과 무선효과모형의 평균효과크기 계산

이제 고정효과모형과 무선효과모형을 이용한 평균효과크기를 Excel을 이용하여 구해 보자. 여기서는 청소년들의 자아존중감에 대한 멘토링 프로그램의 효과(사후검사)에 대한 데이터를 활용한다.

표 2.43 실험집단과 통제집단의 평균, 표준편차, 표본크기

연구 이름	실험집단			통제집단		
	M1	S1	N1	M2	S2	N2
study_1	47	11	60	46	10	60
study_2	49	11	65	46	11	65
study_3	49	14	40	44	13	40
study_4	47	10	200	41	9	200
study_5	49	11	50	44	11	45
study_6	48	11	85	46	11	85

우선 아래 공식을 활용하여 각 연구의 효과크기와 분산을 계산해 보자.

$$D = \overline{X_1} - \overline{X_2} \qquad d = \frac{\overline{X_1} - \overline{X_2}}{S_p}$$

$$S_p = \sqrt{\frac{(n_1 - 1)S_1^2 + (n_2 - 1)S_2^2}{(n_1 + n_2 - 2)}}$$

$$V_d = \frac{1}{n_1} + \frac{1}{n_2} + \frac{d^2}{2(n_1 + n_2)}$$

$$g = J \times d(J{:}\,correction\ factor)$$

$$J = \left[1 - \frac{3}{4(n_1 + n_2) - 9}\right] or \left(1 - \frac{3}{4df - 1}\right)$$

$$V_g = J^2 \times V_d$$

표 2.44 효과크기와 분산의 계산

연구 이름	D	S_p	d	V_d	J	g	V_g
study_1	1	10.512	0.095	0.033	0.994	0.095	0.033
study_2	3	11.000	0.273	0.031	0.994	0.271	0.031
study_3	5	13.509	0.370	0.051	0.990	0.367	0.050
study_4	6	9.513	0.631	0.010	0.998	0.630	0.010
study_5	5	11.000	0.455	0.043	0.992	0.451	0.043
study_6	2	11.000	0.182	0.024	0.996	0.181	0.023

이어서 각 연구의 가중치와 가중효과크기를 산출해 낸다.

표 2.45 고정효과크기 계산을 위한 가중치와 가중효과크기

연구 이름	Y	V_Y	W	WY
study_1	0.095	0.033	30.352	2.869
study_2	0.271	0.031	32.582	8.834
study_3	0.367	0.050	20.048	7.349
study_4	0.630	0.010	95.623	60.197
study_5	0.451	0.043	23.468	10.581
study_6	0.181	0.023	42.706	7.730
			244.779	97.559

$Y = g \quad V_Y = V_g$ $\qquad W_i = \frac{1}{V} \qquad W_i = \frac{1}{(SE)^2}$

Y : d, OR, or Zr을 의미, 즉 universal effect size(SE)

그러면 <표 2.46>과 같은 고정효과모형의 평균효과크기와 표준오차를 구할 수 있다.

표 2.46 고정효과모형을 이용한 평균효과크기, 표준오차 및 95% 신뢰구간

평균효과크기	M	0.3986
분산	V_M	0.0041

표준오차	SE_M	0.0639

신뢰구간		
하한선(95%)	LL_M	0.2733
상한선(95%)	UL_M	0.5238

귀무가설(M=0) 검증		
Z값	Z	6.2356
유의확률(단측 검증)	p1	0.0000
유의확률(양측 검증)	p2	0.0000

$$M = \frac{\sum w_i g}{\sum w_i}$$

$$LL_M = M - (1.96 \times SE_M)$$

$$UL_M = M + (1.96 \times SE_M)$$

$$Z = \frac{M}{SE_M}$$

$$V_M = \frac{1}{\sum W} \qquad SE_M = \sqrt{V_M}$$

$$p = (1 - NORMSDIST(Z)) * 2$$

이제 무선효과모형의 평균효과크기를 계산하기 위해 필요한 연구 간 분산, 즉 타우제곱(T^2)을 계산해 보자.

표 2.47 무선효과크기 계산을 위한 타우제곱(T^2) 계산

Heterogeneity statistics		
Q statistic	Q	10.541
degrees of freedom	df	5.000
C	C	187.980
Tau-squared	T^2	0.029
I-squared	I^2	52.568

$$T^2 = \frac{Q - df}{C} \qquad df = k - 1$$

$$Q = \sum WY^2 - \frac{(\sum WY)^2}{\sum W} \qquad I^2 = \frac{Q - df}{Q} \times 100\%$$

$$C = \sum W - \frac{\sum W^2}{\sum W}$$

C: scaling factor(표준화 단위 지수: T^2를 표준화된 단위로 표시)
k: number of studies

이어서 <표 2.47>에서 산출된 타우제곱을 이용하여 무선효과모형의 평균효과크기 산출을 위해 전체 분산과 가중치 및 가중효과크기를 계산한다(표 2.48).

표 2.48 무선효과크기 계산을 위한 가중치와 가중효과크기

Y	V_Y	T^2	V_{total}	W*	W*Y
0.095	0.033	0.029	0.062	16.019	1.514
0.271	0.031	0.029	0.060	16.619	4.506
0.367	0.050	0.029	0.079	12.601	4.619
0.630	0.010	0.029	0.040	25.040	15.763
0.451	0.043	0.029	0.072	13.871	6.254
0.181	0.023	0.029	0.053	18.906	3.422
				103.056	36.078

$$W^* = \frac{1}{V^*} \qquad V^* = V + T^2$$

Total variance=(within-study variance) + (between-study variance)

그러면 고정효과모형에서의 평균효과크기를 구한 것과 마찬가지 방식으로 무선효과모형에서의 평균효과크기와 표준오차를 <표 2.49>와 같이 산출하게 된다. 그리고 이 결과는 R을 이용하여 구한 결과와 동일함을 알 수 있다(그림 2.26).

표 2.49 무선효과모형을 이용한 평균효과크기, 표준오차 및 95% 신뢰구간

평균효과크기	M^*	0.3501
분산	V_{M^*}	0.0097
표준오차	SE_{M^*}	0.0985

신뢰구간		
하한선(95%)	LL_{M^*}	0.1570
상한선(95%)	UL_{M^*}	0.5432

귀무가설(M=0) 검증		
Z값	Z^*	3.5539
유의확률(단측 검증)	$p1^*$	0.0002
유의확률(양측 검증)	$p2^*$	0.0004

$$M^* = \frac{\sum W^* Y}{\sum W^*}$$

$$V_{M^*} = \frac{1}{\sum W^*} \qquad SE_{M^*} = \sqrt{V_{M^*}}$$

$$LL_{M^*} = M^* - (1.96 \times SE_{M^*})$$

$$UL_{M^*} = M^* + (1.96 \times SE_{M^*})$$

$$Z^* = \frac{M^*}{SE_{M^*}}$$

$$p^* = (1 - NORMSDIST(Z)) * 2$$

그림 2.26 R을 이용한 고정효과모형과 무선효과모형의 평균효과크기

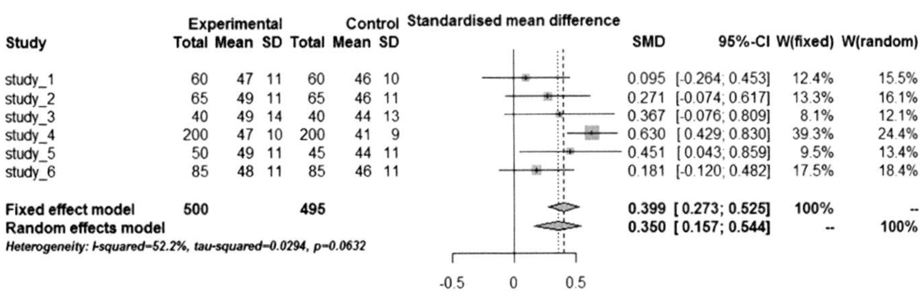

제3장 효과크기의 이질성

1. 이질성의 의미

메타분석의 목표는 단순히 효과크기의 평균을 도출하는 데 있지 않고 효과크기의 전체 패턴(pattern of effect sizes)을 이해하는 데 있다. 일반적으로 메타분석을 하게 되면 각 개별 연구로부터 도출된 효과크기가 서로 다르게 나타나게 되는데, 이러한 효과크기 간의 차이(differences in effect sizes)를 효과크기의 이질성(heterogeneity)이라고 부른다. 즉 효과크기의 이질성이란 각 연구로부터 나타난 효과크기의 분포(dispersion of effect sizes)의 정도를 의미하는 것이며, 연구 간 효과크기가 일관되지 않은 정도를 의미한다(inconsistency across studies).

그럼 먼저 시각적으로 아래의 forest plot을 살펴보자. 육안으로 보아도 <그림 3.1>은 연구 간 효과크기가 크게 다르지 않고 비교적 일관성을 보이고 있음을 알 수 있다. 이어서 <그림 3.2>에서는 각 연구의 효과크기가 모두 같은 방향(오른쪽)에 있지만 비교적 폭넓게 분포되어 있어 그 이질성이 상당한 수준임을 알 수 있다. 그리고 <그림 3.3>에서는 각 연구의 효과크기가 좌우, 즉 서로 다른 방향에 분포되어 있어 효과크기 간의 이질성의 정도가 매우 크다는 것을 알 수 있다.

그림 3.1 효과크기가 비교적 일관성을 보이는 경우

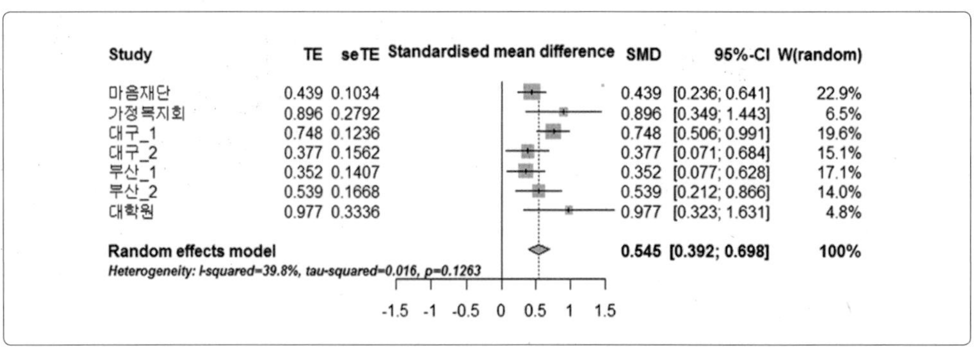

그림 3.2 효과크기가 상당히 이질적인 경우

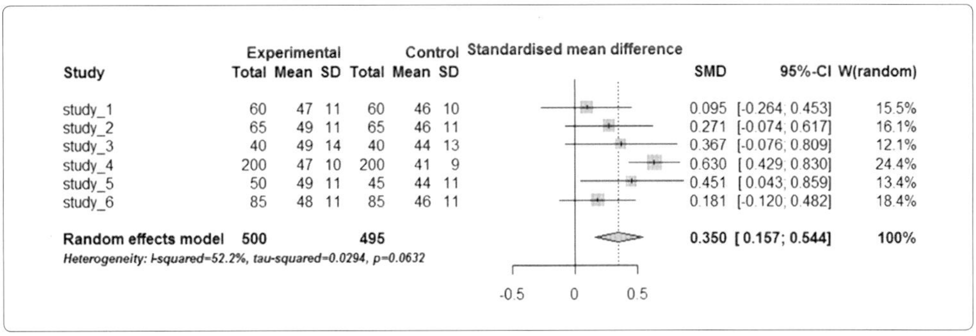

그림 3.3 효과크기가 매우 이질적인 경우

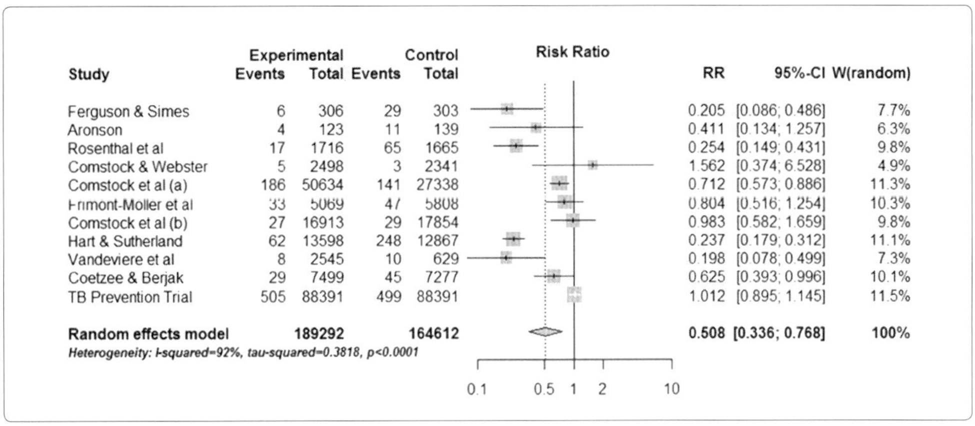

2. 이질성 통계치(T^2 및 I^2)

각 연구로부터 도출된 결과, 즉 효과크기의 이질성의 정도를 나타내는 통계치(heterogeneity statistics)로 활용되는 것으로 T^2과 I^2이 있다. 이 T^2와 I^2을 이해하고 계산하기 위해서는 효과크기의 동질성 검증(test of homogeneity)에 사용되는 Q값과 df를 먼저 이해할 필요가 있다.

Q값은 메타분석에서 각 효과크기들의 관찰된 분산(observed weighted sum of squares)을 의미하며 이는 표집오차 분산(sampling error 또는 random error)과 실제 연구 간 분산(true variance 또는 between-study variance)을 모두 포함하는 총분산(total variance)을 의미한다. 이 Q 통계치는 효과크

기의 동질성(homogeneity)을 검증하는 데 사용된다. 하지만 이 Q 통계치는 영가설(H_0: 연구 간 실제 분산=0 또는 모든 연구의 모집단 효과크기는 동일하다)을 검증할 따름이며, 그 분포는 카이스퀘어 분포를 따른다. 따라서 Q값은 메타분석에 포함된 연구 수(k), 즉 자유도(df=k-1)에 따라 영향을 많이 받는다고 하겠다.

표 3.1 Q 통계치에 대한 설명 요약

Q	관찰된 분산(전체 분산) observed(or total) weighted sum of squares 관찰된 분산=실제분산+표집오차분산	$Q = \sum W_i(d - \overline{d})^2 = \sum\left(\frac{d - \overline{d}}{S}\right)^2$ $Q = \sum wd^2 - \frac{(\sum wd)^2}{\sum w}$
	동질성검증 통계치(statistical test of homogeneity)로서 영가설(H_0: true dispersion=0)을 검증하고 초과 분산(excess variance)을 산출하기 위해 필요	$Q(4) = 2.58$, x^2 분포를 따름 CHIDIST(2.58, 4)=.63 p=.63
	Q-통계치와 p값은 귀무가설의 진위만을 검증할 뿐, 초과분산의 크기는 알 수 없다. 귀무가설=포함된 모든 연구의 모집단 효과크기는 동일하다. 즉 연구 간 분산은 제로(0)다.	

한편 df(자유도)는 각 연구의 모집단의 효과크기가 모두 동일하다고 가정할 때 기대하는 기대분산의 값이다. 따라서 '총분산 – 기대분산 = 실제분산'이므로 Q – df(총분산 – 기대분산)는 실제 연구 간 효과의 차이로 인한 분산의 정도를 의미한다. 하지만 이 값은 총분산에서 기대분산, 즉 표집오차 분산을 제외한 값으로 절대값을 나타내는 것은 아니다. 따라서 이 실제분산을 절대값으로 나타내어 메타분석을 실시한 결과 그 이질성을 서로 비교할 수 있어야 할 것이다. T^2은 실제분산을 나타내는 절대값으로 효과크기와 같은 단위로 표현된다.

표 3.2 df 및 Q–df 통계치에 대한 설명 요약

df	각 연구의 모집단의 효과크기가 동일하다고 가정할 때, 즉 메타분석에 포함된 각 연구의 효과크기의 차이는 표집오차(sampling error within studies or within-study error)에 의한 것이라고 가정할 때의 기대분산(expected WSS)	$df = k - 1$(k: 포함된 연구의 수) $(Q - df)$는 초과분산(excess variation)이며 연구 간 실제 차이(분산)를 의미한다.

$Q - df$	관찰된 총분산에서 기대분산을 뺀준 값, 즉 연구 간 실제 효과 차이에 기초한 분산의 정도(excess variation). 만약 Q > df이면 각 연구의 모집단 효과크기는 서로 다르며, 이때 연구 간 분산은 0보다 크다. 하지만 Q < df이면 연구 간 실제분산은 0이며, 즉 각 연구의 모집단 효과크기는 모두 동일하다고 하겠다.

아래 <표 3.3>에서 보듯이 T^2은 메타분석에서 각 연구 간 효과크기의 실제분산을 나타내며, 표준화된 값으로 표현되기 때문에 서로 비교가 가능하다. 한편 $T^2=0$이 가능한데, 이 경우 무선효과모형을 선택하여 평균효과크기를 계산했다고 하더라도 이 평균효과크기 값은 고정효과모형의 결과와 동일하다고 하겠다.

표 3.3 T^2 통계치에 대한 설명 요약

<table>
<tr><td rowspan="2">T^2</td><td>실제 서로 다른 모집단 효과크기에 의한 분산, 즉 연구 간 분산(실제분산, between-studies variance) Tau-squared로 읽으며, 실제분산의 절대값이다.</td><td>$T^2 = \dfrac{Q - df}{C}$</td></tr>
<tr><td>C: scaling factor(T^2을 표준화된 단위로 표시하며 효과크기와 같은 단위로 만든다.)
한편, T^2은 고정효과모형에서만 계산된다.</td><td>$C = \sum W - \dfrac{\sum W^2}{\sum W}$</td></tr>
<tr><td rowspan="2">T</td><td>연구 간 효과크기의 표준편차
(between-studies standard deviation)</td><td>실제 효과크기의 분포(the range of true effects)를 추정하기 위해 활용, 즉 prediction interval을 구하기 위해 사용</td></tr>
<tr><td colspan="2">Tau(τ)는 1차 연구(primary study)에서의 표준오차와 같은 의미로서 추정구간(Prediction Interval, PI) 계산에 사용하며, 모집단의 평균효과크기가 속할 범위를 지정해 준다.
모집단 PI = $\mu \pm Z \cdot \tau$ 표본 PI = $M^* \pm t \cdot \sqrt{T^2 + V_{M^*}}$</td></tr>
</table>

또 한 가지 효과크기의 이질성을 나타내는 또 다른 지수로 I^2가 있는데 이는 총분산에 대한 실제 분산의 비율을 나타내며, T^2과는 달리 절대값이 아니라 비율(%)로 나타낸다. 즉 총분산에 대한 실제 연구 간 분산의 비율을 표현한다. 일반적으로 I^2이 25%이면 이질성이 작은 것으로 해석하며, 50%이면 중간 크기 정도로, 그리고 75% 이상 되면 이질성이 매우 큰 것으로 해석하게 된다. 참고로 이질성 통계치는 고정효과모형에서만 계산할 수 있는데, 이는 표집오차(sampling or within-study variability)에 대한 관찰된 총분산의 비율을 계산할 수 있는 통계치(H^2: total variability/sampling variability)가 필요하기 때문이다.

표 3.4 I^2 통계치에 대한 설명 요약

<table>
<tr><td rowspan="4">I^2</td><td colspan="2">실제분산 비율
(the proportion of true variance)</td><td>$I^2 = \frac{Q - df}{Q} \times 100$
$(\frac{V_{between}}{V_{total}})$</td></tr>
<tr><td rowspan="3">전체 관찰된 분산 중 실제(연구 간) 분산이 차지하는 비율로서 분산의 크기를 계산하지 않는 상대적 분산을 의미(relative variance)</td><td>I^2 = 25%</td><td>작은 크기 이질성
(small heterogeneity)</td></tr>
<tr><td>I^2 = 50%</td><td>중간 크기 이질성
(medium heterogeneity)</td></tr>
<tr><td>I^2 = 75%</td><td>큰 크기의 이질성
(large heterogeneity)</td></tr>
</table>

일반적으로 이질성에 대한 판단은 총분산에 대한 실제 분산의 비율(I^2)이 50% 이상이고 동질성 검증의 유의확률(p-value)이 0.10보다 작은 경우 효과크기의 이질성은 상당하다고(substantial) 판단한다(Higgins and Green, 2011).

R과 RevMan을 이용하여 분석하면 일반적으로 <그림 3.4> 및 <그림 3.5>와 같은 forest plot을 통해 효과크기의 이질성을 쉽게 알 수 있다(I^2=52.2%).

그림 3.4 R을 이용해 효과크기의 이질성을 보여 주는 forest plot

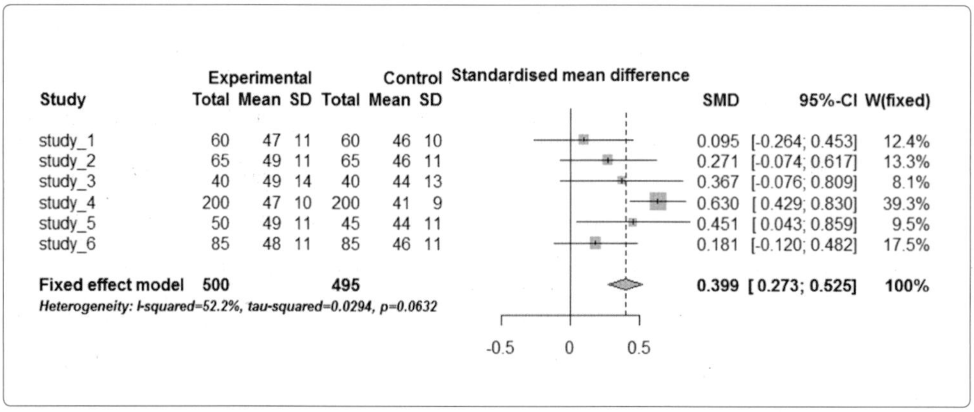

그림 3.5 RevMan을 이용해 효과크기의 이질성을 보여 주는 forest plot

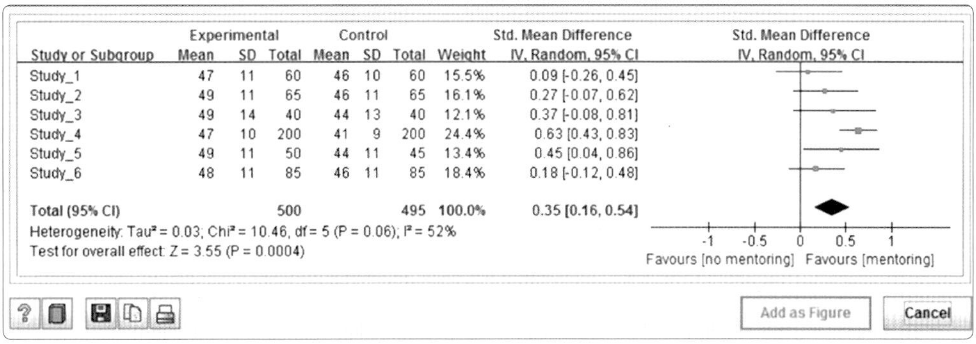

<그림 3.6>을 보면 Q=10.46(df=5, p=.063)으로 나타나 Q-df > 0임을 알 수 있다. 즉 연구 간 분산이 실제 존재함을 알 수 있다.

그림 3.6 R을 이용한 메타분석 결과와 효과크기의 이질성 제시(Q값)

```
              SMD             95%-CI %W(fixed) %W(random)
study_1 0.0945 [-0.2635; 0.4526]     12.36      15.53
study_2 0.2711 [-0.0743; 0.6166]     13.28      16.12
study_3 0.3665 [-0.0756; 0.8087]      8.11      12.14
study_4 0.6295 [ 0.4287; 0.8304]     39.28      24.43
study_5 0.4509 [ 0.0428; 0.8589]      9.52      13.40
study_6 0.1810 [-0.1203; 0.4823]     17.46      18.38

Number of studies combined: k=6

                          SMD            95%-CI      z  p-value
Fixed effect model     0.3992 [0.2733; 0.5251] 6.2156 < 0.0001
Random effects model 0.3504 [0.1569; 0.5438] 3.5499   0.0004

Quantifying heterogeneity:
tau^2 = 0.0294; H = 1.45 [1; 2.29]; I^2 = 52.2% [0%; 80.9%]

Test of heterogeneity:
     Q d.f.  p-value
 10.46    5   0.0632

Details on meta-analytical method:
- Inverse variance method
- DerSimonian-Laird estimator for tau^2
```

그리고 <그림 3.7>을 보면 $I^2 = 52.2\%$로 나타나 효과크기의 이질성이 상당한 수준임을 알 수 있다. 그리고 연구 간 분산, 즉 실제분산은 $T^2 = 0.029$로 나타났다.

그림 3.7 R을 이용한 효과크기의 이질성 통계치 제시(I^2, T^2)

```
              SMD              95%-CI %W(fixed) %W(random)
study_1 0.0945 [-0.2635; 0.4526]     12.36      15.53
study_2 0.2711 [-0.0743; 0.6166]     13.28      16.12
study_3 0.3665 [-0.0756; 0.8087]      8.11      12.14
study_4 0.6295 [ 0.4287; 0.8304]     39.28      24.43
study_5 0.4509 [ 0.0428; 0.8589]      9.52      13.40
study_6 0.1810 [-0.1203; 0.4823]     17.46      18.38

Number of studies combined: k=6

                          SMD            95%-CI      z  p-value
Fixed effect model     0.3992 [0.2733; 0.5251] 6.2156 < 0.0001
Random effects model 0.3504 [0.1569; 0.5438] 3.5499   0.0004

Quantifying heterogeneity:
tau^2 = 0.0294; H = 1.45 [1; 2.29]; I^2 = 52.2% [0%; 80.9%]

Test of heterogeneity:
     Q d.f.  p-value
 10.46    5   0.0632

Details on meta-analytical method:
- Inverse variance method
- DerSimonian-Laird estimator for tau^2
```

3. 조절효과 분석

효과크기를 분석한 결과 각 효과크기의 이질성이 상당하다면, 그 이질성에 대해 설명할 필요가 있다. 왜냐하면 동일한 주제 및 연구 질문으로 수행된 각 연구들의 결과가 상이하다면, 이질적인 결과를 보이는 배경에 대한 설명이 뒤따라야 할 것이기 때문이다. 이를 위해 조절효과 분석이 필요하다. 메타분석에서 조절효과 분석은 하위집단(subgroups) 간의 효과크기 차이를 보다 직접적으로 검증하며 또한 평균효과크기에 영향을 주는 변수, 즉 조절변수의 영향력을 검증할 수 있도록 한다. 조절변수(covariates or moderators)는 일반적으로 <그림 3.8>에서 보는 것처럼 독립변수와 종속변수의 관계에 영향을 주는 변수로서, 메타분석에서는 연구 수준(study-level)의 변수를 말한다. 예를 들면, 연구대상자들에 대한 그룹화 방식(무선배정 또는 비무선배정), 프로그램의 기간 및 횟수, 출간 형태(학술지 논문 여부) 등이 조절변수가 된다.

조절효과 분석은 효과크기를 설명하는 연구 차원(study-level)의 변수, 즉 조절변수(moderators)를 통해 분석하는데 일반적으로 다음 두 가지 방법이 있다.

그림 3.8 조절변수의 의미

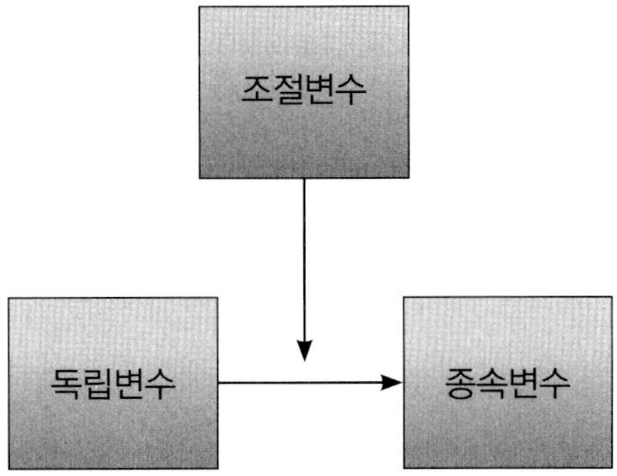

- 조절변수가 범주형 변수일 경우: 메타 ANOVA
- 조절변수가 연속형 변수일 경우: 메타 회귀분석(meta-regression)

이 두 가지 방법은 메타분석이 아닌 일차적인 연구에서 활용되는 ANOVA 및 OLS 회귀분석과 동일하지는 않다. 즉 데이터의 모든 분산을 활용하는 것이 아니라 실제분산, 즉 연구 간 분산을 설명하고자 하며, 메타 회귀분석의 경우 조절변수(moderator)당 최소 10개의 연구가 필요하다. 그리고 조절변수 분석은 비실험적(nonexperimental or observational) 분석이며, 따라서 인과 관계(causal relationship)를 유추할 수 있는 것은 아니다. 이 분석은 효과크기의 차이 및 그 이질성에 대한 원인, 배경 등에 대한 가설을 만들어 내는(generating hypothesis) 역할을 하는 것이 일반적이다. 즉 효과크기의 이질성에 관한 있을 법한 원인(possible causes for heterogeneity)에 대한 탐색적 설명을 하는 데 그 목적이 있다. 구체적인 분석 과정과 내용은 제2부에서 설명하기로 한다.

제2부

메타분석의 수행

- 제4장 OpenMeta로 하는 메타분석
- 제5장 R로 하는 메타분석
- 제6장 RevMan으로 하는 메타분석

제4장 OpenMeta로 하는 메타분석

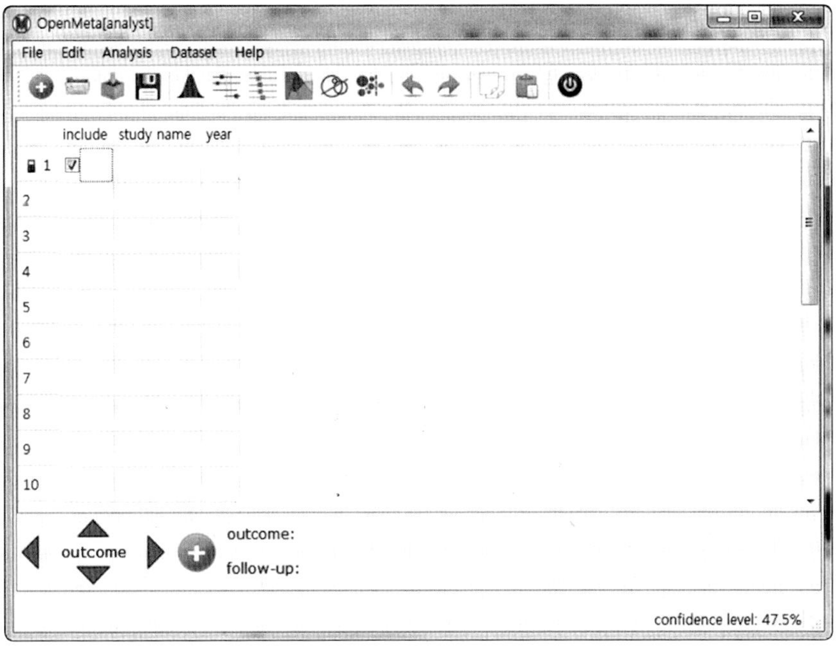

OpenMeta는 메타분석에 대한 공개 프로그램(open software)으로는 가장 최근에 개발된 것으로 미국 브라운대학 공중보건대학원(Brown University School of Public Health)의 근거기반의학연구소(Center for Evidence-based Medicine, CEBM)에 의해 개발된 메타분석 프로그램이다. 이 프로그램은 미국 연방정부 Agency for Health Care Research and Quality(AHCRQ)의 재정 지원하에 개발되었으며, 프로그램의 소스는 R 프로그램의 "metafor" 패키지에 기초하고 있다. 그러나 R 프로그램처럼 명령어(script) 중심의 프로그램이 아니라 상용 패키지인 Comprehensive Meta-Analysis(C-MA)처럼 그래픽 인터페이스(Graphic User Interface, GUI)를 기반으로 하고 있어 메타분석에 대한 초보자들도 쉽게 이용할 수 있다는 점을 주요 특징으로 들 수 있다. OpenMeta 프로그램의 설치는 아래와 같은 순서로 진행된다.

먼저 <그림 4.1>에서 보는 것처럼 미국 브라운대학 공중보건대학원 근거기반의학연구소 홈페이지에 접속하여 software를 클릭하고 Open Meta-Analyst를 클릭하여 접속하거나, 또는 <그림 4.2>와 같이 OpenMeta를 다운받게 될 홈페이지로 직접 연결할 수 있다.

OpenMeta 홈페이지에서 Download 탭을 클릭하면, 설치할 수 있는 Windows versions을 보여 준다. 이때 일반적으로 Windows 8 version을 선택하면 된다. 왜냐하면 앞으로 업데이트 버전은 Windows 8 버전으로만 이루어지며, Windows 8 버전은 Windows 7에서 별 이상 없이 실행되기 때문이다(그림 4.3).

이제 <그림 4.4>와 같이 OpenMeta 프로그램을 클릭하여 적절한 폴더에 저장하게 되는데 저장 후의 모습은 <그림 4.5>와 동일하다.

그림 4.1 브라운대학 공중보건대학원 근거기반의학연구소 홈페이지 (http://www.cebm.brown.edu)

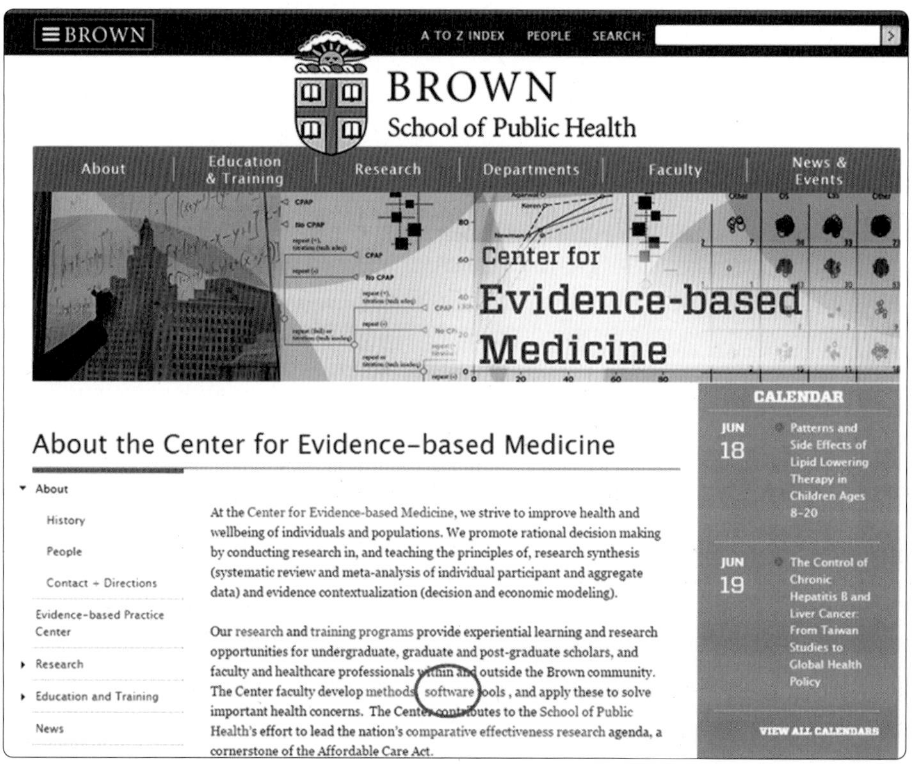

그림 4.2 프로그램을 다운받게 될 OpenMeta 홈페이지
(http://www.cebm.brown.edu/open_meta)

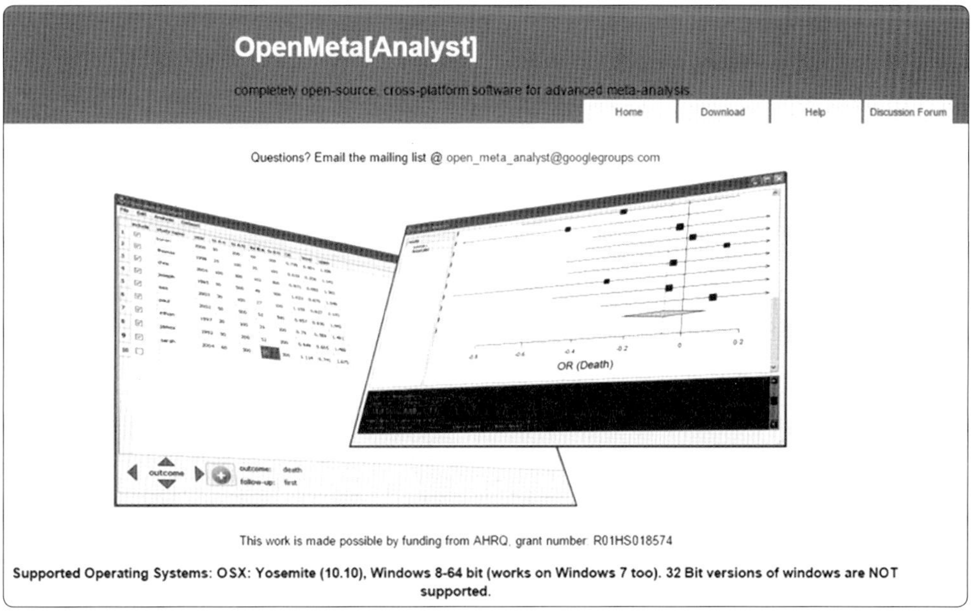

그림 4.3 OpenMeta 설치에 적합한 OS를 선택하는 모습

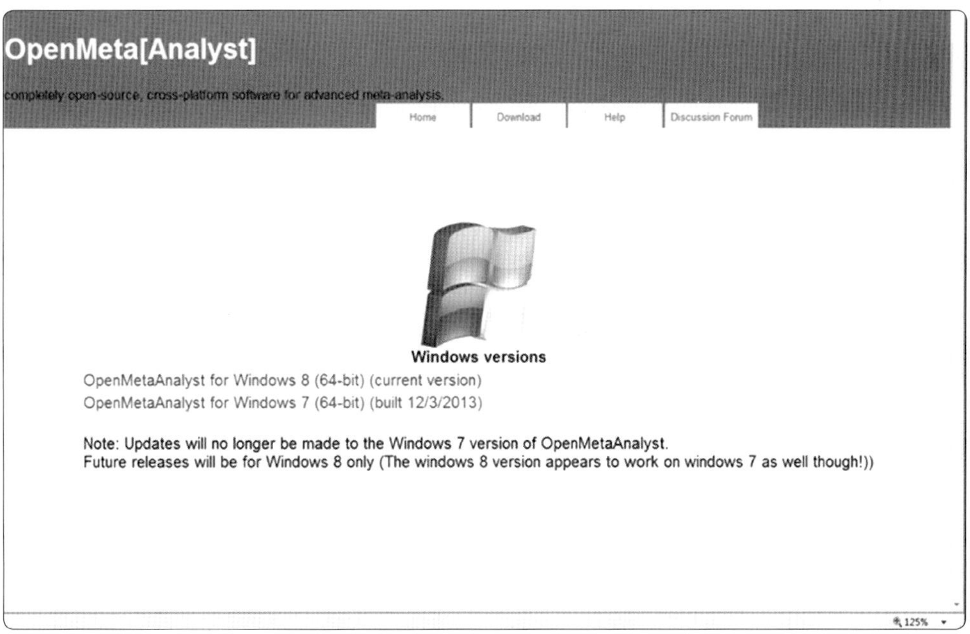

그림 4.4 OpenMeta for Windows 8을 선택, 저장하는 모습

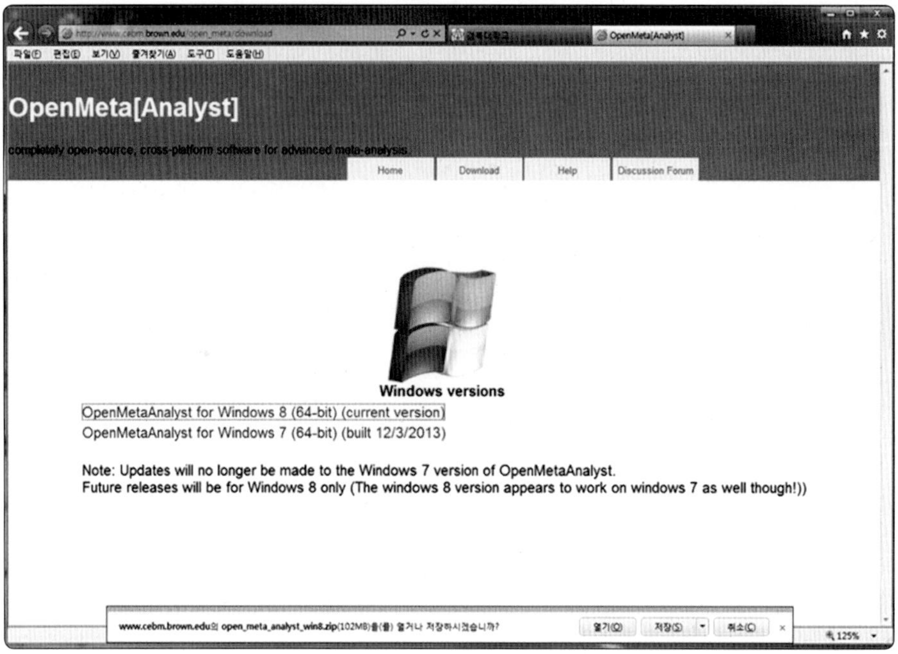

그림 4.5 OpenMeta for Windows 8을 저장한 후 모습

<그림 4.6>에서와 같이 OpenMeta 프로그램이 저장된 폴더 안에서 OpenMeta 실행프로그램인 LaunchOpenMetaAnalyst.exe 파일을 클릭하면 <그림 4.7>과 같은 OpenMeta의 초기 화면이 나타나게 된다.

그림 4.6 OpenMeta for Windows 8을 실행할 모습

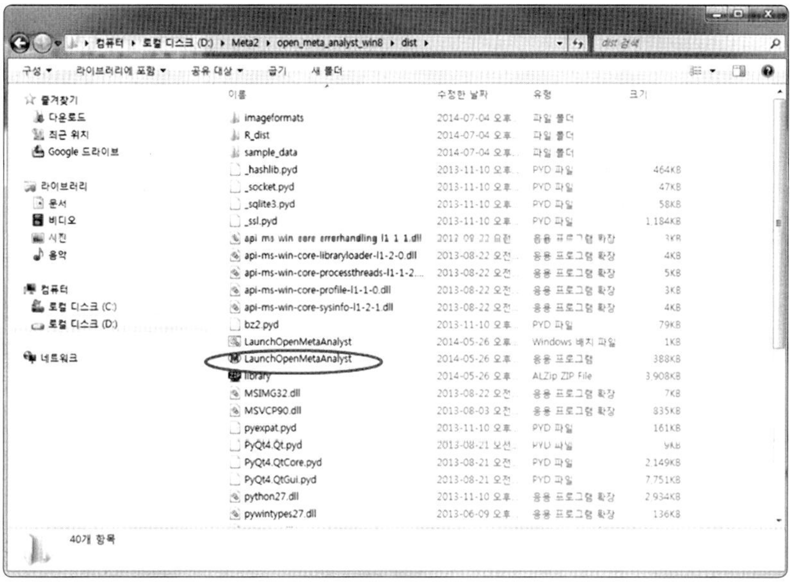

그림 4.7 OpenMeta를 실행한 후 초기 화면 모습

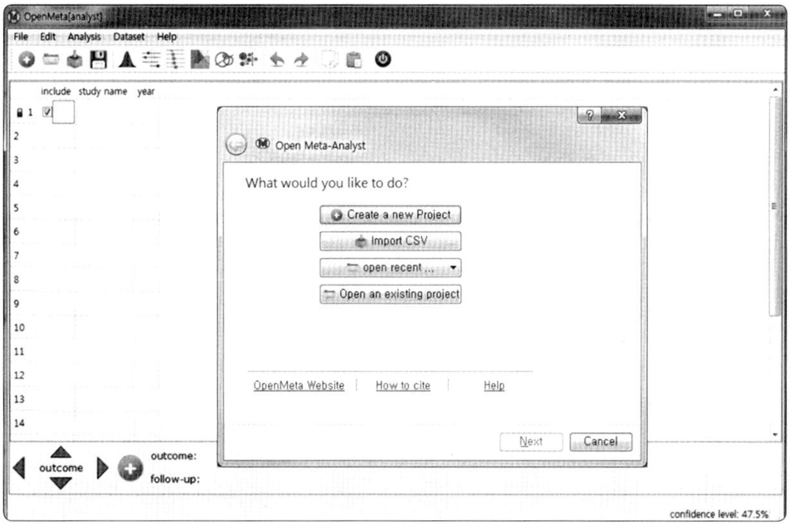

1. 데이터 불러오기

이어서 분석할 데이터 파일을 불러오는데 OpenMeta에서 사용하는 데이터 파일은 주로 Excel 파일을 comma separated variable 형식으로 전환한 csv file, 즉 *.csv file을 사용한다. 파일을 불러올 때 사용하는 메뉴는 'Import CSV'이다. 또는 Excel 파일에서 데이터를 바로 복사해서 붙일 수도 있는데, 이 경우에는 'Create a new Project' 메뉴를 사용하게 된다. 여기서는 아래 <표 4.1>의 이분형 데이터를 활용하기로 한다.

표 4.1 OpenMeta에서 사용하는 CSV 형식의 데이터(bcg2.csv)

study name	year	TB1	N1	TB2	N2
Ferguson & Simes	1933	6	306	29	303
Aronson	1935	4	123	11	139
Rosenthal et al	1941	17	1716	65	1665
Comstock & Webster	1947	5	2498	3	2341
Comstock et al(a)	1949	186	50634	141	27338
Frimont-Moller et al	1950	33	5069	47	5808
Comstock et al(b)	1950	27	16913	29	17854
Hart & Sutherland	1950	62	13598	248	12867
Vandeviere et al	1965	8	2545	10	629
Coetzee & Berjak	1965	29	7499	45	7277
TB Prevention Trial	1968	505	88391	499	88391

이제 분석을 위한 데이터를 불러오는 과정을 자세히 살펴보자. 먼저 초기 화면에서 CSV 파일을 불러오는 방식을 사용해 보자. <그림 4.8>에서 보는 바와 같이 "Import CSV" 버튼을 클릭한다. 그러면 <그림 4.9>에서 보는 것처럼 메타분석에서 이용할 데이터 유형을 선택하게 되는데, 여기서는 두 집단의 이분형 데이터이므로 두 집단 비율(proportions) 데이터 버튼을 선택하면 된다. 다음으로는 효과크기의 유형을 선택하게 되는데 여기서는 이벤트발생비율, 즉 Risk Ratio(RR)을 선택하고(그림 4.10), 이어서 연구결과(outcome)의 이름을 "TB"로 입력한다(그림 4.11).

<그림 4.11>에서와 같이 메타분석에서 사용할 결과(outcome) 이름까지 지정하고 나면 <그림 4.12>에서 보는 것처럼 불러올 CSV 파일을 지정하게 된다. OpenMeta에는 나름대로 고유한 데이

터 형식(format)이 지정되어 있다는 점에서 다른 메타분석 프로그램과 비슷하지만, 연구이름 다음에 연구 출간연도(year)가 지정되어 있다는 점에 유의해야 한다.

그림 4.8 CSV 형식의 데이터를 불러오기 위한 모습

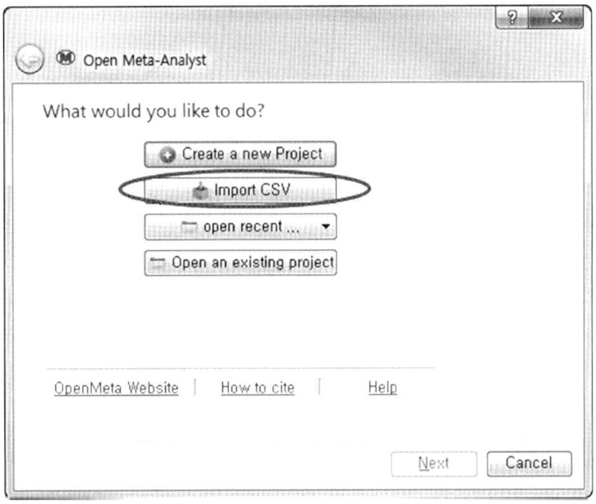

그림 4.9 메타분석에 사용할 데이터의 유형(이분형 데이터)

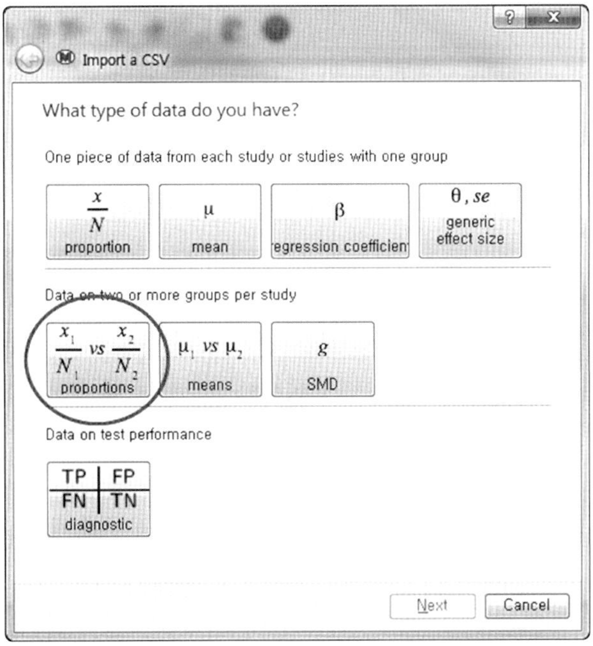

그림 4.10 메타분석에서 사용할 효과크기의 유형(Risk Ratio)

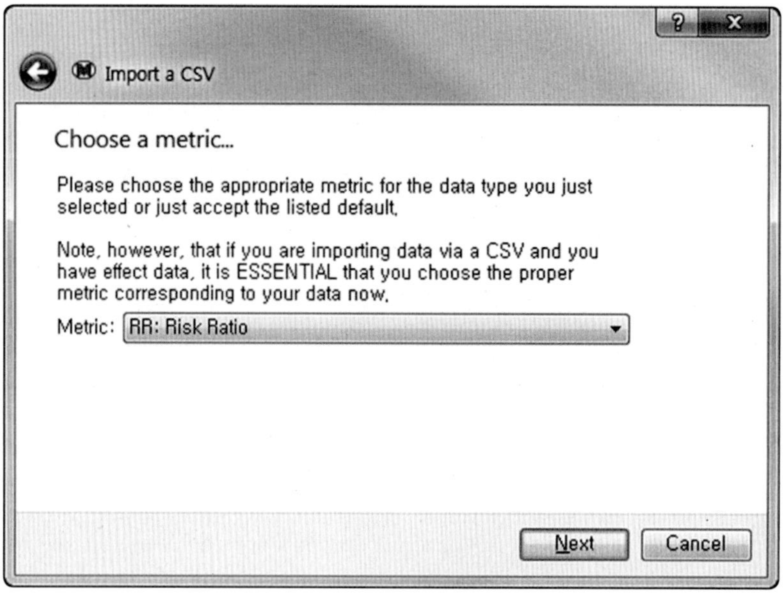

그림 4.11 메타분석에서 사용할 결과(outcome) 이름을 지정하는 모습

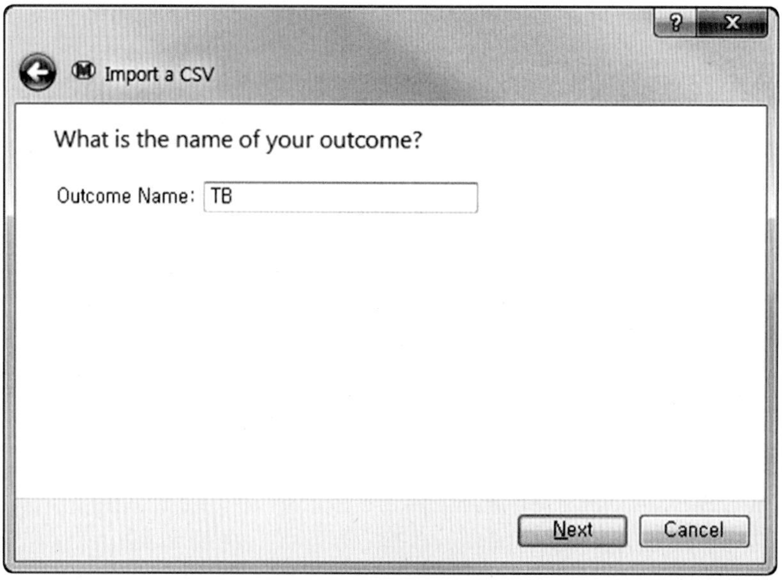

그림 4.12 불러올 CSV 데이터 파일의 형식(format)

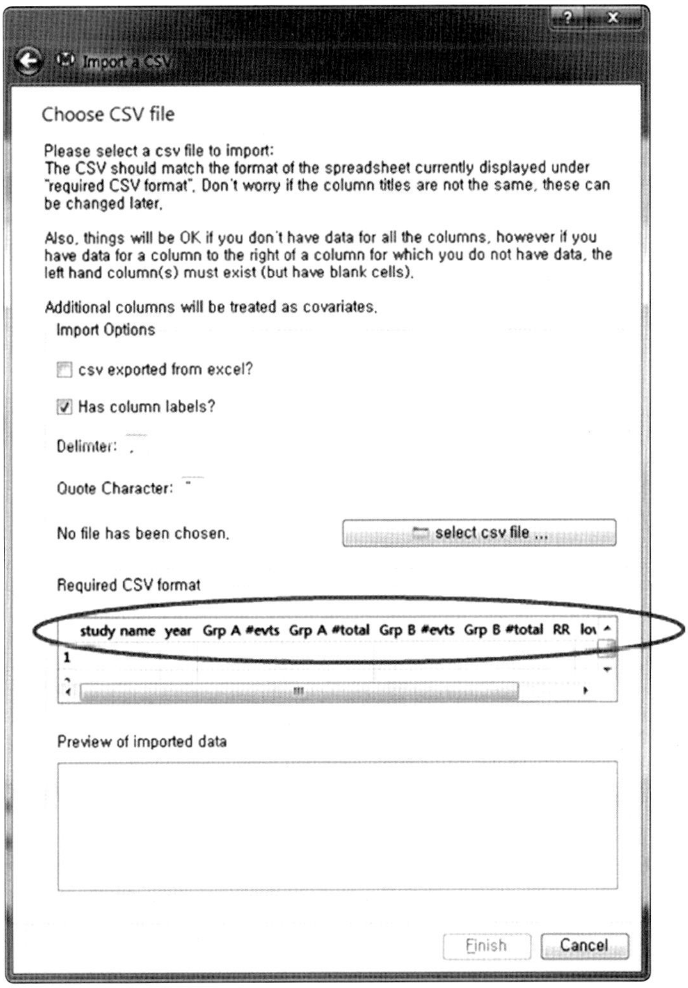

다음으로 <그림 4.13>에서 보는 것처럼 파일(bcg2.csv)이 저장된 폴더에서 불러올 CSV 파일을 선택하면 된다. 그리고 나면 <그림 4.14>에서와 같이 불러올 파일을 미리 보여 주는데 이때 데이터가 OpenMeta에서 지정한 고유의 형식에 맞는지 확인할 수 있다.

<그림 4.14>에서 보는 것처럼 불러올 데이터 파일이 지정된 형식(format)에 적합한지를 확인한 후, 'Finish' 버튼을 클릭하게 되면 <그림 4.15>와 같은 데이터의 모습을 볼 수 있는데, 이때 각 연구의 효과크기와 신뢰구간이 이미 계산되어 있음을 확인할 수 있다.

그림 4.13 불러올 CSV 파일을 선택하는 모습

그림 4.14 분석할 CSV 파일을 불러온 모습 미리보기(preview)

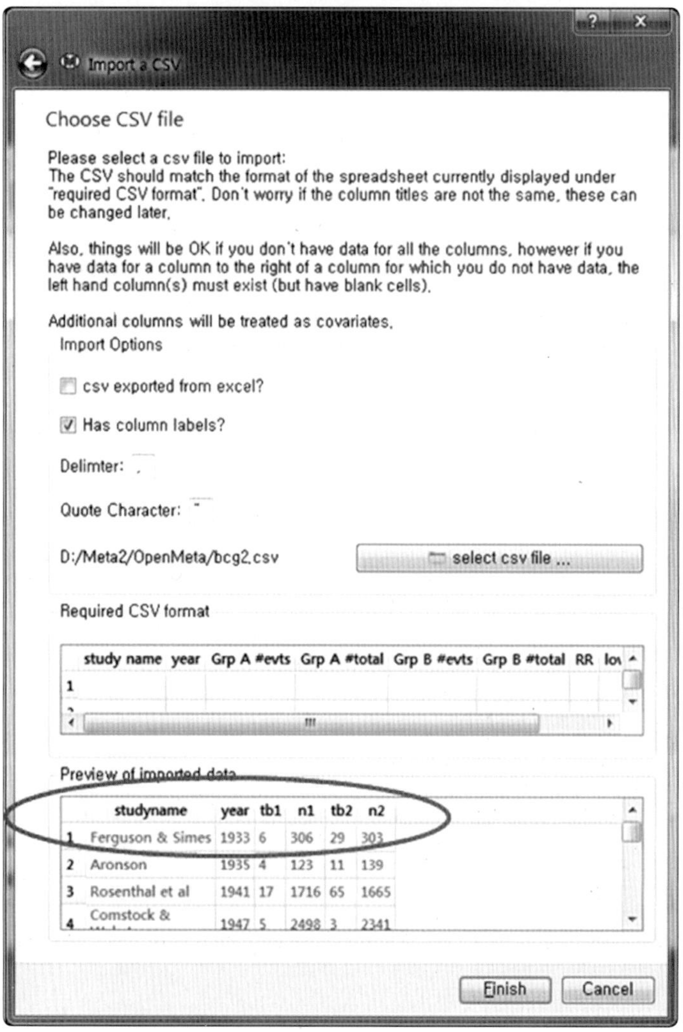

그림 4.15 분석할 데이터를 불러온 후 모습

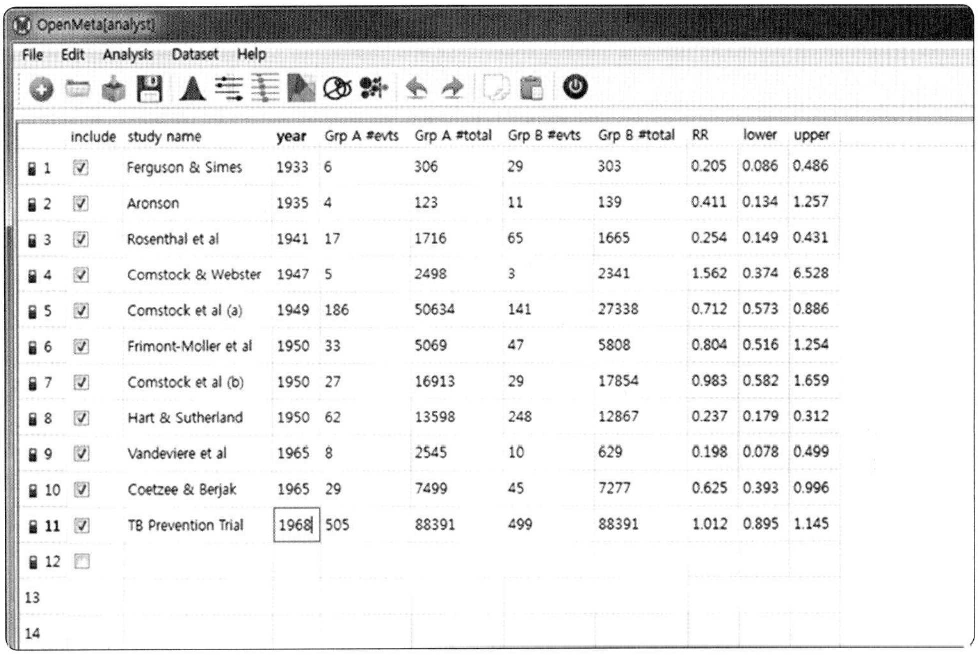

한편, OpenMeta에서는 CSV 파일을 직접 불러 오는 방법 외에 Excel 데이터를 직접 복사해서 갖다 붙이는 방법을 사용할 수 있다. 이 경우 초기 화면에서 <그림 4.16>과 같이 'Create a new Project' 버튼을 클릭한 후 <그림 4.17>과 같이 데이터 유형을 선택한다. 이는 앞서 사용한 데이터와 동일한 이분형 데이터이므로 'proportions'를 클릭한다. 나머지 효과크기의 유형을 선택하는 것과 결과(outcome)에 대한 지정은 앞서 본 절차와 동일하다(그림 4.18, 그림 4.19).

데이터에 대한 지정을 마치고 나면 <그림 4.20>에서 보는 것처럼 데이터를 직접 입력할 수 있는 창이 나타나는데, 이때 Excel에서 <그림 4.21>의 데이터만을 복사(copy)해서 갖다 붙이면(paste) <그림 4.22>와 같은 결과가 나타난다. 이는 앞서 본 <그림 4.15>와 동일하게 Risk Ratio와 신뢰구간을 보여주고 있음을 확인할 수 있다.

이제 다음 단계에서는 OpenMeta를 이용해 다양한 유형의 데이터를 직접 분석해 보자.

그림 4.16 Excel 데이터를 직접 입력하기 위한 모습

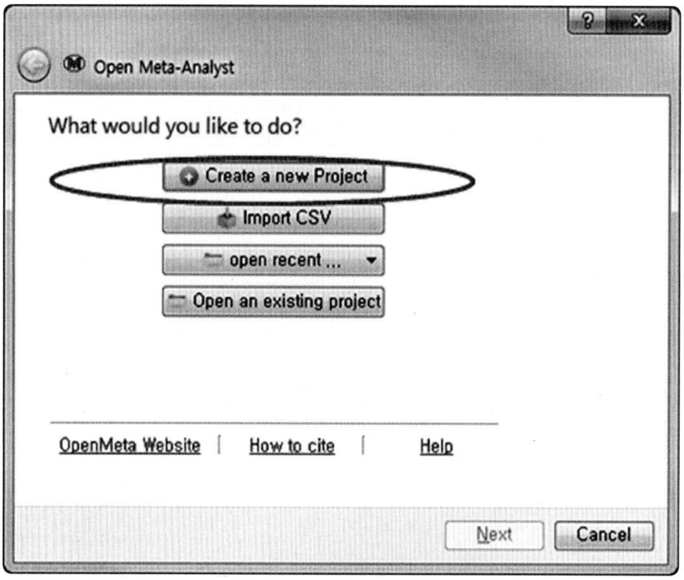

그림 4.17 메타분석에 사용할 데이터의 유형(이분형 데이터)

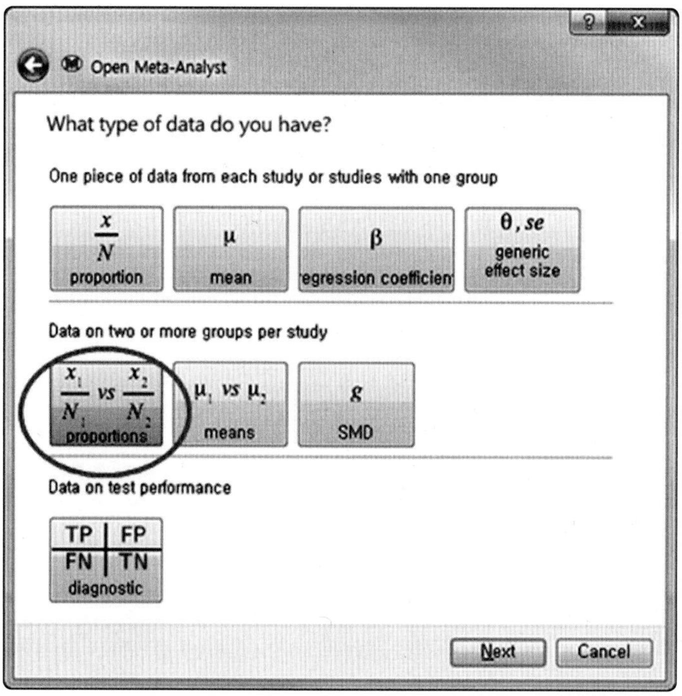

그림 4.18 메타분석에서 사용할 효과크기의 유형(Risk Ratio)

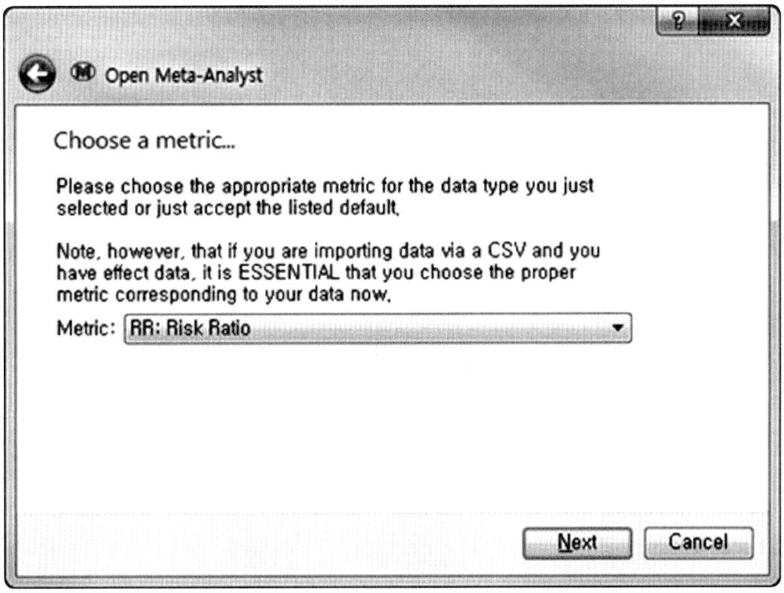

그림 4.19 메타분석에서 사용할 결과(outcome) 이름을 지정하는 모습

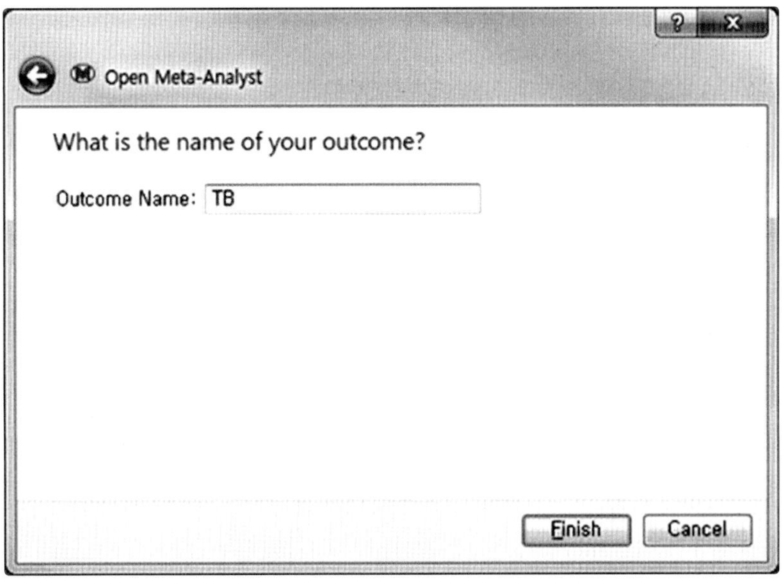

그림 4.20 Excel 데이터를 직접 입력하기 위해 준비된 모습

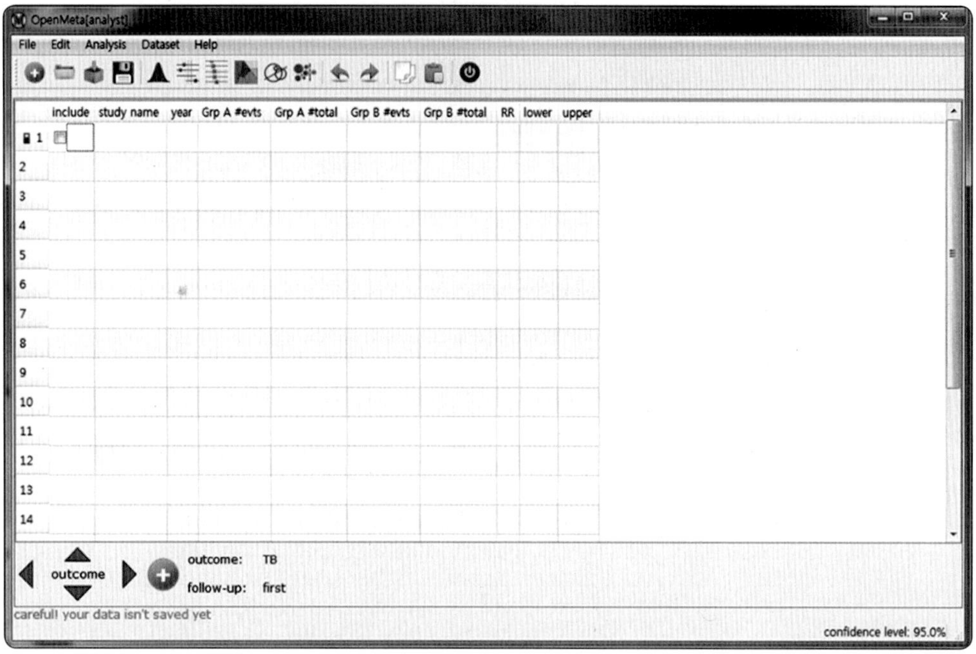

그림 4.21 직접 입력하게 될 Excel 데이터

Ferguson & Simes	1933	6	306	29	303
Aronson	1935	4	123	11	139
Rosenthal et al	1941	17	1716	65	1665
Comstock & Webster	1947	5	2498	3	2341
Comstock et al (a)	1949	186	50634	141	27338
Frimont-Moller et al	1950	33	5069	47	5808
Comstock et al (b)	1950	27	16913	29	17854
Hart & Sutherland	1950	62	13598	248	12867
Vandeviere et al	1965	8	2545	10	629
Coetzee & Berjak	1965	29	7499	45	7277
TB Prevention Trial	1968	505	88391	499	88391

그림 4.22 Excel 데이터를 직접 입력한 후의 모습

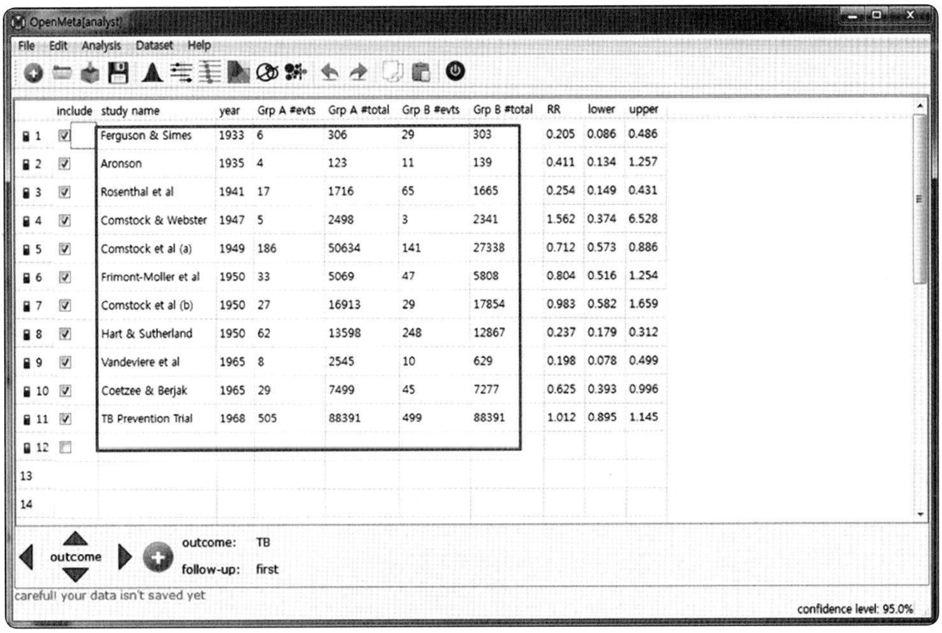

2. 연속형 데이터의 효과크기 분석

1) 두 집단(사후검사)의 경우

여기에서는 앞에서 활용한 청소년의 자아존중감에 대한 멘토링의 효과 데이터, 즉 mentoring(OpenMeta).csv를 사용해서 분석해 보자.

표 4.2 청소년의 자아존중감에 대한 멘토링 데이터

study	year	n1	m1	s1	n2	m2	s2
study_1	2009	60	47	11	60	46	10
study_2	2010	65	49	11	65	46	11
study_3	2011	40	49	14	40	44	13
study_4	2012	200	47	10	200	41	9
study_5	2013	50	49	11	45	44	11
study_6	2014	85	48	11	85	46	11

먼저 데이터 유형을 아래 <그림 4.23>에서 보는 바와 같이 두 집단의 평균(means)으로 선택한다.

이어서 효과크기의 유형으로는 표준화된 평균 차이, 즉 Standardized Mean Difference(SMD)를 선택하고 개입의 결과 이름은 "Self-esteem"으로 지정한다(그림 4.24, 그림 4.25).

그리고 나서 데이터 파일, 여기서는 mentoring(OpenMeta).csv를 불러오면 <그림 4.26>과 같은 결과를 얻을 수 있다.

분석할 준비가 다 되면, 먼저 forest plot을 아래와 같은 방식으로 분석할 수 있다. <그림 4.27>에서 보는 것처럼 상단 아이콘 메뉴에서 'meta-analysis' 버튼을 클릭하면 분석이 시작된다.

그림 4.23 데이터 유형을 두 집단의 평균으로 선택한 모습

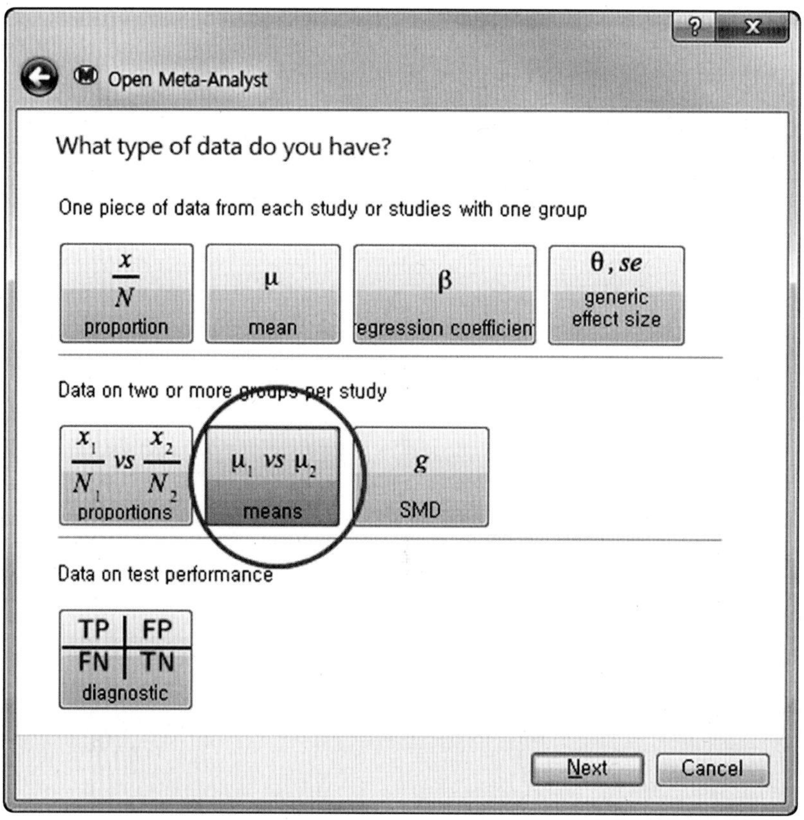

그림 4.24 효과크기의 유형을 SMD로 선택한 모습

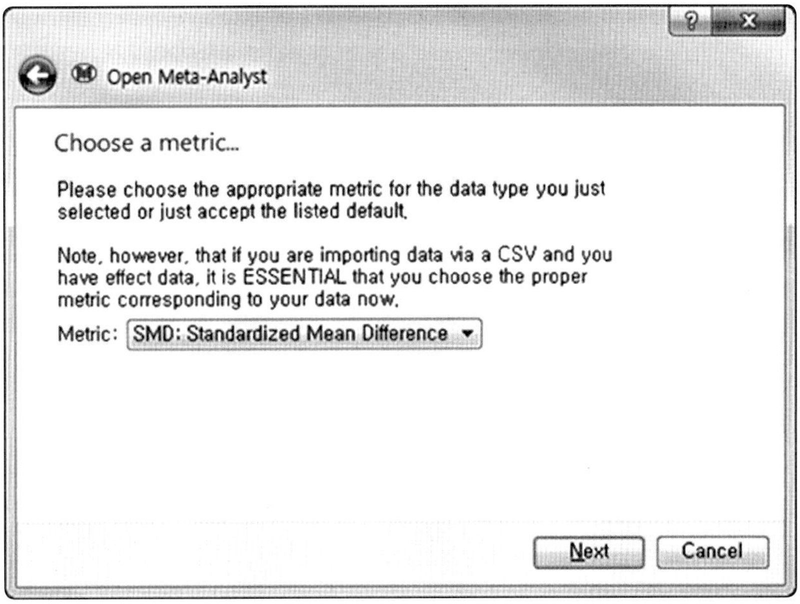

그림 4.25 개입의 결과(outcome)을 "Self–esteem"으로 지정한 모습

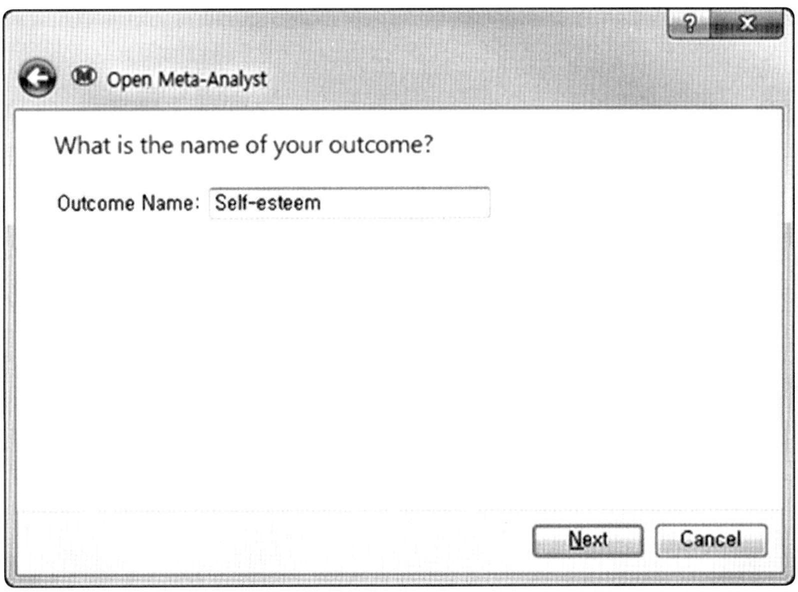

그림 4.26 데이터 파일을 불러온 후의 모습

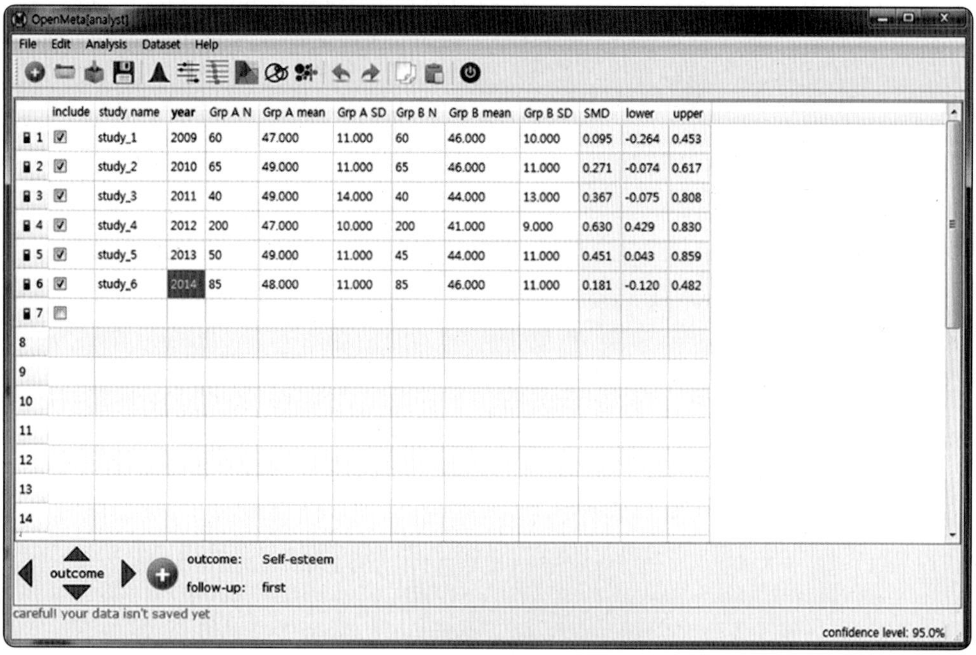

그림 4.27 메타분석을 실행하는 모습

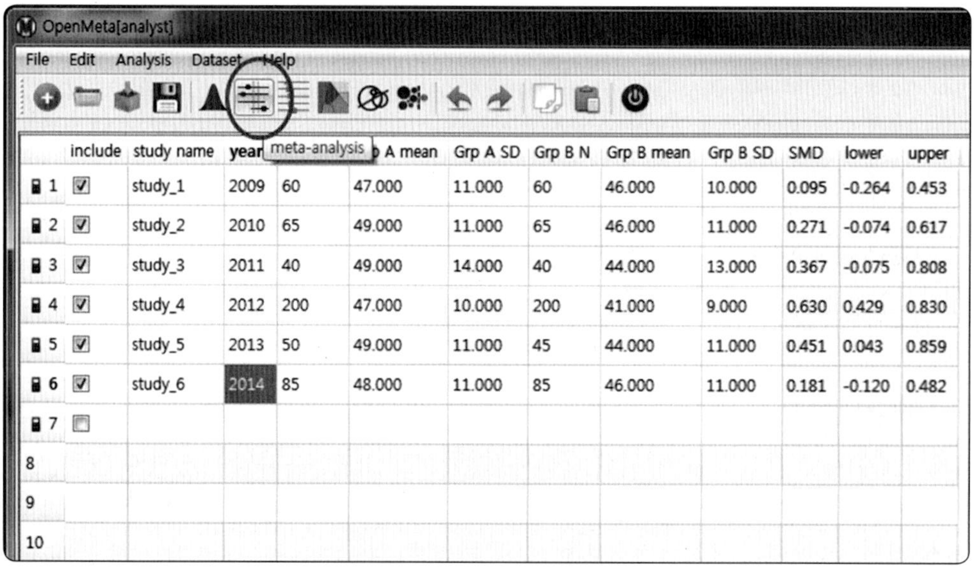

메타분석의 실행에서는 먼저 <그림 4.28>에서 보는 바와 같이 분석 방법(analysis method), 즉 고정효과모형 또는 무선효과모형으로 분석할 것인가를 선택하게 된다. 그러고 나서 <그림 4.29>와 같이 forest plot에 대한 조정을 하게 된다. 이때 분석 결과인 forest plot 이미지 파일이 저장될 곳을 연구자가 기억하기 좋은 폴더로 지정해 두면 나중에 forest plot을 불러올 때 매우 편리하다(그림 4.30).

이상과 같이 분석에 대한 지정과 조정이 다 이루어지면 분석결과가 <그림 4.31>과 같이 나타난다. 결과의 순서는 일반적으로 각 연구의 가중치(weights), 분석결과 요약(summary), forest plot의 순서로 제시된다(그림 4.32, 그림 4.33).

일반적으로 연구 논문의 본문 중에 포함시키게 될 forest plot은 <그림 4.34>에서 보는 것처럼 forest plot 이미지 파일을 찾아서 이를 복사한 후 논문의 본문에 갖다 붙이면 <그림 4.35>와 같이 비교적 깔끔한 모습의 forest plot을 얻을 수 있다.

그림 4.28 메타분석 실행에서 분석모형을 선택하는 모습

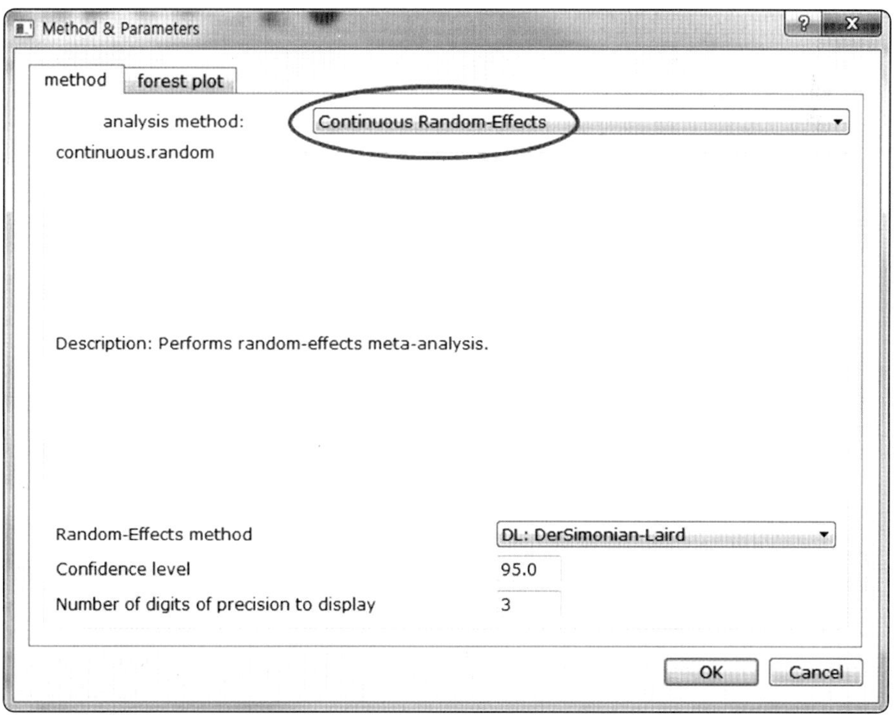

그림 4.29 메타분석 실행에서 forest plot에 대한 선택 사항

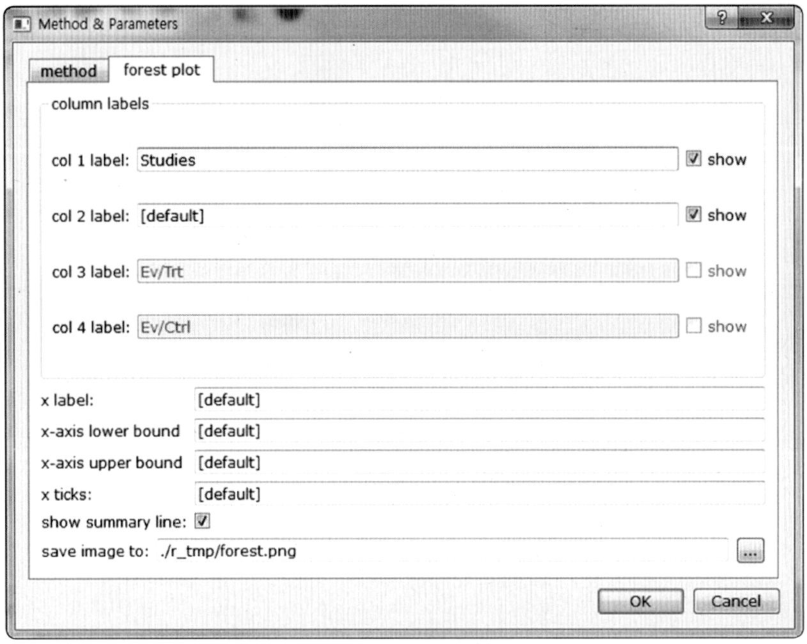

그림 4.30 forest plot을 저장할 곳을 구체적으로 지정하는 모습

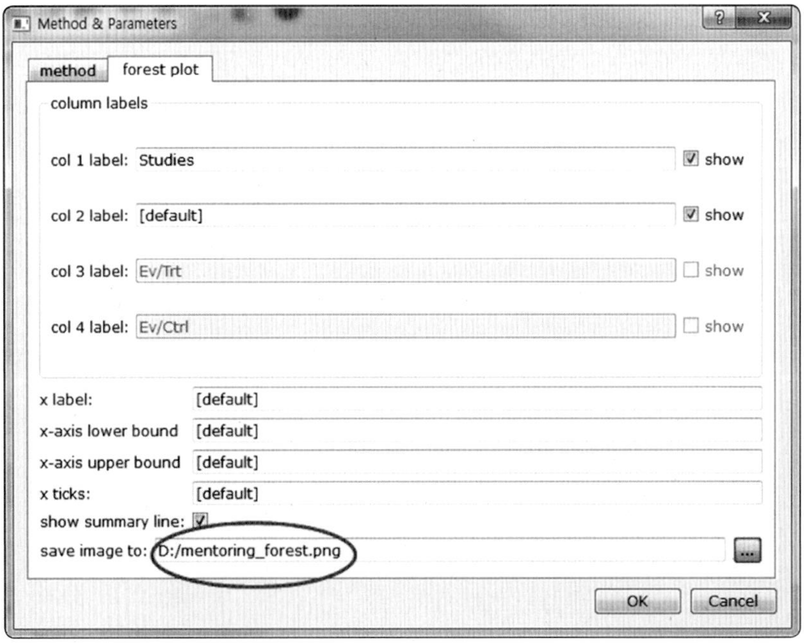

그림 4.31 무선효과모형의 분석 결과

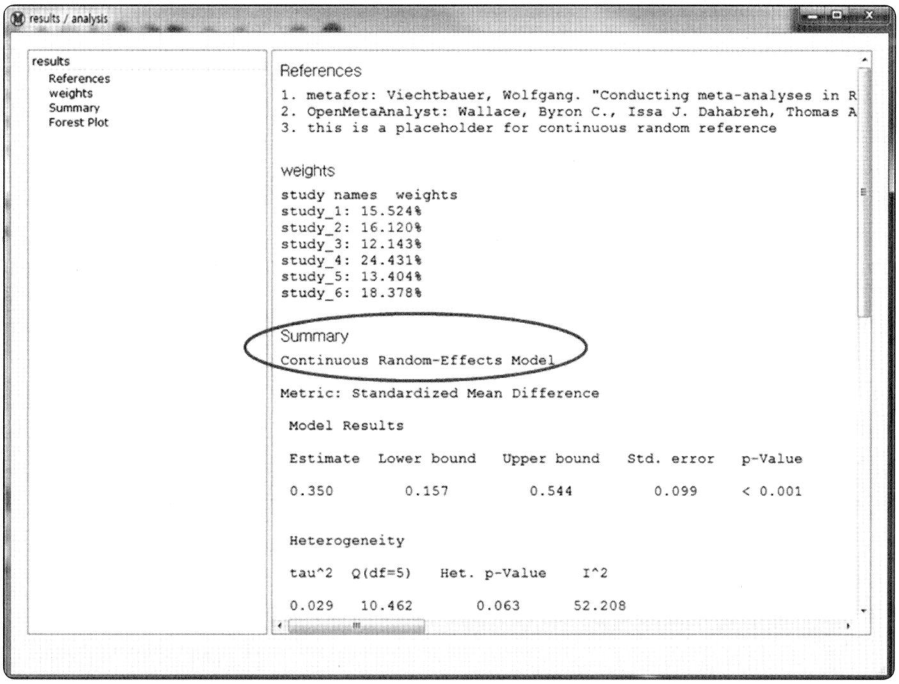

그림 4.32 무선효과모형의 분석 결과 세부 모습

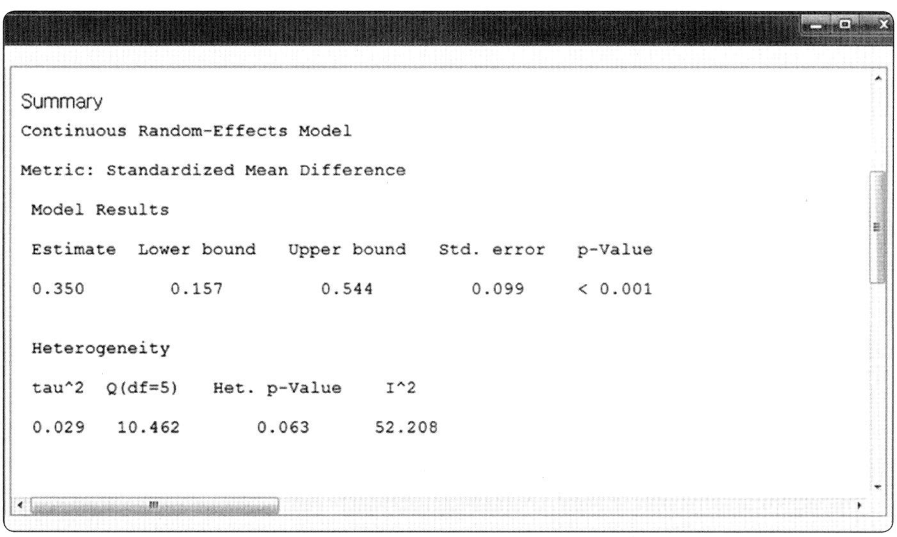

그림 4.33 무선효과모형의 분석결과와 forest plot

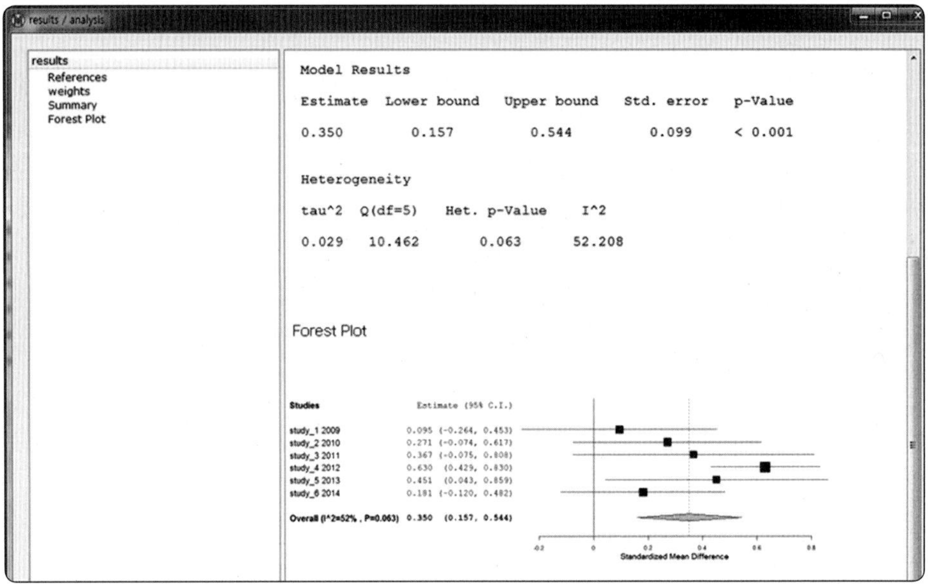

그림 4.34 forest plot 저장한 곳을 찾아 클릭하는 모습

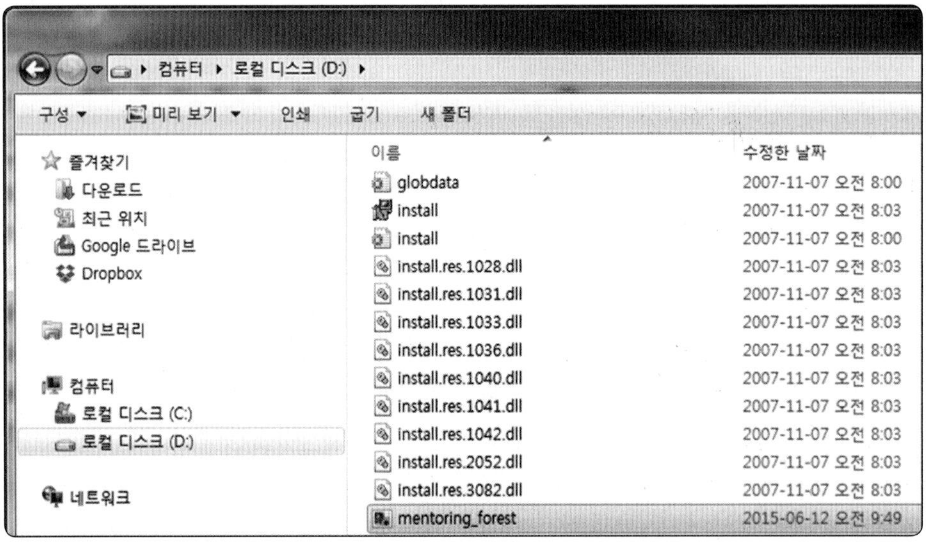

그림 4.35 forest plot을 연구 논문에 붙인 모습

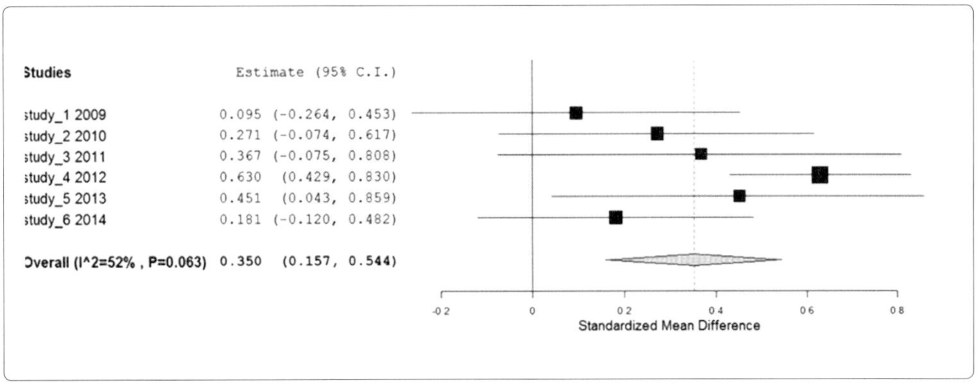

그림 4.36 R을 이용해 분석한 forest plot

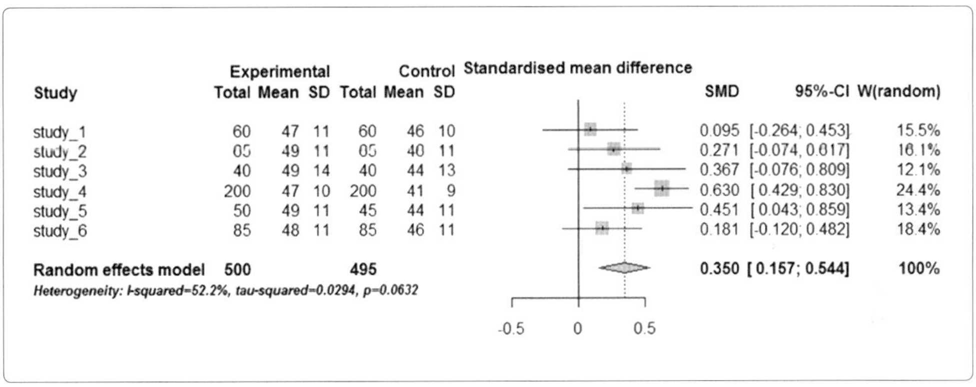

위 <그림 4.35>의 결과는 R을 이용하여 분석한 결과, 즉 <그림 4.36>과 동일함을 확인할 수 있다.

이를 고정효과모형으로 분석하는 것도 가능한데, 이 경우에는 <그림 4.37>과 같이 고정효과모형(Fixed-Effect Inverse Variance)을 선택하면 된다. 그러면 분석결과는 <그림 4.38>및 <그림 4.39>와 같이 나타나게 된다.

<그림 4.38>과 <그림 4.39>의 결과는 R을 이용하여 분석한 결과인 <그림 4.40>과 동일함을 확인할 수 있다.

그림 4.37 메타분석 시 고정효과모형을 지정하는 모습

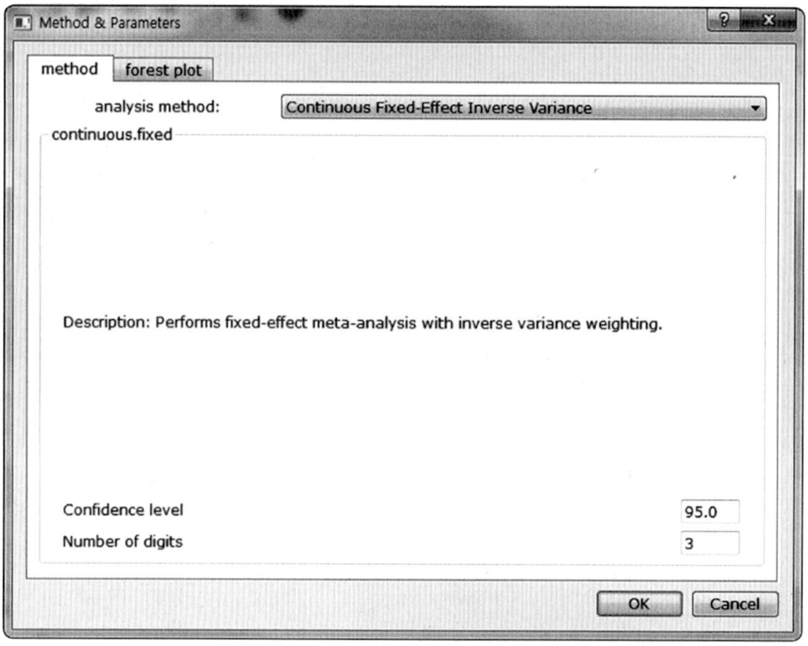

그림 4.38 고정효과모형의 분석 결과

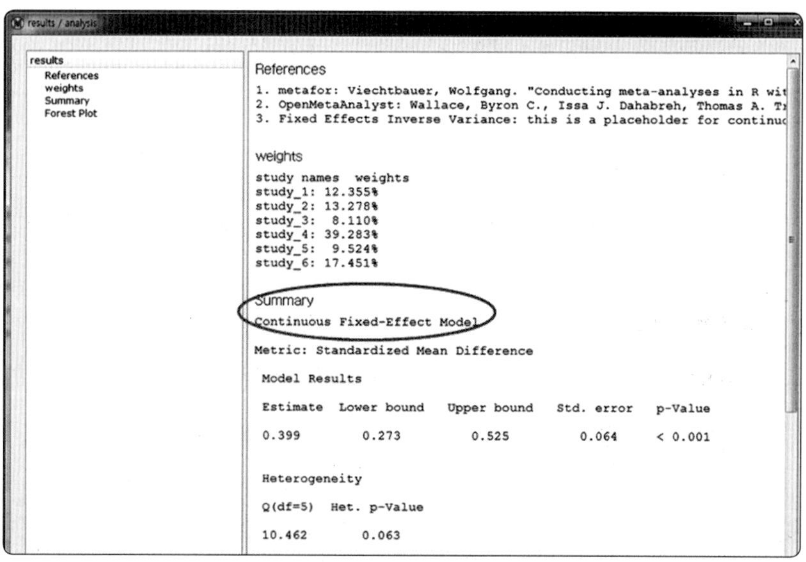

그림 4.39 고정효과모형의 forest plot

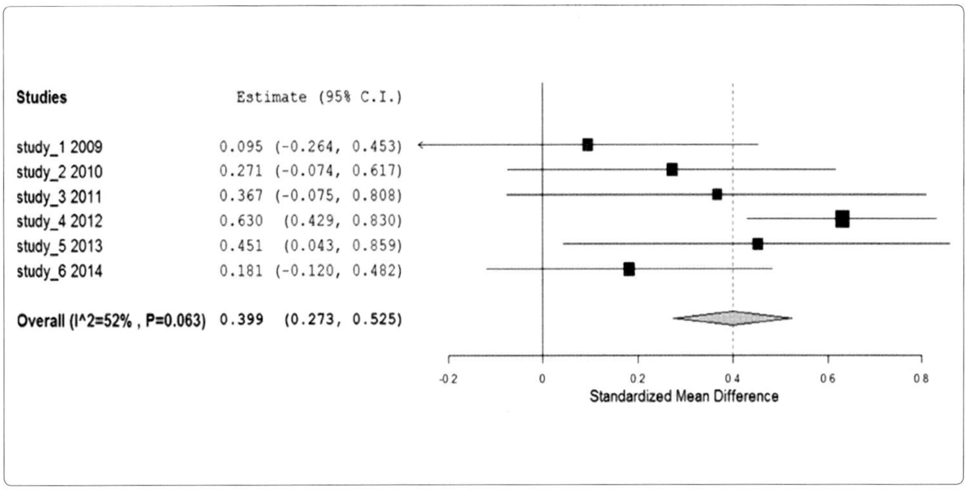

그림 4.40 R을 이용한 효과크기 분석 결과

```
           SMD             95%-CI %W(fixed) %W(random)
study_1 0.0945 [-0.2635; 0.4526]     12.36      15.53
study_2 0.2711 [-0.0743; 0.6166]     13.28      16.12
study_3 0.3665 [-0.0756; 0.8087]      8.11      12.14
study_4 0.6295 [ 0.4287; 0.8304]     39.28      24.43
study_5 0.4509 [ 0.0428; 0.8589]      9.52      13.40
study_6 0.1810 [-0.1203; 0.4823]     17.46      18.38

Number of studies combined: k=6

                         SMD           95%-CI      z  p-value
Fixed effect model    0.3992 [0.2733; 0.5251] 6.2156 < 0.0001
Random effects model  0.3504 [0.1569; 0.5438] 3.5499   0.0004

Quantifying heterogeneity:
tau^2 = 0.0294; H = 1.45 [1; 2.29]; I^2 = 52.2% [0%; 80.9%]

Test of heterogeneity:
     Q d.f.  p-value
 10.46    5   0.0632
```

2) 두 집단(사전-사후검사)의 경우

우리가 앞에서 활용한 사전-사후검사 데이터인 다문화교육 프로그램의 효과성 검증에 대한 데이터(two_group_pre_post(OpenMeta).csv)를 여기에서도 활용해 보자.

표 4.3 다문화교육 프로그램의 효과성 검증 데이터

study	year	n1	m1	s1	n2	m2	s2
study1	2008	45	0.378	0.44	47	0.036	0.323
study2	2009	44	0.1	0.586	45	0.016	0.362
study3	2010	44	0.288	0.529	45	0.047	0.383
study4	2011	45	0.476	0.543	47	0.015	0.384
study5	2012	44	0.406	0.401	45	0.053	0.37
study6	2013	45	0.28	0.469	47	0.057	0.39
study7	2014	44	0.171	0.896	45	0.042	0.542

m1: 실험집단의 차이의 평균 s1: 실험집단의 차이의 표준편차

앞서 분석한 두 집단(사후검사)의 경우와 마찬가지 방법으로 효과크기와 결과 이름(outcome name)을 지정한 후(그림 4.24 및 그림 4.25), 데이터를 입력하면 <그림 4.41>과 같은 결과를 얻을 수 있다.

이어서 먼저 무선효과모형으로 효과크기 분석을 실시하면 <그림 4.42>와 같은 결과를 도출할 수 있으며, <그림 4.43>과 같은 forest plot을 얻게 된다. 고정효과모형으로도 분석을 실시하면 <그림 4.44>와 같은 forest plot을 얻게 된다.

이상의 분석결과는 R을 이용하여 분석한 결과인 <그림 4.45>, <그림 4.46>과 동일함을 확인할 수 있다.

그림 4.41 두 집단(사전-사후검사) 데이터를 입력한 결과

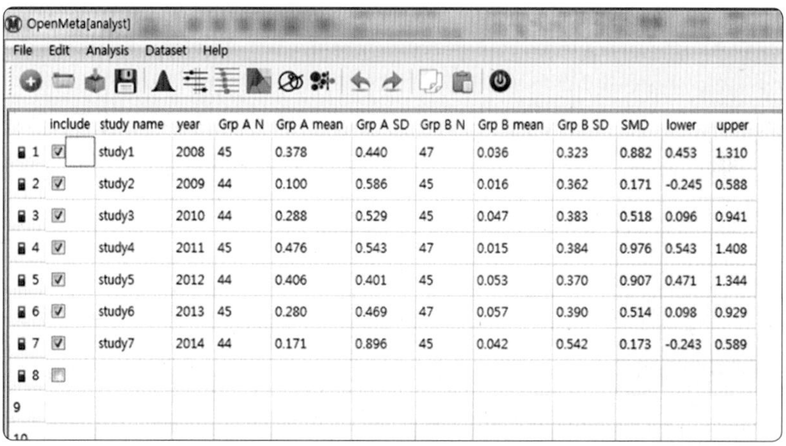

	include	study name	year	Grp A N	Grp A mean	Grp A SD	Grp B N	Grp B mean	Grp B SD	SMD	lower	upper
1	☑	study1	2008	45	0.378	0.440	47	0.036	0.323	0.882	0.453	1.310
2	☑	study2	2009	44	0.100	0.586	45	0.016	0.362	0.171	-0.245	0.588
3	☑	study3	2010	44	0.288	0.529	45	0.047	0.383	0.518	0.096	0.941
4	☑	study4	2011	45	0.476	0.543	47	0.015	0.384	0.976	0.543	1.408
5	☑	study5	2012	44	0.406	0.401	45	0.053	0.370	0.907	0.471	1.344
6	☑	study6	2013	45	0.280	0.469	47	0.057	0.390	0.514	0.098	0.929
7	☑	study7	2014	44	0.171	0.896	45	0.042	0.542	0.173	-0.243	0.589
8	☐											
9												

그림 4.42 두 집단(사전–사후) 무선효과모형 분석 결과

```
weights
study names  weights
study1: 14.169%
study2: 14.494%
study3: 14.325%
study4: 14.055%
study5: 13.948%
study6: 14.517%
study7: 14.493%

Summary
Continuous Random-Effects Model

Metric: Standardized Mean Difference

 Model Results

 Estimate  Lower bound   Upper bound   Std. error   p-Value

 0.587       0.336         0.839         0.129      < 0.001


 Heterogeneity

 tau^2  Q(df=6)   Het. p-Value    I^2

 0.069   14.835       0.022       59.555
```

그림 4.43 무선효과모형의 forest plot

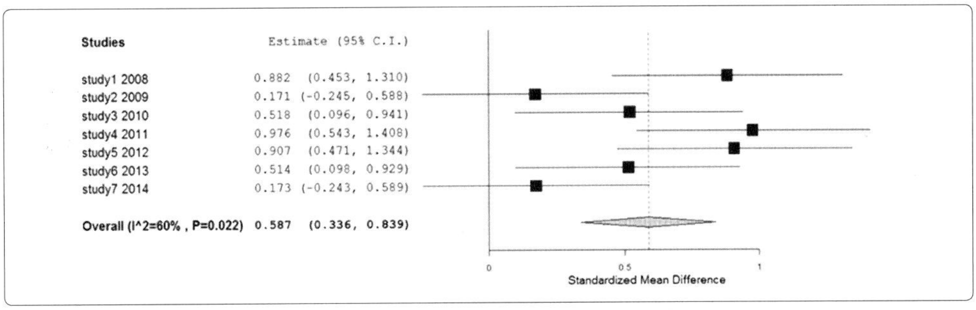

그림 4.44 고정효과모형의 forest plot

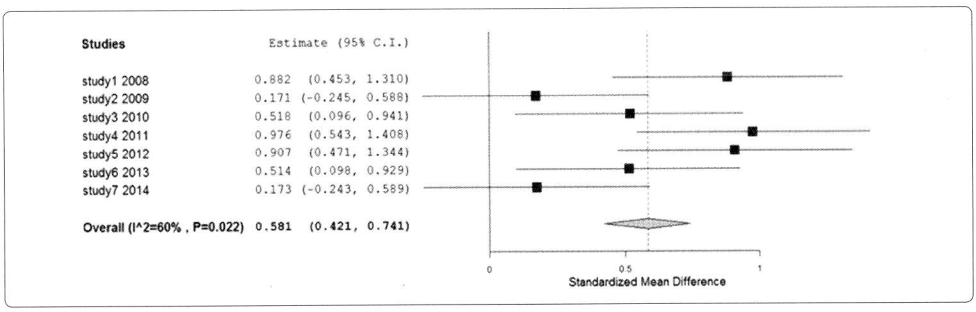

그림 4.45 R로 분석한 결과

```
         SMD               95%-CI %W(fixed) %W(random)
study1 0.8816 [ 0.4526; 1.3107]     13.97      14.16
study2 0.1714 [-0.2449; 0.5878]     14.83      14.51
study3 0.5183 [ 0.0955; 0.9411]     14.38      14.33
study4 0.9757 [ 0.5423; 1.4092]     13.68      14.04
study5 0.9075 [ 0.4701; 1.3448]     13.44      13.94
study6 0.5137 [ 0.0980; 0.9295]     14.87      14.52
study7 0.1732 [-0.2432; 0.5895]     14.83      14.51

Number of studies combined: k=7

                        SMD           95%-CI      z  p-value
Fixed effect model   0.5806 [0.4203; 0.741] 7.0981 < 0.0001
Random effects model 0.5872 [0.3353; 0.839] 4.5688 < 0.0001

Quantifying heterogeneity:
tau^2 = 0.0687; H = 1.57 [1.04; 2.38]; I^2 = 59.5% [6.7%; 82.4%]

Test of heterogeneity:
    Q d.f.  p-value
 14.8    6   0.0219

Details on meta-analytical method:
- Inverse variance method
- DerSimonian-Laird estimator for tau^2
> |
```

그림 4.46 R로 분석한 forest plot

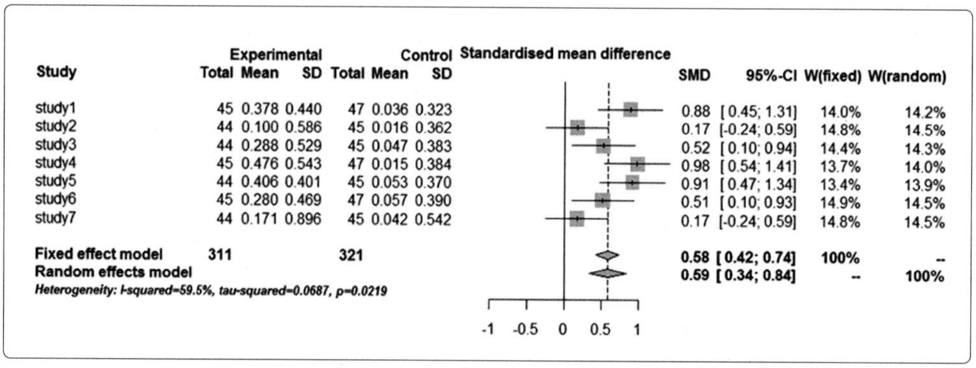

3. 이분형 데이터의 효과크기 분석

이분형 데이터에 대한 분석 과정은 연속형 데이터의 분석과 거의 동일하다. 여기서는 앞서 사용한 대학생들의 취업동아리 활동이 취업에 미치는 영향에 대한 연구 데이터인 binary(OpenMeta).csv를 활용하자.

표 4.4 취업동아리 활동의 취업에 대한 효과 검증 데이터

study	year	a	n1	c	n2
study_1	2000	16	65	12	65
study_2	2001	10	40	8	40
study_3	2002	19	80	14	80
study_4	2003	80	400	25	400
study_5	2004	11	40	8	40
study_6	2005	18	65	16	65

이번에는 데이터를 직접 갖다 붙이기 위해 <그림 4.47>과 같이 초기 화면에서 'Create a new Project'를 선택한 후 데이터 유형으로는 두 집단 'proportions'를 선택한다(그림 4.48).

그리고 효과크기 유형은 'OR: Odds Ratio'를 선택하고, 이어서 효과크기 결과 이름은 'employment'로 지정한다(그림 4.49, 그림 4.50).

그러면 <그림 4.51>과 같이 데이터를 입력하기 위해 준비된 화면이 나타나는데, 이때 Excel 데이터 창에서 데이터만 복사해서 갖다 붙이면 <그림 4.52>의 결과가 나타난다.

그림 4.47 초기 화면에서 'Create a new Project'를 선택

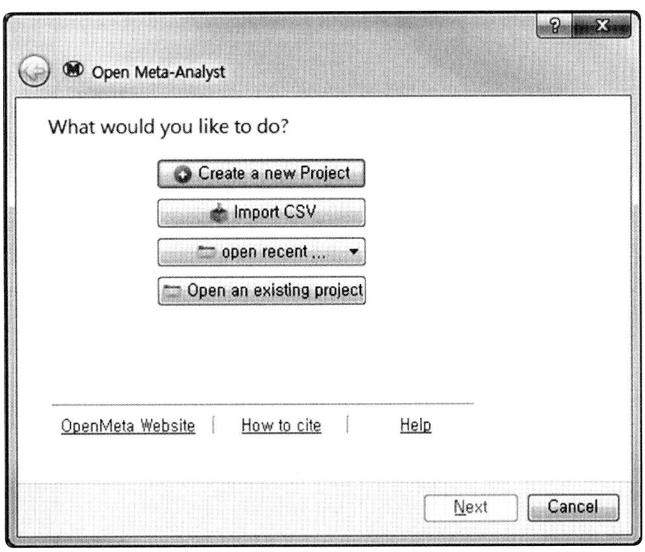

그림 4.48 데이터 유형은 'proportions'를 선택

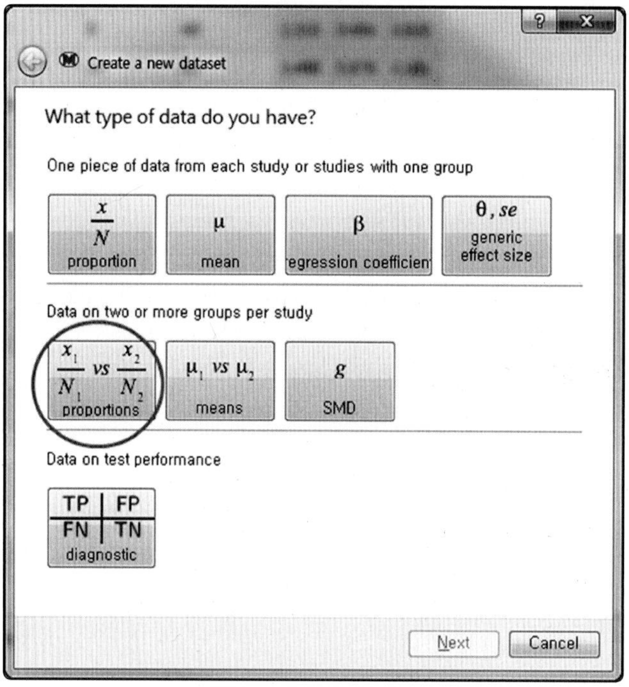

그림 4.49 효과크기의 유형은 'OR: Odds Ratio'를 선택

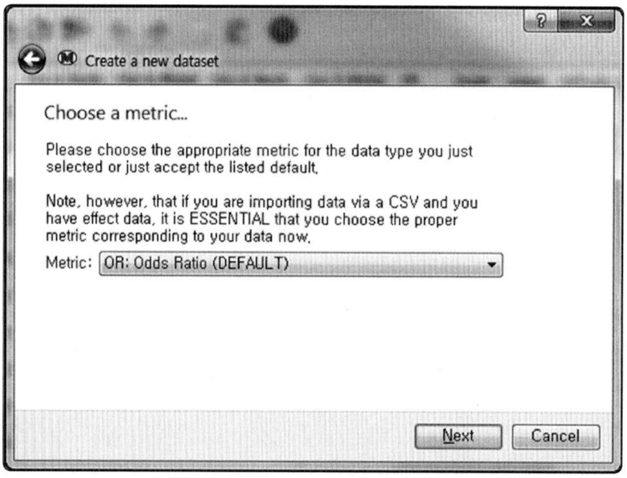

그림 4.50 효과크기의 outcome은 'employment'로 선정

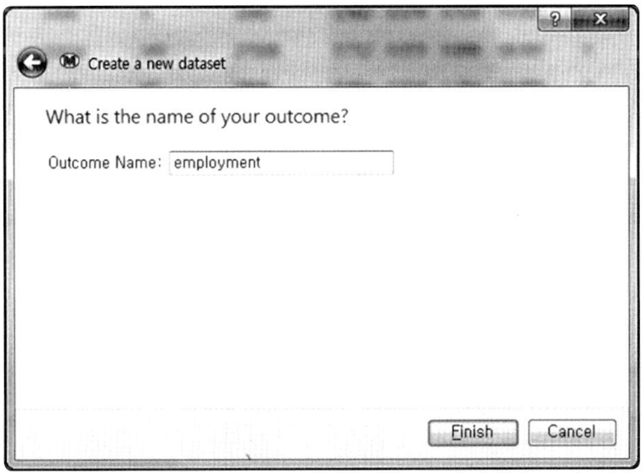

그림 4.51 데이터를 입력하기 위해 준비된 모습

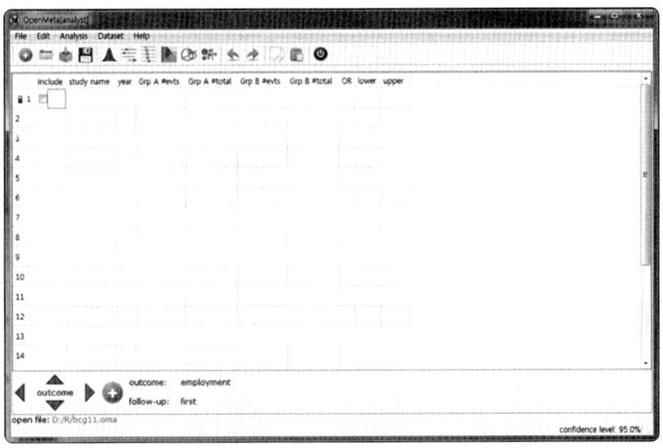

그림 4.52 이분형 데이터를 입력한 모습

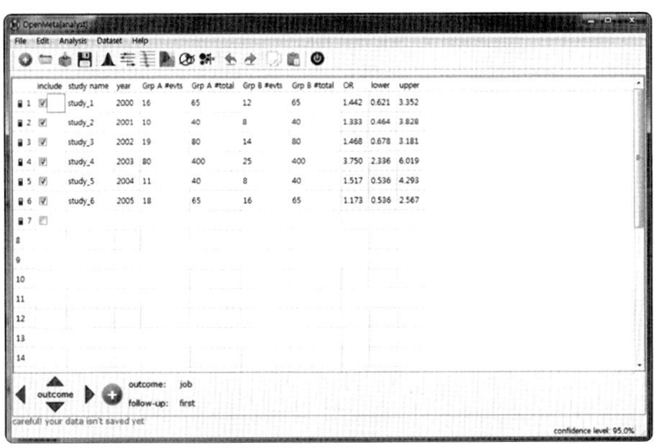

먼저 고정효과모형으로 분석을 하기 위해 <그림 4.53>과 같이 모형을 선택하면 <그림 4.54> 및 <그림 4.55>와 같은 분석 결과와 forest plot이 제시된다.

이때 만약 무선효과모형을 선택하게 되면 아래 <그림 4.56>과 같은 forest plot이 나타난다.

이상의 결과는 R을 이용하여 분석한 결과인 <그림 4.57>~<그림 4.59>와 동일함을 확인할 수 있다.

그림 4.53 메타분석 시 고정효과모형을 선택한 모습

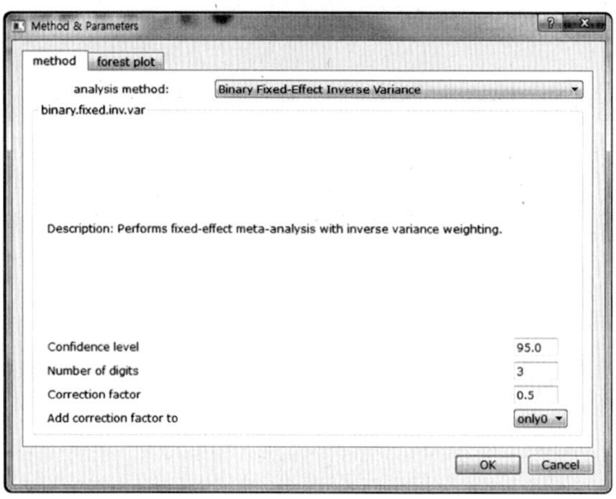

그림 4.54 고정효과모형으로 분석한 결과

```
weights
study names  weights
study_1: 12.787%
study_2:  8.174%
study_3: 15.211%
study_4: 40.606%
study_5:  8.404%
study_6: 14.818%

Summary
Binary Fixed-Effect Model - Inverse Variance

Metric: Odds Ratio

 Model Results

 Estimate  Lower bound   Upper bound   p-Value

 2.063        1.526         2.789      < 0.001


 Heterogeneity

 Q(df=5)  Het. p-Value

 10.551       0.061


 Results (log scale)

 Estimate  Lower bound   Upper bound   Std. error

 0.724        0.423         1.026        0.154
```

그림 4.55 고정효과모형의 forest plot

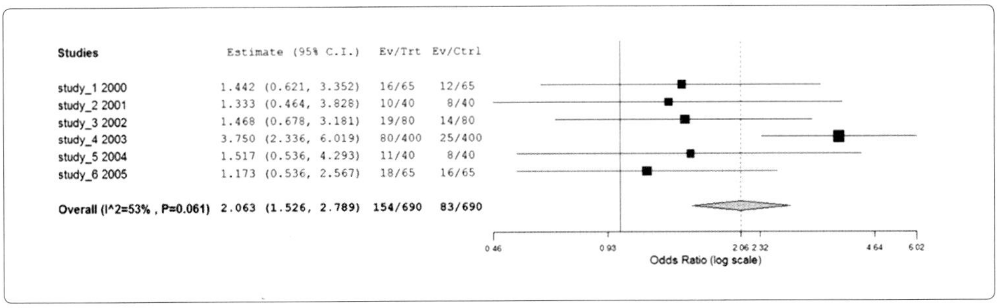

그림 4.56 무선효과모형의 forest plot

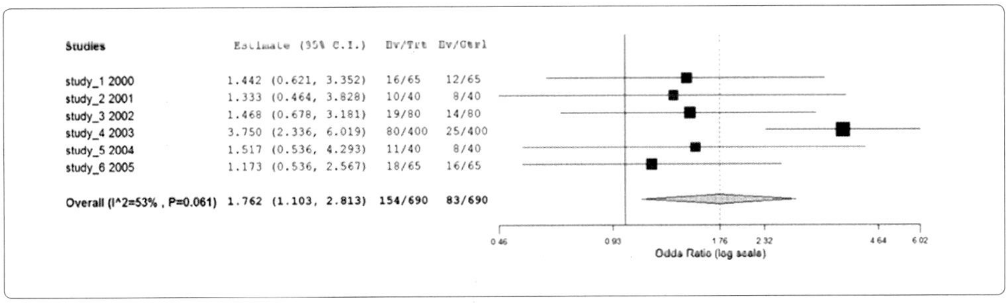

그림 4.57 R을 이용하여 분석한 결과

```
             OR            95%-CI %W(fixed) %W(random)
study_1 1.4422 [0.6206; 3.3515]     12.79      15.93
study_2 1.3333 [0.4644; 3.8282]      8.17      12.33
study_3 1.4684 [0.6777; 3.1814]     15.21      17.36
study_4 3.7500 [2.3363; 6.0193]     40.61      24.67
study_5 1.5172 [0.5362; 4.2933]      8.40      12.55
study_6 1.1729 [0.5359; 2.5672]     14.82      17.15

Number of studies combined: k=6

                         OR            95%-CI      z  p.value
Fixed effect model   2.0630 [1.5259; 2.7890] 4.7068 < 0.0001
Random effects model 1.7617 [1.1032; 2.8134] 2.3711   0.0177

Quantifying heterogeneity:
tau^2 = 0.1729; H = 1.45 [1; 2.3]; I^2 = 52.6% [0%; 81.1%]

Test of heterogeneity:
     Q d.f. p.value
 10.55    5   0.061

Details on meta-analytical method:
- Inverse variance method
- DerSimonian-Laird estimator for tau^2
> |
```

그림 4.58 R을 이용하여 고정효과모형으로 제시한 forest plot

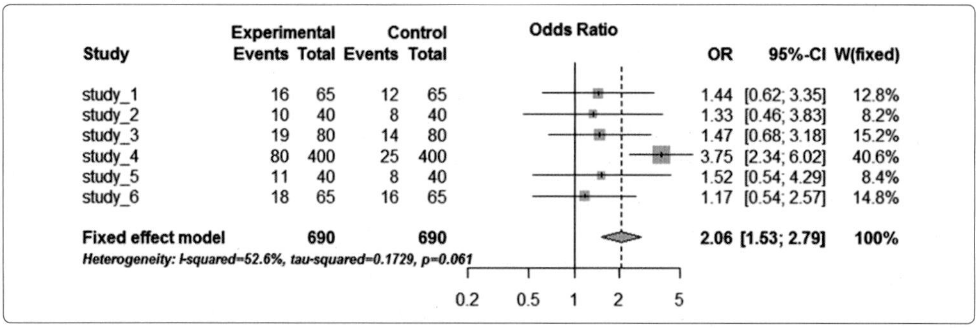

그림 4.59 R을 이용하여 무선효과모형으로 제시한 forest plot

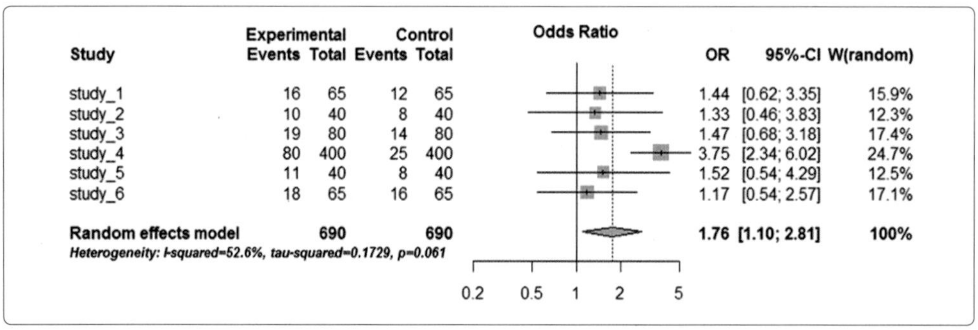

4. 메타 회귀분석 및 하위집단분석

이번에는 OpenMeta를 이용해 조절효과 분석을 실시해 보자. 조절효과 분석을 위해서는 메타 회귀분석과 메타 ANOVA가 사용되는데, OpenMeta에서는 메타 회귀분석과 하위집단분석(subgroup analysis)만 가능하다. 여기서는 BCG 백신이 결핵(TB) 예방에 어떤 효과가 있는지 전 세계적으로 수행된 연구를 비교한 데이터인 bcg.xlsx를 활용하기로 한다.

표 4.5 BCG 백신의 결핵 예방에 대한 효과 데이터

study name	year	TB1	N1	TB2	N2
Ferguson & Simes	1933	6	306	29	303
Aronson	1935	4	123	11	139

Rosenthal et al	1941	17	1716	65	1665
Comstock & Webster	1947	5	2498	3	2341
Comstock et al(a)	1949	186	50634	141	27338
Frimont-Moller et al	1950	33	5069	47	5808
Comstock et al(b)	1950	27	16913	29	17854
Hart & Sutherland	1950	62	13598	248	12867
Vandeviere et al	1965	8	2545	10	629
Coetzee & Berjak	1965	29	7499	45	7277
TB Prevention Trial	1968	505	88391	499	88391

이번에도 OpenMeta에 데이터를 직접 갖다 붙이기 위해 <그림 4.60>에서 보는 바와 같이 초기 화면에서 'Create a new Project'를 선택한 후, 데이터 유형으로는 두 집단 'proportions'를 선택한다(그림 4.61).

그리고 <그림 4.62>에서와 같이 효과크기의 유형으로는 'RR: Risk Ratio'를 선택한 후 효과크기의 결과(outcome)로 'TB'라고 작성한다(그림 4.63).

그러면 <그림 4.64>와 같이 분석에 필요한 데이터를 입력할 준비가 끝난다. 이어서 <그림 4.65>의 데이터를 갖다 붙이면(paste), 그 결과는 <그림 4.66>에서 보는 것처럼 나타난다. 이때 각 연구의 효과크기(Risk Ratio)와 신뢰구간이 산출되어 있음을 알 수 있다.

그림 4.60 초기 화면에서 'Create a new Project'를 선택

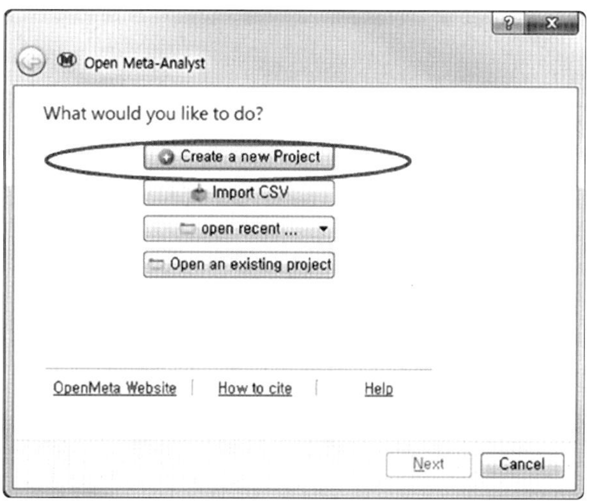

그림 4.61 데이터 유형은 이분형 데이터 선택

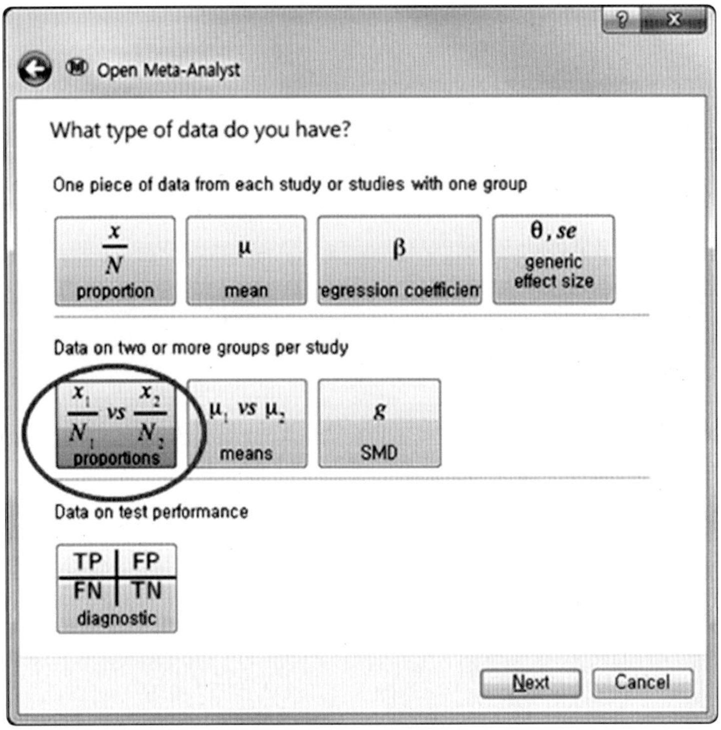

그림 4.62 효과크기의 유형은 이벤트 발생률(RR)을 선택

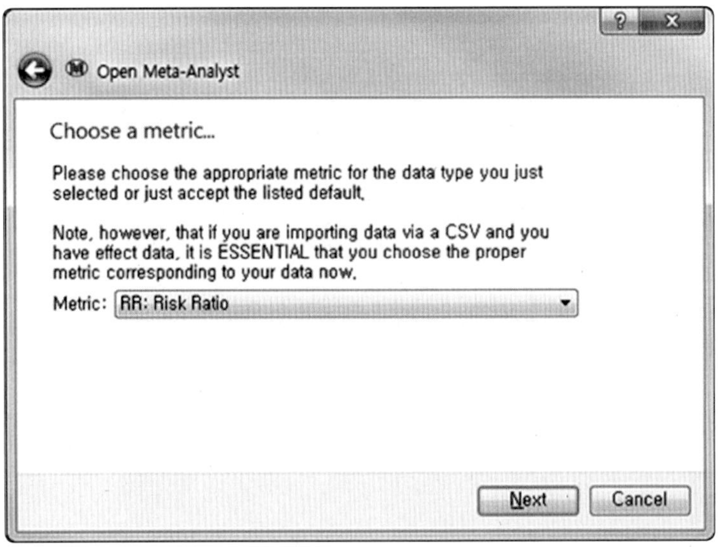

그림 4.63 분석할 결과(outcome) 이름은 'TB'로 지정

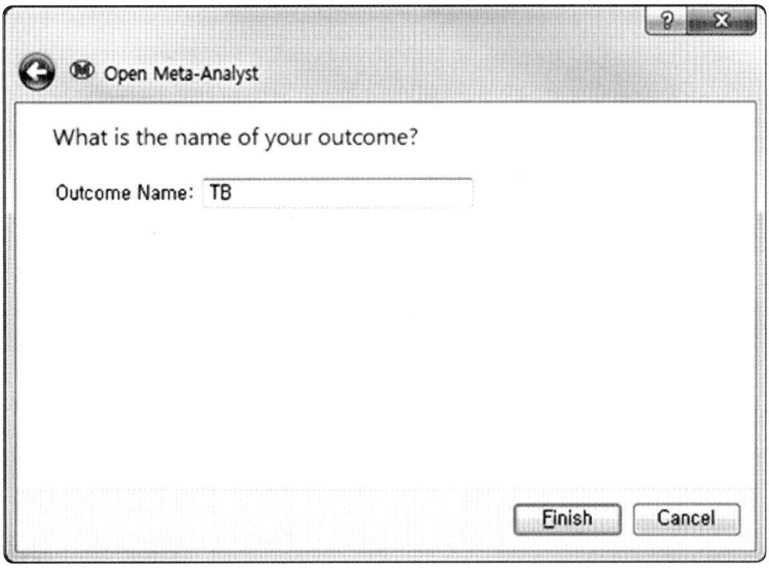

그림 4.64 데이터 입력 준비가 완료된 모습

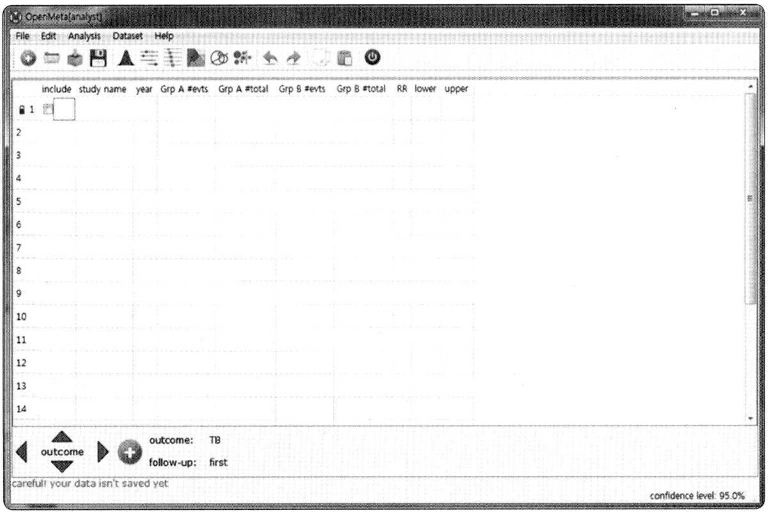

그림 4.65 데이터 창에 붙이게 될 데이터

Ferguson & Simes	1933	6	306	29	303
Aronson	1935	4	123	11	139
Rosenthal et al	1941	17	1716	65	1665
Comstock & Webster	1947	5	2498	3	2341
Comstock et al (a)	1949	186	50634	141	27338
Frimont-Moller et al	1950	33	5069	47	5808
Comstock et al (b)	1950	27	16913	29	17854
Hart & Sutherland	1950	62	13598	248	12867
Vandeviere et al	1965	8	2545	10	629
Coetzee & Berjak	1965	29	7499	45	7277
TB Prevention Trial	1968	505	88391	499	88391

그림 4.66 분석할 데이터가 입력된 모습

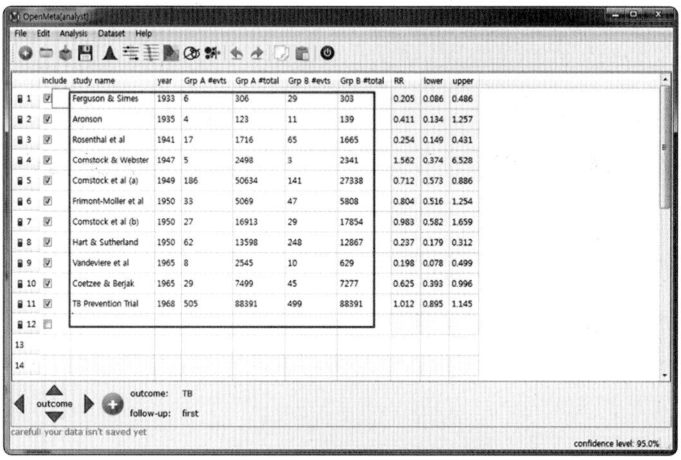

조절효과 분석을 수행하기 앞서 먼저 효과크기 분석과 forest plot을 구하면 <그림 4.67> 및 <그림 4.68>과 같은 결과를 얻을 수 있다. <그림 4.67>에서 보는 바와 같이 연구 간 분산(tau-squared)은 0.382, 그리고 전체 분산에서 연구 간 분산이 차지하는 비율(I-squared)은 92.0%에 이름을 알 수 있다. 이 통계치로 미루어 보아 효과크기의 이질성이 매우 크다는 것을 알 수 있으며(Higgins and Green, 2011), 이러한 이질성이 발생한 배경에 대해 설명하려는 노력이 필요함을 알 수 있다. 본 메타분석에서 나타난 각 연구의 효과크기가 보여주는 이질성의 정도는 <그림 4.68>에서 육안으로도 쉽게 확인할 수 있다.

그림 4.67 효과크기 분석결과에서 제시된 이질성 통계치

```
Summary
Binary Random-Effects Model

Metric: Relative Risk

 Model Results

 Estimate   Lower bound   Upper bound   p-Value

 0.508         0.336         0.768        0.001


 Heterogeneity

 tau^2  Q(df=10)   Het. p-Value    I^2

 0.382   125.626     < 0.001      92.04


 Results (log scale)

 Estimate   Lower bound   Upper bound   Std. error

 -0.677       -1.090        -0.264        0.211
```

그림 4.68 효과크기의 분포를 보여주는 forest plot

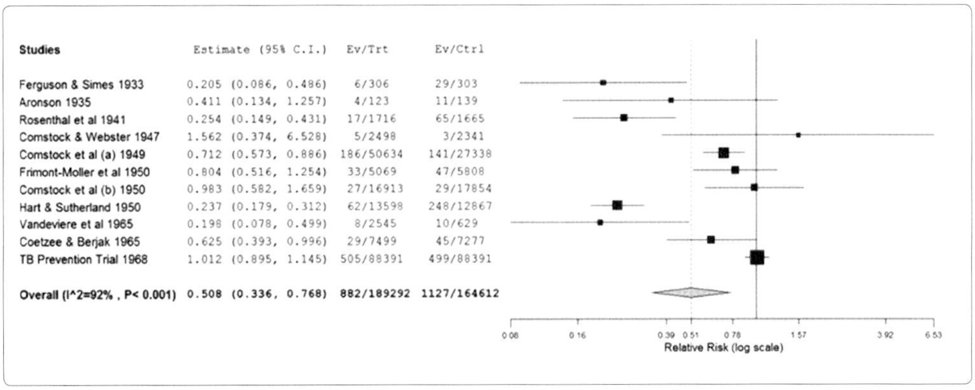

본격적으로 조절효과 분석을 하기 위해 먼저 조절변수를 추가해야 한다. 이를 위해 <그림 4.69>에서 보는 것처럼 'Dataset' 메뉴에서 'add covariate'를 클릭하면 <그림 4.70>과 같은 메뉴 창이 나타나는데, 여기에 조절변수 이름을 먼저 기입한다(여기서는 연속형 변수 'latitude'라고 지정한다).

<그림 4.71>과 같이 조절변수 'latitude'가 새로 만들어지면, 여기에 조절변수 'latitude'의 데이터(값)를 직접 기입하거나 또는 Excel 시트에서 갖다 붙이면 된다. 그러면 <그림 4.72>와 같이 메타 회귀분석을 수행할 준비가 완료되었다.

이제 'Analysis' 메뉴나 메뉴 아이콘에서 'meta-regression'을 클릭하면 <그림 4.74>에서 보는 것처럼 조절변수(covariate)와 분석할 모형(고정효과모형 또는 무선효과모형)을 선택할 수 있다.

그림 4.69 조절변수를 추가하기 위한 모습

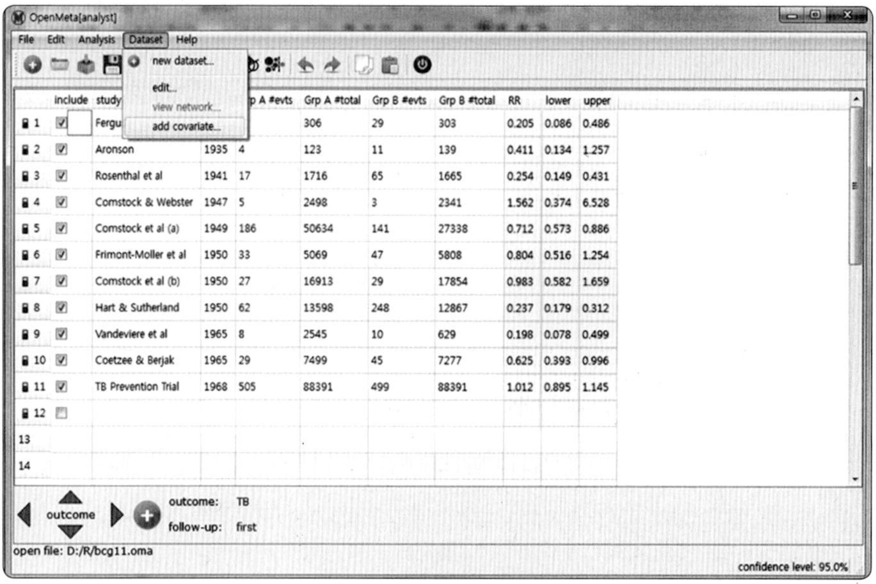

그림 4.70 조절변수로 연속형 변수 'latitude' 입력

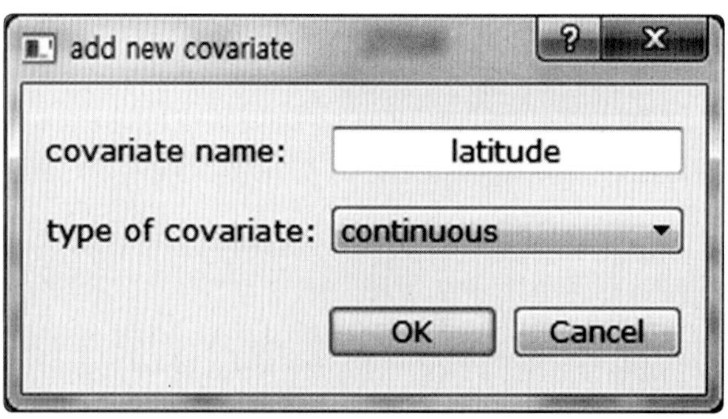

그림 4.71 조절변수 'latitude'가 창에 만들어진 모습

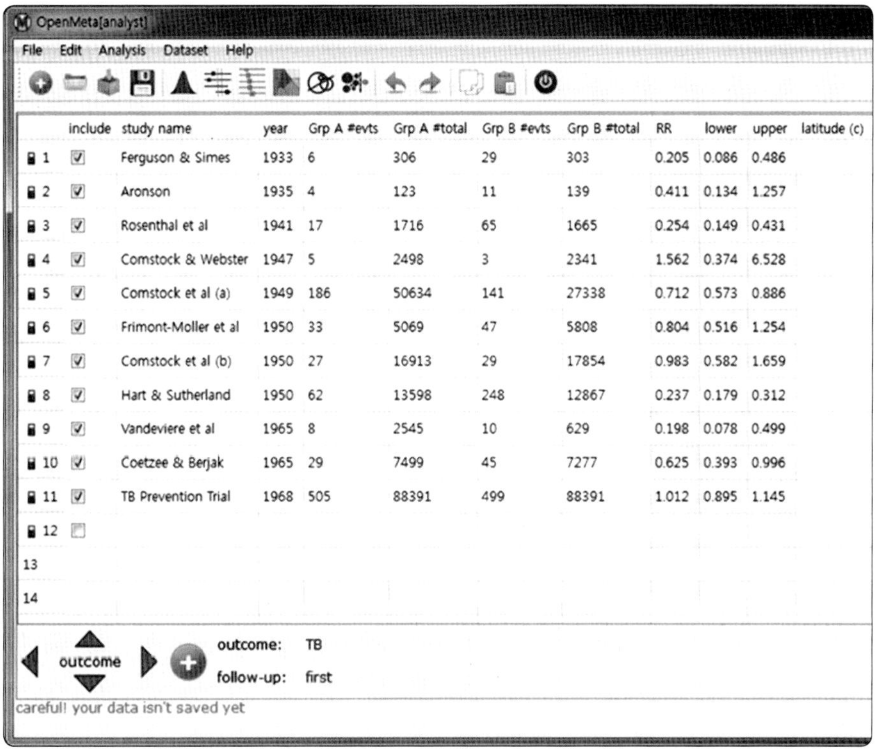

	include	study name	year	Grp A #evts	Grp A #total	Grp B #evts	Grp B #total	RR	lower	upper	latitude (c)
1	☑	Ferguson & Simes	1933	6	306	29	303	0.205	0.086	0.486	
2	☑	Aronson	1935	4	123	11	139	0.411	0.134	1.257	
3	☑	Rosenthal et al	1941	17	1716	65	1665	0.254	0.149	0.431	
4	☑	Comstock & Webster	1947	5	2498	3	2341	1.562	0.374	6.528	
5	☑	Comstock et al (a)	1949	186	50634	141	27338	0.712	0.573	0.886	
6	☑	Frimont-Moller et al	1950	33	5069	47	5808	0.804	0.516	1.254	
7	☑	Comstock et al (b)	1950	27	16913	29	17854	0.983	0.582	1.659	
8	☑	Hart & Sutherland	1950	62	13598	248	12867	0.237	0.179	0.312	
9	☑	Vandeviere et al	1965	8	2545	10	629	0.198	0.078	0.499	
10	☑	Coetzee & Berjak	1965	29	7499	45	7277	0.625	0.393	0.996	
11	☑	TB Prevention Trial	1968	505	88391	499	88391	1.012	0.895	1.145	
12	☐										
13											
14											

그림 4.72 조절변수의 데이터를 입력한 모습

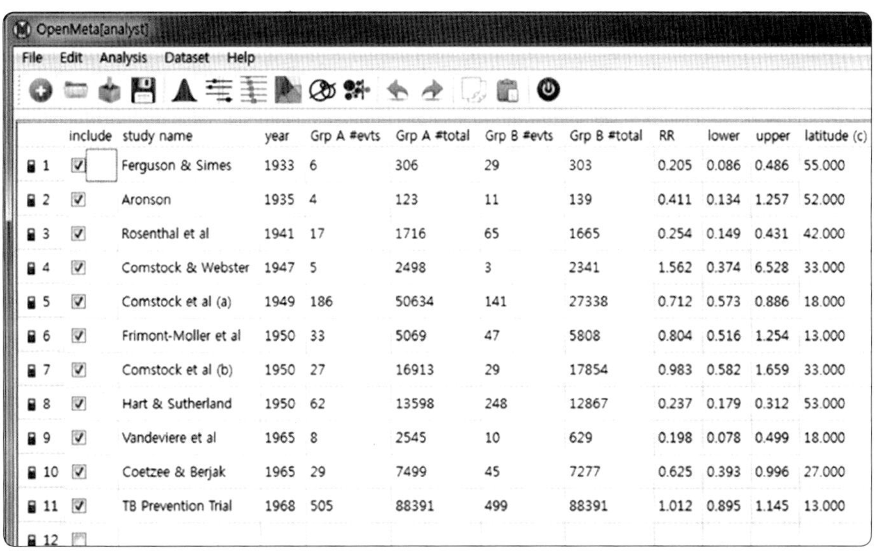

	include	study name	year	Grp A #evts	Grp A #total	Grp B #evts	Grp B #total	RR	lower	upper	latitude (c)
1	☑	Ferguson & Simes	1933	6	306	29	303	0.205	0.086	0.486	55.000
2	☑	Aronson	1935	4	123	11	139	0.411	0.134	1.257	52.000
3	☑	Rosenthal et al	1941	17	1716	65	1665	0.254	0.149	0.431	42.000
4	☑	Comstock & Webster	1947	5	2498	3	2341	1.562	0.374	6.528	33.000
5	☑	Comstock et al (a)	1949	186	50634	141	27338	0.712	0.573	0.886	18.000
6	☑	Frimont-Moller et al	1950	33	5069	47	5808	0.804	0.516	1.254	13.000
7	☑	Comstock et al (b)	1950	27	16913	29	17854	0.983	0.582	1.659	33.000
8	☑	Hart & Sutherland	1950	62	13598	248	12867	0.237	0.179	0.312	53.000
9	☑	Vandeviere et al	1965	8	2545	10	629	0.198	0.078	0.499	18.000
10	☑	Coetzee & Berjak	1965	29	7499	45	7277	0.625	0.393	0.996	27.000
11	☑	TB Prevention Trial	1968	505	88391	499	88391	1.012	0.895	1.145	13.000
12	☐										

그림 4.73 메뉴 창에서 meta-regression을 클릭

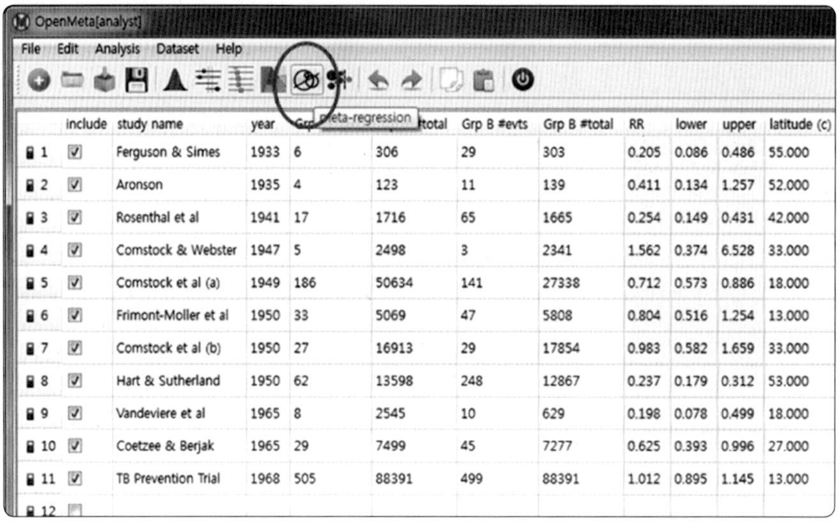

	include	study name	year	Grp	total	Grp B #evts	Grp B #total	RR	lower	upper	latitude (c)
1	☑	Ferguson & Simes	1933	6	306	29	303	0.205	0.086	0.486	55.000
2	☑	Aronson	1935	4	123	11	139	0.411	0.134	1.257	52.000
3	☑	Rosenthal et al	1941	17	1716	65	1665	0.254	0.149	0.431	42.000
4	☑	Comstock & Webster	1947	5	2498	3	2341	1.562	0.374	6.528	33.000
5	☑	Comstock et al (a)	1949	186	50634	141	27338	0.712	0.573	0.886	18.000
6	☑	Frimont-Moller et al	1950	33	5069	47	5808	0.804	0.516	1.254	13.000
7	☑	Comstock et al (b)	1950	27	16913	29	17854	0.983	0.582	1.659	33.000
8	☑	Hart & Sutherland	1950	62	13598	248	12867	0.237	0.179	0.312	53.000
9	☑	Vandeviere et al	1965	8	2545	10	629	0.198	0.078	0.499	18.000
10	☑	Coetzee & Berjak	1965	29	7499	45	7277	0.625	0.393	0.996	27.000
11	☑	TB Prevention Trial	1968	505	88391	499	88391	1.012	0.895	1.145	13.000
12	☐										

그림 4.74 메타 회귀분석에 사용할 조절변수 선택

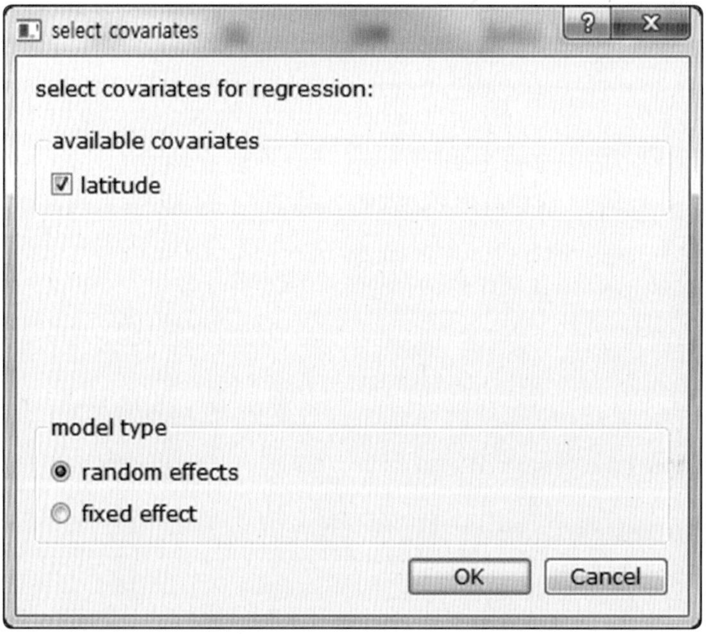

아래 <그림 4.75>와 <그림 4.76>은 메타 회귀분석을 실시한 결과이다. 먼저 회귀모형에 대한 유의성은 Omnibus p-value=0.000으로 통계적으로 유의한 결과가 나타나 조절변수 latitude를 포함한 회귀모형이 유의함을 알 수 있다. 그리고 latitude의 회귀계수는 -0.034(p-value<0.001)로 나타나 통계적으로 유의하며, latitude가 1도 높아질수록 효과크기(LogRiskRatio)는 -0.034만큼 작아져 통제집단에 비해 실험집단의 TB 발생률이 3% 더 낮아짐을 알 수 있다(exp(-0.034)=0.97). 즉 latitude가 높아질수록 BCG 백신의 효과가 더 크다는 것을 알 수 있으며, 이는 <그림 4.76>에서 보는 것처럼 회귀선을 통해서 확인될 수 있겠다(참고로 OpenMeta에서는 연구 간 분산(tau-squared) 추정 방식으로 Maximum Likelihood를 사용하고 있다).

이번에는 하위집단분석(subgroup analysis)을 실시해 보자. 이를 위해 먼저 조절변수를 <그림 4.77>과 <그림 4.78>에서 보는 바와 같이 추가하는데, 여기서 사용할 조절변수(또는 그룹변수)는 범주형(factor) 조절변수로서 실험 대상자를 선정한 방법, 즉 allocation이며 '1'은 random allocation, '0'은 non-random allocation이라고 하자.

그림 4.75 메타 회귀분석 결과

```
Meta-Regression

Metric: Relative Risk
                                              To copy the text:
                                              1) Right click on the text and choose "Select All".
                                              2) Right click again and choose "Copy".
Model Results

 Covariate  Coefficients  Lower bound  Upper bound  Std. error  p-Value

 Intercept      0.406        0.239        0.573        0.085     < 0.001

 latitude      -0.034       -0.041       -0.028        0.003     < 0.001


Omnibus p-Value

 0.000
```

그림 4.76 회귀선을 나타내는 메타 회귀모형 plot

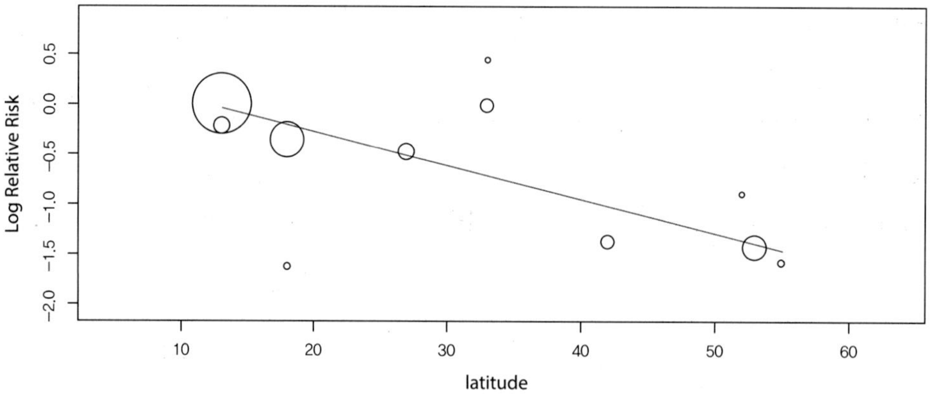

그림 4.77 하위집단분석을 위해 조절변수를 추가하는 모습

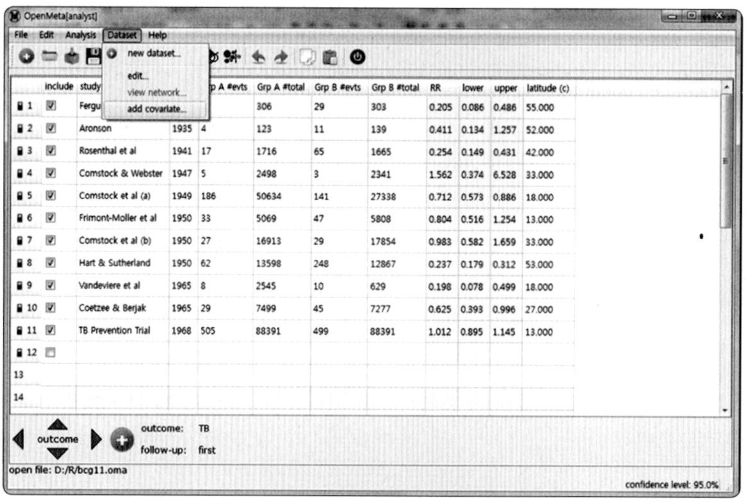

그림 4.78 조절변수로 allocation을 입력

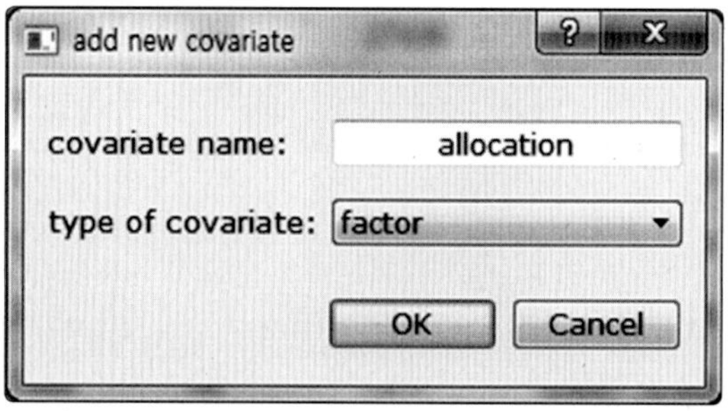

이때 범주형 조절변수 allocation의 값을 입력하면 <그림 4.79>와 같이 나타나며, 이로써 하위집단분석을 실시할 준비가 완료되었다.

하위집단분석(subgroup analysis)은 <그림 4.80>에서 보는 것처럼 메뉴 아이콘을 클릭하면 된다. 그러면 그 결과가 <그림 4.81> 및 <그림 4.82>와 같이 나타나는데, 먼저 각 하위집단의 평균효과크기가 제시되며, 이어서 각 하위집단의 Q값과 이질성 통계치(I-squared)가 제시된다.

그림 4.79 allocation 데이터가 입력된 모습

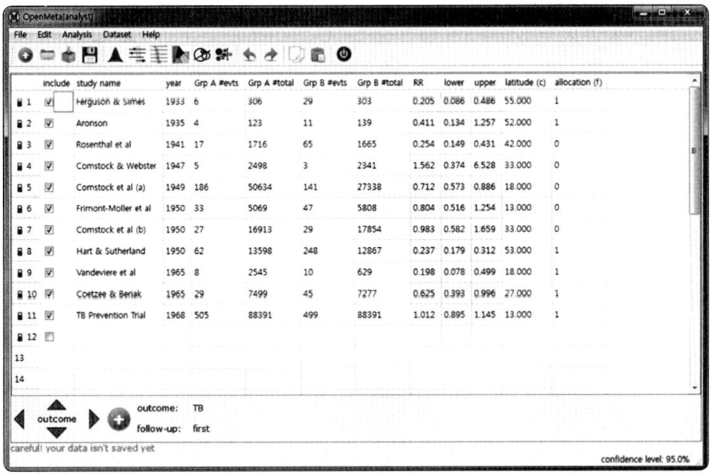

그림 4.80 하위집단분석을 위한 메뉴 아이콘을 클릭하는 모습

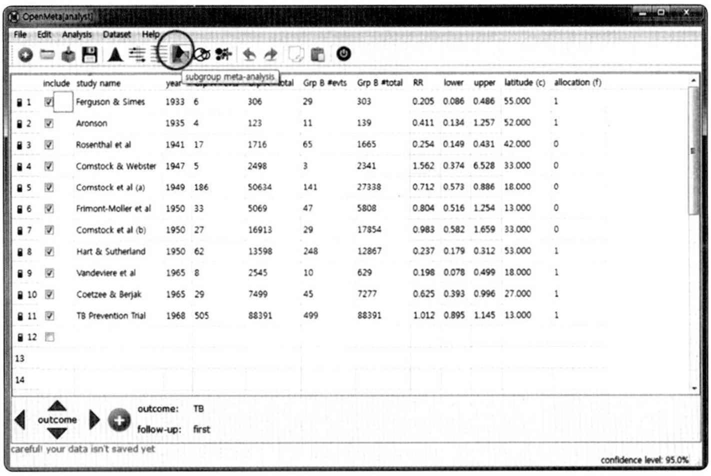

그림 4.81 하위집단분석 결과 1

Subgroup Summary
Binary Random-Effects Model

Metric: Relative Risk

Model Results

Subgroups	Studies	Estimate	Lower bound	Upper bound	Std. error	p-Val	z-Val
Subgroup 1	6	0.382	0.179	0.815	0.386	0.013	-2.490
Subgroup 0	5	0.669	0.426	1.051	0.230	0.081	-1.745
Overall	11	0.508	0.336	0.768	0.211	0.001	-3.213

그림 4.82 하위집단분석 결과 2

Heterogeneity

Studies	Q (df)	Het. p-Val	I^2
Subgroup 1	107.522 (5)	< 0.001	95 %
Subgroup 0	17.228 (4)	0.002	77 %
Overall	125.626 (10)	< 0.001	92 %

이어서 <그림 4.83>에서 보는 것처럼 각 하위집단의 효과크기와 전체 효과크기를 명확하게 제시하는 forest plot이 나타나는데, 이 경우 각 하위집단 간의 연구 간 분산은 서로 다르다고 가정하고 있다. 그리고 이 결과는 <그림 4.84>와 같이 CMA로 분석한 결과와 동일함을 확인할 수 있다.

그림 4.83 하위집단분석 결과를 보여주는 forest plot

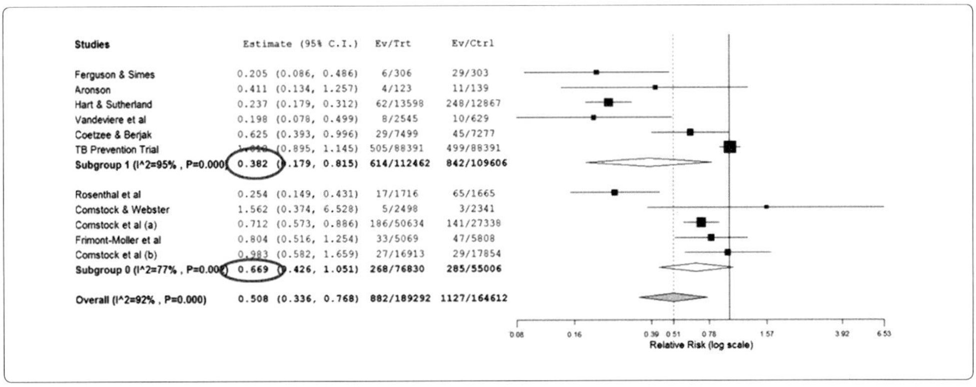

그림 4.84 CMA로 분석한 하위집단분석 결과

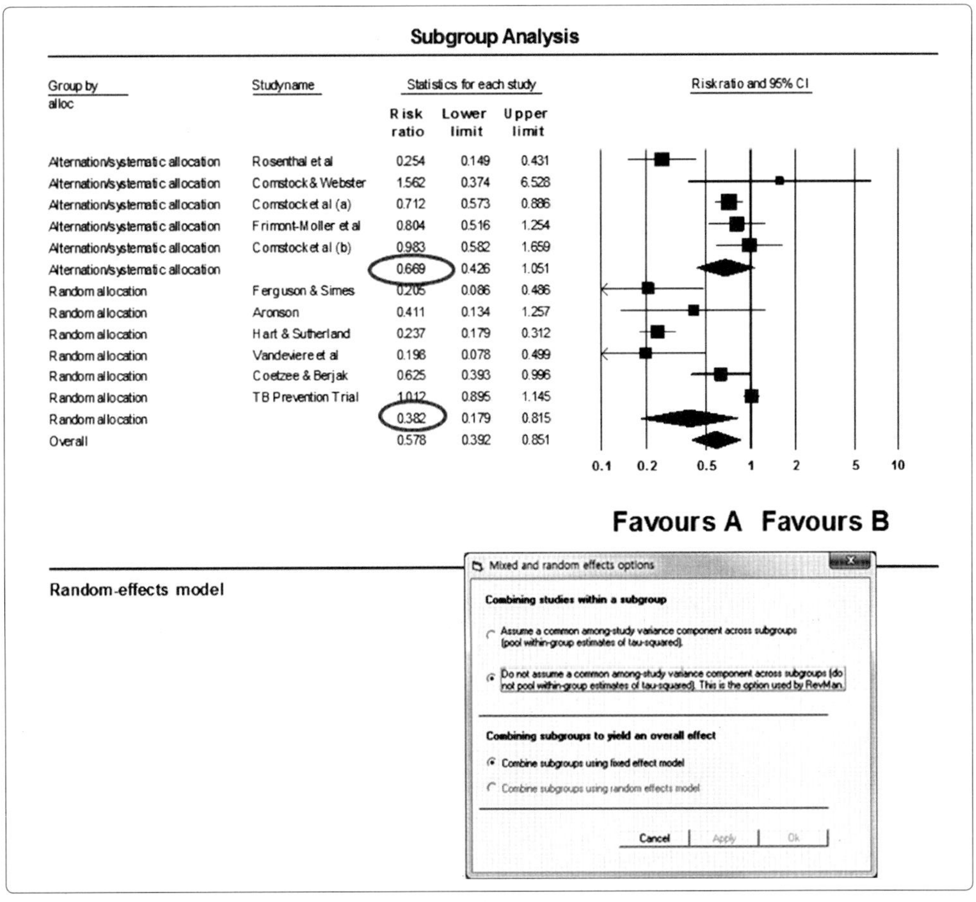

제5장 R로 하는 메타분석

최근 데이터 분석을 위한 공개프로그램(open software) R이 소개되어 연구자들로부터 각광을 받고 있다. 이 R 프로그램은 Free Software Foundation GNU 프로젝트의 일환으로, 뉴질랜드 오클랜드대학 통계학과 교수 Robert Gentleman과 Ross Ihaka에 의해 개발되었다. 그 이후 일련의 데이터 과학자들(R Development Core Team)에 의해 발전되었으며, 현재 많은 연구자들에 의해 지속적으로 개선되고 있다. R 프로그램은 프로그래밍 언어인 동시에 소프트웨어로서 여러 장점을 갖추고 있어 데이터 과학자들뿐만 아니라 일반 연구자 및 학생들에게도 널리 사용되고 있다.

R 프로그램의 장점은 인터넷에서 무료로 다운을 받아 설치하여 사용할 수 있다는 것이다. 또한 헌신적인 데이터 과학자들에 의해 프로그램을 스스로 개선 및 발전시켜나갈 수 있는 공개 프로그램이라는 점도 주요 특성이라고 하겠다. 오늘날 R은 연구자와 데이터 과학자에 의해 새로운 프로그램 패키지들이 속속 개발, 업데이트되고 있어 급속도로 널리 활용되고 있다(R Core Team, 2015).

포인트

R 프로그램 설치하기

http://www.r-project.org에서

- Download R for Windows

- install R for the first time
- Download R 3.2.2 for Windows를 클릭

* R에서는 패키지를 설치할 때 불러올 네트워크, 즉 CRAN(Comprehensive R Archive Network) 사이트를 먼저 선택한다.

먼저 <그림 5.1>과 같이 R 홈페이지에서 R 프로그램을 다운받아 설치해 보자. 이때 <그림 5.2> 처럼 R 홈페이지에서 프로그램을 다운받게 될 일종의 서버(server)인 CRAN(Comprehensive R Archive Network)을 선택하게 되는데, 이는 가장 가까운 곳을 선택하면 된다.

이어서 자신의 PC 운영체제(OS)에 맞는 R 프로그램을 <그림 5.3>에서와 같이 선택한 후 "install R for the first time"을 선택한다(그림 5.4).

<그림 5.5>에서와 같이 R 최신 버전을 다운받아 설치하게 되면 <그림 5.6>과 같이 첫 화면이 나타나며, 이로써 R을 사용할 준비가 완료된다.

그림 5.1 R 프로그램 메인 홈페이지(http://www.r–project.org)

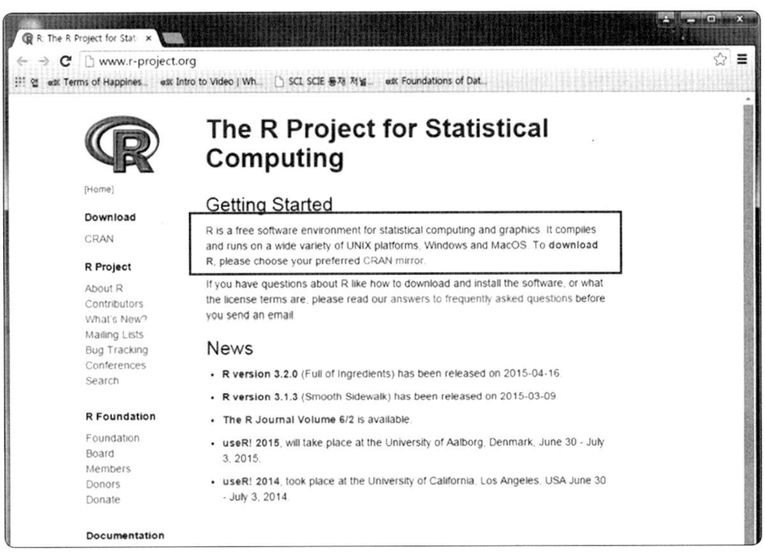

그림 5.2 프로그램을 다운받게 될 CRAN 리스트

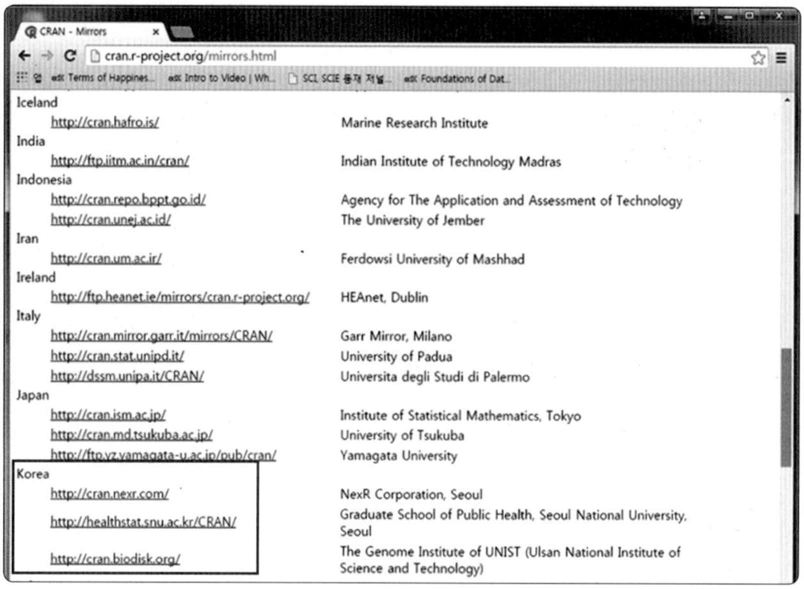

그림 5.3 R 설치에 적합한 OS를 선택하는 모습

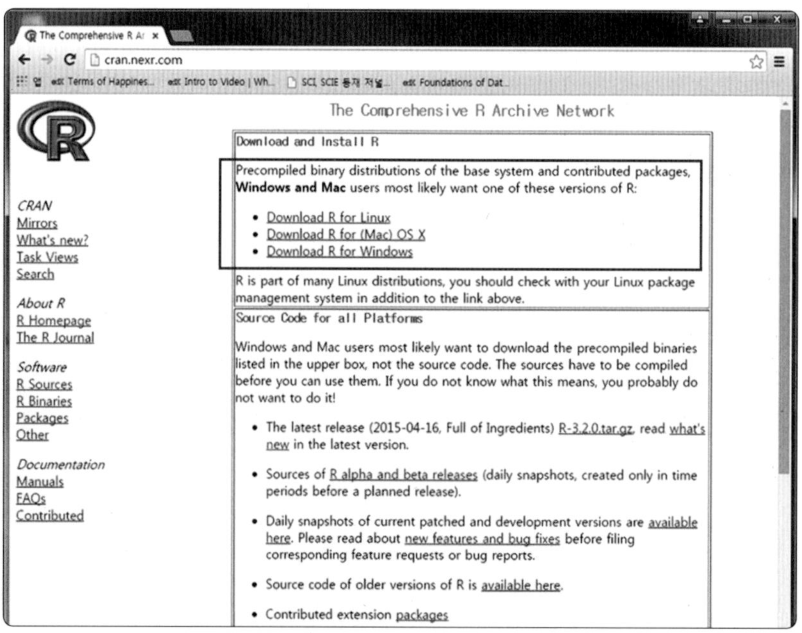

그림 5.4 R for Windows를 선택한 후 모습

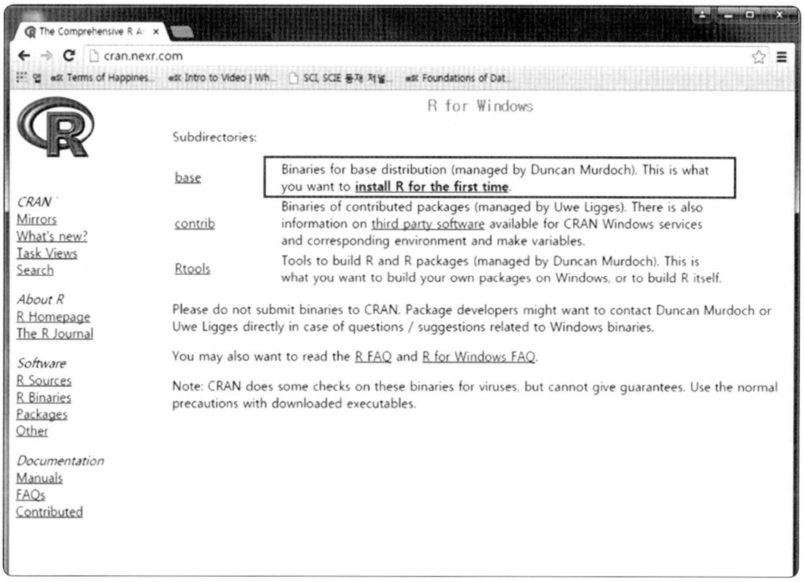

그림 5.5 가장 최신 R 버전을 보여 주고 있는 모습

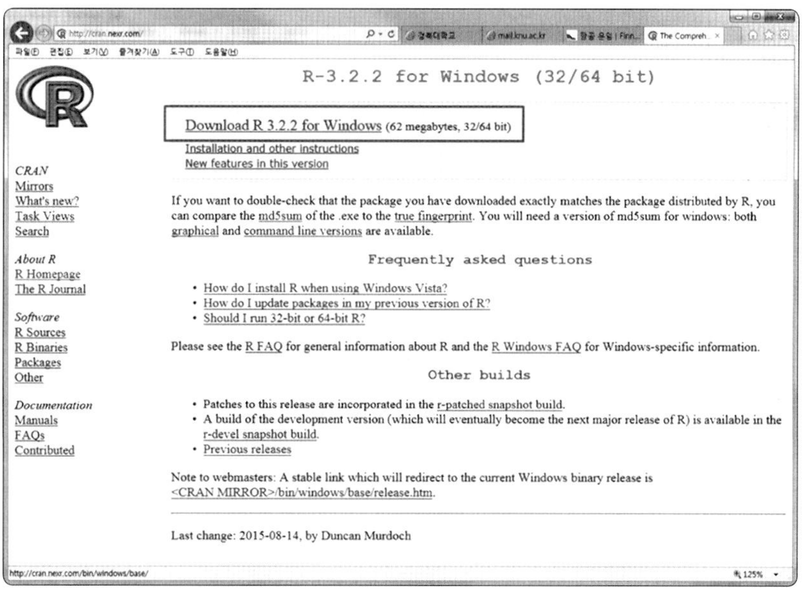

그림 5.6 R을 설치한 후 최초 모습

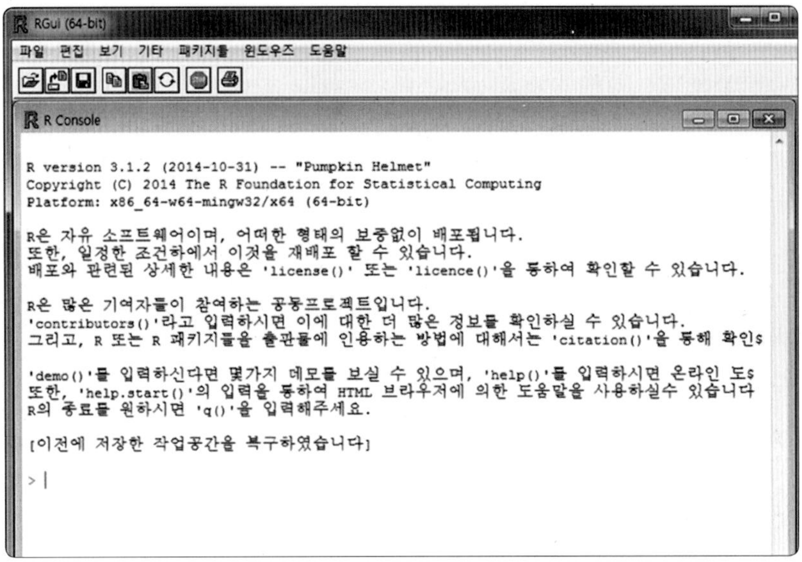

이제 R 프로그램에서 메타분석용 패키지를 설치해야 하는데, R 메타분석 패키지로는 "meta"와 "metafor"가 주로 사용된다. 설치는 <그림 5.7>과 같이 메뉴를 이용하여 설치할 수 있으며, 아니면 아래와 같이 R 초기 화면에서 직접 명령어를 입력할 수도 있다.

```
> install.packages("meta")
> install.packages("metafor")
```

이와 같이 메타분석 패키지를 설치한 후 분석에 사용할 패키지를 아래와 같이 불러온다.

```
> library(meta)
```

이어서 분석할 데이터 파일(mentoring.csv)을 불러오는데, 보통 데이터 파일은 주로 Excel 파일을 comma separated variable 형식으로 전환한 csv file, 즉 *.csv file을 사용한다. 이 경우 일반적으로 미리 데이터 파일을 저장한 working directory(예: D:/R)를 지정한 후 데이터를 불러오게 되는데, 그 과정은 다음과 같다.

```
> setwd("D:/R")
> mentoring=read.csv("mentoring.csv")
> mentoring
```

또는 데이터 파일을 text file(.txt)로 만든 후, 메타분석 패키지(예: meta 및 metafor) 폴더의 하위 폴더인 data 폴더에 저장하고 나서 아래와 같이 불러올 수도 있다.

```
> data(mentoring)
> mentoring
```

그림 5.7 R 메뉴에서 패키지를 설치하는 모습

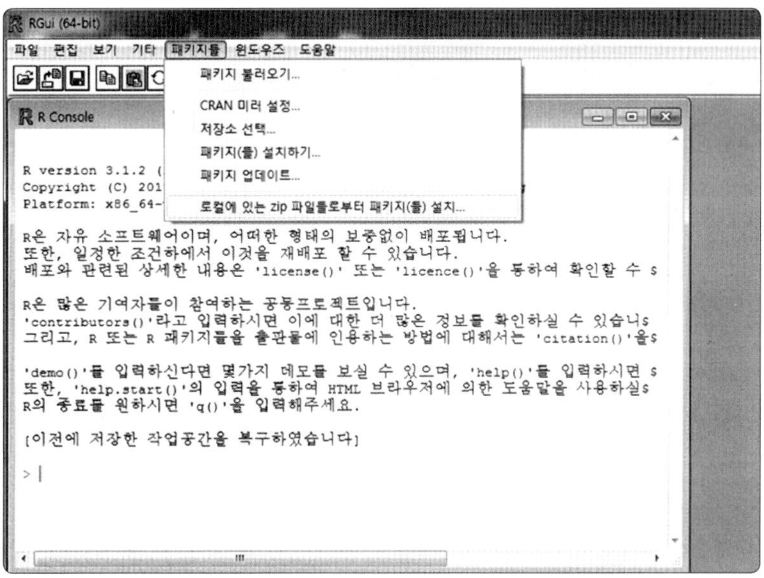

그림 5.8 mentoring 데이터를 불러온 모습

```
> mentoring
    study m1 s1  n1 m2 s2  n2
1 study_1 47 11  60 46 10  60
2 study_2 49 11  65 46 11  65
3 study_3 49 14  40 44 13  40
4 study_4 47 10 200 41  9 200
5 study_5 49 11  50 44 11  45
6 study_6 48 11  85 46 11  85
> |
```

이제 R을 이용해 다양한 유형의 데이터를 직접 분석해 보자.

1. 연속형 데이터의 효과크기 분석

1) 두 집단(사후검사)의 경우

여기서는 청소년의 자아존중감에 대한 멘토링의 효과 데이터를 사용해서 분석해 보자.

표 5.1 자아존중감에 대한 멘토링 데이터

	실험집단			통제집단		
study	m1	s1	n1	m2	s2	n2
study_1	47	11	60	46	10	60
study_2	49	11	65	46	11	65
study_3	49	14	40	44	13	40
study_4	47	10	200	41	9	200
study_5	49	11	50	44	11	45
study_6	48	11	85	46	11	85

R에서는 메타분석 시 패키지를 불러온 후 이어서 데이터를 불러온다고 설명하였다. 이제 불러온 데이터, 여기서는 mentoring.csv로 효과크기를 산출해 보자. 이때 사용하는 "meta" 패키지는 "metafor" 보다 더 간편한데, "meta"에서는 분석할 데이터의 유형에 따라 명령어(command 또는 script)가 달라진다. <표 5.1>의 데이터는 평균과 표준편차가 제시된 연속형 데이터이므로 이때 사용할 명령어는 "metacont"이며, 아래와 같이 명령문을 구성할 수 있다.

```
> meta1 <- metacont(n1, m1, s1, n2, m2, s2, sm="SMD", study, data=mentoring)
> meta1
```

이렇게 명령문을 작성하면 다음과 같은 분석 결과를 얻게 된다.

그림 5.9 효과크기 분석을 실행한 후 결과

```
> meta1 <- metacont(n1,m1,s1,n2,m2,s2, sm="SMD", study, data=mentoring)
> meta1
            SMD            95%-CI %W(fixed) %W(random)
study_1 0.0945 [-0.2635; 0.4526]     12.36      15.53
study_2 0.2711 [-0.0743; 0.6166]     13.28      16.12
study_3 0.3665 [-0.0756; 0.8087]      8.11      12.14
study_4 0.6295 [ 0.4287; 0.8304]     39.28      24.43
study_5 0.4509 [ 0.0428; 0.8589]      9.52      13.40
study_6 0.1810 [-0.1203; 0.4823]     17.46      18.38

Number of studies combined: k=6

                        SMD           95%-CI      z  p-value
Fixed effect model   0.3992 [0.2733; 0.5251] 6.2156 < 0.0001
Random effects model 0.3504 [0.1569; 0.5438] 3.5499   0.0004

Quantifying heterogeneity:
tau^2 = 0.0294; H = 1.45 [1; 2.29]; I^2 = 52.2% [0%; 80.9%]

Test of heterogeneity:
     Q d.f.  p-value
 10.46    5   0.0632

Details on meta-analytical method:
- Inverse variance method
- DerSimonian-Laird estimator for tau^2
- Hedges' g (bias corrected standardised mean difference)
> |
```

여기서 제시되는 효과크기는 Cohen's d의 약점—즉 표본크기가 작을 때 효과크기가 과대 추정되는—을 보완한 Hedges' g로 표시됨을 알 수 있다. 이는 흔히 사용하는 CMA의 분석 결과와 거의 동일하다(이때 소수점 셋째 자리 정도에서 약간의 차이를 보이는 것은 소수점 자릿수를 어디까지 사용했느냐에 따라 달라진 결과라고 할 수 있다).

그림 5.10 CMA를 이용한 효과크기 분석 결과

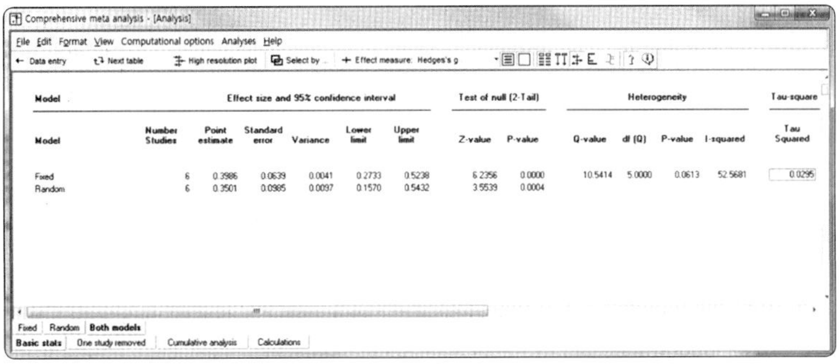

Model	Number Studies	Point estimate	Standard error	Variance	Lower limit	Upper limit	Z-value	P-value	Q-value	df (Q)	P-value	I-squared	Tau Squared
Fixed	6	0.3986	0.0639	0.0041	0.2733	0.5238	6.2356	0.0000	10.5414	5.0000	0.0613	52.5681	0.0295
Random	6	0.3501	0.0985	0.0097	0.1570	0.5432	3.5539	0.0004					

이어서 forest plot을 아래와 같은 간단한 명령어로 얻을 수 있다.

```
> forest(meta1)
```

그림 5.11 R을 이용하여 만든 forest plot

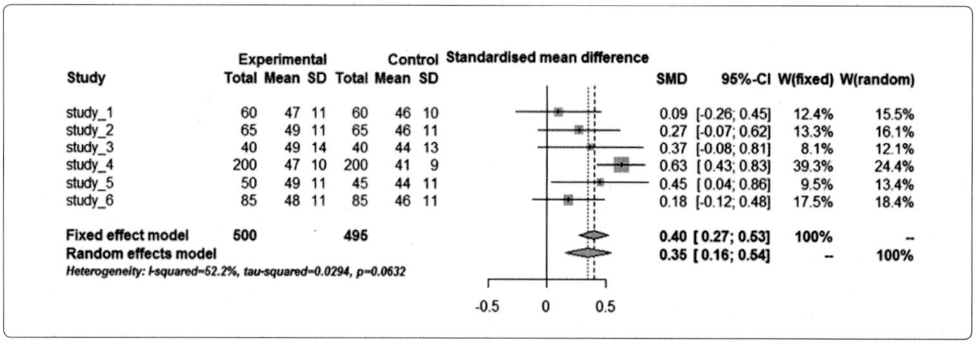

위의 forest plot <그림 5.11>에서는 각 개별 연구의 효과크기, 신뢰구간, 가중치가 제시되며 또한 고정효과모형과 무선효과모형의 평균효과크기 및 신뢰구간이 제시되어 있다. 그리고 나아가 효과크기의 이질성 통계치인 I-squared, Tau-squared 수치도 제시되어 있다.

물론 여기서 소수점 셋째 자리까지 제시한 forest plot을 아래와 같이 만들 수 있다.

```
> forest(meta1, digits=3)
```

그림 5.12 소수점 셋째 자리까지 제시한 forest plot

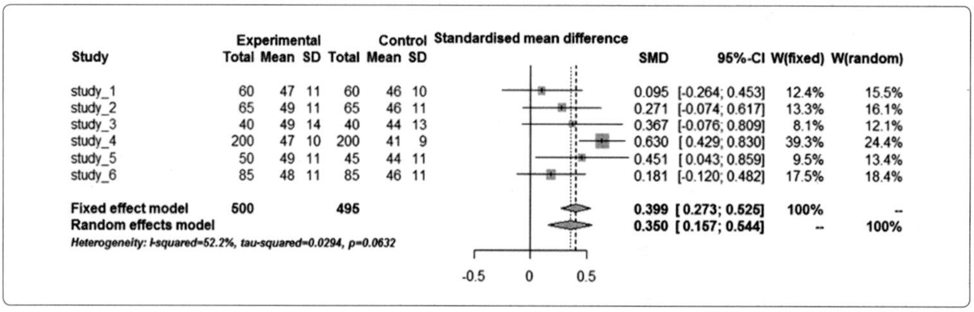

그리고 다음과 같이 고정효과모형 forest plot과 무선효과모형 forest plot을 각각 제시할 수 있다(그림 5.13, 그림 5.14).

```
> forest(meta1, comb.random=FALSE, digits=3)
```

그림 5.13 고정효과모형으로 제시한 forest plot

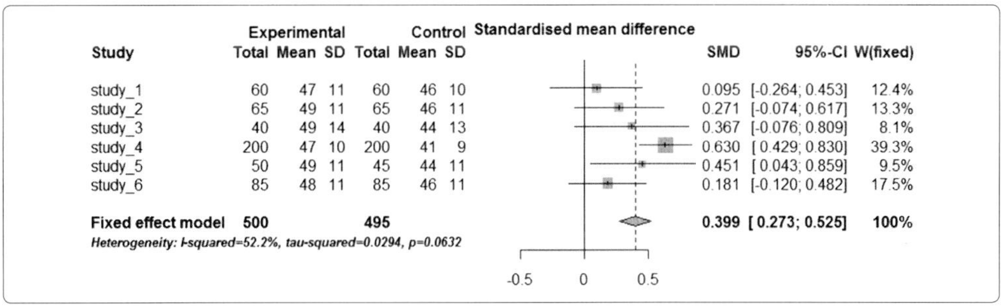


```
> forest(meta1, comb.fixed=FALSE, digits=3)
```

그림 5.14 무선효과모형으로 제시한 forest plot

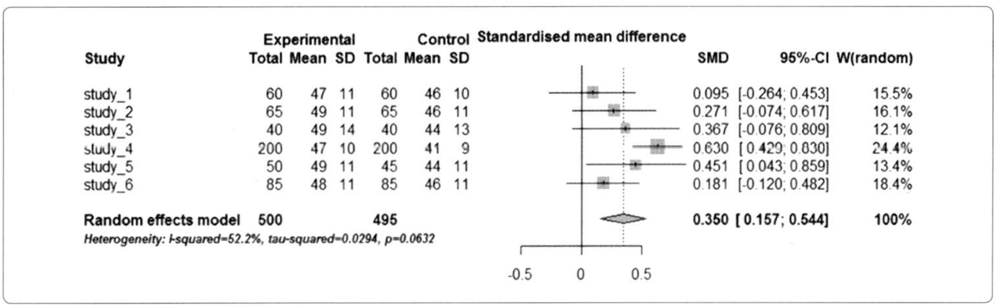

또한 forest plot을 좀 더 단순화하여 각 연구의 가중치를 제시하지 않을 수도 있다(그림 5.15).

```
> forest(meta1, comb.fixed=FALSE, rightcols=c("effect", "ci"))
```

그림 5.15 가중치를 제외하고 제시한 forest plot

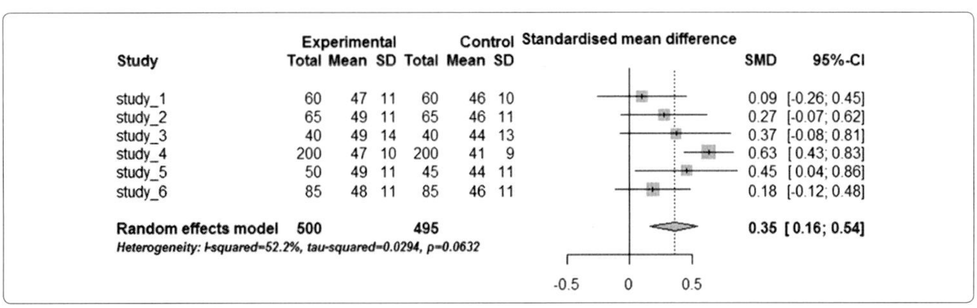

forest plot을 좀 더 단순화시켜 <그림 5.16>에서 보는 것처럼 각 연구의 평균 및 표준편차 데이터와 이질성 통계치(heterogeneity statistic)를 제외하고 forest plot을 제시할 수 있다.

```
> forest(meta1, comb.fixed=F, leftcols="studlab", hetstat=F, rightcols=c("effect", "ci"))
```

그림 5.16 평균, 표준편차 및 이질성 통계치를 제외하고 제시한 forest plot

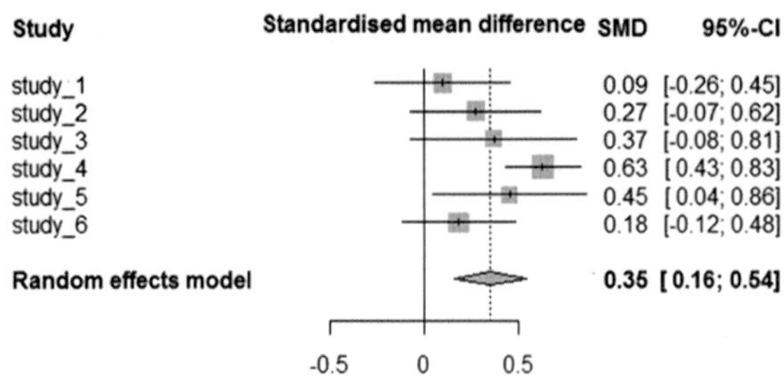

그리고 forest plot을 더 잘 나타내기 위해 개별 효과크기를 나타내는 정사각형과 전체 효과크기를 나타내는 다이아몬드에 색상을 표시할 수도 있다(그림 5.17, 그림 5.18).

```
> forest(meta1, comb.fixed=F, col.diamond="green", col.square="pink")
```

그림 5.17 효과크기에 색상을 표시한 forest plot 1

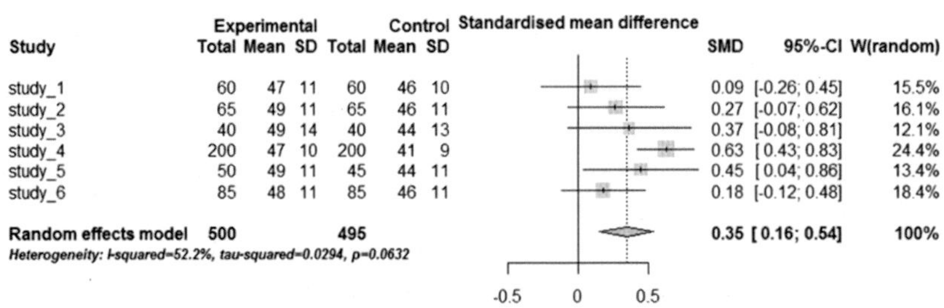


```
> forest(meta1, comb.fixed=F, col.diamond="green", col.square="pink", col.square.lines="black")
```

그림 5.18 효과크기에 색상을 표시한 forest plot 2

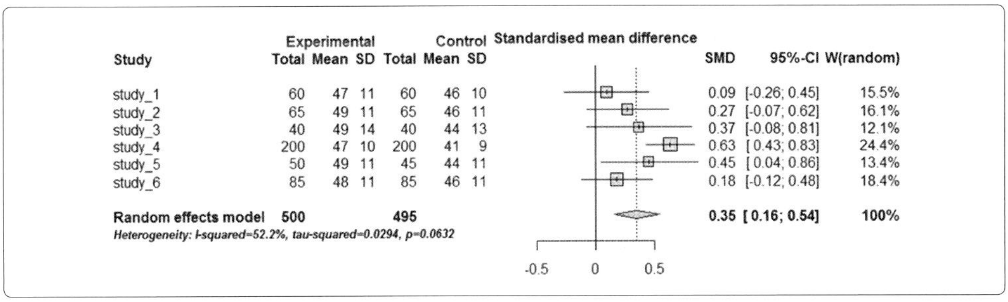

2) 두 집단(사전-사후검사)의 경우

앞에서 활용한 다문화교육 프로그램의 효과성 검증에 대한 데이터를 여기에서도 활용해 보자.

표 5.2 다문화교육 프로그램의 효과성 검증 데이터

study	m1	s1	n1	m2	s2	n2
study1	0.378	0.440	45	0.036	0.323	47
study2	0.100	0.586	44	0.016	0.362	45
study3	0.288	0.529	44	0.047	0.383	45
study4	0.476	0.543	45	0.015	0.384	47
study5	0.406	0.401	44	0.053	0.370	45
study6	0.280	0.469	45	0.057	0.390	47
study7	0.171	0.89	44	0.042	0.542	45
1: 실험집단의 사전-사후 차이(차이의 평균 및 표준편차)						
2: 통제집단의 사전-사후 차이(차이의 평균 및 표준편차)						

앞서 본 두 집단(사후검사)의 경우와 마찬가지로 먼저 메타분석 패키지(meta)와 데이터를 아래와 같이 불러온다.

```
> library(meta)
> setwd("D:/R")
> two_group=read.csv("two_group_pre_post.csv")
> two_group
```

그림 5.19 두 집단(사전-사후) 데이터를 불러온 모습

```
> two_group=read.csv("two_group_pre_post2.csv")
> two_group
   study    m1    s1 n1    m2    s2 n2
1 study1 0.378 0.440 45 0.036 0.323 47
2 study2 0.100 0.586 44 0.016 0.362 45
3 study3 0.288 0.529 44 0.047 0.383 45
4 study4 0.476 0.543 45 0.015 0.384 47
5 study5 0.406 0.401 44 0.053 0.370 45
6 study6 0.280 0.469 45 0.057 0.390 47
7 study7 0.171 0.896 44 0.042 0.542 45
> |
```

그리고 여기서도 연속형 데이터, 즉 평균과 표준편차 데이터이므로 "metacont"를 활용하여 효과크기를 분석하고 이어서 forest plot을 만든다(그림 5.20, 그림 5.21).

> meta1a <- metacont(n1, m1, s1, n2, m2, s2, sm="SMD", study, data=two_group)

> meta1a

그림 5.20 두 집단(사전-사후) 데이터에 대한 효과크기 분석 결과

```
> meta1a <-metacont(n1,m1,s1,n2,m2,s2, sm="SMD", study, data=two_group)
> meta1a
          SMD             95%-CI %W(fixed) %W(random)
study1 0.8816 [ 0.4526; 1.3107]     13.97      14.16
study2 0.1714 [-0.2449; 0.5878]     14.83      14.51
study3 0.5183 [ 0.0955; 0.9411]     14.38      14.33
study4 0.9757 [ 0.5423; 1.4092]     13.68      14.04
study5 0.9075 [ 0.4701; 1.3448]     13.44      13.94
study6 0.5137 [ 0.0980; 0.9295]     14.87      14.52
study7 0.1732 [-0.2432; 0.5895]     14.83      14.51

Number of studies combined: k=7

                        SMD           95%-CI      z  p-value
Fixed effect model   0.5806 [0.4203; 0.741] 7.0981 < 0.0001
Random effects model 0.5872 [0.3353; 0.839] 4.5688 < 0.0001

Quantifying heterogeneity:
tau^2 = 0.0687; H = 1.57 [1.04; 2.38]; I^2 = 59.5% [6.7%; 82.4%]

Test of heterogeneity:
    Q d.f.  p-value
 14.8    6   0.0219

Details on meta-analytical method:
- Inverse variance method
- DerSimonian-Laird estimator for tau^2
> |
```

> forest(meta1a)

그림 5.21 두 집단(사전–사후) 데이터에 대한 forest plot

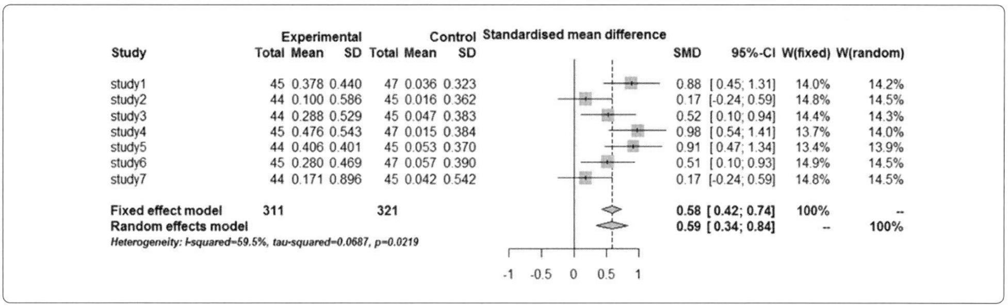

이 경우에도 고정효과모형과 무선효과모형의 forest plot을 각각 아래와 같이 제시할 수 있다(그림 5.22, 그림 5.23).

```
> forest(meta1a, comb.random=F)
```

그림 5.22 고정효과모형으로만 제시한 forest plot

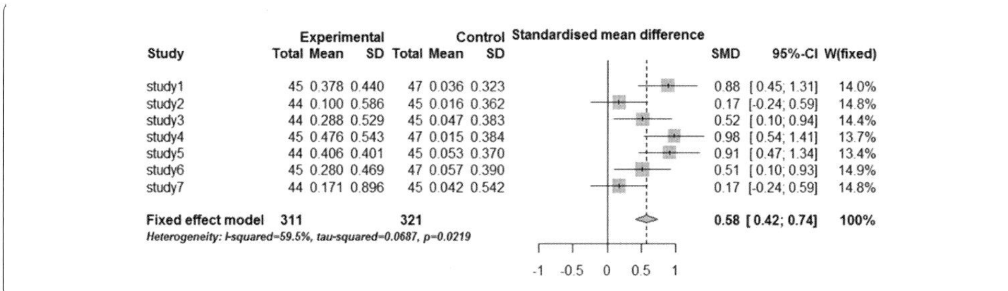


```
> forest(meta1a, comb.fixed=F)
```

그림 5.23 무선효과모형으로만 제시한 forest plot

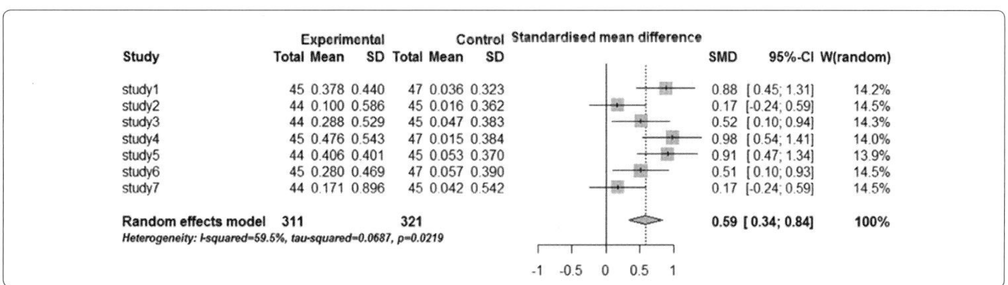

3) 단일집단(사전-사후)의 경우

이제 단일집단(사전-사후)의 데이터를 R을 통해 분석해 보자. 여기서는 앞에서 사용한 근거기반실천(EBP) 교육훈련프로그램의 효과 검증 데이터를 활용해 보자.

표 5.3 근거기반실천 교육프로그램의 효과 검증 데이터

study	mean_pre	sd_pre	mean_post	sd_post	pre/post correlation	N
마음재단	3.79	0.383	3.99	0.425	0.938	11
가정복지회	3.50	0.333	3.89	0.453	0.576	14
대구_1	3.60	0.387	3.91	0.420	0.760	39
대구_2	3.82	0.508	4.02	0.530	0.539	39
부산_1	3.82	0.430	3.97	0.407	0.520	50
부산_2	3.47	0.403	3.68	0.362	0.376	50
대학원	3.83	0.240	4.13	0.326	0.391	15

단일집단의 경우 두 집단의 경우와 같이 바로 분석할 수 있는 명령어가 없기 때문에 위의 데이터를 아래 효과크기 계산 공식을 활용하여 Excel로 효과크기와 분산을 구한 다음, 이 데이터를 R에서 불러오는 방법을 사용한다.

ES_1-1	pre-post scores or matched groups	V
Standardized difference	$d = \dfrac{\overline{X}_{post} - \overline{X}_{pre}}{S_p}$ $\quad S_p = \dfrac{S_{diff}}{\sqrt{2(1-r)}}$	$V_d = \left(\dfrac{1}{n} + \dfrac{d^2}{2n}\right) \times 2(1-r)$ $SE_d = \sqrt{V_d}$
paired difference SD	$S_{diff} = \sqrt{S_1^2 + S_2^2 - (2 \times r \times S_1 \times S_2)}$	$SE_{diff} = \dfrac{S_{diff}}{\sqrt{n}}$ $J = 1 - \left(\dfrac{3}{4df - 1}\right) \quad df = n - 1$

앞의 공식을 활용하여 효과크기와 분산을 계산하면 아래와 같다.

study	D	S_{diff}	S_p	d	V_d	J	g	V_g
마음재단	0.20	0.148	0.421	0.475	0.013	0.923	0.439	0.011
가정복지회	0.39	0.377	0.410	0.952	0.088	0.941	0.896	0.078
대구_1	0.31	0.281	0.406	0.764	0.016	0.980	0.748	0.015
대구_2	0.20	0.499	0.519	0.385	0.025	0.980	0.377	0.024
부산_1	0.15	0.411	0.419	0.358	0.020	0.985	0.352	0.020
부산_2	0.21	0.429	0.384	0.547	0.029	0.985	0.539	0.028
대학원	0.30	0.320	0.290	1.033	0.125	0.945	0.977	0.111

그리고 아래 데이터만 one_group_pre_post.csv 파일로 저장한다.

study	g	V_g
마음재단	0.439	0.011
가정복지회	0.896	0.078
대구_1	0.748	0.015
대구_2	0.377	0.024
부산_1	0.352	0.020
부산_2	0.539	0.028
대학원	0.977	0.111

이제 R에서 위의 데이터 파일을 불러온다.

```
> library(meta)
> setwd("D:/R")
> one_group=read.csv("one_group_pre_post.csv")
> one_group
```

그림 5.24 단일집단(사전–사후) 데이터를 불러온 모습

```
> one_group=read.csv("one_group_pre_post.csv")
> one_group
     Study      yi      vi
1  마음재단 0.43881 0.01069
2 가정복지회 0.89598 0.07797
3    대구_1 0.74844 0.01527
4    대구_2 0.37742 0.02439
5    부산_1 0.35249 0.01981
6    부산_2 0.53887 0.02782
7    대학원 0.97682 0.11132
> |
```

여기서는 연속형 데이터이지만 이미 효과크기 yi, 분산 vi를 계산하였기 때문에 이미 산출된 효과크기 데이터로 분석하는 메타분석(이하, 일반화된 데이터 메타분석, generic inverse variance meta-analysis) 명령어, 즉 "metagen"을 활용하게 된다.

> meta1b <- metagen(yi, sqrt(vi), sm="SMD", Study, data=one_group)

> meta1b

그림 5.25 단일집단 데이터의 효과크기를 분석한 결과

```
> meta1b <- metagen(yi, sqrt(vi), sm="SMD", Study, data=one_group)
> meta1b
              SMD            95%-CI %W(fixed) %W(random)
마음재단   0.4388 [0.2362; 0.6415]     30.35      22.92
가정복지회 0.8960 [0.3487; 1.4433]      4.16       6.51
대구_1     0.7484 [0.5062; 0.9906]     21.24      19.56
대구_2     0.3774 [0.0713; 0.6835]     13.30      15.15
부산_1     0.3525 [0.0766; 0.6284]     16.38      17.09
부산_2     0.5389 [0.2120; 0.8658]     11.66      13.96
대학원     0.9768 [0.3229; 1.6308]      2.91       4.81

Number of studies combined: k=7

                        SMD            95%-CI      z  p-value
Fixed effect model   0.5287 [0.4170; 0.6403] 9.2818 < 0.0001
Random effects model 0.5450 [0.3916; 0.6983] 6.9650 < 0.0001

Quantifying heterogeneity:
tau^2 = 0.0160; H = 1.29 [1; 1.99]; I^2 = 39.8% [0%; 74.7%]

Test of heterogeneity:
    Q d.f.  p-value
 9.96    6   0.1263

Details on meta-analytical method:
- Inverse variance method
- DerSimonian-Laird estimator for tau^2
> |
```

이어서 forest plot을 아래 <그림 5.26>~<그림 5.28>과 같이 각각 제시할 수 있다.

> forest(meta1b, digits=3)

그림 5.26 단일집단 데이터 분석 결과 forest plot

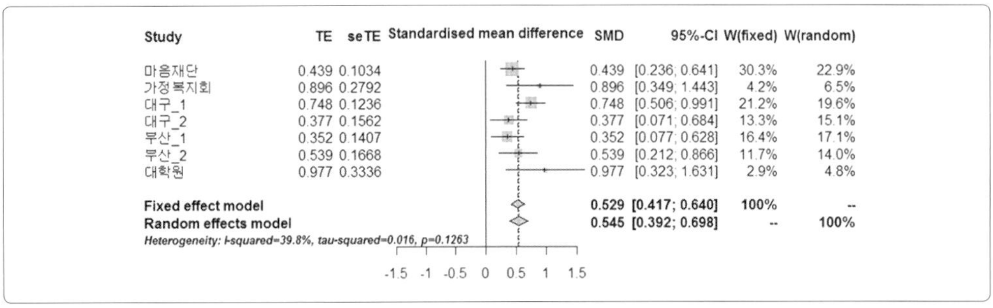

> forest(meta1b, comb.random=F, digits=3)

그림 5.27 고정효과모형으로만 제시한 forest plot

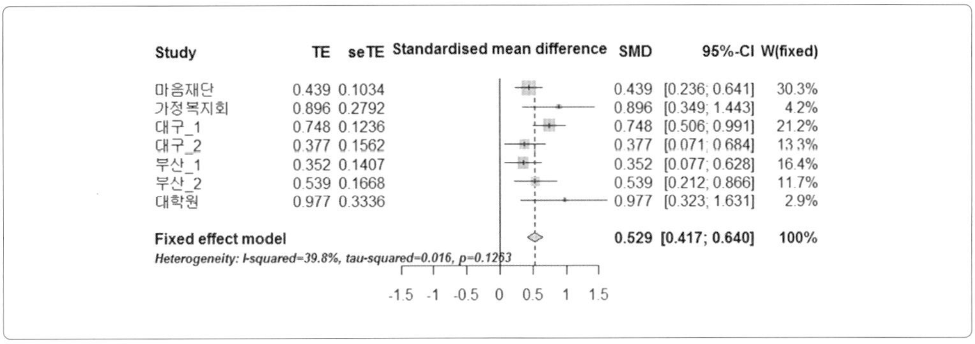

> forest(meta1b, comb.fixed=F, digits=3)

그림 5.28 무선효과모형으로만 제시한 forest plot

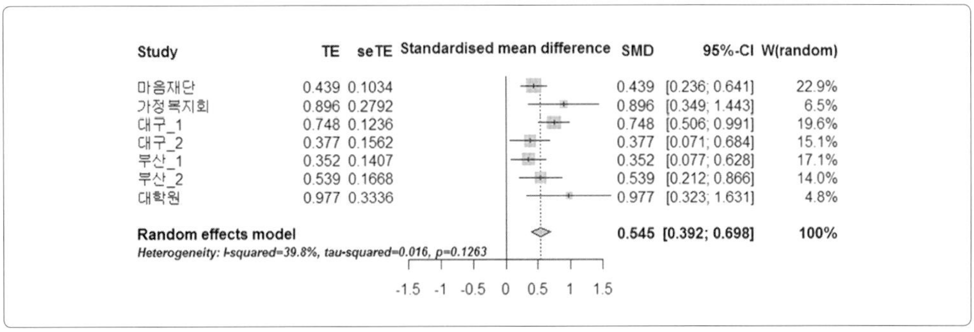

2. 이분형 데이터의 효과크기 분석

이분형 데이터의 분석 과정은 연속형 데이터의 분석과 거의 동일하다. 여기서는 대학생들의 취업동아리 활동이 취업에 미치는 영향에 대한 데이터를 활용하자.

표 5.4 취업동아리 활동의 취업에 대한 효과 검증 데이터

Name	실험집단			통제집단		
	a	b	n1	c	d	n2
study_1	16	49	65	12	53	65
study_2	10	30	40	8	32	40
study_3	19	61	80	14	66	80
study_4	80	320	400	25	375	400
study_5	11	29	40	8	32	40
study_6	18	47	65	16	49	65

연속형 데이터 분석과 마찬가지로 먼저 working directory에 저장되어 있는 데이터를 아래와 같이 불러온다.

```
> setwd("D:/R")
> binary=read.csv("binary.csv")
> binary
```

그림 5.29 이분형 데이터를 불러온 모습

```
> binary
     Name  a   b  n1  c   d  n2
1 study_1 16  49  65 12  53  65
2 study_2 10  30  40  8  32  40
3 study_3 19  61  80 14  66  80
4 study_4 80 320 400 25 375 400
5 study_5 11  29  40  8  32  40
6 study_6 18  47  65 16  49  65
> |
```

이분형 데이터에서는 효과크기 분석 명령어로 "metabin"을 사용하며, 효과크기의 유형으로 Odds

Ratio를 선택한다. 그리고 가중치 부여 방식은 분산의 역수, 즉 inverse variance를 명시한다.

```
> meta2 <- metabin(a, n1, c, n2, sm="OR", method="I", Name, data=binary)
> meta2
```

그림 5.30 이분형 데이터의 효과크기를 분석한 결과

```
             OR             95%-CI %W(fixed) %W(random)
study_1 1.4422 [0.6206; 3.3515]     12.79      15.93
study_2 1.3333 [0.4644; 3.8282]      8.17      12.33
study_3 1.4684 [0.6777; 3.1814]     15.21      17.36
study_4 3.7500 [2.3363; 6.0193]     40.61      24.67
study_5 1.5172 [0.5362; 4.2933]      8.40      12.55
study_6 1.1729 [0.5359; 2.5672]     14.82      17.15

Number of studies combined: k=6

                         OR             95%-CI      z  p.value
Fixed effect model   2.0630 [1.5259; 2.7890] 4.7068 < 0.0001
Random effects model 1.7617 [1.1032; 2.8134] 2.3711   0.0177

Quantifying heterogeneity:
tau^2 = 0.1729; H = 1.45 [1; 2.3]; I^2 = 52.6% [0%; 81.1%]

Test of heterogeneity:
     Q d.f. p.value
 10.55    5   0.061

Details on meta-analytical method:
- Inverse variance method
- DerSimonian-Laird estimator for tau^2
> |
```

그러면 <그림 5.30>과 같은 결과를 얻으며, forest plot을 아래와 같이 만든다(그림 5.31).

```
> forest(meta2)
```

그림 5.31 이분형 데이터에 대한 forest plot

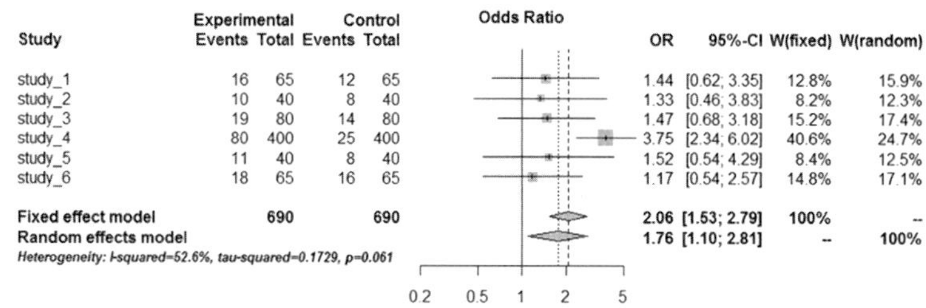

물론 여기서도 <그림 5.32> 및 <그림 5.33>과 같이 고정효과모형과 무선효과모형의 forest plot을 각각 제시할 수 있다.

```
> forest(meta2, comb.random=F)
```

그림 5.32 고정효과모형으로만 제시한 forest plot

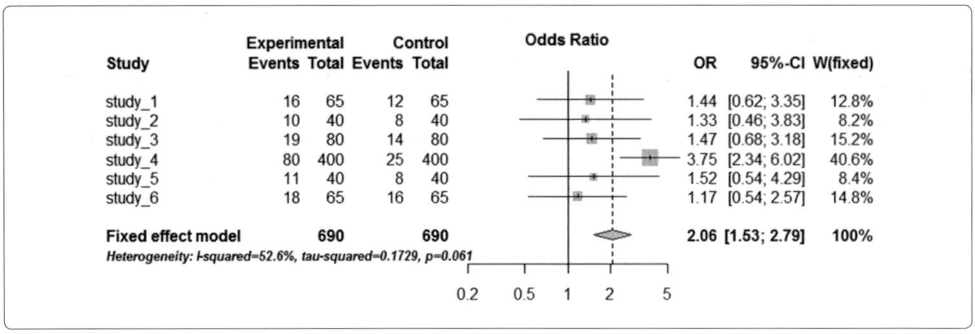


```
> forest(meta2, comb.fixed=F)
```

그림 5.33 무선효과모형으로만 제시한 forest plot

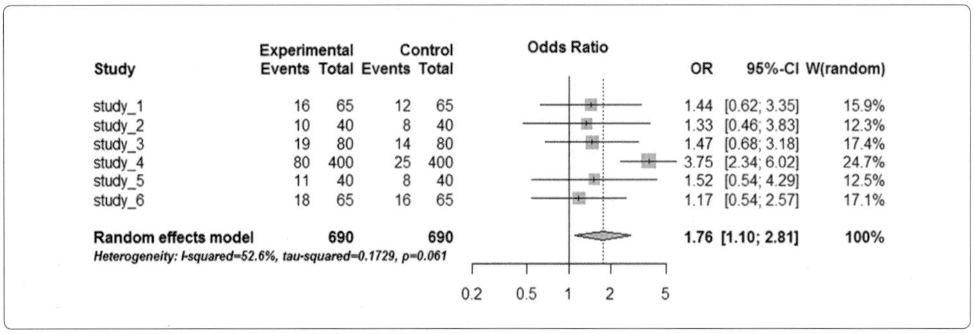

한편, 이분형 데이터(binary data)에서는 로그값을 취한 Log Odds Ratio로도 forest plot을 <그림 5.34>와 같이 만들 수 있다.

```
> forest(meta2, comb.random=F, digits=3, backtransf=F)
```

그림 5.34 Log Odds Ratio로 제시한 forest plot

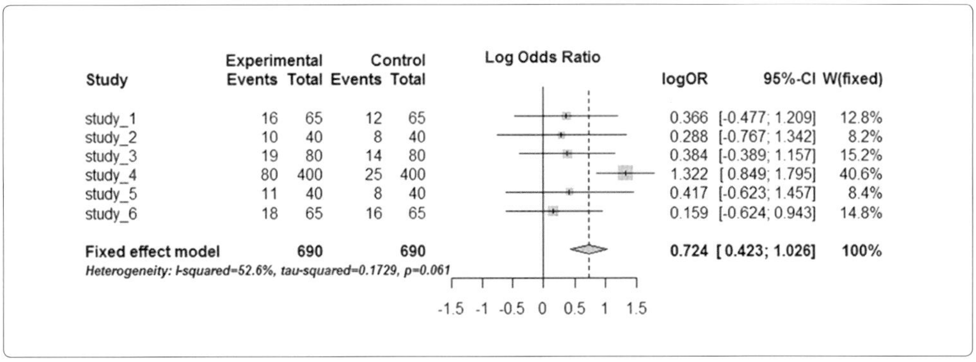

3. 상관관계 데이터의 효과크기 분석

상관관계 데이터의 경우도 연속형 데이터 및 이분형 데이터와 동일한 과정으로 분석한다. 여기서는 학업성취도와 자기효능감의 상관관계 데이터(correlation.csv)를 활용하기로 한다.

표 5.5 학업성취도와 자기효능감 데이터

Name	r	n
study_1	0.530	40
study_2	0.650	90
study_3	0.450	25
study_4	0.230	400
study_5	0.730	60
study_6	0.450	50

상관관계 데이터 분석에서도 연속형 데이터 및 이분형 데이터 분석과 마찬가지로 먼저 분석할 데이터를 아래와 같이 불러온다.

```
> correlation=read.csv("correlation.csv")
> correlation
```

그림 5.35 상관관계 데이터를 불러온 모습

```
> correlation
     Name    r   n
1 study_1 0.53  40
2 study_2 0.65  90
3 study_3 0.45  25
4 study_4 0.23 400
5 study_5 0.73  60
6 study_6 0.45  50
```

상관관계 데이터에서 효과크기 분석을 할 경우에는 Fisher's Z로 전환한 상관관계를 분석하게 되는데, 이 경우 명령어 "metacor"를 활용한다.

> meta3 <- metacor(r, n, sm="ZCOR", studlab=paste(Name), data=correlation)

> meta3

그림 5.36 상관관계 데이터의 효과크기를 분석한 결과

```
         COR            95%-CI %W(fixed) %W(random)
study_1 0.53 [0.2617; 0.7223]      5.72      15.62
study_2 0.65 [0.5118; 0.7554]     13.45      17.91
study_3 0.45 [0.0667; 0.7175]      3.40      13.55
study_4 0.23 [0.1350; 0.3208]     61.36      19.58
study_5 0.73 [0.5844; 0.8301]      8.81      16.94
study_6 0.45 [0.1962; 0.6473]      7.26      16.39

Number of studies combined: k=6

                        COR            95%-CI       z  p.value
Fixed effect model   0.3929 [0.3258; 0.4560] 10.5614 < 0.0001
Random effects model 0.5222 [0.3003; 0.6905]  4.2133 < 0.0001

Quantifying heterogeneity:
tau^2 = 0.0941; H = 2.86 [2.03; 4.02]; I^2 = 87.7% [75.8%; 93.8%]

Test of heterogeneity:
     Q d.f.  p.value
 40.79    5 < 0.0001

Details on meta-analytical method:
- Inverse variance method
- DerSimonian-Laird estimator for tau^2
- Fisher's z transformation of correlations
> |
```

이때 효과크기는 <그림 5.36>에서 보는 것처럼 결과 해석을 용이하게 하기 위해 원래 단위였던 상관관계계수(correlation coefficients)로 제시된다.

그리고 forest plot을 아래 <그림 5.37>과 같이 제시할 수 있다.

```
> forest(meta3)
```

그림 5.37 상관관계 데이터를 분석한 forest plot

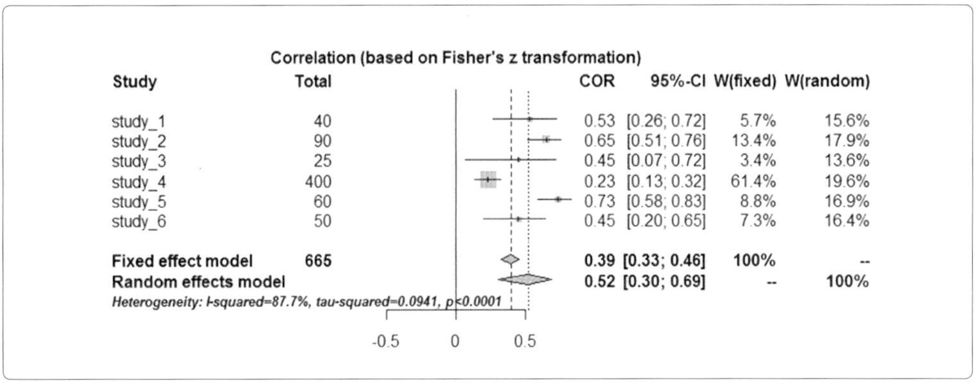

여기서도 연속형 및 이분형 데이터와 마찬가지로 고정효과모형과 무선효과모형의 forest plot을 각각 제시할 수 있다(그림 5.38, 그림 5.39).

```
> forest(meta3, comb.random=F)
```

그림 5.38 고정효과모형으로만 제시한 forest plot

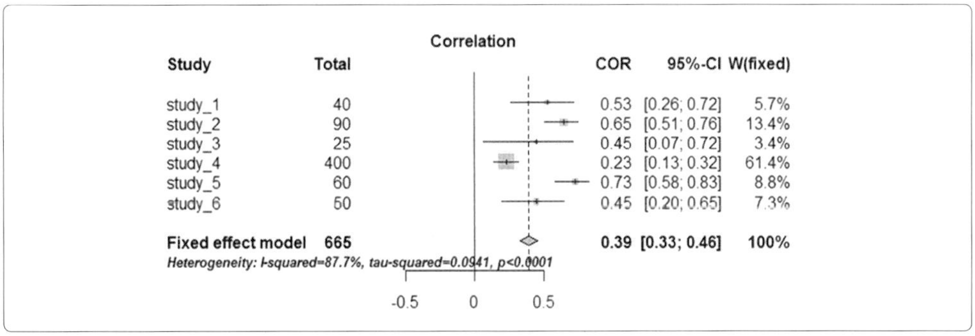


```
> forest(meta3, comb.fixed=F)
```

그림 5.39 무선효과모형으로만 제시한 forest plot

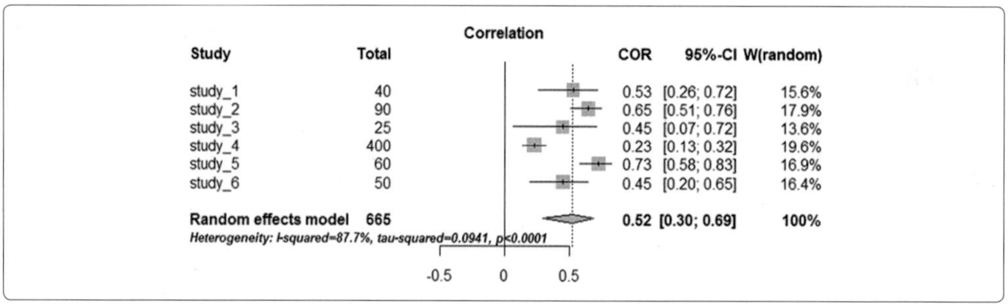

물론 이 경우 <그림 5.40>에서 보는 것처럼 Fisher's Z로 전환한 상관관계계수로 forest plot을 만들 수도 있다.

```
> forest(meta3, backtransf=F)
```

그림 5.40 Fisher's Z로 제시한 forest plot

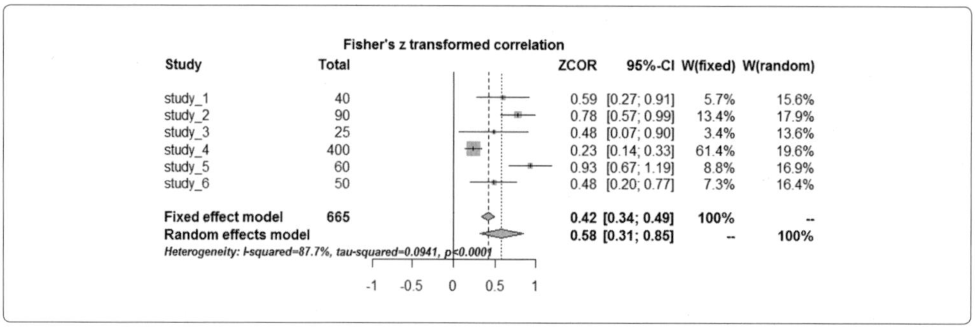

4. 일반화된 데이터의 효과크기 분석

메타분석을 하다 보면 대개의 경우 원자료(raw data), 즉 평균, 표준편차, 이벤트발생 데이터 등을 가지고 분석하게 되지만 가끔은 효과크기만으로 구성된 데이터를 분석하게 될 경우가 있다. 이 경우도 R에서는 분석이 가능한데, 이 때 필요한 데이터는 효과크기, 분산(표준오차 또는 신뢰구간)이 있어야 한다. 여기서는 간접흡연과 폐암과의 관계를 분석한 smoking2.csv 데이터를 활용해 보자.

표 5.6 간접흡연과 폐암과의 관계를 분석한 데이터

study	yi	lower	upper	vi
study29	0.2310	0.0348	0.4274	0.0100
study25	−0.0300	−0.2500	0.1891	0.0125
study22	−0.2360	−0.4846	0.0132	0.0161
study34	0.1660	−0.1031	0.4341	0.0188
study37	0.1820	−0.1109	0.4756	0.0224
study14	0.5010	0.1478	0.8538	0.0324
study35	0.3720	0.0153	0.7278	0.0330
study21	0.0580	−0.3016	0.4182	0.0337
study15	0.1740	−0.1993	0.5472	0.0363
study32	0.1480	−0.2255	0.5223	0.0364
study31	0.5070	0.1154	0.8982	0.0399
study07	0.2070	−0.2113	0.6253	0.0456
study33	0.1040	−0.4007	0.6095	0.0664
study18	0.0770	−0.4456	0.5995	0.0711
study12	0.0300	−0.4945	0.5536	0.0715
study11	0.4380	−0.1054	0.9820	0.0770
study09	0.4190	−0.1344	0.9718	0.0796
study01	−0.2880	−0.8408	0.2655	0.0796
study30	0.0950	−0.4802	0.6708	0.0862
study03	0.7560	0.1717	1.3406	0.0889
study27	0.1740	−0.4119	0.7598	0.0893
study20	0.4820	−0.1043	1.0692	0.0896
study06	0.6980	0.0844	1.3119	0.0981
study26	0.4700	−0.1909	1.1309	0.1137
study17	0.7700	0.0805	1.4598	0.1238
study28	0.5070	−0.3154	1.3290	0.1760
study23	−0.3010	−1.1332	0.5310	0.1802
study04	−0.2230	−1.0835	0.6372	0.1927
study10	0.0300	−0.8843	0.9434	0.2174
study02	0.7280	−0.2069	1.6620	0.2273
study08	0.1820	−0.7612	1.1258	0.2317
study13	0.8500	−0.2100	1.9103	0.2925
study24	0.8200	−0.2840	1.9235	0.3171
study05	−0.2360	−1.3769	0.9054	0.3390
study19	0.9360	−0.3007	2.1729	0.3982
study16	0.4190	−0.9446	1.7820	0.4838
study36	0.7030	−0.7374	2.1436	0.5402

먼저 아래와 같이 데이터를 불러온다.

> smoking=read.csv("smoking2.csv")

> smoking

그림 5.41 간접흡연 데이터를 불러온 모습

```
> smoking
     study     yi       lower      upper         vi   RR Lower Upper         Vi
1  study29  0.231  0.03483612 0.42738967 0.01002826 1.26 1.035 1.533 0.01612641
2  study25 -0.030 -0.25000100 0.18907371 0.01254598 0.97 0.779 1.208 0.01199528
3  study22 -0.236 -0.48463819 0.01319259 0.01612840 0.79 0.616 1.013 0.01027534
4  study34  0.166 -0.10305207 0.43407848 0.01877533 1.18 0.902 1.544 0.02677731
5  study37  0.182 -0.11094273 0.47558801 0.02238770 1.20 0.895 1.609 0.03317323
6  study14  0.501  0.14778187 0.85376831 0.03243550 1.65 1.159 2.348 0.09203484
7  study35  0.372  0.01528262 0.72783842 0.03304195 1.45 1.015 2.071 0.07245985
8  study21  0.058 -0.30163226 0.41817072 0.03371748 1.06 0.740 1.519 0.03954924
9  study15  0.174 -0.19932937 0.54723084 0.03627083 1.19 0.819 1.728 0.05379323
10 study32  0.148 -0.22550885 0.52234700 0.03639684 1.16 0.798 1.686 0.05130109
11 study31  0.507  0.11544252 0.89819193 0.03987249 1.66 1.122 2.455 0.11559827
12 study07  0.207 -0.21131380 0.62533397 0.04555260 1.23 0.810 1.869 0.07303093
13 study33  0.104 -0.40074626 0.60947205 0.06641380 1.11 0.670 1.839 0.08902916
14 study18  0.077 -0.44558423 0.59951210 0.07107887 1.08 0.640 1.821 0.09073312
15 study12  0.030 -0.49452586 0.55363796 0.07149673 1.03 0.610 1.740 0.08305424
16 study11  0.438 -0.10544941 0.98196611 0.07695182 1.55 0.900 2.670 0.20382922
17 study09  0.419 -0.13440034 0.97182383 0.07963686 1.52 0.874 2.643 0.20353909
18 study01 -0.288 -0.84083545 0.26547481 0.07964926 0.75 0.431 1.304 0.04956303
19 study30  0.095 -0.48016710 0.67078909 0.08620758 1.10 0.619 1.956 0.11634712
20 study03  0.756  0.17167340 1.34056713 0.08891559 2.13 1.187 3.821 0.45147429
21 study27  0.174 -0.41185548 0.75976323 0.08933064 1.19 0.662 2.138 0.14165046
22 study20  0.482 -0.10431662 1.06917318 0.08961619 1.62 0.901 2.913 0.26344913
23 study06  0.698  0.08436872 1.31189673 0.09805973 2.01 1.088 3.713 0.44848306
24 study26  0.470 -0.19085789 1.13086971 0.11368726 1.60 0.826 3.098 0.33595627
25 study17  0.770  0.08045493 1.45975856 0.12380769 2.16 1.084 4.305 0.67522275
26 study28  0.507 -0.31538220 1.32902006 0.17597217 1.66 0.730 3.777 0.60451815
27 study23 -0.301 -1.13317268 0.53096349 0.18022108 0.74 0.322 1.701 0.12367423
28 study04 -0.223 -1.08346755 0.63717453 0.19266772 0.80 0.338 1.891 0.15689481
29 study10  0.030 -0.88425926 0.94338826 0.21737658 1.03 0.413 2.569 0.30240179
30 study02  0.728 -0.20691347 1.66200569 0.22730496 2.07 0.813 5.270 1.29261818
31 study08  0.182 -0.76119050 1.12583827 0.23173141 1.20 0.467 3.083 0.44524639
32 study13  0.850 -0.20995589 1.91026373 0.29254290 2.34 0.811 6.755 2.29943956
33 study24  0.820 -0.28396898 1.92353015 0.31712388 2.27 0.753 6.845 2.41539967
34 study05 -0.236 -1.37689864 0.90544816 0.33899332 0.79 0.252 2.473 0.32092225
35 study19  0.936 -0.30067275 2.17286130 0.39816552 2.55 0.740 8.783 4.20988743
36 study16  0.419 -0.94461305 1.78202558 0.48381913 1.52 0.389 5.942 2.00673966
37 study36  0.703 -0.73741260 2.14360577 0.54015689 2.02 0.478 8.530 4.21903128
> |
```

R에서는 이러한 데이터를 분석할 경우 분산의 역수를 활용하는 일반화된 데이터 메타분석(generic inverse variance meta-analysis) 명령어인 "metagen"을 활용한다. 그리고 여기서는 효과크기(yi), 분산의 제곱근, 즉 표준오차(sqrt(vi))를 명시하고, 효과크기는 Risk Ratio(RR)를 지정한다.

```
> meta5 <- metagen(yi, sqrt(vi), sm="RR", study, data=smoking)
> meta5
```

그러면 아래 <그림 5.42>와 같이 각 연구의 개별 효과크기와 전체 효과크기를 보여준다.

그림 5.42 간접흡연 데이터의 효과크기를 분석한 결과

```
study31 1.6603 [1.1226; 2.4556]       3.43        3.86
study07 1.2300 [0.8095; 1.8688]       3.00        3.51
study33 1.1096 [0.6696; 1.8388]       2.06        2.63
study18 1.0800 [0.6405; 1.8213]       1.92        2.49
study12 1.0305 [0.6101; 1.7403]       1.91        2.48
study11 1.5496 [0.8997; 2.6690]       1.78        2.33
study09 1.5204 [0.8745; 2.6435]       1.72        2.27
study01 0.7498 [0.4312; 1.3036]       1.72        2.27
study30 1.0997 [0.6185; 1.9552]       1.59        2.12
study03 2.1297 [1.1872; 3.8207]       1.54        2.07
study27 1.1901 [0.6625; 2.1378]       1.53        2.06
study20 1.6193 [0.9006; 2.9117]       1.53        2.05
study06 2.0097 [1.0879; 3.7127]       1.39        1.90
study26 1.6000 [0.8263; 3.0983]       1.20        1.68
study17 2.1598 [1.0837; 4.3044]       1.10        1.56
study28 1.6603 [0.7297; 3.7780]       0.78        1.13
study23 0.7401 [0.3220; 1.7007]       0.76        1.11
study04 0.8001 [0.3385; 1.8914]       0.71        1.04
study10 1.0305 [0.4132; 2.5697]       0.63        0.93
study02 2.0709 [0.8135; 5.2722]       0.60        0.90
study08 1.1996 [0.4670; 3.0817]       0.59        0.88
study13 2.3396 [0.8105; 6.7537]       0.47        0.71
study24 2.2705 [0.7530; 6.8464]       0.43        0.65
study05 0.7898 [0.2523; 2.4723]       0.40        0.61
study19 2.5498 [0.7403; 8.7824]       0.34        0.53
study16 1.5204 [0.3890; 5.9435]       0.28        0.44
study36 2.0198 [0.4783; 8.5291]       0.25        0.39

Number of studies combined: k=37

                         RR            95%-CI       z  p-value
Fixed effect model   1.2041 [1.1199; 1.2946] 5.0227 < 0.0001
Random effects model 1.2377 [1.1294; 1.3565] 4.5620 < 0.0001

Quantifying heterogeneity:
tau^2 = 0.0168; H = 1.15 [1; 1.41]; I^2 = 24.2% [0%; 49.8%]

Test of heterogeneity:
     Q d.f.  p-value
 47.51   36   0.0949

Details on meta-analytical method:
- Inverse variance method
- DerSimonian-Laird estimator for tau^2
> |
```

이어서 forest plot을 <그림 5.43>과 같이 구할 수 있다.

```
> forest(meta5)
```

그림 5.43 간접흡연 데이터로 분석한 forest plot

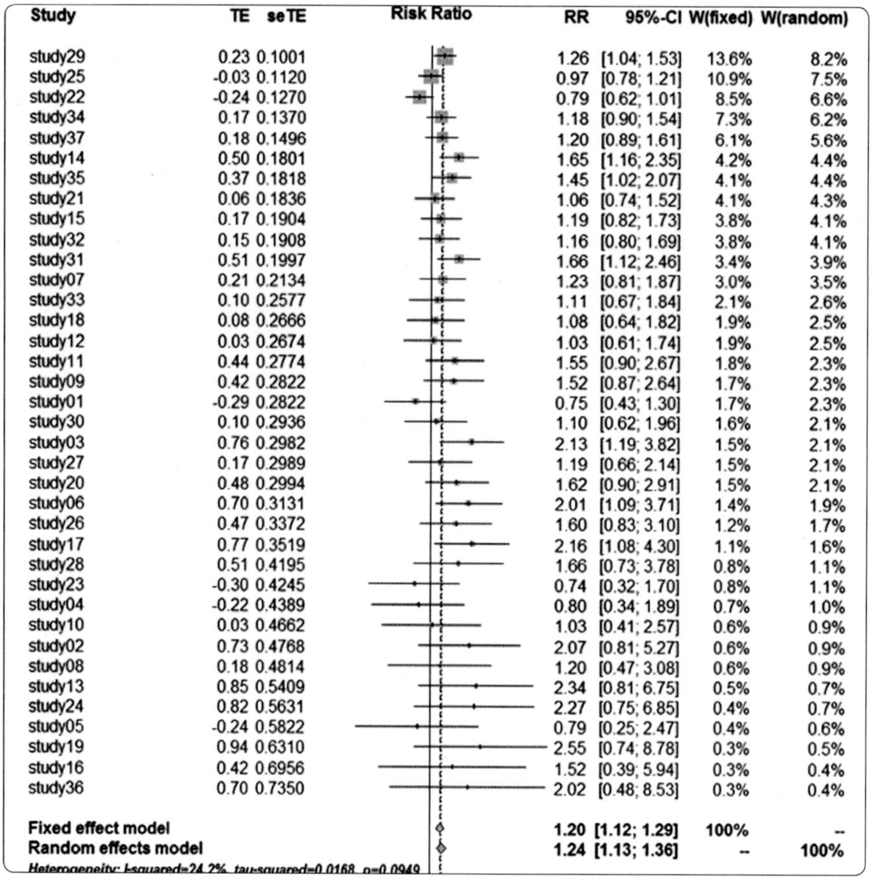

5. 메타 ANOVA 및 메타 회귀분석

앞서 제3장에서 설명한 대로 메타분석에서 각 연구의 효과크기가 이질적인 경우, 그 이질성을 설명하려는 노력의 일환으로 조절효과분석을 실시한다. 이 조절효과분석 방법으로는 조절변수의 속성에 따라 메타 ANOVA와 메타 회귀분석이 있다.

먼저 메타 ANOVA를 실시해 보자. 여기서는 ADHD 아동의 주의력 결핍에 대한 단기 집중 인지행동치료(short-term intensive CBT) 방법(2주, 4주, 6주)의 치료 효과를 비교 분석해 보기로 한다. 데이터는 <표 5.7>과 같다.

표 5.7 ADHD 아동의 주의력 결핍에 대한 치료 데이터

study	m1	s1	n1	m2	s2	n2	group
Study_1	110	20	100	102	21	100	2_weeks
Study_2	112	21	50	104	18	50	2_weeks
Study_3	120	18	90	112	19	90	2_weeks
Study_4	104	24	300	100	24	300	2_weeks
Study_5	125	19	20	110	16	20	4_weeks
Study_6	118	22	200	112	19	200	4_weeks
Study_7	114	19	400	100	22	400	4_weeks
Study_8	104	20	50	92	24	50	6_weeks
Study_9	122	24	100	102	18	100	6_weeks
Study_10	118	18	100	100	20	100	6_weeks

먼저 데이터를 R에서 아래와 같이 불러온다.

```
> cbt=read.csv("cbt.csv")
> cbt
```

그림 5.44 ADHD 아동에 대한 치료 데이터를 불러온 모습

```
> cbt
      study  m1 s1  n1  m2 s2  n2   group
1   Study_1 110 20 100 102 21 100 2_weeks
2   Study_2 112 21  50 104 18  50 2_weeks
3   Study_3 120 18  90 112 19  90 2_weeks
4   Study_4 104 24 300 100 24 300 2_weeks
5   Study_5 125 19  20 110 16  20 4_weeks
6   Study_6 118 22 200 112 19 200 4_weeks
7   Study_7 114 19 400 100 22 400 4_weeks
8   Study_8 104 20  50  92 24  50 6_weeks
9   Study_9 122 24 100 102 18 100 6_weeks
10 Study_10 118 18 100 100 20 100 6_weeks
```

이어서 기본적인 효과크기 분석을 실행하면 <그림 5.45>와 같은 결과를 얻게 된다.

```
> meta1 <- metacont(n1, m1, s1, n2, m2, s2, sm="SMD", study, data=cbt)
> meta1
```

그림 5.45 ADHD 아동 데이터의 효과크기를 분석한 결과

```
> meta1 <- metacont(n1,m1,s1,n2,m2,s2, study, data=cbt, sm="SMD")
> meta1
            SMD           95%-CI %W(fixed) %W(random)
Study_1  0.3886 [0.1088; 0.6685]      7.24      10.45
Study_2  0.4059 [0.0097; 0.8021]      3.61       8.46
Study_3  0.4305 [0.1348; 0.7261]      6.48      10.17
Study_4  0.1665 [0.0061; 0.3268]     22.05      12.40
Study_5  0.8370 [0.1878; 1.4862]      1.34       5.16
Study_6  0.2914 [0.0943; 0.4884]     14.59      11.85
Study_7  0.6805 [0.5379; 0.8230]     27.88      12.64
Study_8  0.5390 [0.1397; 0.9384]      3.55       8.41
Study_9  0.9392 [0.6469; 1.2316]      6.63      10.23
Study_10 0.9425 [0.6500; 1.2349]      6.62      10.23

Number of studies combined: k=10

                        SMD          95%-CI       z  p.value
Fixed effect model   0.4947 [0.4194; 0.570] 12.8812 < 0.0001
Random effects model 0.5409 [0.3539; 0.728]  5.6677 < 0.0001

Quantifying heterogeneity:
tau^2 = 0.0668; H = 2.28 [1.7; 3.05]; I^2 = 80.7% [65.5%; 89.2%]

Test of heterogeneity:
     Q d.f.  p.value
 46.65    9 < 0.0001

Details on meta-analytical method:
- Inverse variance method
- DerSimonian-Laird estimator for tau^2
```

그리고 메타 ANOVA를 실행하기 전에 아래 명령어를 사용하여 먼저 하위집단별 분석을 해보자.

> meta2 <- metacont(n1, m1, s1, n2, m2, s2, sm="SMD", study, data=cbt, byvar=group)

> meta2

그러면 <그림 5.46>에서와 같이 집단(치료기간)별 효과크기를 비교할 수 있다. 2주 집단, 4주 집단, 6주 집단 중에서 6주 집단의 효과크기(무선효과모형)가 0.84로 가장 크다는 것을 알 수 있다.

그림 5.46 치료집단별로 하위집단분석을 한 결과 1

```
> meta2 <- metacont(n1,m1,s1,n2,m2,s2, study, data=cbt, sm="SMD", byvar=group)
> meta2
             SMD            95%-CI %W(fixed) %W(random)
Study_1  0.3886 [0.1088; 0.6685]      7.24      10.45
Study_2  0.4059 [0.0097; 0.8021]      3.61       8.46
Study_3  0.4305 [0.1348; 0.7261]      6.48      10.17
Study_4  0.1665 [0.0061; 0.3268]     22.05      12.40
Study_5  0.8370 [0.1878; 1.4862]      1.34       5.16
Study_6  0.2914 [0.0943; 0.4884]     14.59      11.85
Study_7  0.6805 [0.5379; 0.8230]     27.88      12.64
Study_8  0.5390 [0.1397; 0.9384]      3.55       8.41
Study_9  0.9392 [0.6469; 1.2316]      6.63      10.23
Study_10 0.9425 [0.6500; 1.2349]      6.62      10.23

Number of studies combined: k=10

                         SMD            95%-CI       z  p.value
Fixed effect model    0.4947 [0.4194; 0.570] 12.8812 < 0.0001
Random effects model 0.5409 [0.3539; 0.728]  5.6677 < 0.0001

Quantifying heterogeneity:
tau^2 = 0.0668; H = 2.28 [1.7; 3.05]; I^2 = 80.7% [65.5%; 89.2%]

Test of heterogeneity:
     Q d.f.  p.value
 46.65    9 < 0.0001

Results for subgroups (fixed effect model):
                  k    SMD            95%-CI     Q    tau^2   I^2
group = 2_weeks   4 0.2727 [0.1528; 0.3927]  3.87   0.0053 22.6%
group = 4_weeks   3 0.5557 [0.4420; 0.6694] 10.58   0.0597 81.1%
group = 6_weeks   3 0.8559 [0.6723; 1.0395]  3.07   0.0145 34.8%

Test for subgroup differences (fixed effect model):
                   Q d.f.  p.value
Between groups 29.13    2 < 0.0001
Within groups  17.52    7   0.0143
```

여기서 <그림 5.47>의 결과를 살펴보면 각 집단의 연구 간 분산(T^2)이 서로 다름을 알 수 있다.

그림 5.47 치료집단별로 하위집단분석을 한 결과 2

```
Results for subgroups (fixed effect model):
                  k    SMD            95%-CI     Q    tau^2   I^2
group = 2_weeks   4 0.2727 [0.1528; 0.3927]  3.87   0.0053 22.6%
group = 4_weeks   3 0.5557 [0.4420; 0.6694] 10.58   0.0597 81.1%
group = 6_weeks   3 0.8559 [0.6723; 1.0395]  3.07   0.0145 34.8%

Test for subgroup differences (fixed effect model):
                   Q d.f.  p.value
Between groups 29.13    2 < 0.0001
Within groups  17.52    7   0.0143

Results for subgroups (random effects model):
                  k    SMD            95%-CI     Q    tau^2   I^2
group = 2_weeks   4 0.2959 [0.1496; 0.4422]  3.87   0.0053 22.6%
group = 4_weeks   3 0.5499 [0.2214; 0.8784] 10.58   0.0597 81.1%
group = 6_weeks   3 0.8416 [0.6109; 1.0722]  3.07   0.0145 34.8%

Test for subgroup differences (random effects model):
                     Q d.f.  p.value
Between groups   15.63    2   0.0004

Details on meta-analytical method:
- Inverse variance method
- DerSimonian-Laird estimator for tau^2
```

이제 각 하위집단별로 효과크기를 보여주는 forest plot을 아래 <그림 5.48>과 같이 얻을 수 있다.

```
> forest(meta2)
```

그림 5.48 치료집단별로 하위집단분석 결과 forest plot

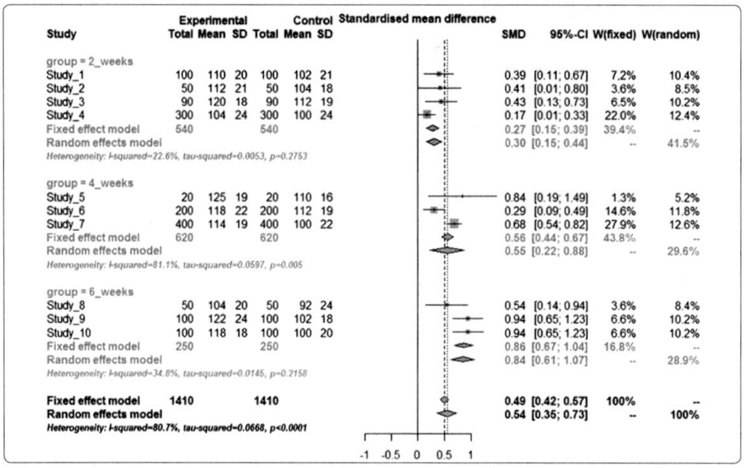

여기서 그림을 단순화하기 위해 무선효과모형으로만 제시할 수도 있다(그림 5.49).

```
> forest(meta2, comb.fixed=FALSE)
```

그림 5.49 무선효과모형으로만 제시한 forest plot

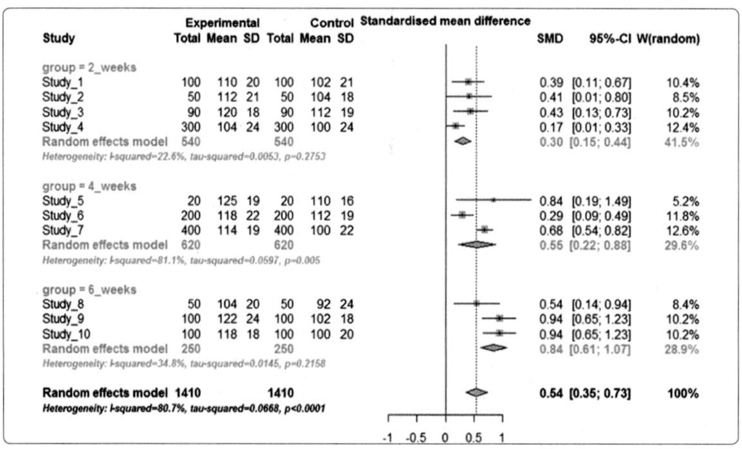

이제 메타 ANOVA를 위해 각 하위집단 간의 연구 간 분산이 동일하다고 가정하고[1] 아래 명령어를 이용하여 분석을 하면 <그림 5.50>과 같은 결과를 얻을 수 있다.

```
> meta3 <- metacont(n1, m1, s1, n2, m2, s2, sm="SMD", study, data=cbt, byvar=group, tau.common=TRUE)
> summary(meta3)
```

그림 5.50 각 하위집단의 연구 간 분산이 동일하다고 가정하고 분석한 결과

```
> summary(meta3)
Number of studies combined: k=10

                        SMD            95%-CI       z  p-value
Fixed effect model   0.4947 [0.4194; 0.570] 12.8812 < 0.0001
Random effects model 0.5409 [0.3539; 0.728]  5.6677 < 0.0001

Quantifying heterogeneity:
tau^2 = 0.0668; H = 2.28 [1.7; 3.05]; I^2 = 80.7% [65.5%; 89.2%]

Test of heterogeneity:
     Q d.f.  p-value
 46.65    9 < 0.0001

Results for subgroups (fixed effect model):
                  k    SMD            95%-CI     Q    tau^2   I^2
group = 2_weeks   4 0.2727 [0.1528; 0.3927]  3.87   0.0276 22.6%
group = 4_weeks   3 0.5557 [0.4420; 0.6694] 10.58   0.0276 81.1%
group = 6_weeks   3 0.8559 [0.6723; 1.0395]  3.07   0.0276 34.8%

Test for subgroup differences (fixed effect model):
                   Q d.f.  p-value
Between groups 29.13    2 < 0.0001
Within groups  17.52    7   0.0143

Results for subgroups (random effects model):
                  k    SMD            95%-CI     Q    tau^2   I^2
group = 2_weeks   4 0.3247 [0.1116; 0.5379]  3.87   0.0276 22.6%
group = 4_weeks   3 0.5375 [0.2930; 0.7819] 10.58   0.0276 81.1%
group = 6_weeks   3 0.8344 [0.5692; 1.0995]  3.07   0.0276 34.8%

Test for subgroup differences (random effects model):
                   Q d.f.  p-value
Between groups  8.63    2   0.0134
Within groups  17.52    7   0.0143

Details on meta-analytical method:
- Inverse variance method
- DerSimonian-Laird estimator for tau^2 (assuming common tau^2 in subgroups)
```

위 <그림 5.50>에서 세 집단(2주, 4주, 6주 집단)의 연구 간 분산이 0.0276으로 동일함을 알 수 있다. 그리고 세 집단의 효과크기의 차이에 대한 통계적 검증 결과, 집단 간 Q_b=8.63(df=2, p=0.0134)으로 나타나 세 집단 간의 효과크기는 통계적으로 유의하게 다름을 알 수 있다.

1 메타 ANOVA에서는 각 하위집단의 연구 간 분산(T^2)이 동일하다고 가정하는 경우에만 조절변수의 설명력(R^2)을 구할 수 있다(Borenstein et al., 2009, p. 183).

이를 forest plot으로 제시하면 아래와 같다(그림 5.51).

```
> forest(meta3, comb.fixed=FALSE)
```

그림 5.51 각 하위집단의 연구 간 분산이 동일하다고 가정하고 분석한 forest plot

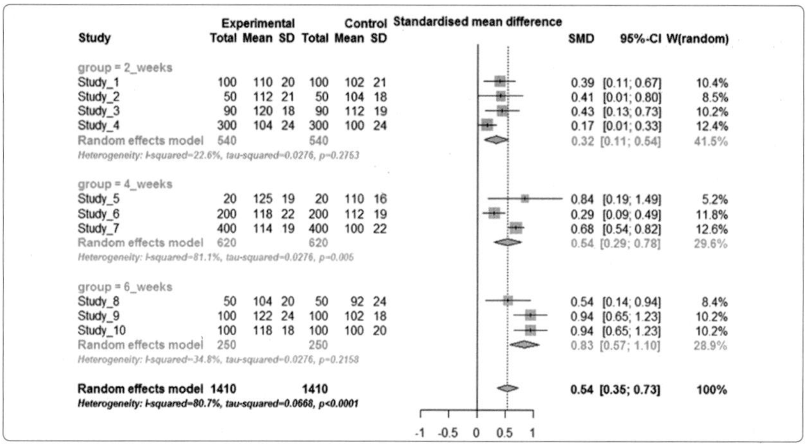

그리고 앞서 본 세 집단의 효과크기의 통계적 검증, 즉 메타 ANOVA의 결과를 메타 회귀분석을 통해 아래 <그림 5.52>에서 확인할 수 있다. 즉 QM=8.63(df=2, p=0.0134)으로 나타나 <그림 5.50>의 결과와 동일함을 알 수 있다.

그림 5.52 메타 ANOVA 결과와 동일한 메타 회귀분석 결과

```
> metareg(meta3, group)

Mixed-Effects Model (k = 10; tau^2 estimator: DL)

tau^2 (estimated amount of residual heterogeneity):     0.0276 (SE = 0.0266)
tau (square root of estimated tau^2 value):             0.1660
I^2 (residual heterogeneity / unaccounted variability): 60.04%
H^2 (unaccounted variability / sampling variability):   2.50
R^2 (amount of heterogeneity accounted for):            58.74%

Test for Residual Heterogeneity:
QE(df = 7) = 17.5197, p-val = 0.0143

Test of Moderators (coefficient(s) 2,3):
QM(df = 2) = 8.6269, p-val = 0.0134

Model Results:

                         se     zval    pval    ci.lb   ci.ub
intrcpt       0.3247  0.1087  2.9860  0.0028   0.1116  0.5379  **
group4_weeks  0.2128  0.1655  1.2857  0.1985  -0.1116  0.5371
group6_weeks  0.5096  0.1736  2.9359  0.0033   0.1694  0.8499  **

---
Signif. codes:  0 '***' 0.001 '**' 0.01 '*' 0.05 '.' 0.1 ' ' 1

> |
```

또한 조절변수인 치료집단(group) 변수에 의해 설명되는 실제 분산의 설명력은 =58.74%로 나타남을 알 수 있다.

이번에는 <표 5.8>의 데이터를 활용하여 메타 회귀분석을 실시해 보자. 이 데이터는 결핵(TB) 예방을 위해 사용한 BCG 백신의 효과를 검증한 연구(Colditz et al., 1994)로서 메타분석에 대한 저서와 논문에 폭넓게 사용되고 있다(Borenstein et al., 2009; Egger et al., 2003; Viechtbauer, 2010).

표 5.8 BCG 백신의 효과를 검증한 데이터

study	a	n1	c	n2	start	latitude	country	allocation
Ferguson & Simes	6	306	29	303	1933	55	Canada	Random allocation
Aronson	4	123	11	139	1935	52	Northern USA	Random allocation
Rosenthal et al	17	1716	65	1665	1941	42	Chicago	Alternation/systematic allocation
Comstock & Webster	5	2498	3	2341	1947	33	Georgia(Sch)	Alternation/systematic allocation
Comstock et al(a)	186	50634	141	27338	1949	18	Puerto Rico	Alternation/systematic allocation
Frimont-Moller et al	33	5069	47	5808	1950	13	Madanapalle	Alternation/systematic allocation
Comstock et al(b)	27	16913	29	17854	1950	33	Georgia(Comm)	Alternation/systematic allocation
Hart & Sutherland	62	13598	248	12867	1950	53	UK	Random allocation
Vandeviere et al	8	2545	10	629	1965	18	Haiti	Random allocation
Coetzee & Berjak	29	7499	45	7277	1965	27	South Africa	Random allocation
TB Prevention Trial	505	88391	499	88391	1968	13	Madras	Random allocation

먼저 데이터를 다음과 같이 불러온다.

```
> bcg=read.csv("bcg11.csv")
> bcg
```

그림 5.53 BCG 백신 데이터를 불러온 모습

```
> bcg
                 study   a    n1   c    n2 start latitude        country                 allocation alloc2
1      Ferguson & Simes   6   306  29   303  1933       55         Canada          Random allocation      1
2               Aronson   4   123  11   139  1935       52   Northern USA          Random allocation      1
3       Rosenthal et al  17  1716  65  1665  1941       42        Chicago Alternation/systematic allocation      0
4    Comstock & Webster   5  2498   3  2341  1947       33  Georgia (Sch) Alternation/systematic allocation      0
5    Comstock et al (a) 186 50634 141 27338  1949       18    Puerto Rico Alternation/systematic allocation      0
6  Frimont-Moller et al  33  5069  47  5808  1950       13    Madanapalle Alternation/systematic allocation      0
7    Comstock et al (b)  27 16913  29 17854  1950       33 Georgia (Comm) Alternation/systematic allocation      0
8     Hart & Sutherland  62 13598 248 12867  1950       53             UK          Random allocation      1
9      Vandeviere et al   8  2545  10   629  1965       18          Haiti          Random allocation      1
10     Coetzee & Berjak  29  7499  45  7277  1965       27   South Africa          Random allocation      1
11  TB Prevention Trial 505 88391 499 88391  1968       13         Madras          Random allocation      1
> |
```

이를 바탕으로 기본적인 효과크기 분석을 아래 명령어를 이용하여 실시하면 <그림 5.54>와 같은 분석 결과를 얻게 된다.

```
> meta1 <- metabin(a, n1, c, n2, sm="RR", method="I", studlab=paste(study, start), data=bcg)
> meta1
```

그림 5.54 BCG 백신 데이터로 효과크기를 분석한 결과

```
                              RR            95%-CI %W(fixed) %W(random)
Ferguson&Simes 1933       0.2049 [0.0863; 0.4864]      1.11       7.71
Aronson 1935              0.4109 [0.1343; 1.2574]      0.66       6.28
Rosenthal.et.al(b) 1941   0.2538 [0.1494; 0.4310]      2.96       9.77
Comstock&Webster 1947     1.5619 [0.3737; 6.5284]      0.41       4.86
Comstock.et.al(a) 1949    0.7122 [0.5725; 0.8860]     17.42      11.27
Frimont-Moller.et.al 1950 0.8045 [0.5163; 1.2536]      4.22      10.26
Comstock.et.al(b) 1950    0.9828 [0.5821; 1.6593]      3.03       9.80
Hart&Sutherland 1950      0.2366 [0.1793; 0.3121]     10.81      11.06
Vandeviere.et.al 1965     0.1977 [0.0784; 0.4989]      0.97       7.35
Coetzee&Berjak 1965       0.6254 [0.3926; 0.9962]      3.83      10.14
TPT.Madras 1968           1.0120 [0.8946; 1.1449]     54.58      11.52

Number of studies combined: k=11

                          RR           95%-CI       z  p.value
Fixed effect model    0.7305 [0.6668; 0.8002] -6.7547 < 0.0001
Random effects model  0.5080 [0.3361; 0.7679] -3.2130   0.0013

Quantifying heterogeneity:
tau^2 = 0.3818; H = 3.54 [2.86; 4.4]; I^2 = 92% [87.7%; 94.8%]

Test of heterogeneity:
      Q d.f.  p.value
 125.63   10 < 0.0001

Details on meta-analytical method:
- Inverse variance method
- DerSimonian-Laird estimator for tau^2
> |
```

위의 분석 결과를 forest plot으로 제시하면 <그림 5.55>와 같다.

```
> forest(meta1)
```

그림 5.55 BCG 백신 데이터로 분석한 forest plot

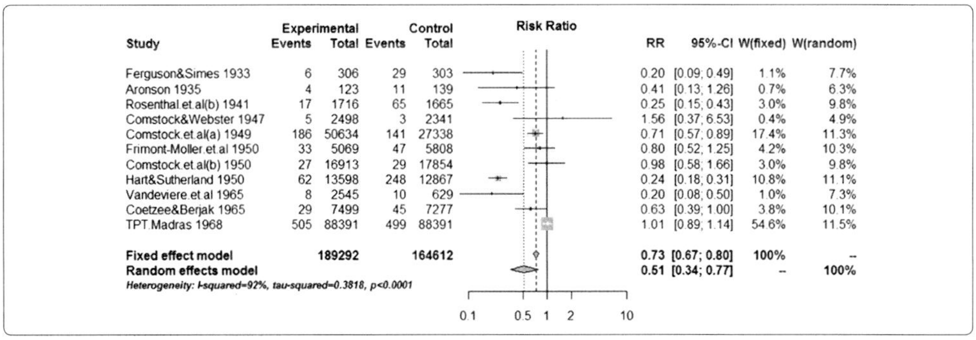

위의 결과를 보면 연구 간 분산이 0.3818, 그리고 전체 분산 중 연구 간 분산이 차지하는 비율이 92%로 나타나 연구 간 효과크기의 이질성이 매우 크다는 것을 알 수 있다. 따라서 이러한 효과크기의 이질성을 설명하기 위한 추가적인 분석이 필요함을 알 수 있다.

여기서 우리는 각 연구가 수행된 위도, 즉 latitude를 조절변수로 하여 메타 회귀분석을 실시하면 <그림 5.56>과 같은 결과를 얻게 된다.

```
> metareg(meta1, latitude)
```

그림 5.56 메타 회귀분석을 실시한 결과

```
Mixed-Effects Model (k = 11; tau^2 estimator: DL)

tau^2 (estimated amount of residual heterogeneity):     0.0652 (SE = 0.0654)
tau (square root of estimated tau^2 value):             0.2553
I^2 (residual heterogeneity / unaccounted variability): 61.80%
H^2 (unaccounted variability / sampling variability):   2.62
R^2 (amount of heterogeneity accounted for):            82.93%

Test for Residual Heterogeneity:
QE(df = 9) = 23.5614, p-val = 0.0051

Test of Moderators (coefficient(s) 2):
QM(df = 1) = 17.7319, p-val < .0001

Model Results:

                      se     zval    pval    ci.lb   ci.ub
intrcpt    0.2539  0.2333   1.0883  0.2765  -0.2034  0.7112
latitude  -0.0298  0.0071  -4.2109  <.0001  -0.0436  -0.0159  ***

---
Signif. codes:  0 '***' 0.001 '**' 0.01 '*' 0.05 '.' 0.1 ' ' 1
```

앞의 결과를 살펴보면 먼저 회귀식의 통계적 유의성을 나타내는 Model Q=17.73(df=1, p<0.001)으로 나타나 회귀모형이 유의함을 알 수 있다. 그리고 조절변수인 latitude의 회귀계수는 -0.0298(Z=-4.21, p<0.001)로 역시 유의하게 나타났으며, 조절변수에 의해 설명되는 연구 간 분산의 비율인 R^2=82.93%로 나타나 그 설명력이 매우 크다는 것을 알 수 있다.

이상의 결과에서 회귀식은 Y=0.25393-0.02978*latitude로 제시할 수 있다(Y: 예측값으로 로그 단위로 표시). 예를 들어, 첫 번째 연구(Fergusen and Simes)의 경우(Lattitude 55) 예측값은 0.25393-(0.02978*55)=-1.384로 산출할 수 있으며, 이 값을 Risk Ratio로 전환하면 exp(-1.384) =.25, 즉 TB Risk가 실험집단이 통제집단에 비해 75% 낮다고 해석할 수 있다.

이 회귀분석의 결과를 그림, 즉 회귀선으로 제시하면 <그림 5.57>과 같다.

```
> bubble(metareg(meta1, latitude))
```

그림 5.57 메타 회귀분석의 결과로 도출한 regression plot

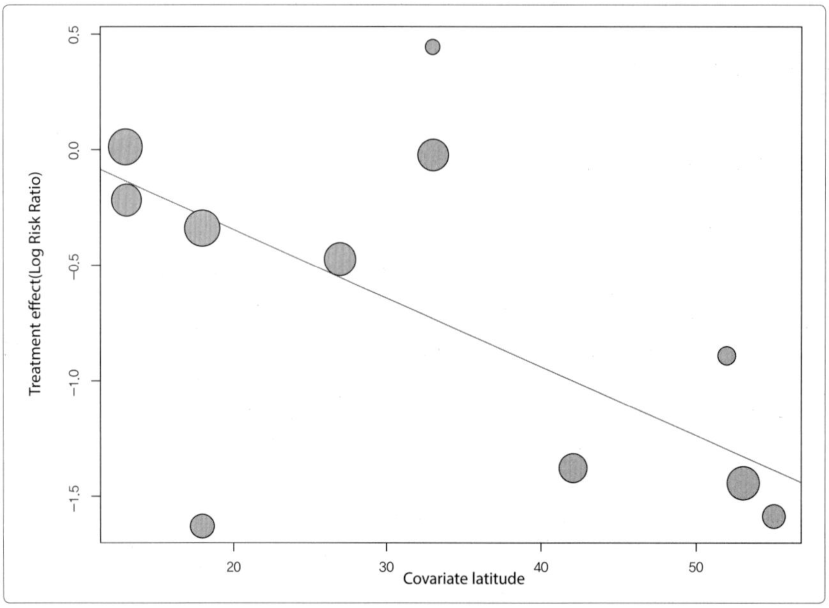

이번에는 범주형 변수인 alloc2를 조절변수로 하여 메타 회귀분석을 시행해 보자.

> metareg(meta1, alloc2)

그림 5.58 조절변수를 alloc2로 투입하여 분석한 결과

```
Mixed-Effects Model (k = 11; tau^2 estimator: DL)

tau^2 (estimated amount of residual heterogeneity):     0.5607 (SE = 0.4220)
tau (square root of estimated tau^2 value):             0.7488
I^2 (residual heterogeneity / unaccounted variability): 92.79%
H^2 (unaccounted variability / sampling variability):   13.86
R^2 (amount of heterogeneity accounted for):            0.00%

Test for Residual Heterogeneity:
QE(df = 9) = 124.7494, p-val < .0001

Test of Moderators (coefficient(s) 2):
QM(df = 1) = 1.3737, p-val = 0.2412

Model Results:

                    se     zval    pval    ci.lb   ci.ub
intrcpt  -0.3664  0.3663  -1.0003  0.3172  -1.0843  0.3515
alloc2   -0.5828  0.4973  -1.1720  0.2412  -1.5574  0.3918

---
Signif. codes:  0 '***' 0.001 '**' 0.01 '*' 0.05 '.' 0.1 ' ' 1
```

분석 결과 <그림 5.58>을 보면 alloc2는 통계적으로 유의한 조절변수가 아닌 것으로 나타나(p=0.241), 회귀식 자체가 유의한 모형이 아님을 알 수 있다(QM=1.38, df=1, p=0.241)

이번에는 조절변수를 두 개, 즉 latitude와 alloc2를 모두 투입하여 다중 메타 회귀분석을 수행해 보면 <그림 5.59>와 같은 결과를 얻을 수 있다.

> metareg(meta1, latitude+alloc2)

<그림 5.59>를 살펴보면 우선 회귀모형은 통계적으로 유의한 것으로 나타났으며(QM=11.61, df=2, p=0.003), 조절변수 중에서 latitude만 유의한 것으로 나타났다(-0.0268, z=-3,0055, p=0.0027). 즉 latitude가 높을수록 BCG 백신의 효과가 통제집단에 비해 더 큰 것으로 나타났다. 즉 TB 발생률이 통제집단에 비해 더 낮음을 알 수 있다.

그리고 메타회귀 모형인 bubble plot을 그려보면 <그림 5.60>과 같은 결과를 얻을 수 있다.

> bubble(metareg(meta1, latitude+alloc2)

그림 5.59 조절변수를 두 개(latitude, alloc2)로 하여 분석한 결과

```
Mixed-Effects Model (k = 11; tau^2 estimator: DL)

tau^2 (estimated amount of residual heterogeneity):     0.1172 (SE = 0.1019)
tau (square root of estimated tau^2 value):             0.3424
I^2 (residual heterogeneity / unaccounted variability): 65.38%
H^2 (unaccounted variability / sampling variability):   2.89
R^2 (amount of heterogeneity accounted for):            69.30%

Test for Residual Heterogeneity:
QE(df = 8) = 23.1057, p-val = 0.0032

Test of Moderators (coefficient(s) 2,3):
QM(df = 2) = 11.6051, p-val = 0.0030

Model Results:

          estimate      se     zval    pval    ci.lb    ci.ub
intrcpt     0.2797  0.3022   0.9257  0.3546  -0.3125   0.8719
latitude   -0.0268  0.0089  -3.0055  0.0027  -0.0442  -0.0093  **
alloc2     -0.2234  0.2780  -0.8035  0.4217  -0.7684   0.3216

---
Signif. codes:  0 '***' 0.001 '**' 0.01 '*' 0.05 '.' 0.1 ' ' 1

> |
```

그림 5.60 조절변수를 두 개로 분석한 regression plot 모습

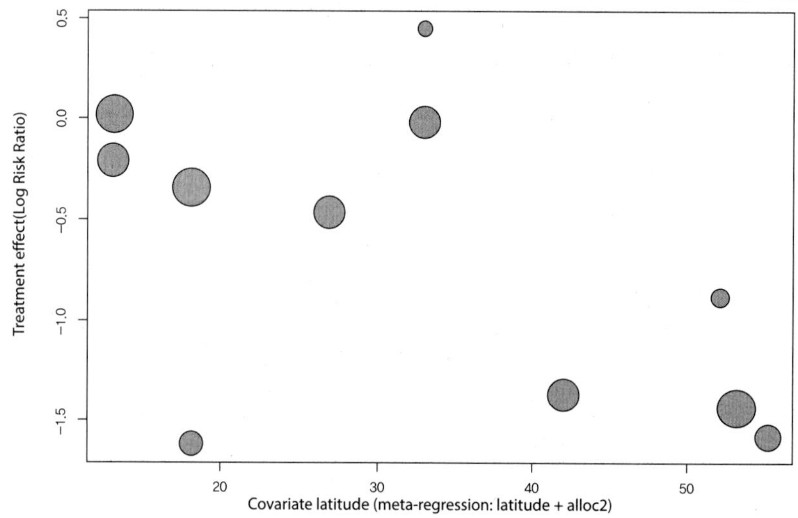

위 그림에서는 조절변수가 두 개이므로 회귀선을 만들 수는 없지만 첫 번째 조절변수인 latitude 만을 고려했을 때 위와 같은 regression plot을 얻을 수 있다.

포인트

1차 연구(primary studies)에서 회귀분석

$$Y = a + bX$$

$$b = \frac{S_{xy}}{S_x^2} = \frac{xy\ \text{공분산}}{x\ \text{분산}} \qquad \beta = b\frac{S_x}{S_y} \qquad F = \frac{SSR/k}{SSE/(n-k-1)}$$

$$R^2 = \frac{explained\ variance\ with\ a\ covariate}{total\ variance}$$

$$R^2 = \frac{\sigma^2_{explained}}{\sigma^2_{total}} = \frac{SSR}{SST} = 1 - \left(\frac{\sigma^2_{unexplained}}{\sigma^2_{total}}\right) = 1 - \frac{SSE}{SST}$$

$$R^2 = \frac{\text{회귀분산}}{\text{총분산}} = 1 - \left(\frac{\text{오차제곱합}}{\text{총분산}}\right)$$

메타연구에서의 회귀분석

$$Y = a + bX$$

메타분석에서 전체 분산 = 연구 내 분산 + 연구 간 분산

조절변수(covariates)는 연구 수준의 변수이므로 연구 간 분산(true variance)만 설명할 수 있다. 따라서 전체분산 대신 true variance에 대한 설명을 하게 된다.

$$R^2 = \frac{true\ variance\ explained}{total\ true\ variance}$$

$$R^2 = \frac{T^2_{explained}}{T^2_{total}} = 1 - \left(\frac{T^2_{unexplained}}{T^2_{total}}\right) = 1 - \left(\frac{T^2_{residual}}{T^2_{total}}\right)$$

* ANOVA에서 R2 는 집단 구분 변수에 의해 설명되는 정도

즉 $R^2 = \frac{T^2_{between}}{T^2_{total}} = 1 - \left(\frac{T^2_{within}}{T^2_{total}}\right) = 1 - \left(\frac{\text{집단을 구분하였을 경우 집단 내 분산}}{\text{집단을 구분하지 않았을 경우 전체 분산}}\right)$

제6장 RevMan으로 하는 메타분석

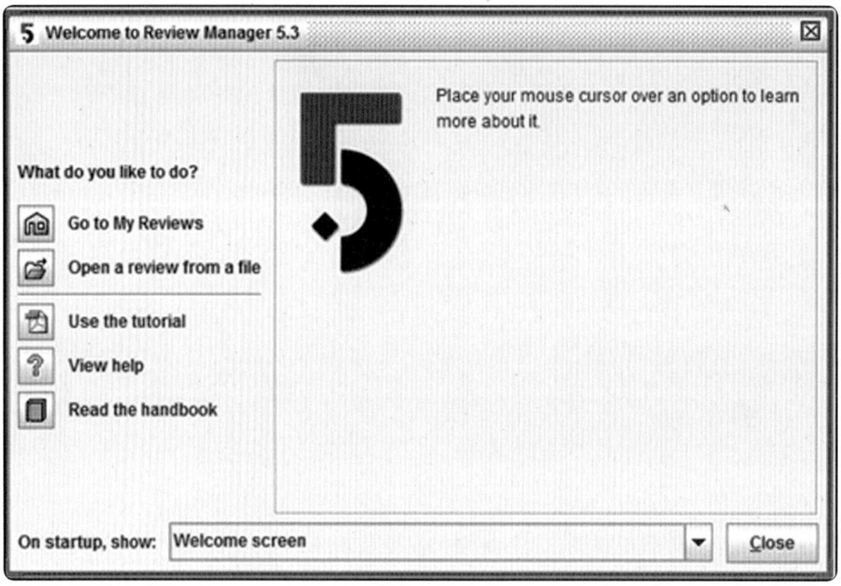

RevMan은 영국의 의학자 Archie Cochrane의 요청으로 의학 연구결과의 통합적 분석을 시작한 학술단체인 Cochrane에서 개발한 프로그램이다. Cochrane은 의학 및 보건 분야에서 체계적 리뷰(systematic review, SR)과 메타분석(meta-analysis)을 전문으로 수행하고 전파하는 학술단체로서 이 분야에서 최고의 권위를 자랑하고 있다(그림 6.1). RevMan은 정식 이름 Review Manager가 의미하는 바와 같이 체계적 리뷰를 위해 만든 프로그램으로 메타분석만을 위한 소프트웨어는 아니다. 그러므로 메타분석을 충실히 수행하기 위해서는 다소 제한이 있지만, 공개 프로그램(open program)이라는 장점과 개별연구의 질(quality)을 검증할 수 있는 기능을 포함하고 있어 많은 학자들이 메타분석에도 널리 사용하고 있다.

그림 6.1 Cochrane 홈페이지(http://www.cochrane.org)

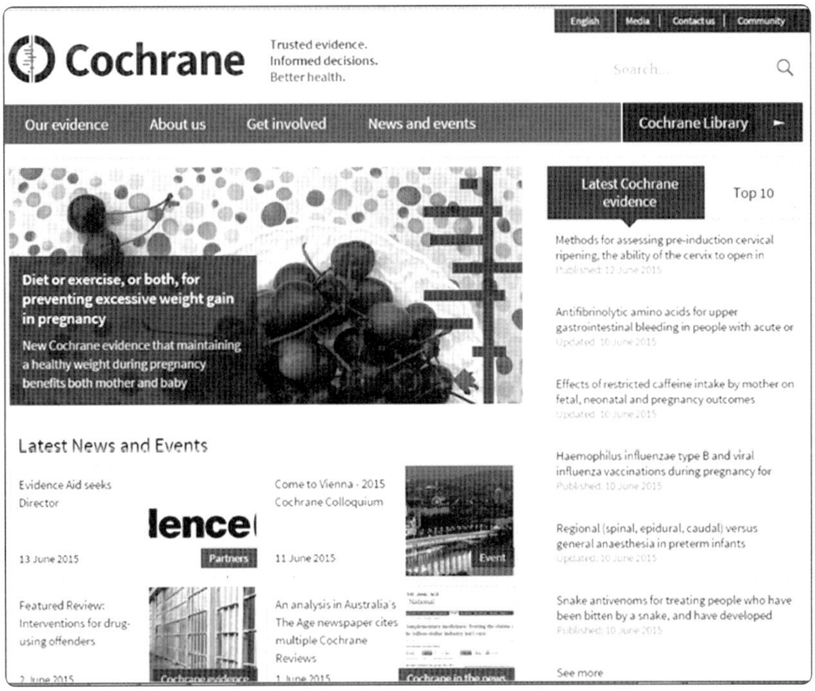

그림 6.2 RevMan을 다운받을 홈페이지(http://tech.cochrane.org)

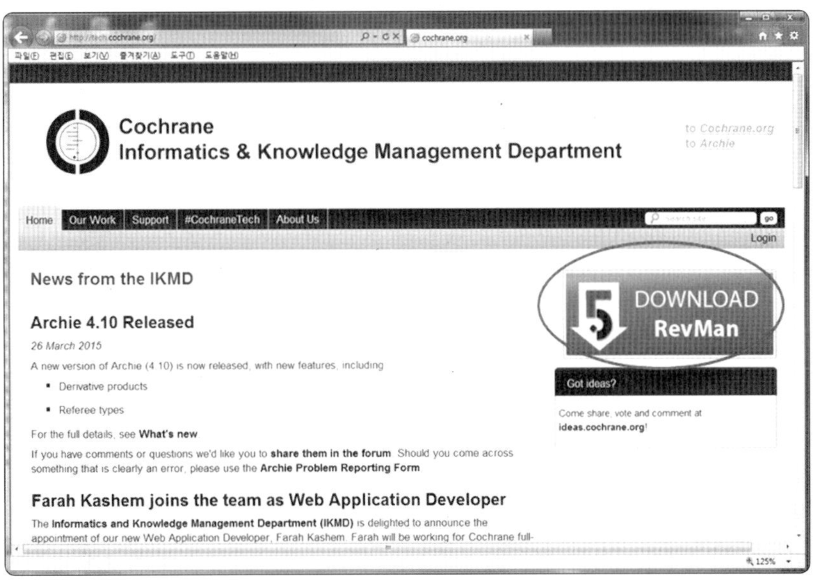

RevMan 프로그램을 설치하기 위해 <그림 6.2>에서 보는 것처럼 RevMan을 다운받을 수 있는 홈페이지(http://tech.cochrane.org)에 접속하여 'Download RevMan'을 클릭한다. 그러면 <그림 6.3>과 같이 RevMan을 다운받을 홈페이지로 연결된다.

RevMan 홈페이지에서는 Windows 또는 Mac Os versions을 보여준다. 만약 Windows 시스템을 사용한다면 자신의 컴퓨터 사양에 따라 32비트 또는 64비트용 프로그램을 선택하여 다운받을 수 있다.

그리고 <그림 6.4>에서와 같이 RevMan 파일이 저장된 폴더 안에서 64비트 프로그램인 RevMan_5_3_windows-x64.exe 파일을 클릭하여 설치를 마치면 <그림 6.5>와 같은 RevMan의 초기 화면이 나타난다.

그림 6.3 RevMan version 5.3.5를 다운받을 홈페이지

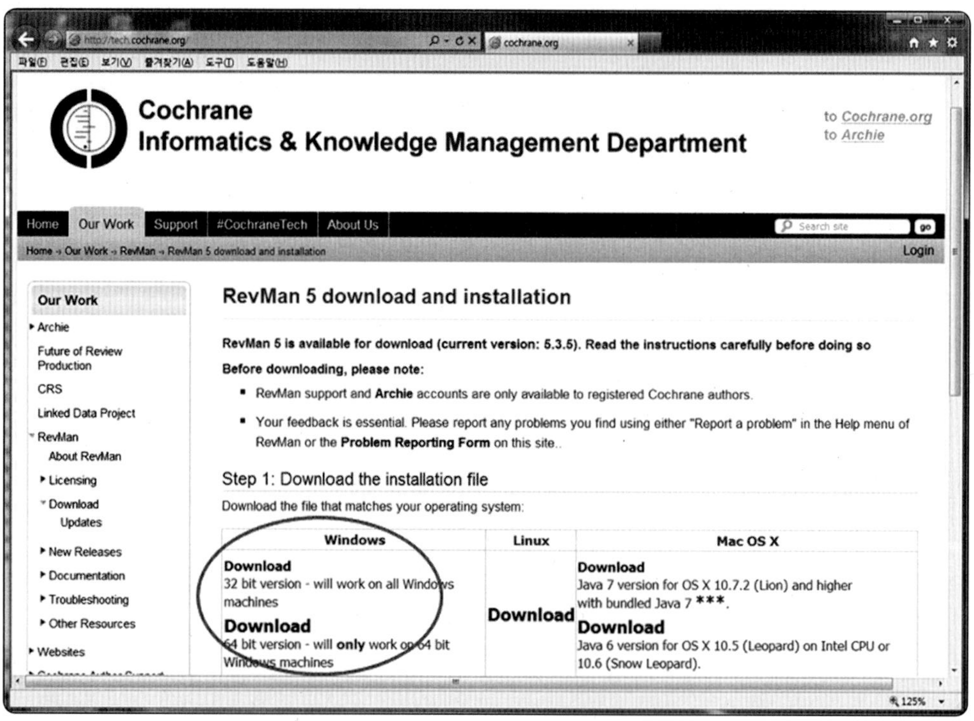

그림 6.4 저장된 폴더 안에서 RevMan_5_3_windows–x64를 더블 클릭

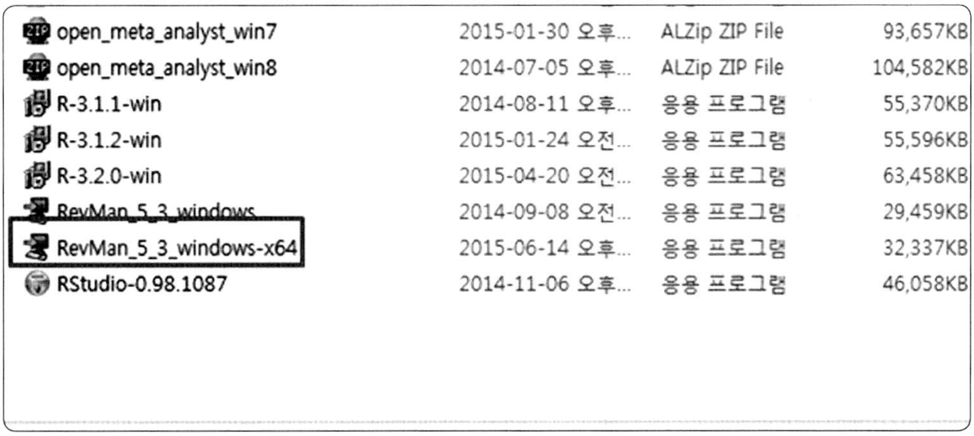

그림 6.5 RevMan을 실행한 후 초기 화면 모습

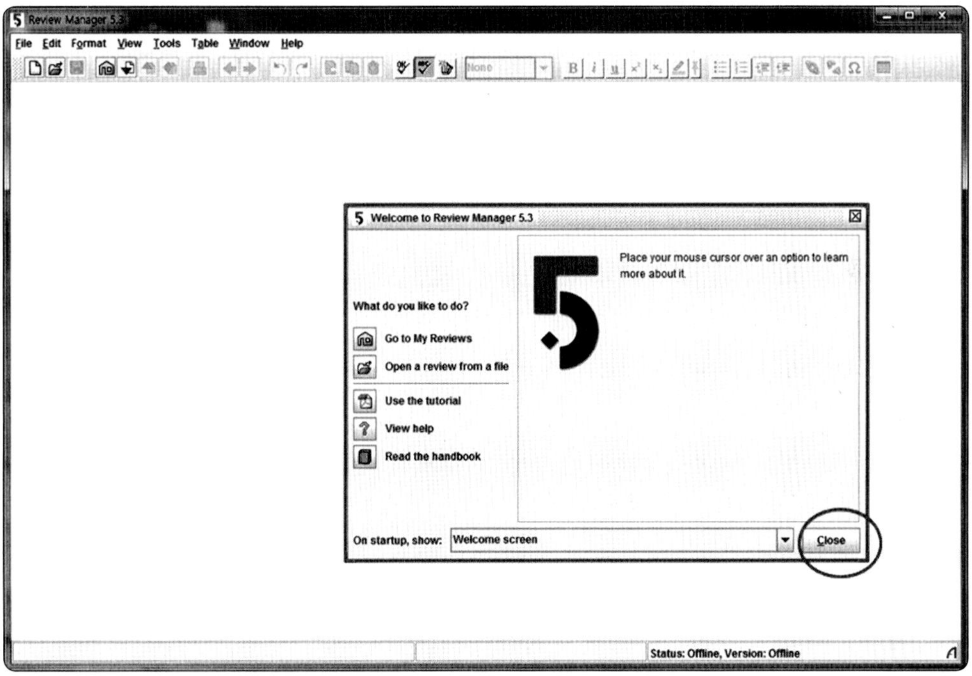

1. 메타분석 준비하기

RevMan에서는 R 또는 OpenMeta와 달리 바로 데이터를 불러와서 분석을 시작하는 것이 아니라, 분석하기 전에 메타분석을 준비하는 과정이 필요하다. 이것은 RevMan이 리뷰(systematic review)를 위한 프로그램으로 만들어졌기 때문으로, 메타분석을 하기 위해서는 몇 단계의 과정이 준비되어야 한다. 따라서 초기 화면에서 File 메뉴로 들어가서 새로운 리뷰를 시작하는 과정을 밟아야 하는데, <그림 6.6> 및 <그림 6.7>의 단계를 거쳐서 <그림 6.8>에서 새로운 리뷰 중 개입의 효과를 검증하고자 하는 'Intervention review'라는 것에 체크해 주어야 한다. 그러면 <그림 6.9>와 같은 새로운 창이 나타나는데 이때 리뷰의 이름, 즉 제목을 지정해 주어야 한다. 여기서는 제목을 "mentoring for self-esteem"으로 입력한다. 이어서 분석을 위한 계획서인 'Protocol'이 아니라, 본격적인 리뷰를 의미하는 'Full review'에 체크를 한다(그림 6.10).

그림 6.6 새로운 리뷰(review)를 시작하는 모습

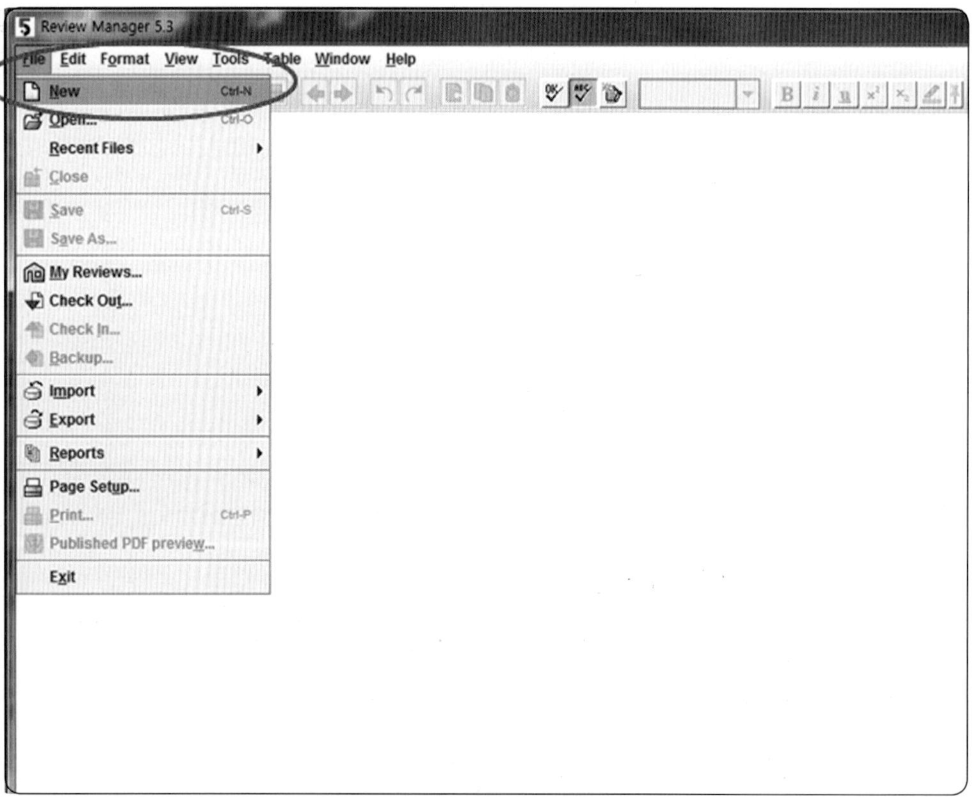

그림 6.7 새로운 리뷰를 시작하는 메뉴 창

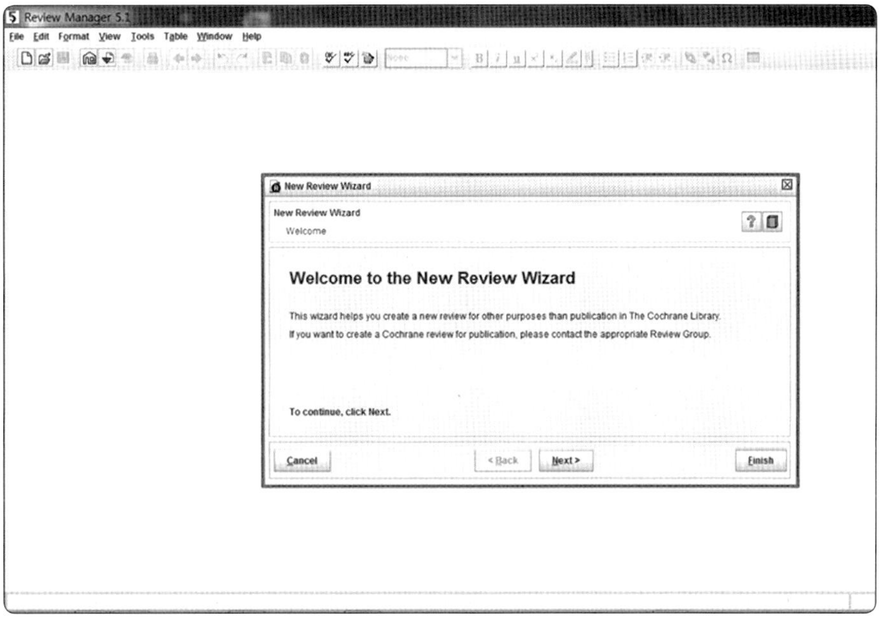

그림 6.8 새 리뷰로 'Intervention review'를 선택

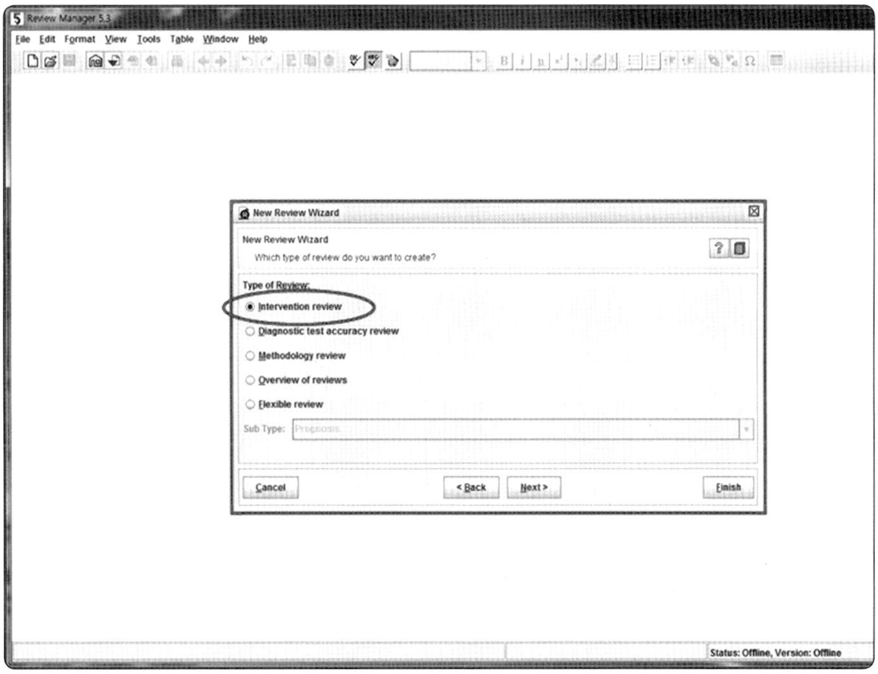

그림 6.9 리뷰의 이름을 지정하는 모습

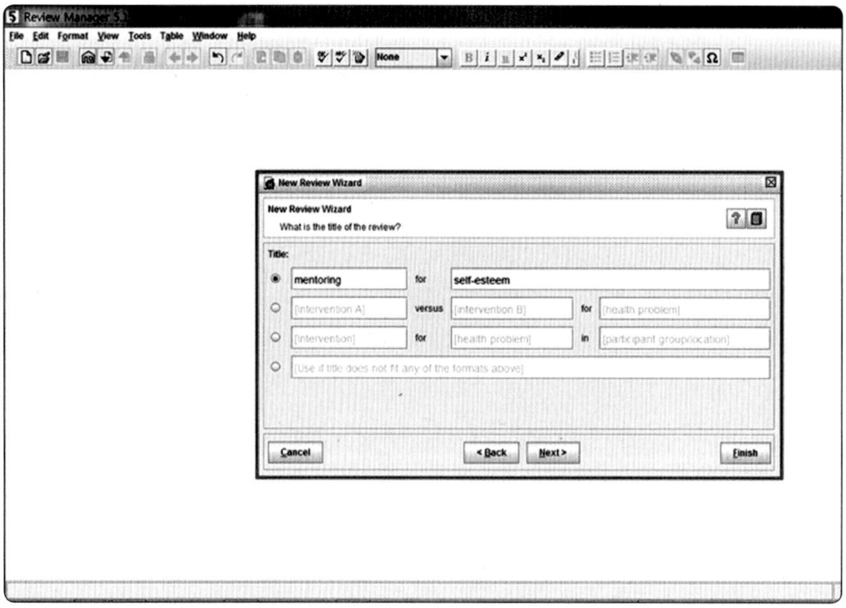

그림 6.10 리뷰 형식으로 'Full review'를 선택

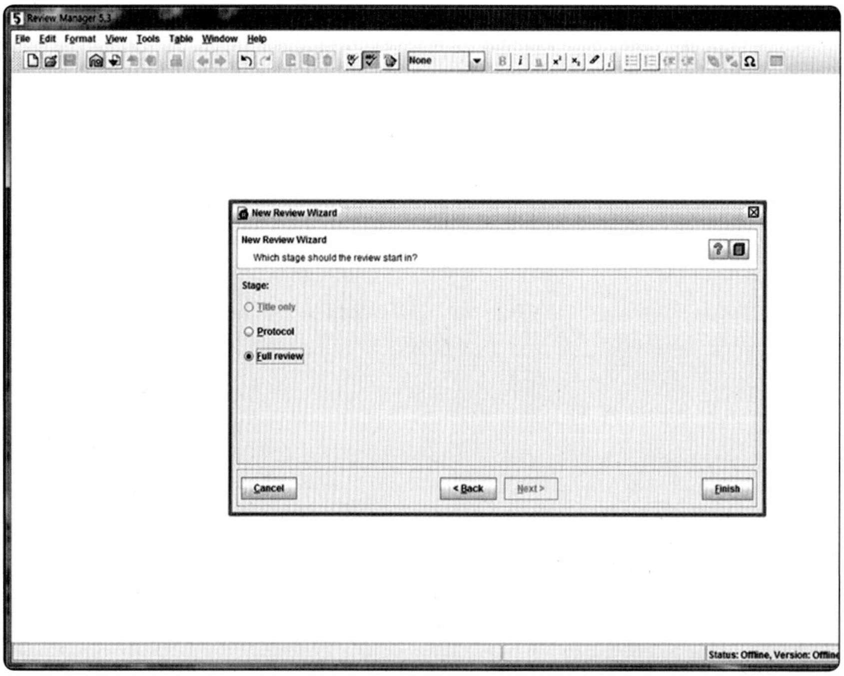

또한 리뷰를 편리하게 진행하기 위해서는 몇 가지 사전작업이 필요하다. 보통 메뉴 Tools < Preferences 에 들어가서 리뷰의 저자 이름 등 몇 가지 사전 조정 작업을 하는데, 여기서는 <그림 6.12> 에서 보는 것처럼 저자의 이름만 미리 기입해 두기로 한다. 그러면 <그림 6.13>과 같은 리뷰를 위한 초기 화면이 나타난다. 참고로 <그림 6.14>는 RevMan의 화면(창)에 대한 간략한 설명을 보여 주고 있는데, 왼쪽 창(pane)은 가이드라인(Outline) 창이고, 가운데 창이 여러 분석 결과를 보여 주는 내용창(Content pane)이다. 그리고 오른쪽 창은 도움말 등을 제공하는 도움말 창(Guidance pane)이다.

그림 6.11 도구 메뉴에서 'Preferences...'를 선택

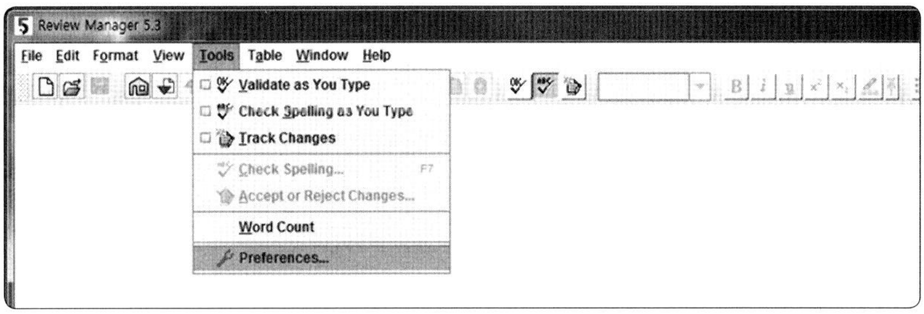

그림 6.12 리뷰의 속성(예: 저자 이름 등)을 미리 지정하는 모습

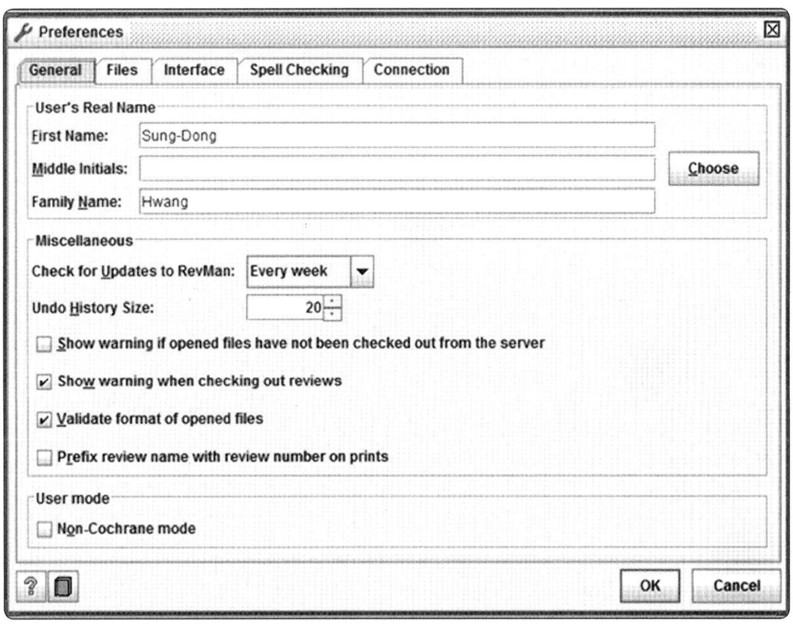

그림 6.13 리뷰 이름 등 초기 설정을 마친 모습

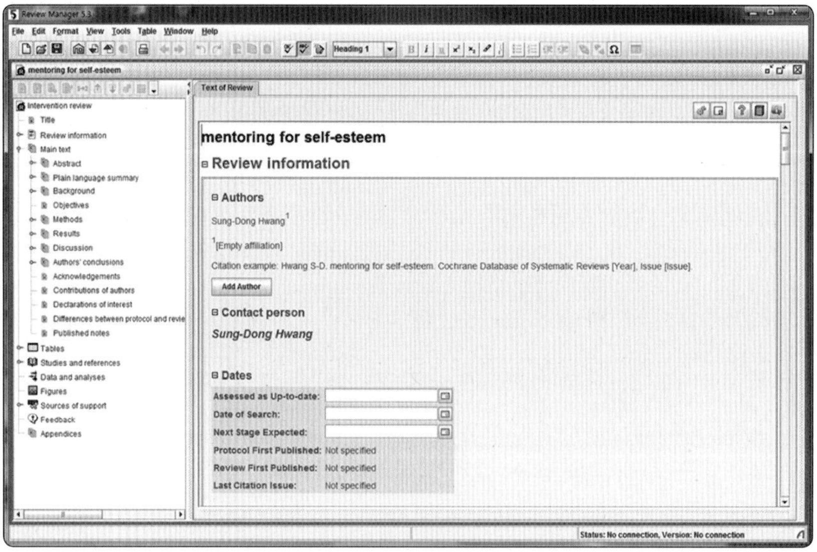

그림 6.14 RevMan 창(pane)에 대한 설명

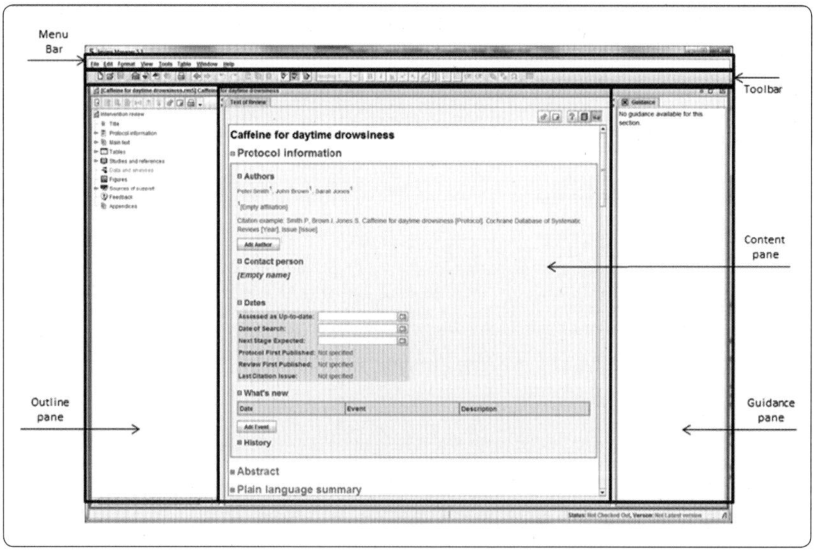

(Cochrane, Review Manager 5.3 Tutorial, 2014, p. 5)

이제부터 RevMan을 이용해 본격적으로 다양한 유형의 데이터를 직접 분석해 보자.

2. 연속형 데이터의 효과크기 분석

1) 두 집단(사후검사)의 경우

여기서는 앞에서 활용한 청소년의 자아존중감에 대한 멘토링의 효과 데이터, 즉 mentoring.xlsx를 사용해서 분석해 보자. RevMan은 데이터를 직접 불러오는 방식을 취하지 않고 입력 창에 직접 데이터를 입력하기 때문에 일반적으로 Excel 형식의 데이터를 복사해서 갖다 붙이는(copy and paste) 방법을 사용한다.

표 6.1 자아존중감에 대한 멘토링 데이터

study	m1	s1	n1	m2	s2	n2
study_1	47	11	60	46	10	60
study_2	49	11	65	46	11	65
study_3	49	14	40	44	13	40
study_4	47	10	200	41	9	200
study_5	49	11	50	44	11	45
study_6	48	11	85	46	11	85

먼저 리뷰의 첫 화면을 열면 <그림 6.15>와 같은 화면이 나타나며, 여기서 리뷰의 제목이 mentoring for self-esteem으로 작성되어 있음을 확인할 수 있다.

다음으로 <그림 6.16>에서 보는 것처럼 왼쪽 outline 창에서 Studies and references를 클릭하면 오른쪽 content 창에 분석에 포함될 연구 항목(Included studies)이 나타나고, 그중에서 Add Study 아이콘을 클릭한다. 그러면 <그림 6.17>과 같은 New Study Wizard 메뉴 창이 나타난다.

<그림 6.18> 및 <그림 6.19>와 같은 창에 분석에 포함시킬 연구 이름을 차례로 입력하면 된다. 모든 연구 이름을 다 입력하고 나면 <그림 6.21>과 같이 연구의 이름이 모두 나타나게 된다. 여기서는 6개의 연구, 즉 study_1에서부터 study_6이 입력되어 있음을 알 수 있다.

분석에 포함될 연구 이름이 다 입력되고 나면 남은 단계는 직접 데이터를 입력하는 단계이다. 이를 위해 <그림 6.22>에서 보는 바와 같이 왼쪽 outline 창에서 Data and analyses를 클릭한다.

그림 6.15 멘토링의 효과 분석을 위한 초기 화면

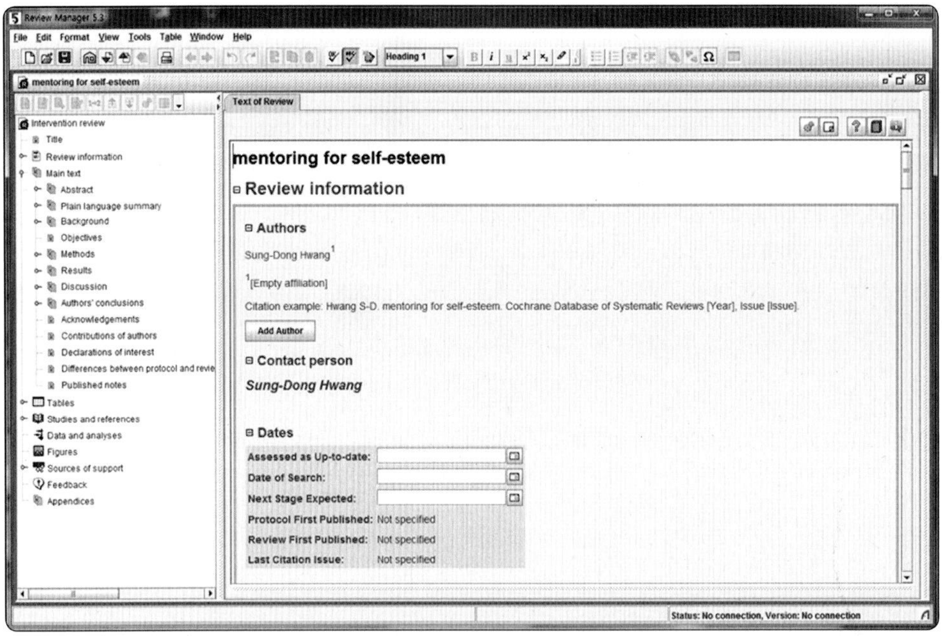

그림 6.16 분석할 데이터(연구) 이름을 입력하기 위한 모습

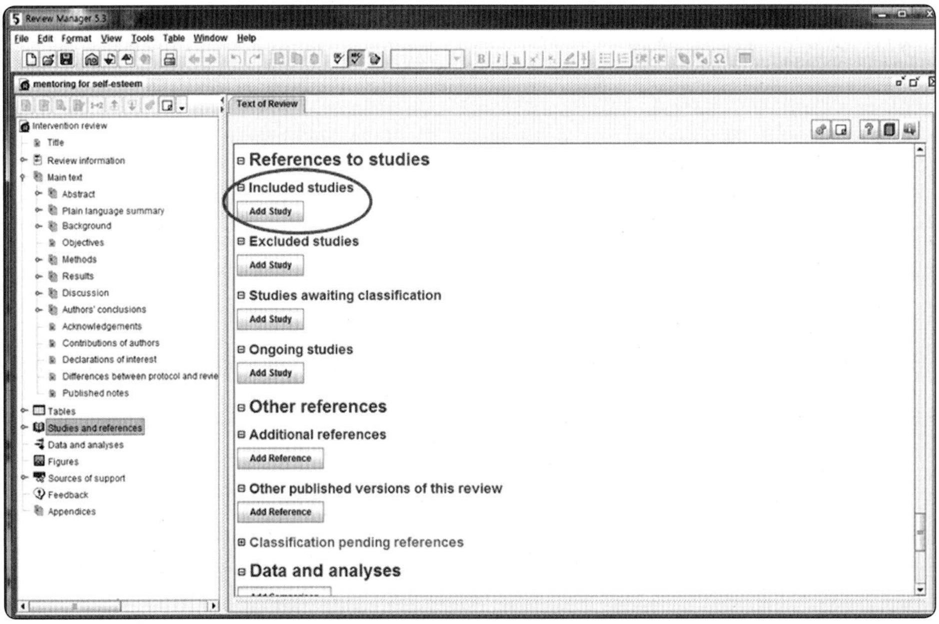

그림 6.17 Add Study를 클릭한 모습

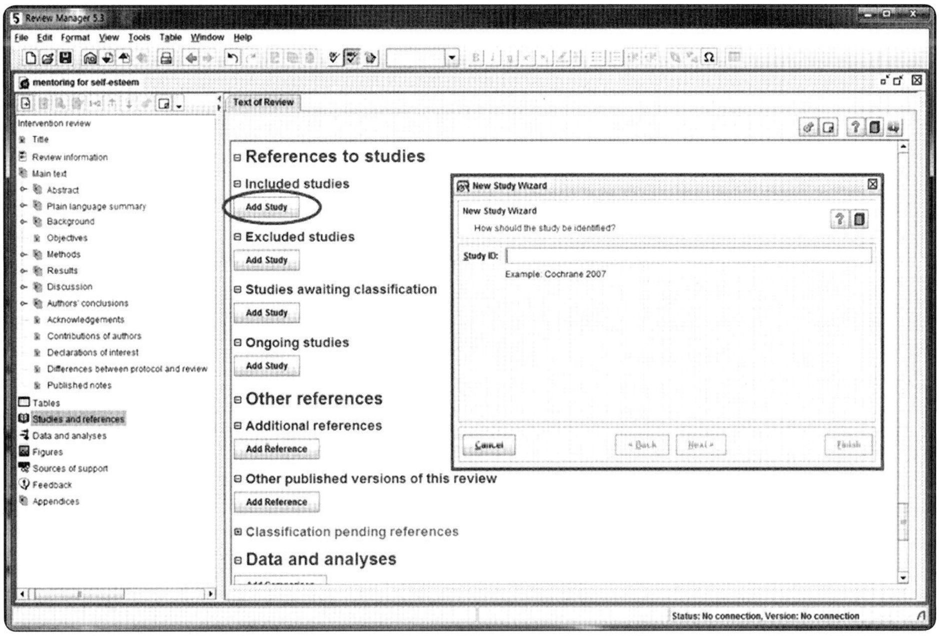

그림 6.18 연구 이름을 입력하기 위한 창

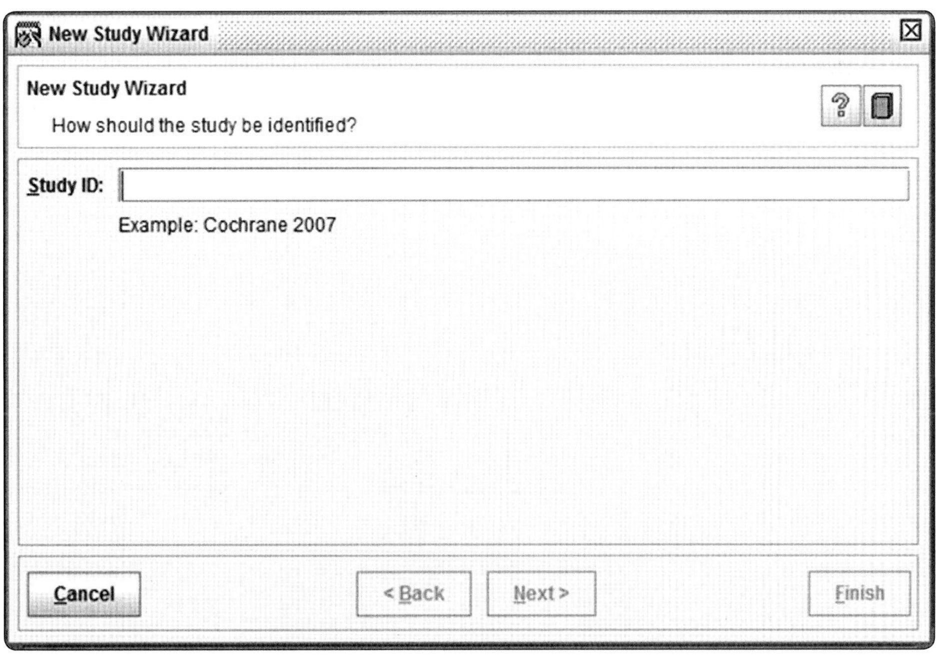

그림 6.19 첫 번째 연구 이름을 입력한 모습

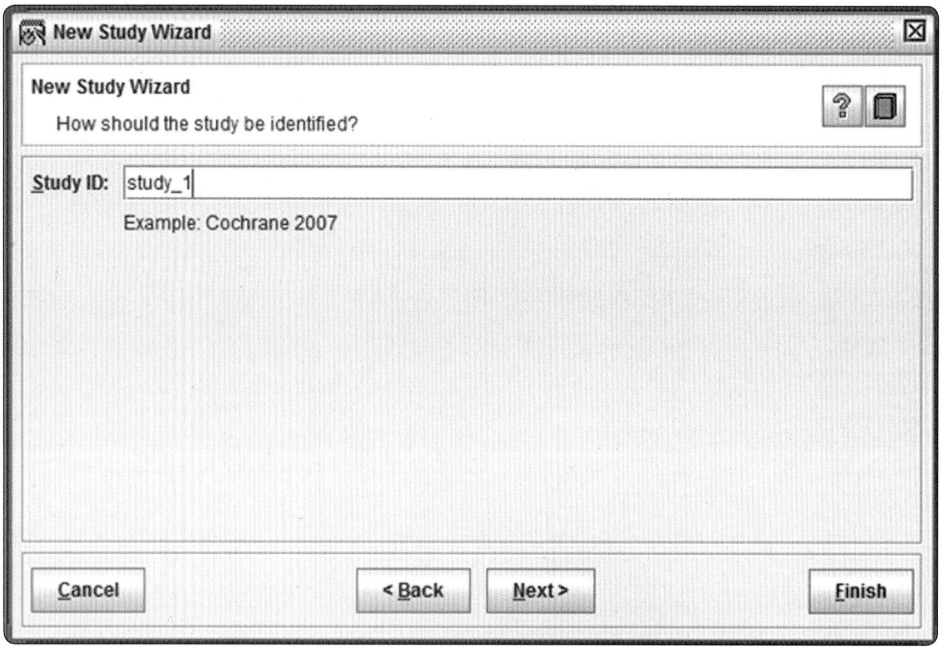

그림 6.20 연구 이름을 추가하기 위해 'Add another study…'를 선택한 모습

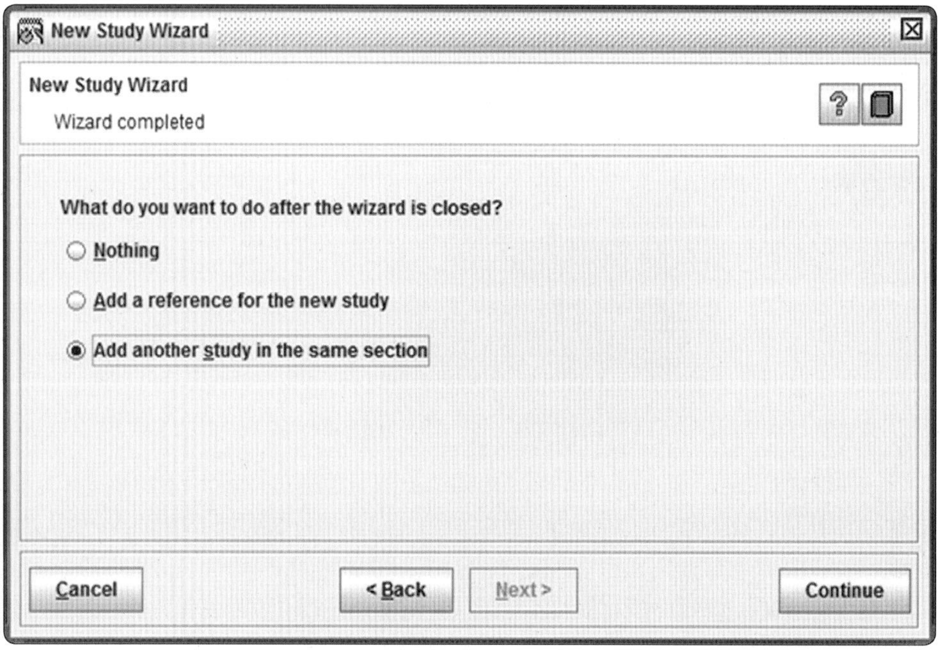

그림 6.21 6개의 연구 이름을 모두 입력한 모습

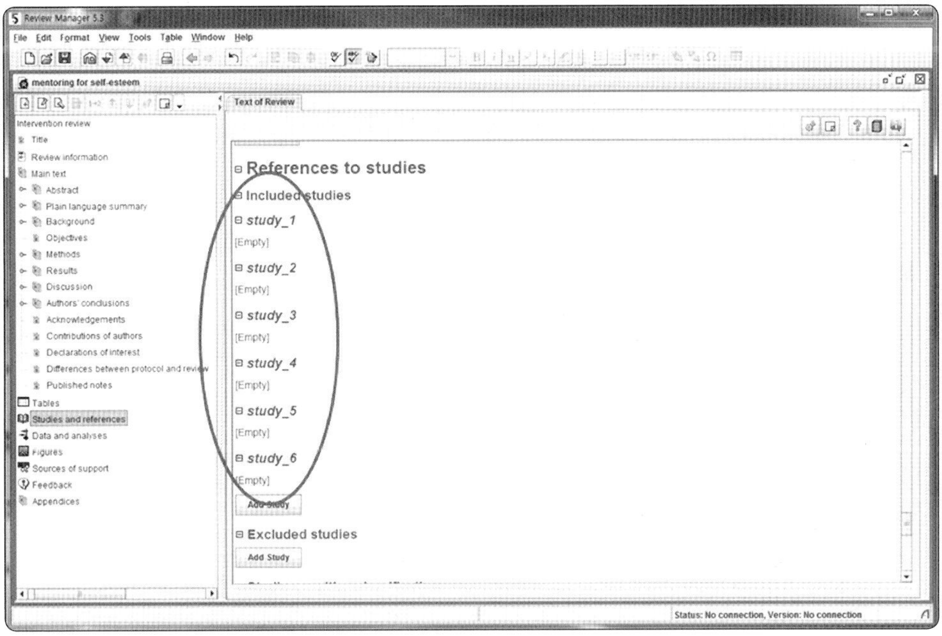

그림 6.22 분석할 데이터를 입력하기 위한 모습

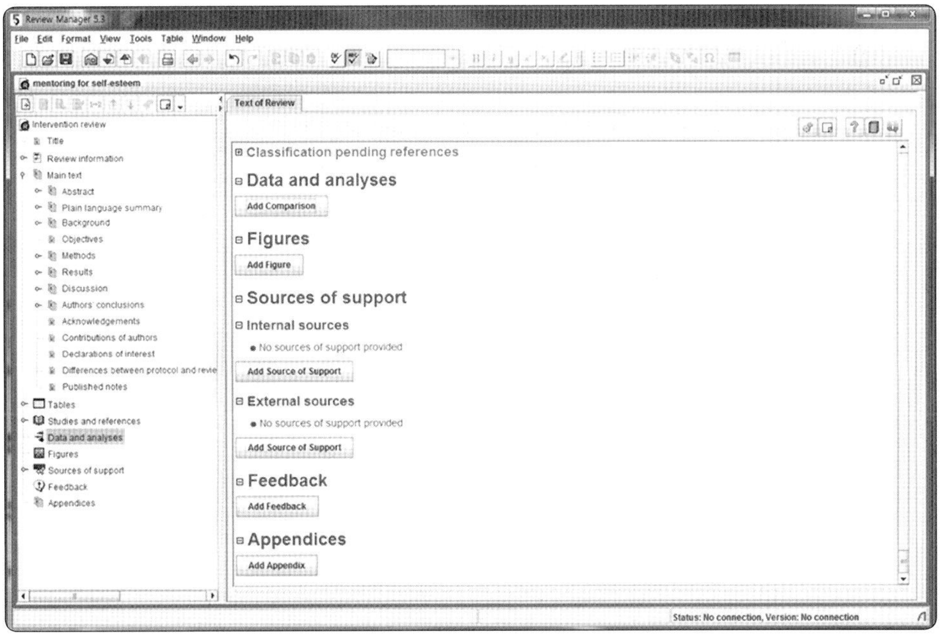

여기서 먼저 입력할 내용은 비교 방법으로, 즉 개입방법을 구체화하기 위해 Add Comparison을 클릭한다(그림 6.23). 그러면 New Comparison Wizard 창이 나타나는데 여기에 비교할 개입방법의 이름을 기입한다. 여기서는 Mentoring versus control로 입력한다(그림 6.24).

그러면 <그림 6.25>에서 보는 것처럼 Mentoring versus control이 데이터 및 분석 단계에서 제목으로 나타나게 된다. 다음 단계는 비교할 분석 결과를 구체화하는 단계인데, 이를 위해 Add Outcome을 클릭한다(그림 6.26).

이제 <그림 6.27>과 같이 New Outcome Wizard 창이 나타나면 여기에 데이터 유형과 분석 방법, 효과크기 유형 등을 자세히 규정하게 된다.

먼저 <그림 6.28>에서처럼 분석할 데이터의 유형, 즉 연속형 데이터 또는 이분형 데이터 등을 명시하는데, 여기서는 연속형 데이터이므로 'Continuous'에 체크한다.

그림 6.23 먼저 비교할 내용(Add comparison), 즉 개입방법을 선택

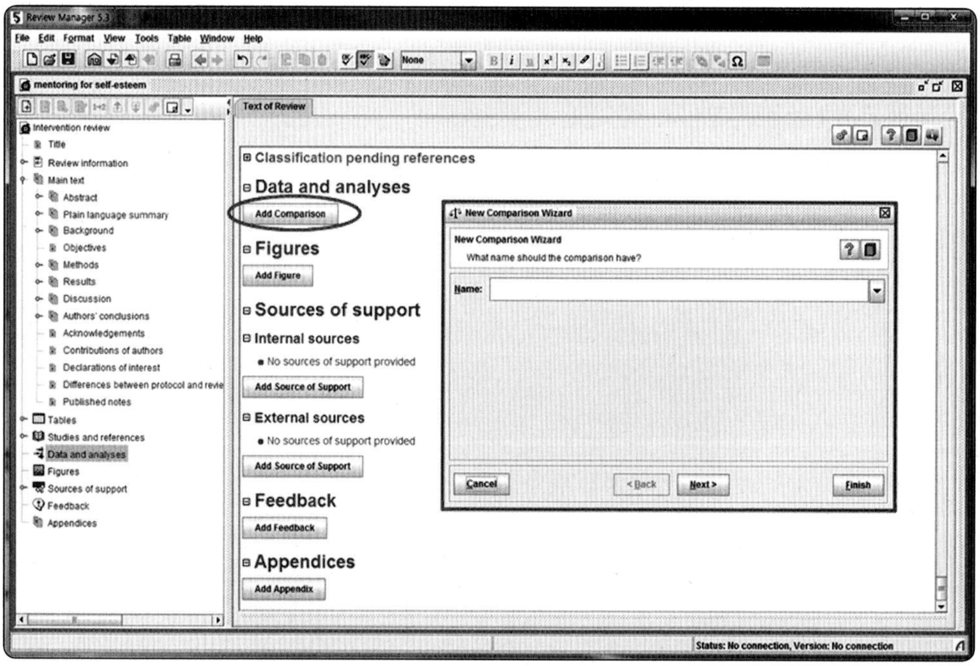

그림 6.24 비교 내용을 “Mentoring versus contorl”로 입력

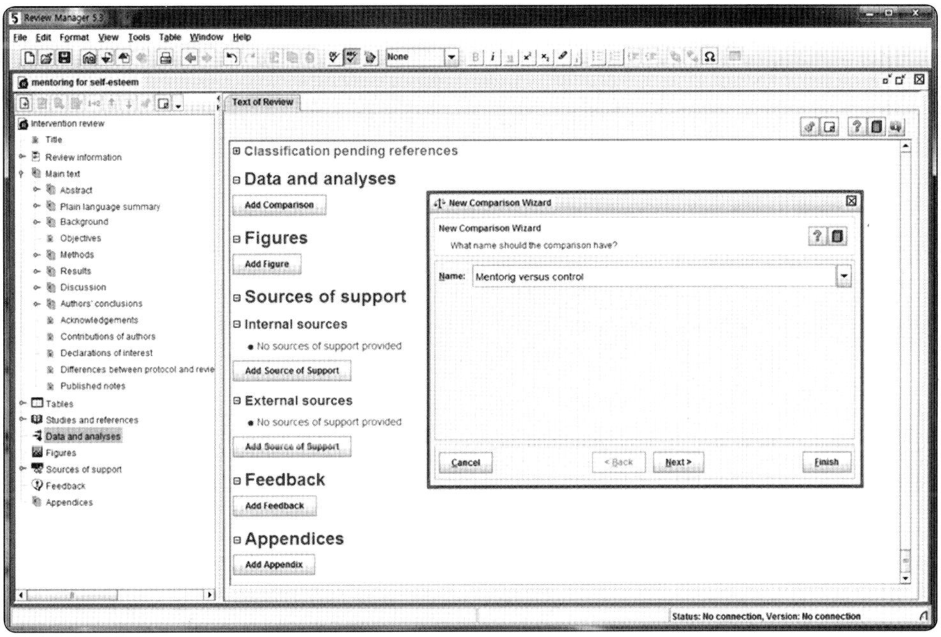

그림 6.25 비교 제목으로 “Mentoring versus control”이 입력된 모습

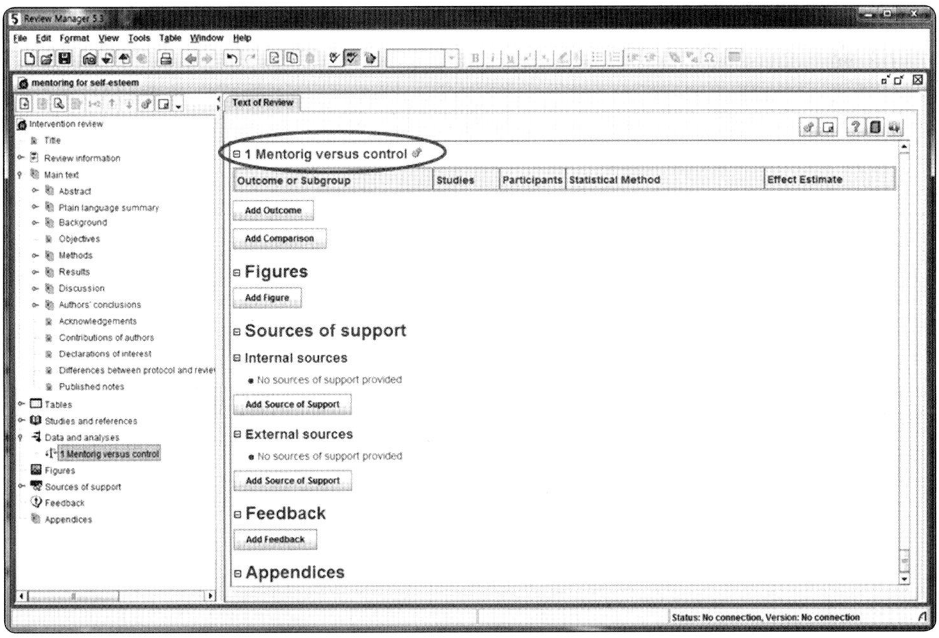

그림 6.26 분석 결과(Add outcome)를 클릭

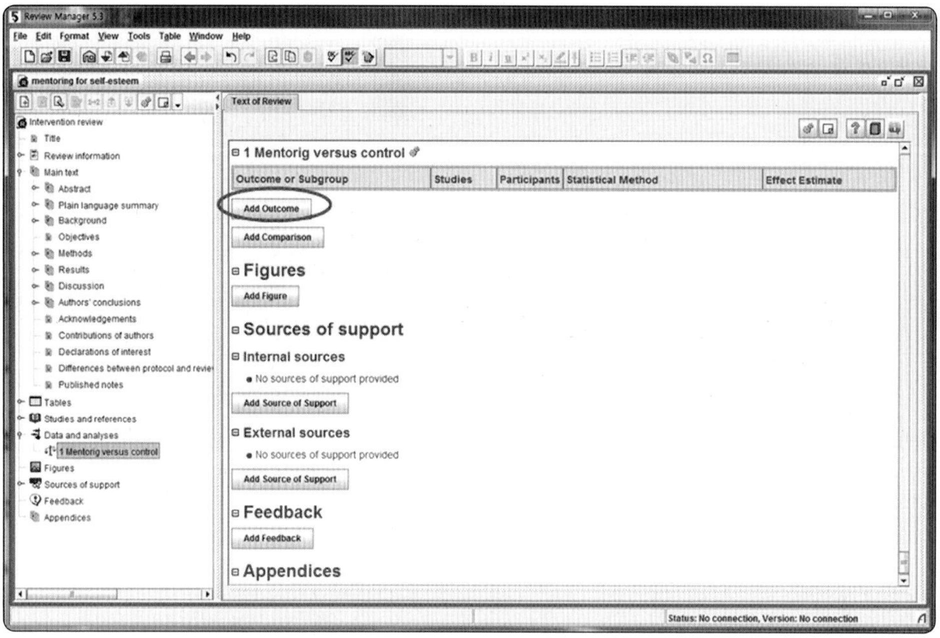

그림 6.27 분석 결과의 데이터 유형을 선택하는 모습

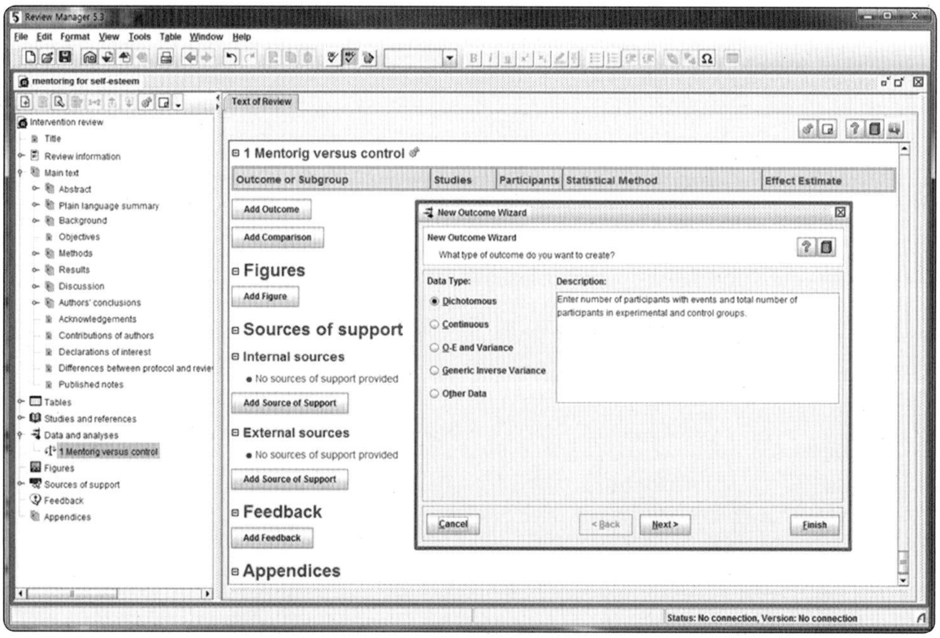

그림 6.28 데이터 유형을 'Continuous'로 선택

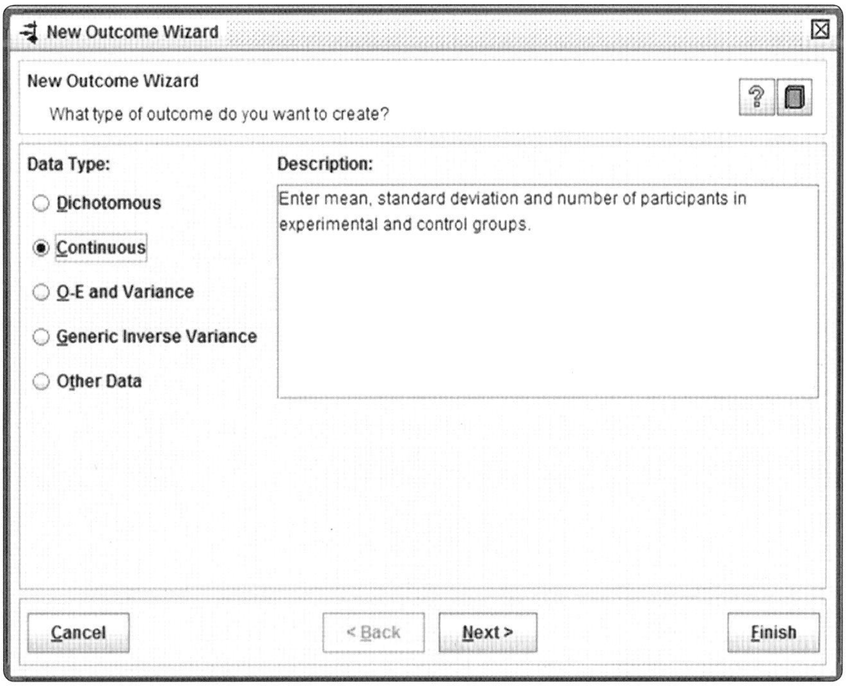

이어서 결과의 명칭은 'Improvement in self-esteem'으로 명명하고(그림 6.29), 가중치 부여 방법, 효과크기 유형 및 평균효과크기 산출 모형을 선택한다(그림 6.30).

다음으로 <그림 6.31> 및 <그림 6.32>와 같이 신뢰수준 및 그래프 레이블 등을 선택하면 된다.

이상과 같이 분석 결과(outcome)에 대한 입력이 끝나면, 데이터 및 분석 메뉴에서 분석 결과의 이름이 'Improvement in self-esteem'으로 나타남을 확인할 수 있다(그림 6.33). 이어서 <그림 6.34>와 같이 분석 결과 이름에 오른쪽 마우스 버튼을 클릭하면 하위 메뉴가 나타나게 되는데, 여기서 Add Study Data를 클릭한다.

그러면 <그림 6.35>에서 보는 바와 같이 앞서 입력한 연구 이름이 나타난다. 여기서 분석에 포함시킬 연구, 즉 데이터를 선택하는데 여기서는 6개 연구를 모두 선택한다(그림 6.36).

그림 6.29 분석 결과의 이름을 "Improvement in self-esteem"으로 입력

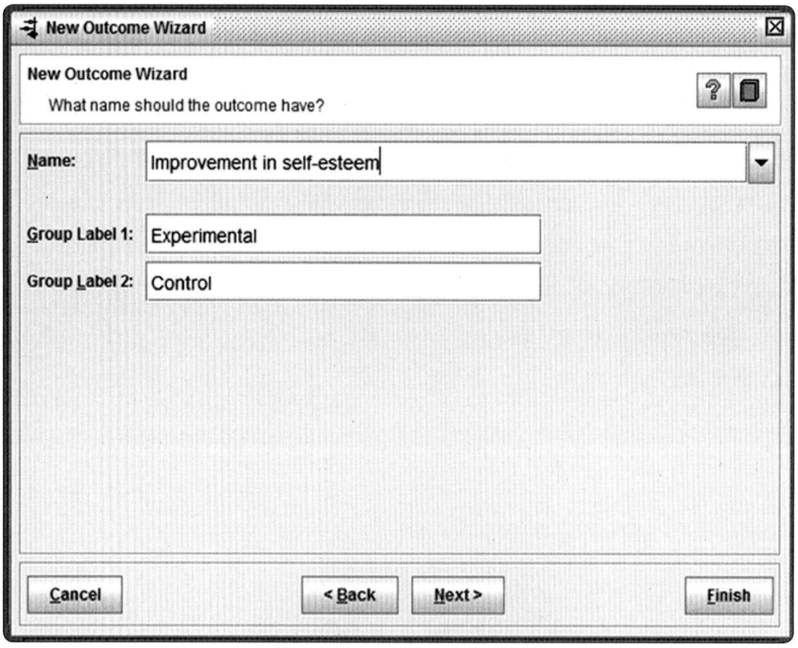

그림 6.30 분석모형과 가중치 부여 방법 및 효과크기 유형을 지정

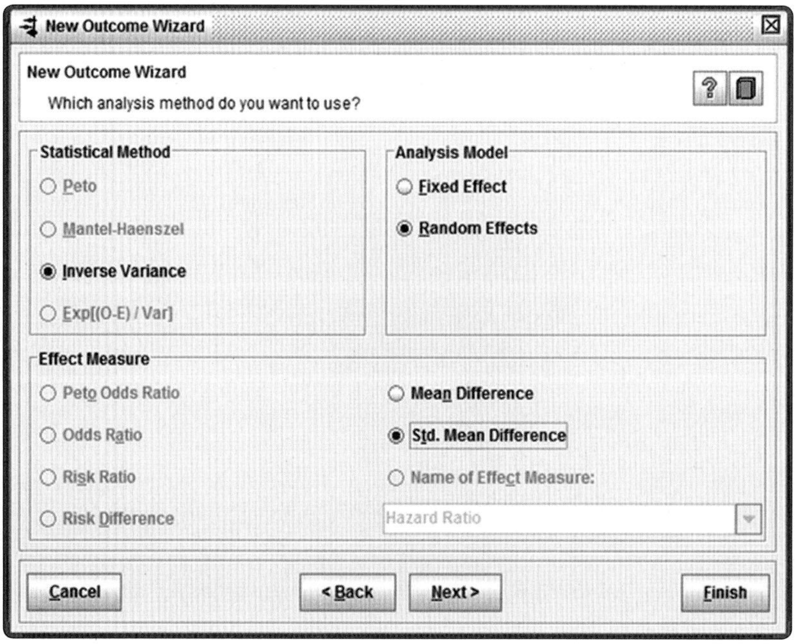

그림 6.31 신뢰 수준 등을 지정하는 모습

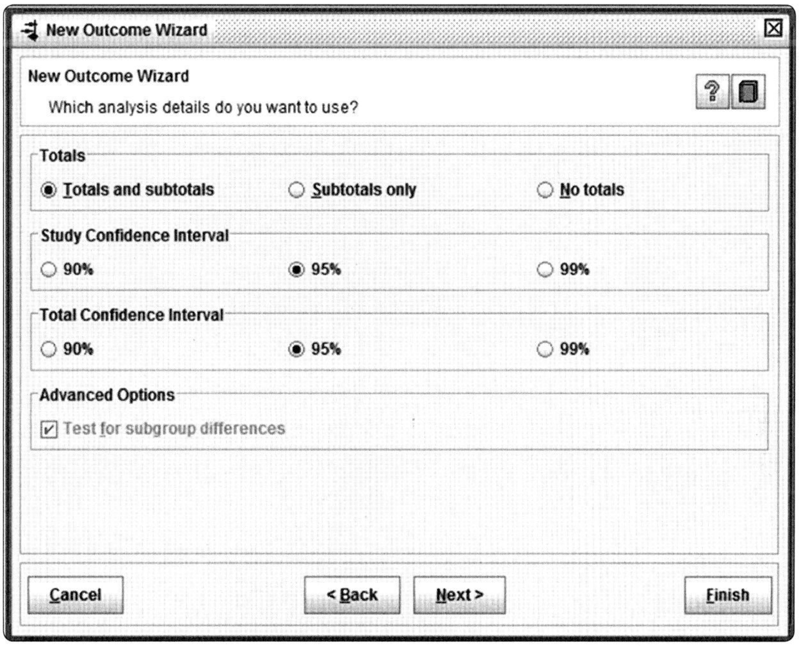

그림 6.32 forest plot의 레이블을 입력하는 모습

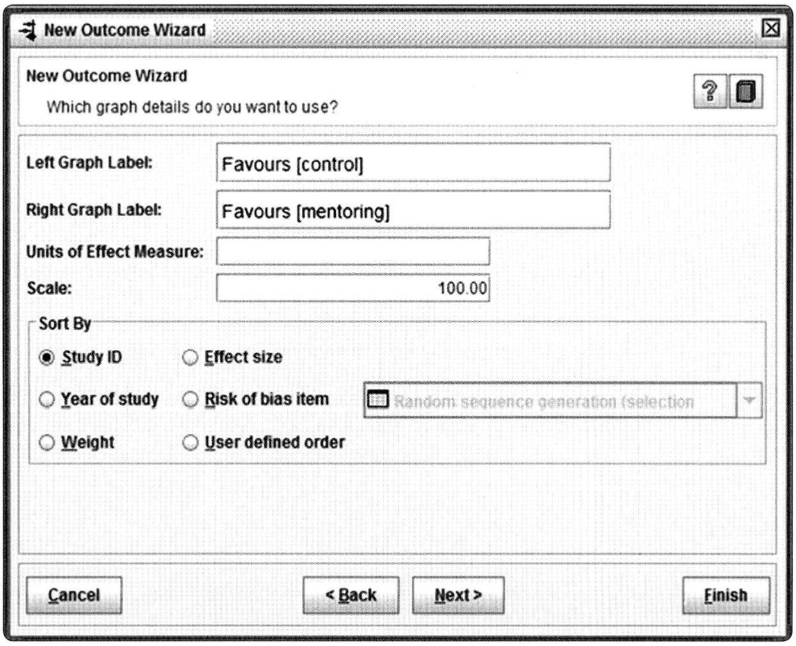

그림 6.33 분석결과(outcome)의 이름이 나타난 모습

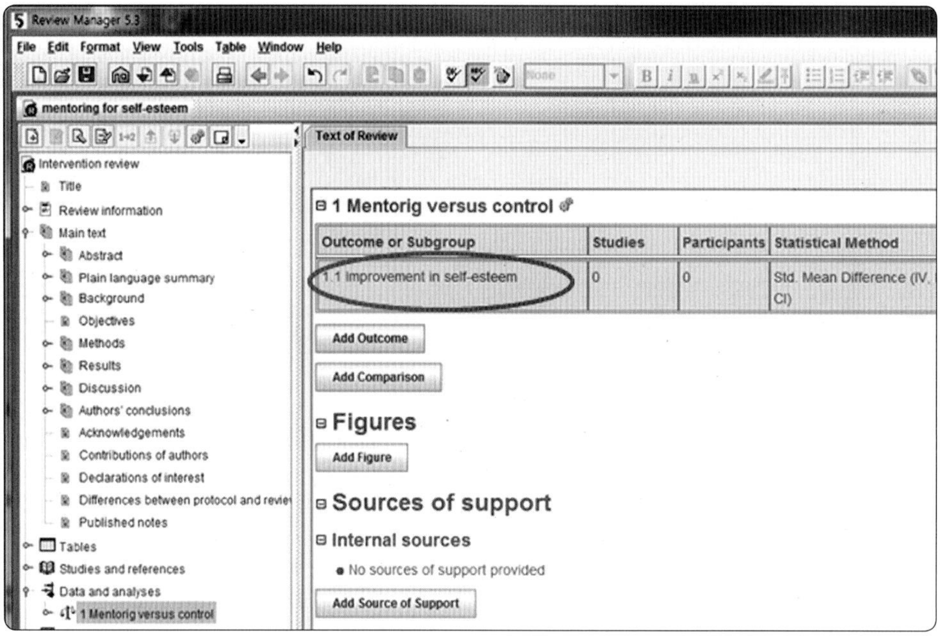

그림 6.34 분석할 연구 데이터를 입력하기 위한 모습

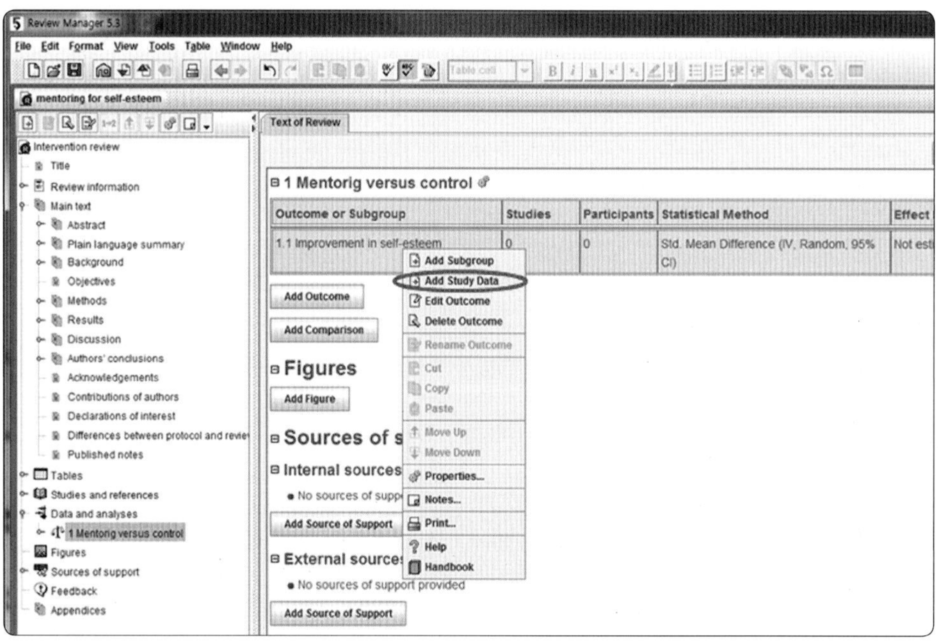

그림 6.35 분석할 연구(데이터)를 선택하기 위한 모습

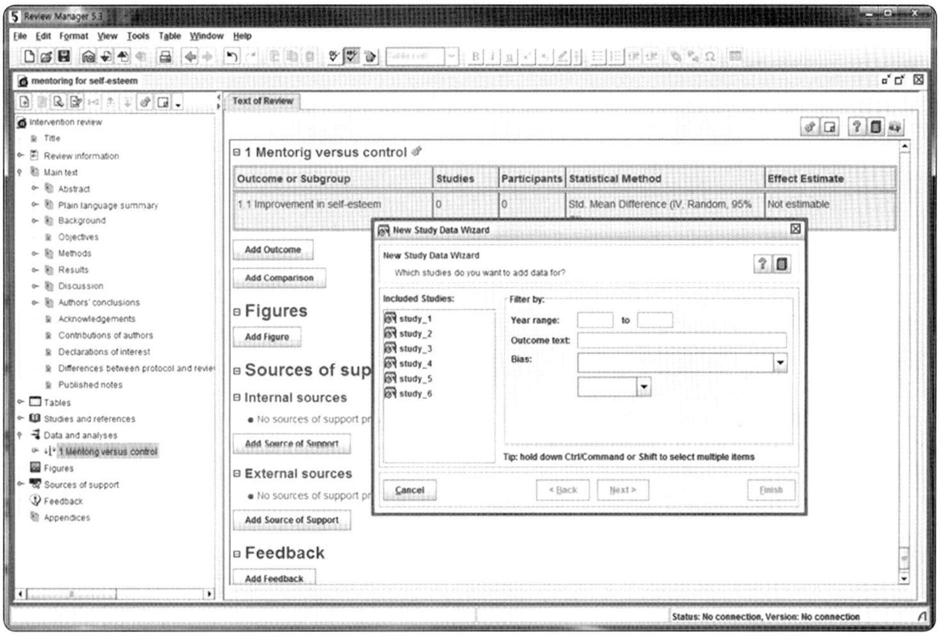

그림 6.36 분석할 연구(데이터)를 선택한 모습

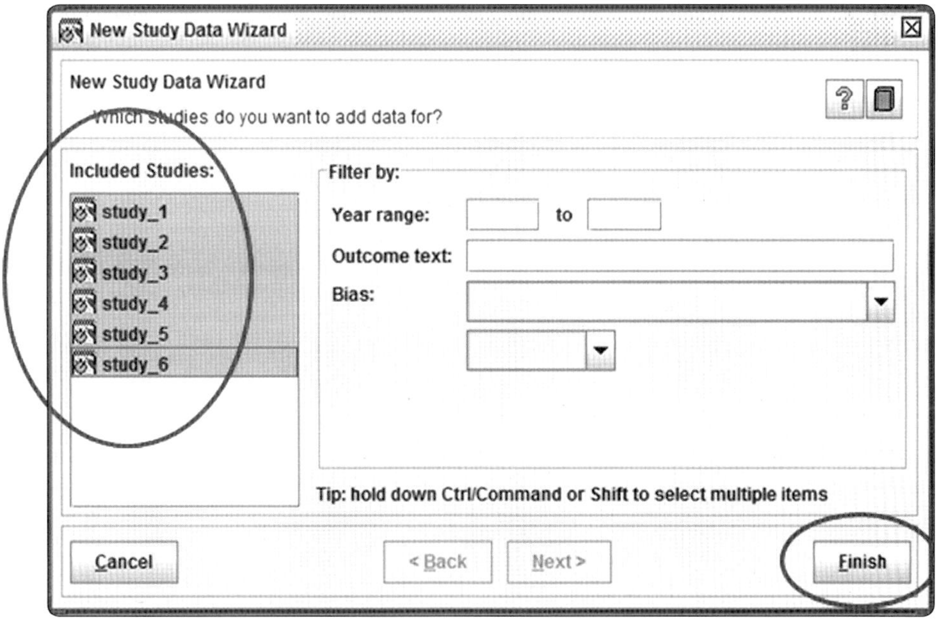

그러면 아래 <그림 6.37>과 같이 6개의 연구가 나열되고 실제 입력할 데이터(평균, 표준편차 등)는 공란으로 나타나게 되는데, 여기에 <그림 6.38>에 보이는 Excel 데이터를 복사해서 갖다 붙이면 된다(그림 6.39).

그러면 <그림 6.40>에서 보는 것처럼 메타분석의 결과, 즉 각 연구의 효과크기, 가중치, 평균효과크기 및 신뢰구간 등이 나타나 있고 아울러 forest plot도 만들어져 있음을 확인할 수 있다.

<그림 6.41> 및 <그림 6.42>는 분석 결과만을 더 명확하게 보여주고 있는데 여기서는 각 연구의 raw data, 효과크기, 가중치, 신뢰구간 등이 알기 쉽게 잘 제시되어 있다. 특히 효과크기의 이질성에 대한 통계치(Q값 및 I-squared값)가 나타나 있음을 알 수 있다(RevMan에서는 Q값이 Ch: 제곱값으로 제시되어 있다). <그림 6.42>는 <그림 6.41>의 왼쪽 하단에 있는 copy 버튼을 클릭하면 얻을 수 있다.

위의 결과는 R을 이용하여 분석한 결과인 〈그림 6.43〉과 동일함을 확인할 수 있다.

그림 6.37 분석할 데이터를 선택한 후의 모습

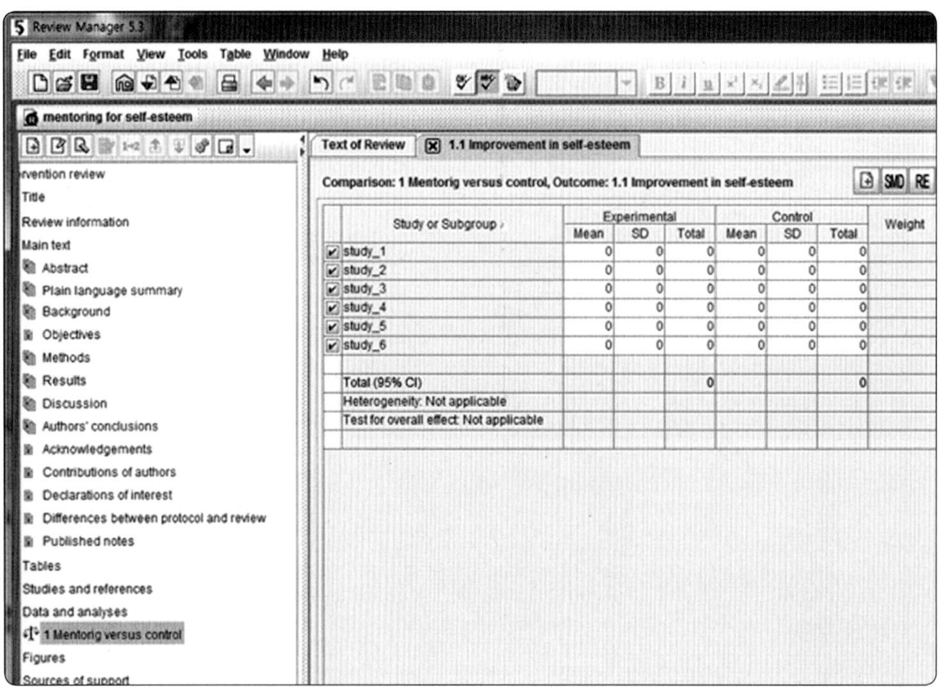

그림 6.38 메타분석을 위해 입력할 데이터

1	study	m1	s1	n1	m2	s2	n2
2	study_1	47	11	60	46	10	60
3	study_2	49	11	65	46	11	65
4	study_3	49	14	40	44	13	40
5	study_4	47	10	200	41	9	200
6	study_5	49	11	50	44	11	45
7	study_6	48	11	85	46	11	85

그림 6.39 분석할 데이터를 갖다 붙이기 위한 모습

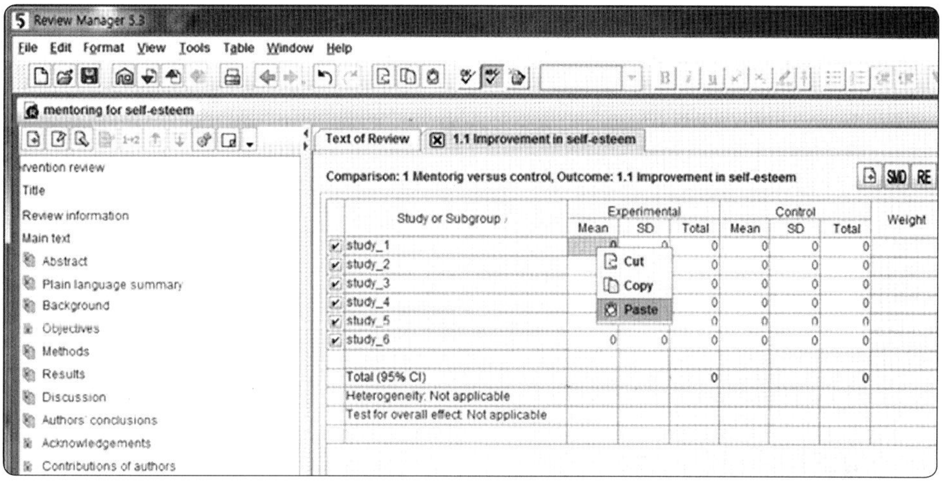

그림 6.40 데이터를 입력한 후 모습

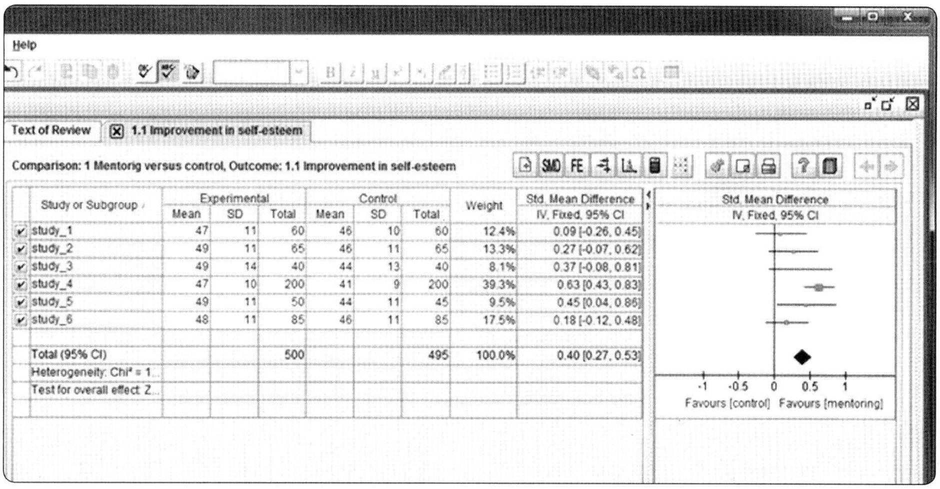

그림 6.41 고정효과모형으로 분석한 결과

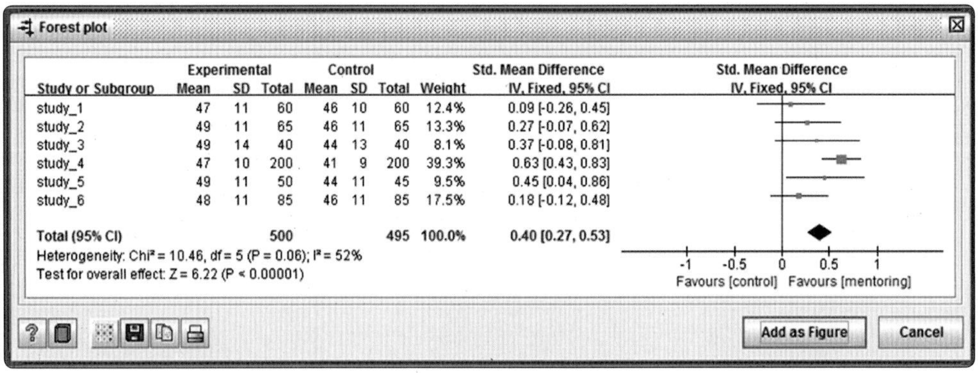

Study or Subgroup	Experimental Mean	SD	Total	Control Mean	SD	Total	Weight	Std. Mean Difference IV, Fixed, 95% CI
study_1	47	11	60	46	10	60	12.4%	0.09 [-0.26, 0.45]
study_2	49	11	65	46	11	65	13.3%	0.27 [-0.07, 0.62]
study_3	49	14	40	44	13	40	8.1%	0.37 [-0.08, 0.81]
study_4	47	10	200	41	9	200	39.3%	0.63 [0.43, 0.83]
study_5	49	11	50	44	11	45	9.5%	0.45 [0.04, 0.86]
study_6	48	11	85	46	11	85	17.5%	0.18 [-0.12, 0.48]
Total (95% CI)			**500**			**495**	**100.0%**	**0.40 [0.27, 0.53]**

Heterogeneity: Chi² = 10.46, df = 5 (P = 0.06); I² = 52%
Test for overall effect: Z = 6.22 (P < 0.00001)

그림 6.42 고정효과모형으로 분석한 forest plot

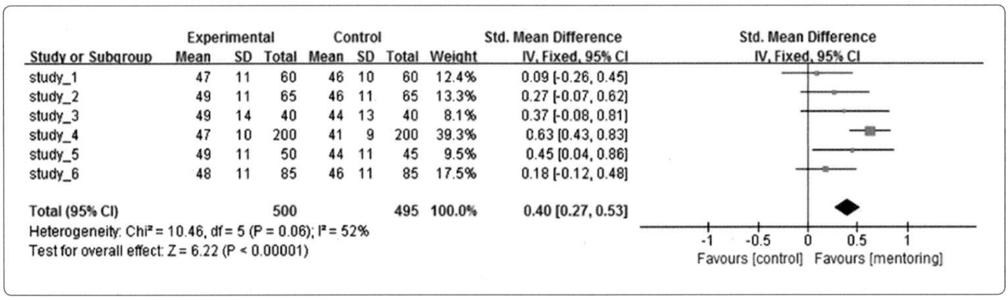

Study or Subgroup	Experimental Mean	SD	Total	Control Mean	SD	Total	Weight	Std. Mean Difference IV, Fixed, 95% CI
study_1	47	11	60	46	10	60	12.4%	0.09 [-0.26, 0.45]
study_2	49	11	65	46	11	65	13.3%	0.27 [-0.07, 0.62]
study_3	49	14	40	44	13	40	8.1%	0.37 [-0.08, 0.81]
study_4	47	10	200	41	9	200	39.3%	0.63 [0.43, 0.83]
study_5	49	11	50	44	11	45	9.5%	0.45 [0.04, 0.86]
study_6	48	11	85	46	11	85	17.5%	0.18 [-0.12, 0.48]
Total (95% CI)			**500**			**495**	**100.0%**	**0.40 [0.27, 0.53]**

Heterogeneity: Chi² = 10.46, df = 5 (P = 0.06); I² = 52%
Test for overall effect: Z = 6.22 (P < 0.00001)

그림 6.43 R을 이용한 분석 결과

```
            SMD             95%-CI %W(fixed) %W(random)
study_1 0.0945 [-0.2635; 0.4526]     12.36      15.53
study_2 0.2711 [-0.0743; 0.6166]     13.28      16.12
study_3 0.3665 [-0.0756; 0.8087]      8.11      12.14
study_4 0.6295 [ 0.4287; 0.8304]     39.28      24.43
study_5 0.4509 [ 0.0428; 0.8589]      9.52      13.40
study_6 0.1810 [-0.1203; 0.4823]     17.46      18.38

Number of studies combined: k=6

                        SMD            95%-CI      z  p-value
Fixed effect model   0.3992 [0.2733; 0.5251] 6.2156 < 0.0001
Random effects model 0.3504 [0.1569; 0.5438] 3.5499   0.0004

Quantifying heterogeneity:
tau^2 = 0.0294; H = 1.45 [1; 2.29]; I^2 = 52.2% [0%; 80.9%]

Test of heterogeneity:
     Q d.f.  p-value
 10.46    5   0.0632
```

이어서 무선효과모형으로 분석한 효과크기 결과와 forest plot도 <그림 6.44> 및 <그림 6.45>와 같이 제시되어 있음을 확인할 수 있다.

참고로 RevMan에서 메타분석에 활용할 수 있는 세부 옵션 메뉴(툴바)를 <그림 6.46>과 <그림 6.47>에 제시하였다.

그림 6.44 무선효과모형으로 분석한 결과

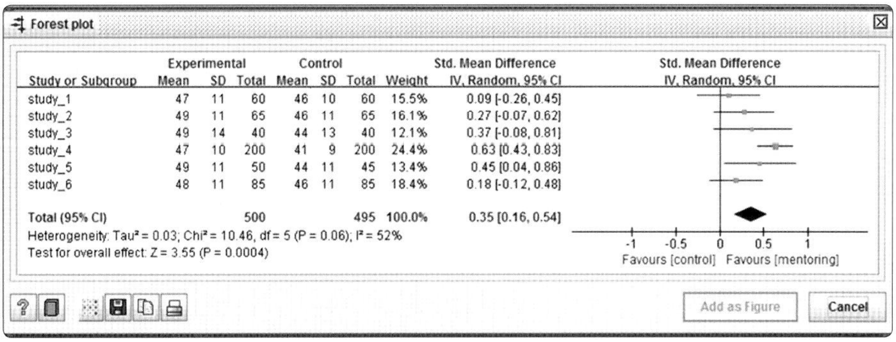

그림 6.45 무선효과모형으로 분석한 forest plot

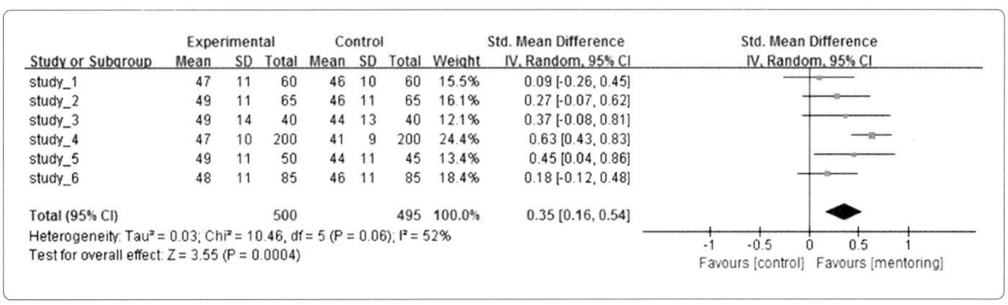

그림 6.46 메타분석의 세부 옵션 메뉴

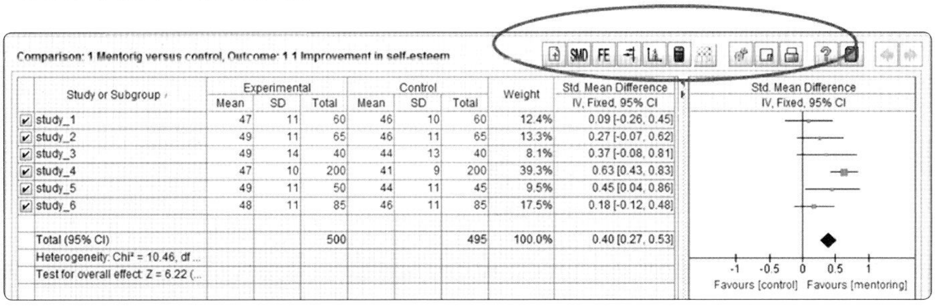

그림 6.47 메타분석 세부 옵션의 설명

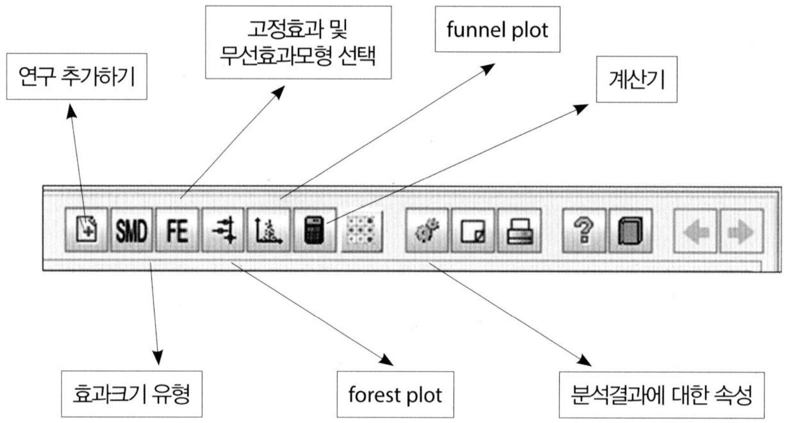

2) 두 집단(사전-사후검사)의 경우

앞에서 활용한 사전-사후검사 데이터인 다문화교육 프로그램의 효과성 검증에 대한 데이터를 여기에서도 활용해 보자.

표 6.2 다문화교육 프로그램의 효과성 검증 데이터

study	m1	s1	n1	m2	s2	n2
study1	0.378	0.440	45	0.036	0.323	47
study2	0.100	0.586	44	0.016	0.362	45
study3	0.288	0.529	44	0.047	0.383	45
study4	0.476	0.543	45	0.015	0.384	47
study5	0.406	0.401	44	0.053	0.370	45
study6	0.280	0.469	45	0.057	0.390	47
study7	0.171	0.896	44	0.042	0.542	45

m1: 실험집단의 사전-사후 차이의 평균 s1: 실험집단의 사전-사후 차이의 표준편차

먼저 분석할 리뷰의 이름과 분석에 포함할 연구 이름을 앞서 설명한 <그림 6.6>~<그림 6.21>과 같은 방식으로 입력하면, 아래 <그림 6.48> 및 <그림 6.49>와 같이 나타난다. 이어서 Data and analyses에서 비교 방법, 즉 Comparison의 이름을 'multicultural education versus control'로 입력하면 <그림 6.50> 및 <그림 6.51>과 같이 제시됨을 알 수 있다.

그림 6.48 두 집단(사전–사후검사) 리뷰를 위한 제목을 입력한 결과

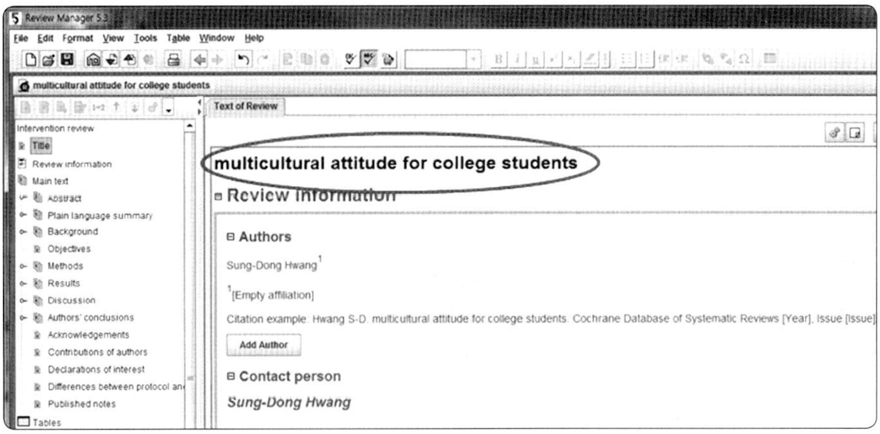

그림 6.49 분석을 위한 7개의 연구 이름을 입력한 결과

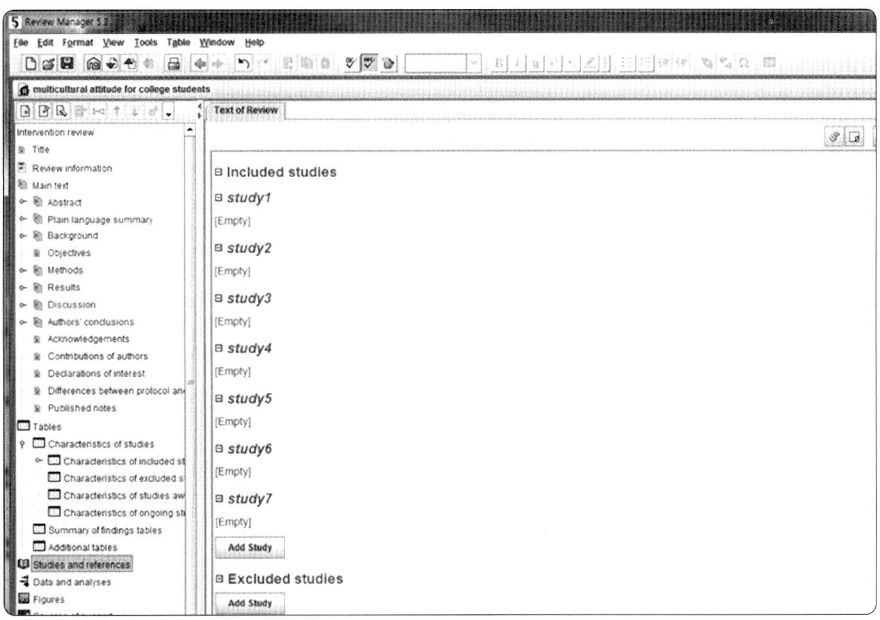

그림 6.50 분석을 위한 비교 방법(Comparison) 이름 입력

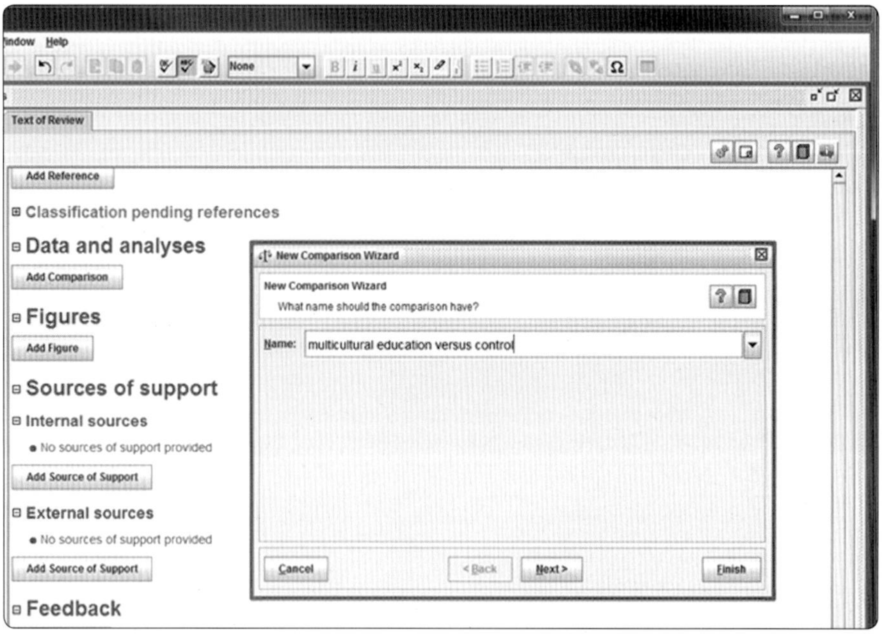

그림 6.51 이름이 multicultural education versus control로 제시된 모습

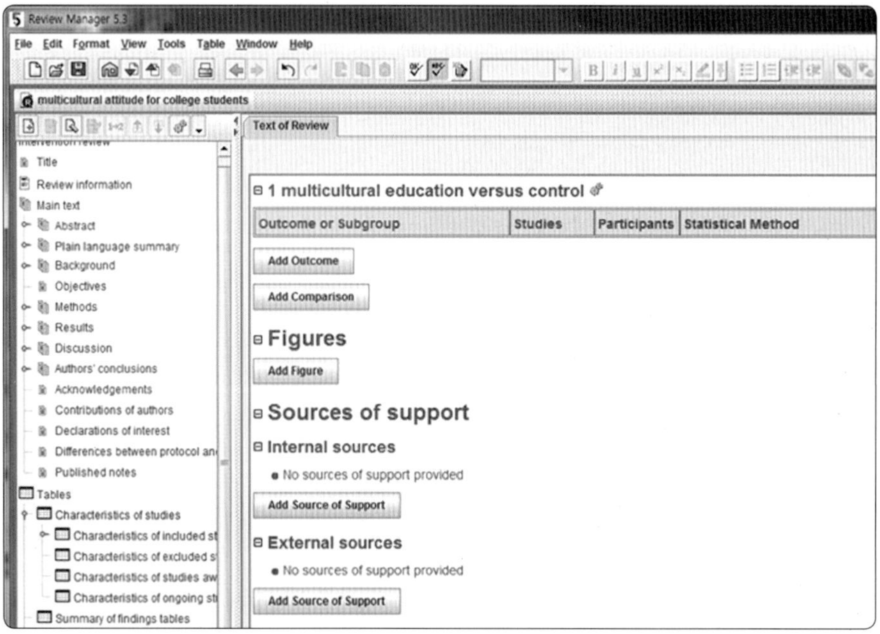

이제 Add Outcome을 클릭하여 데이터에 대한 구체적인 내용을 명시하도록 한다. 우선 이름은 'Improvement in multicultural attitude'로 입력하고(그림 6.53), 나머지 사항들을 앞서 연속형 데이터(사전)에서 입력한 방식을 따라 선택한다.

이어서 <그림 6.55> 및 <그림 6.56>과 같이 분석에 활용할 연구(데이터)를 지정한다. 그러면 <그림 6.57>과 같이 구체적인 통계치, 즉 원 데이터(raw data)를 입력할 준비가 되었음을 알 수 있다.

다음으로 <그림 6.58>에서 보는 바와 같이 두 집단(사전-사후)의 평균, 표준편차, 표본크기의 데이터를 RevMan에 입력하면 <그림 6.59>와 같은 분석 결과가 나타난다.

그림 6.52 분석 결과(outcome)에 대한 내용을 구체화하기 위한 준비

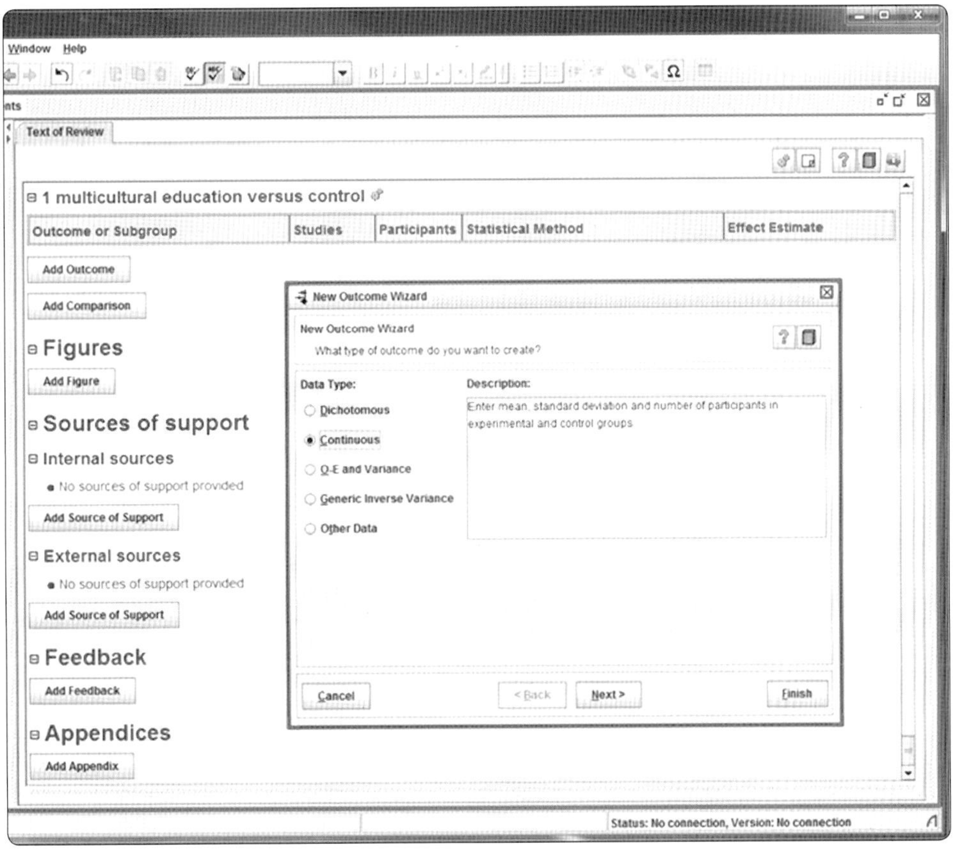

그림 6.53 분석 결과(outcome) 이름을 Improvement in multicultural attitude로 입력

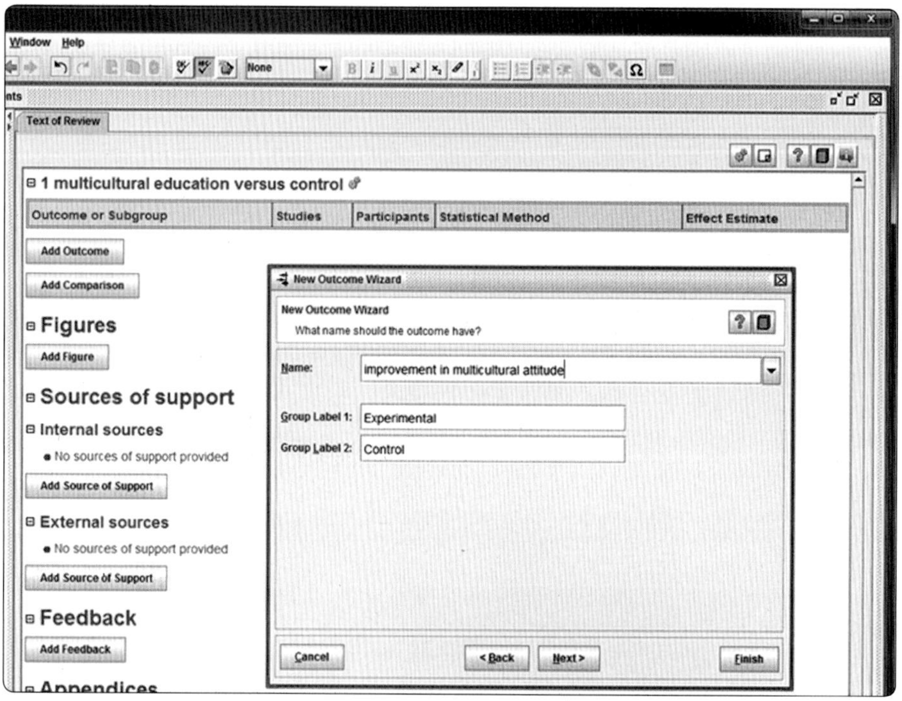

그림 6.54 분석 결과(outcome)에 대한 이름이 구체화된 모습

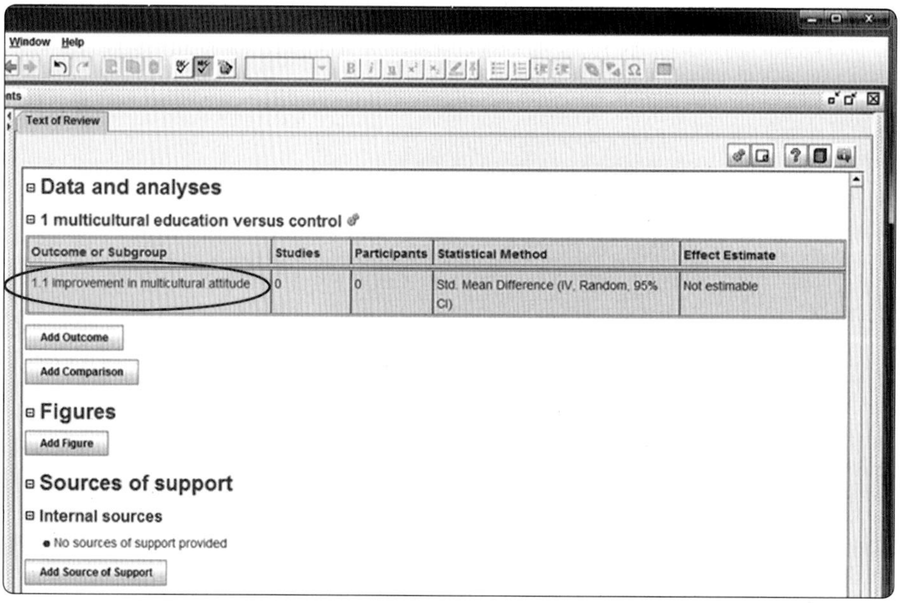

그림 6.55 분석에 사용할 연구(데이터)를 추가하기 위한 모습

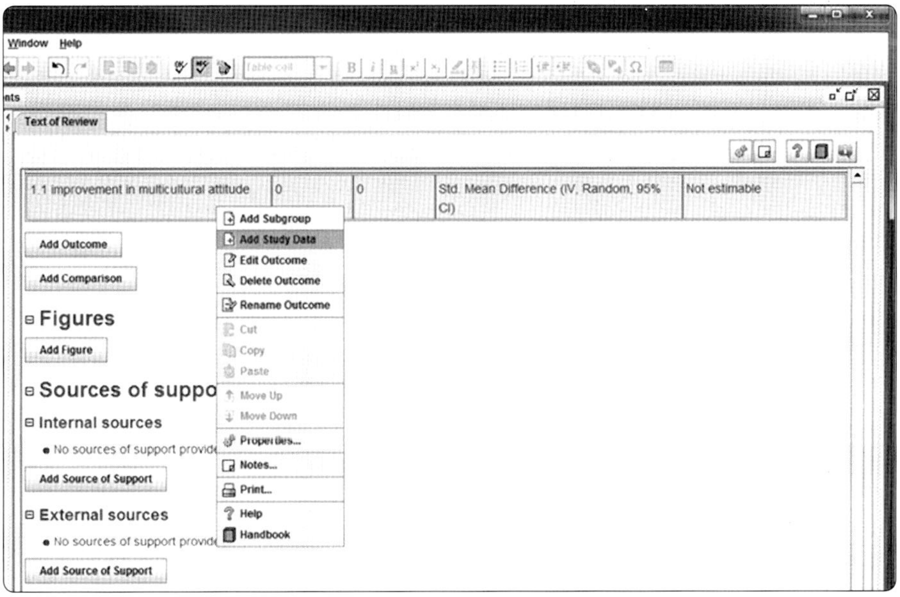

그림 6.56 포함할 연구(데이터)로 7개의 연구를 지정하는 모습

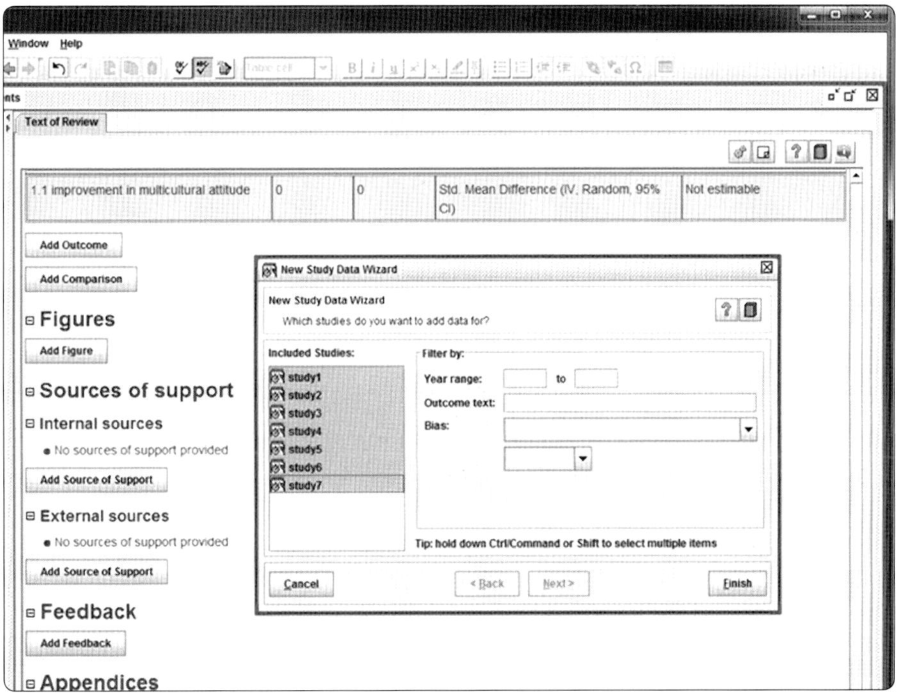

그림 6.57 분석에 포함될 7개의 연구가 입력된 모습

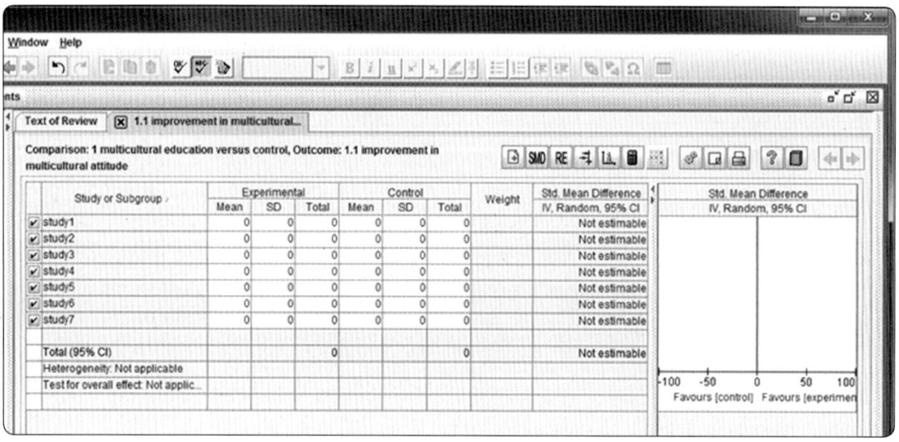

그림 6.58 분석에 사용할 구체적인 데이터(평균, 표준편차 등)

1	study	m1	s1	n1	m2	s2	n2
2	study1	0.378	0.440	45	0.036	0.323	47
3	study2	0.100	0.586	44	0.016	0.362	45
4	study3	0.288	0.529	44	0.047	0.383	45
5	study4	0.476	0.543	45	0.015	0.384	47
6	study5	0.406	0.401	44	0.053	0.370	45
7	study6	0.280	0.469	45	0.057	0.390	47
8	study7	0.171	0.896	44	0.042	0.542	45

그림 6.59 구체적인 데이터가 입력된 결과

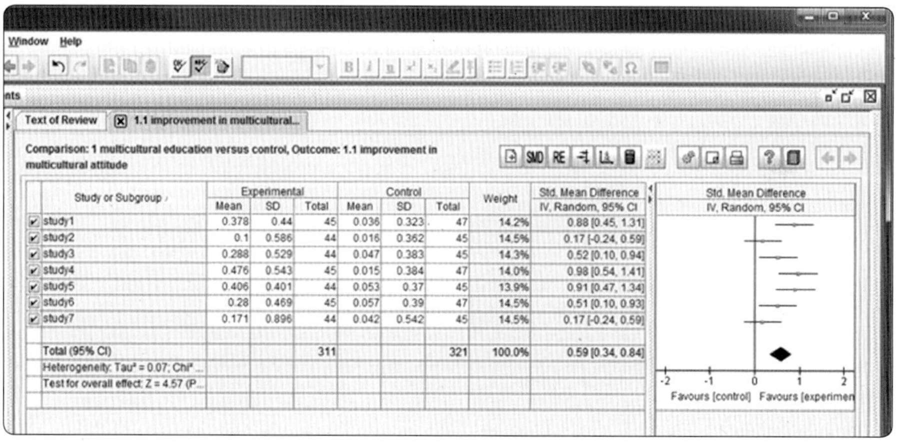

이를 우선 무선효과모형으로 분석하면 <그림 6.60> 및 <그림 6.61>과 같은 결과가 나타난다.

물론 고정효과모형으로도 분석을 실시할 수 있는데, 그 결과는 <그림 6.62> 및 <그림 6.63>과 같이 나타남을 알 수 있다.

이상의 분석결과는 R을 이용하여 분석한 결과인 <그림 6.64>, <그림 6.65>와 동일함을 확인할 수 있다.

그림 6.60 무선효과모형으로 분석한 결과

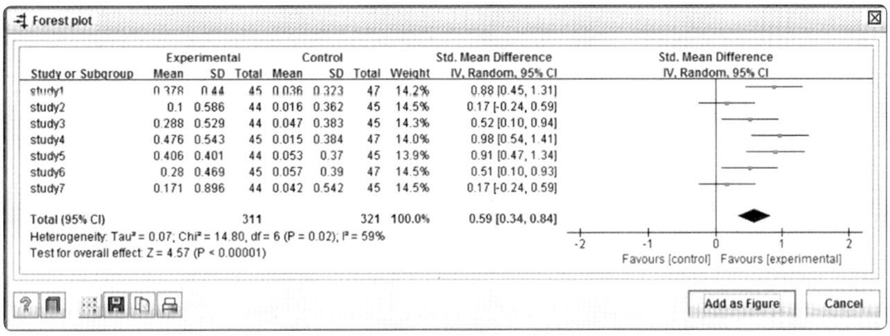

Study or Subgroup	Experimental Mean	SD	Total	Control Mean	SD	Total	Weight	Std. Mean Difference IV, Random, 95% CI
study1	0.378	0.44	45	0.036	0.323	47	14.2%	0.88 [0.45, 1.31]
study2	0.1	0.586	44	0.016	0.362	45	14.5%	0.17 [-0.24, 0.59]
study3	0.288	0.529	44	0.047	0.383	45	14.3%	0.52 [0.10, 0.94]
study4	0.476	0.543	45	0.015	0.384	47	14.0%	0.98 [0.54, 1.41]
study5	0.406	0.401	44	0.053	0.37	45	13.9%	0.91 [0.47, 1.34]
study6	0.28	0.469	45	0.057	0.39	47	14.5%	0.51 [0.10, 0.93]
study7	0.171	0.896	44	0.042	0.542	45	14.5%	0.17 [-0.24, 0.59]
Total (95% CI)			311			321	100.0%	0.59 [0.34, 0.84]

Heterogeneity: Tau² = 0.07; Chi² = 14.80, df = 6 (P = 0.02); I² = 59%
Test for overall effect: Z = 4.57 (P < 0.00001)

그림 6.61 무선효과모형으로 제시된 forest plot

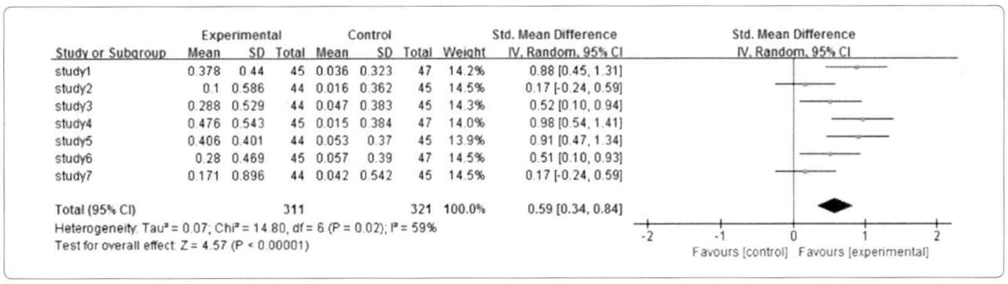

Study or Subgroup	Experimental Mean	SD	Total	Control Mean	SD	Total	Weight	Std. Mean Difference IV, Random, 95% CI
study1	0.378	0.44	45	0.036	0.323	47	14.2%	0.88 [0.45, 1.31]
study2	0.1	0.586	44	0.016	0.362	45	14.5%	0.17 [-0.24, 0.59]
study3	0.288	0.529	44	0.047	0.383	45	14.3%	0.52 [0.10, 0.94]
study4	0.476	0.543	45	0.015	0.384	47	14.0%	0.98 [0.54, 1.41]
study5	0.406	0.401	44	0.053	0.37	45	13.9%	0.91 [0.47, 1.34]
study6	0.28	0.469	45	0.057	0.39	47	14.5%	0.51 [0.10, 0.93]
study7	0.171	0.896	44	0.042	0.542	45	14.5%	0.17 [-0.24, 0.59]
Total (95% CI)			311			321	100.0%	0.59 [0.34, 0.84]

Heterogeneity: Tau² = 0.07; Chi² = 14.80, df = 6 (P = 0.02); I² = 59%
Test for overall effect: Z = 4.57 (P < 0.00001)

그림 6.62 고정효과모형으로 분석한 결과

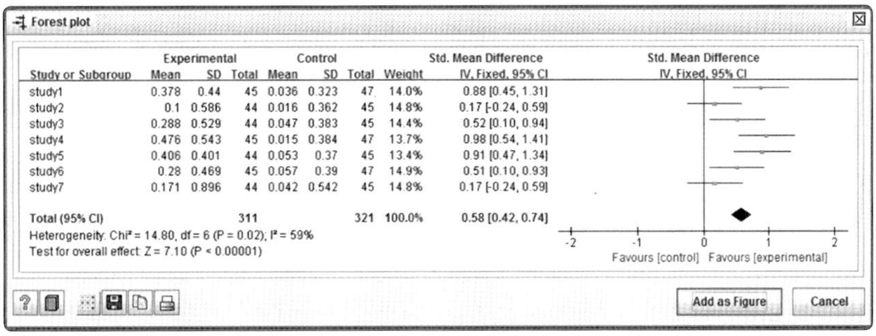

Study or Subgroup	Experimental Mean	SD	Total	Control Mean	SD	Total	Weight	Std. Mean Difference IV, Fixed, 95% CI
study1	0.378	0.44	45	0.036	0.323	47	14.0%	0.88 [0.45, 1.31]
study2	0.1	0.586	44	0.016	0.362	45	14.8%	0.17 [-0.24, 0.59]
study3	0.288	0.529	44	0.047	0.383	45	14.4%	0.52 [0.10, 0.94]
study4	0.476	0.543	45	0.015	0.384	47	13.7%	0.98 [0.54, 1.41]
study5	0.406	0.401	44	0.053	0.37	45	13.4%	0.91 [0.47, 1.34]
study6	0.28	0.469	45	0.057	0.39	47	14.9%	0.51 [0.10, 0.93]
study7	0.171	0.896	44	0.042	0.542	45	14.8%	0.17 [-0.24, 0.59]
Total (95% CI)			311			321	100.0%	0.58 [0.42, 0.74]

Heterogeneity: Chi² = 14.80, df = 6 (P = 0.02); I² = 59%
Test for overall effect: Z = 7.10 (P < 0.00001)

그림 6.63 고정효과모형으로 제시된 forest plot

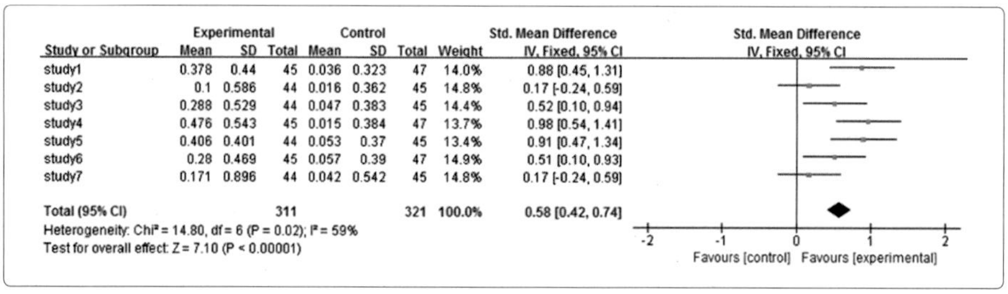

그림 6.64 R로 분석한 결과

```
           SMD             95%-CI %W(fixed) %W(random)
study1 0.8816 [ 0.4526; 1.3107]     13.97      14.16
study2 0.1714 [-0.2449; 0.5878]     14.83      14.51
study3 0.5183 [ 0.0955; 0.9411]     14.38      14.33
study4 0.9757 [ 0.5423; 1.4092]     13.68      14.04
study5 0.9075 [ 0.4701; 1.3448]     13.44      13.94
study6 0.5137 [ 0.0980; 0.9295]     14.87      14.52
study7 0.1732 [-0.2432; 0.5895]     14.83      14.51

Number of studies combined: k=7

                        SMD            95%-CI      z  p-value
Fixed effect model   0.5806 [0.4203; 0.741] 7.0981 < 0.0001
Random effects model 0.5872 [0.3353; 0.839] 4.5688 < 0.0001

Quantifying heterogeneity:
tau^2 = 0.0687; H = 1.57 [1.04; 2.38]; I^2 = 59.5% [6.7%; 82.4%]

Test of heterogeneity:
    Q d.f.  p-value
 14.8    6   0.0219

Details on meta-analytical method:
- Inverse variance method
- DerSimonian-Laird estimator for tau^2
> |
```

그림 6.65 R로 분석한 forest plot

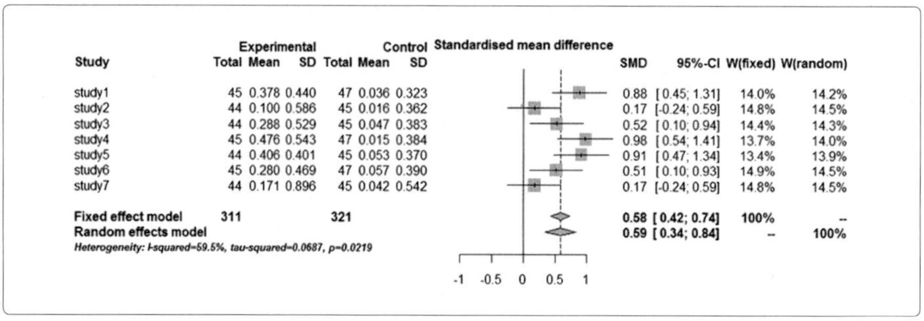

3. 이분형 데이터의 효과크기 분석

이분형 데이터에 대한 분석과정은 연속형 데이터의 분석과 거의 동일하다. 여기서는 대학생들의 취업동아리 활동이 취업에 미치는 영향에 대한 연구 데이터인 binary.xlsx를 활용하자.

표 6.3 취업동아리 활동의 취업에 대한 효과 검증 데이터

study	a	n1	c	n2
study_1	16	65	12	65
study_2	10	40	8	40
study_3	19	80	14	80
study_4	80	400	25	400
study_5	11	40	8	40
study_6	18	65	16	65

먼저 새로운 리뷰(review)의 이름을 'Job club for employment of college students'로 지정하면 <그림 6.66>과 같은 초기 화면이 나타나게 된다.

그림 6.66 리뷰의 이름을 취업동아리 활동의 효과로 지정한 모습

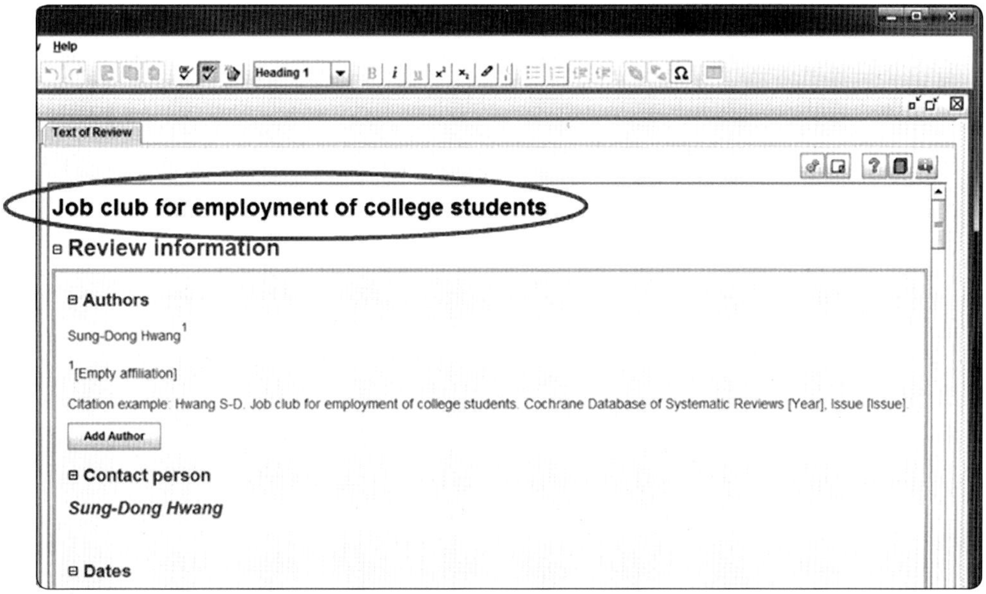

이어서 리뷰에 포함할 각 연구를 입력하면 <그림 6.67>~<그림 6.69>의 과정을 거쳐 <그림 6.70>과 같이 6개의 연구가 포함된 연구 리스트가 나타나게 된다.

그림 6.67 리뷰에 포함할 연구를 입력하기 위해 Add Study를 클릭

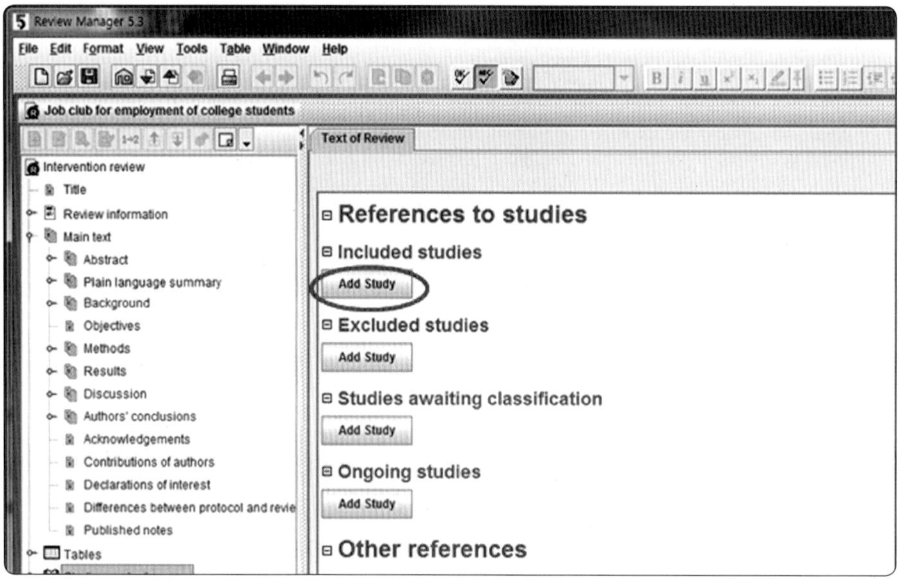

그림 6.68 포함할 연구 이름을 입력하기 위한 모습

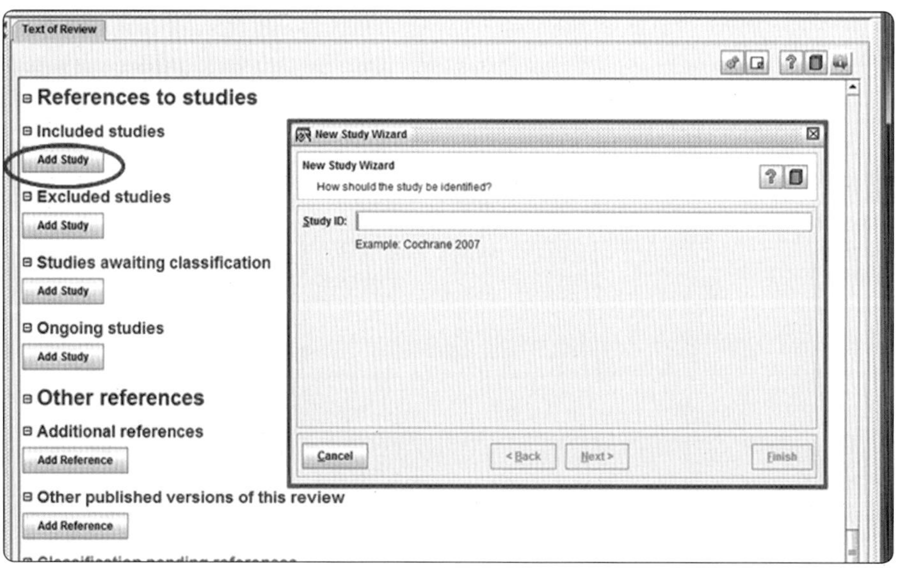

그림 6.69 첫 번째 연구 이름을 입력한 모습

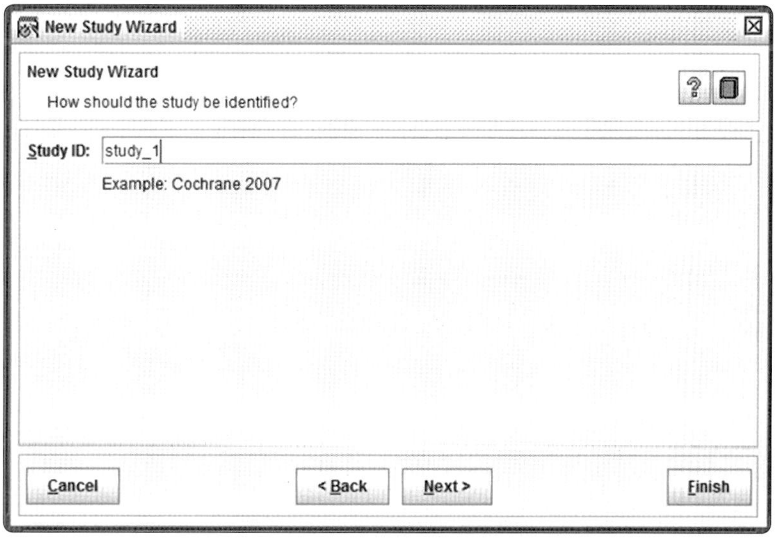

그림 6.70 포함될 6개 연구 이름을 모두 입력한 모습

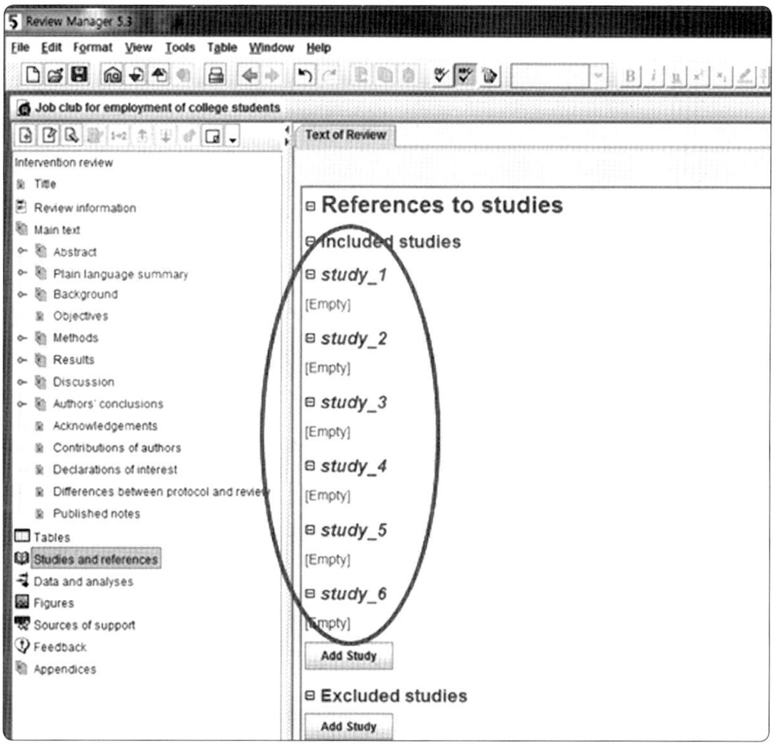

이제 <그림 6.71>과 같이 Data and analyses 메뉴에서 Add Comparison을 클릭하여 비교의 이름을 'Job club versus control'로 지정하면 <그림 6.73>과 같이 comparison의 이름이 명시된다.

이어서 개입의 결과 이름, 즉 Add Outcome을 클릭하면 먼저 데이터 유형이 나타나는데 여기서 이분형 데이터를 지칭하는 Dichotomous를 클릭하면 된다(그림 6.74).

결과 이름을 'Employment rate'로 지정하고 나서 효과크기 유형 및 평균효과크기 분석 방법 등을 <그림 6.76>과 같이 선택한다. 또한 신뢰구간 및 그래프 레이블 등을 추가로 지정하면 된다(그림 6.77, 그림 6.78).

이제 분석할 연구를 포함시키고 이분형 데이터를 직접 입력하는 단계가 남아 있는데, 우선 <그림 6.80>과 같이 결과 이름, 즉 'Employment rate'에 오른쪽 마우스 버튼을 클릭하여 Add Study Data를 클릭하면 분석에 포함시킬 연구들이 <그림 6.81>과 같이 나타난다.

그림 6.71 Data and analyses 메뉴에서 Add Comparison을 클릭

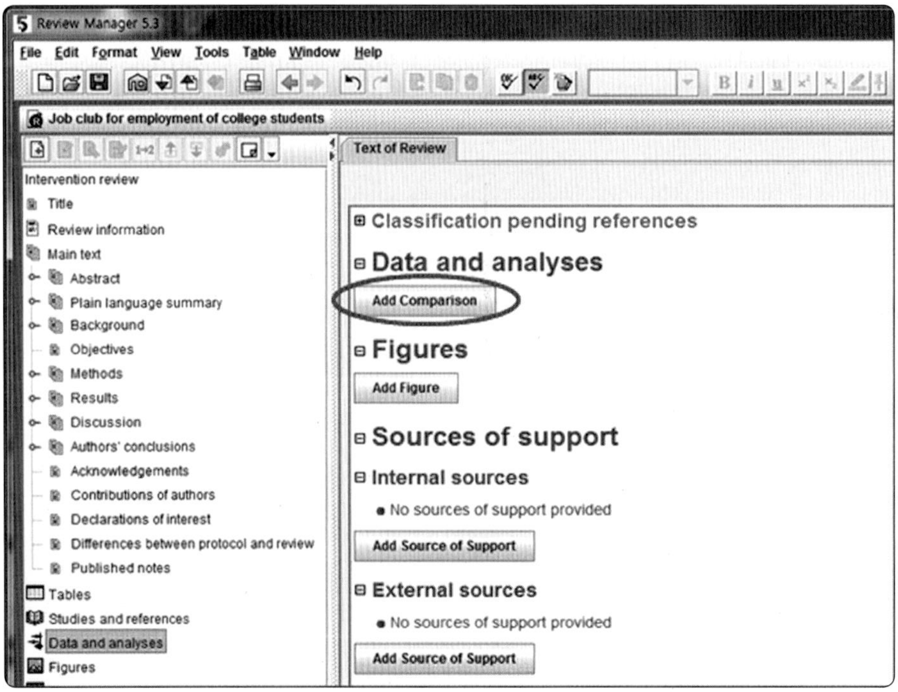

그림 6.72 개입 비교의 이름을 'Job club versus control'로 입력한 모습

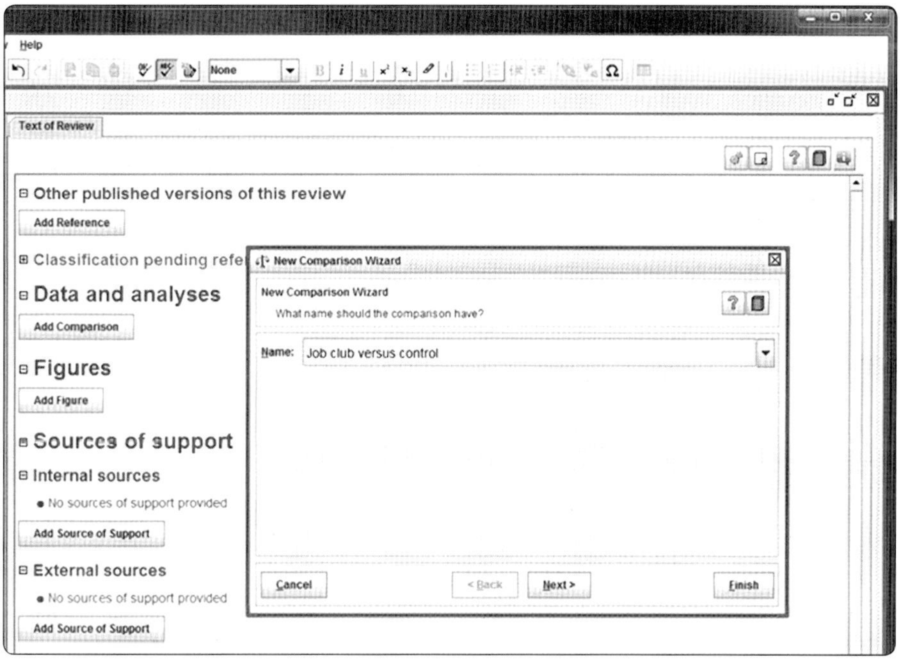

그림 6.73 개입 비교의 이름으로 'Job club versus control'이 입력된 모습

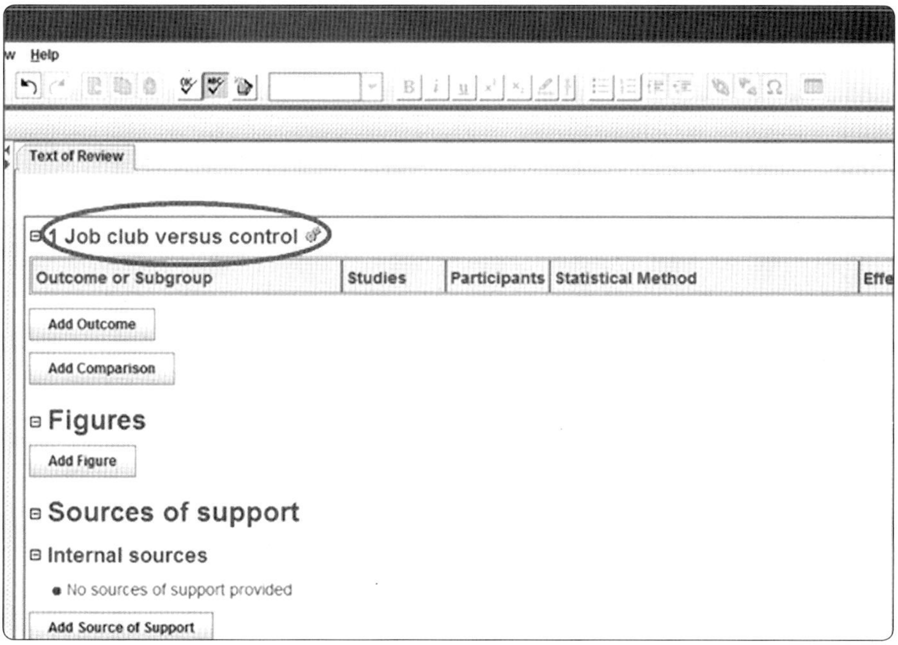

그림 6.74 결과 내용을 입력하기 위해 Add Outcome을 클릭

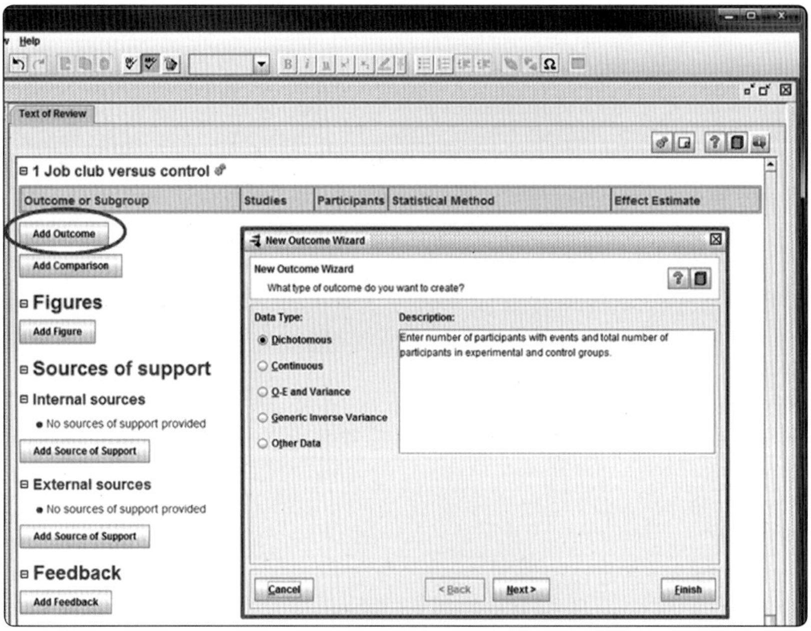

그림 6.75 분석 결과(outcome)의 이름을 'Employment rate'으로 지정

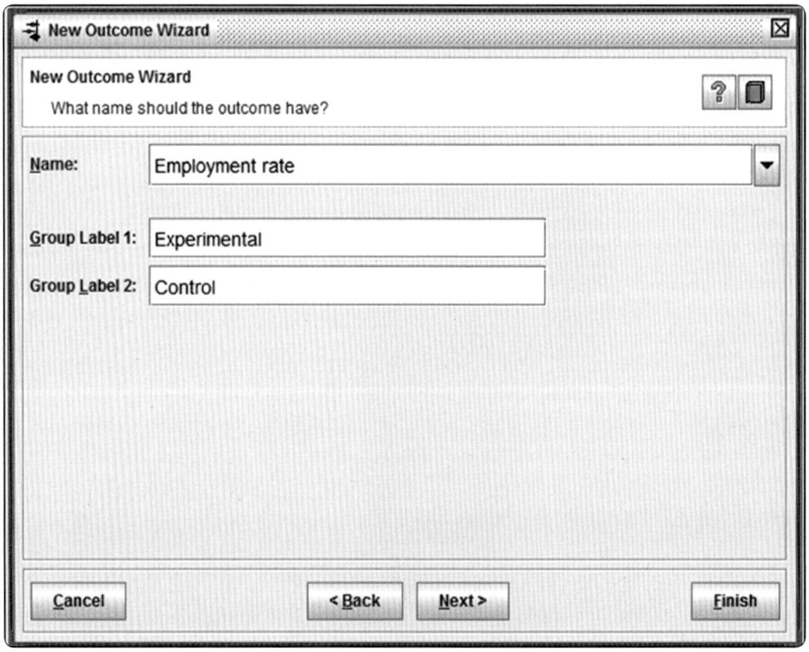

그림 6.76 가중치, 효과크기 유형 및 평균효과크기 분석방법 선택

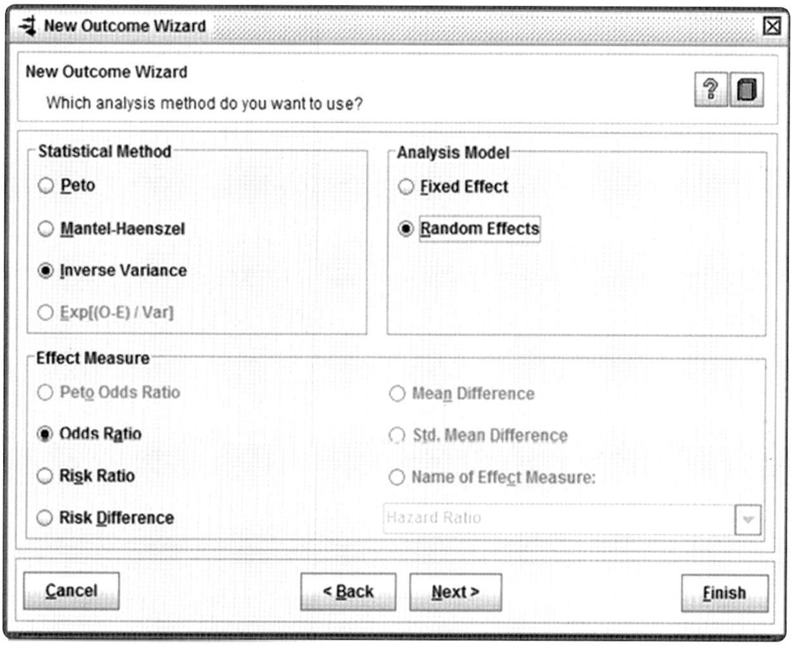

그림 6.77 신뢰구간 등을 지정하는 모습

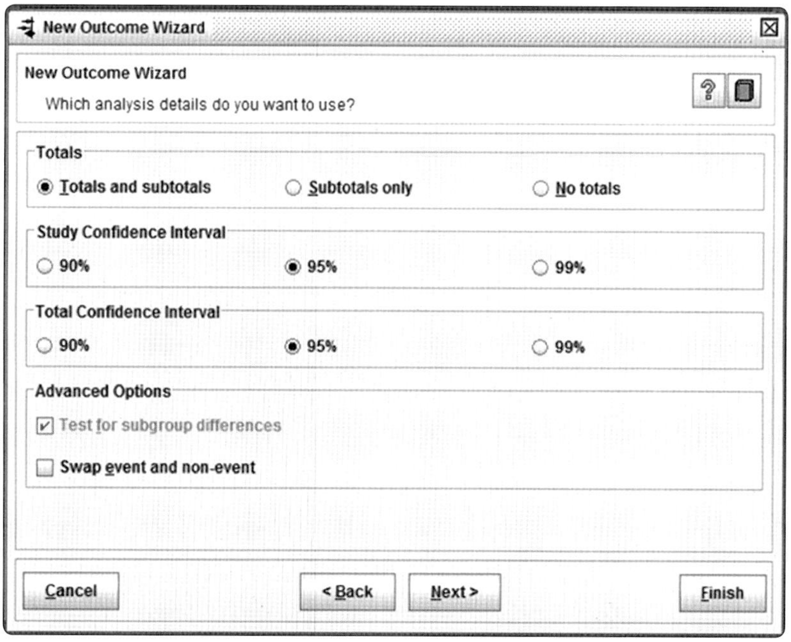

그림 6.78 forest plot의 좌우 이름을 지정하는 모습

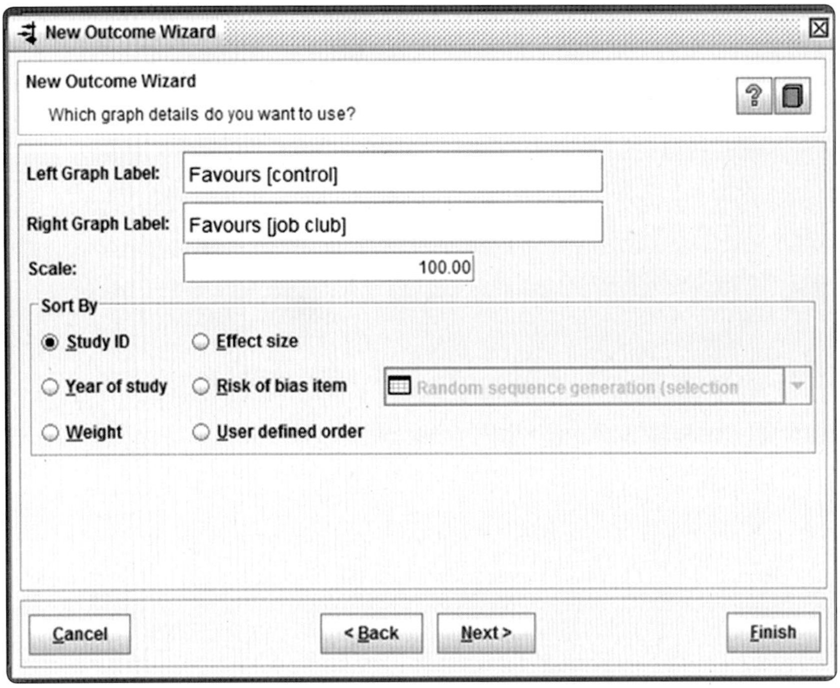

그림 6.79 결과의 이름이 'Employment rate'로 입력된 모습

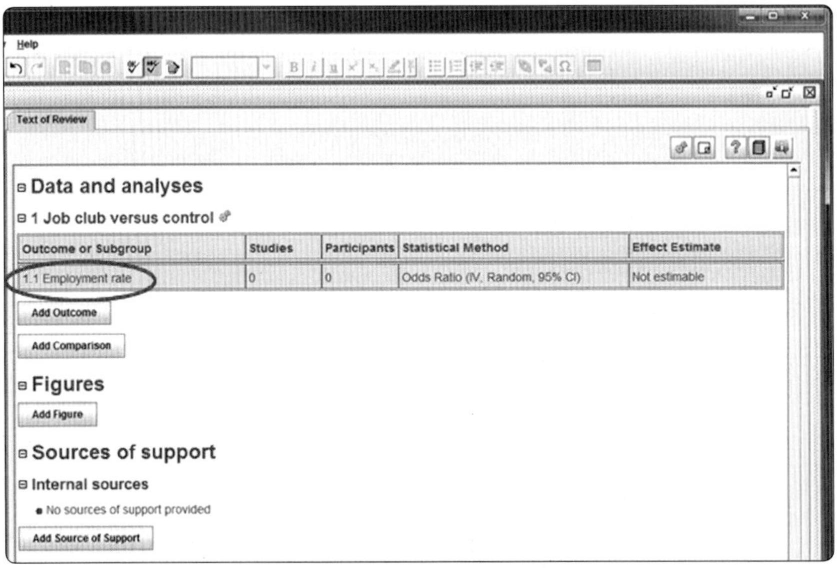

그림 6.80 연구의 데이터를 입력하기 위해 Add Study Data를 클릭

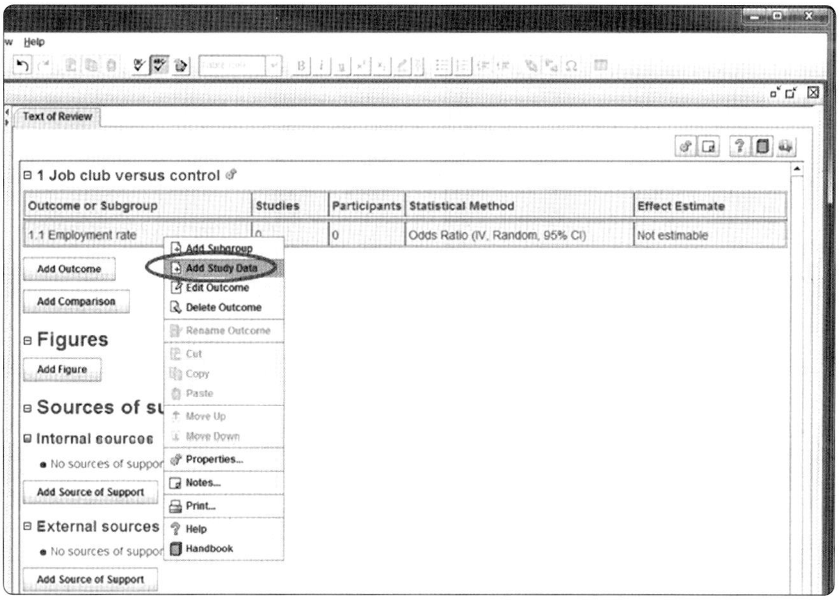

그림 6.81 리뷰에 포함된 연구 리스트가 나타난 모습

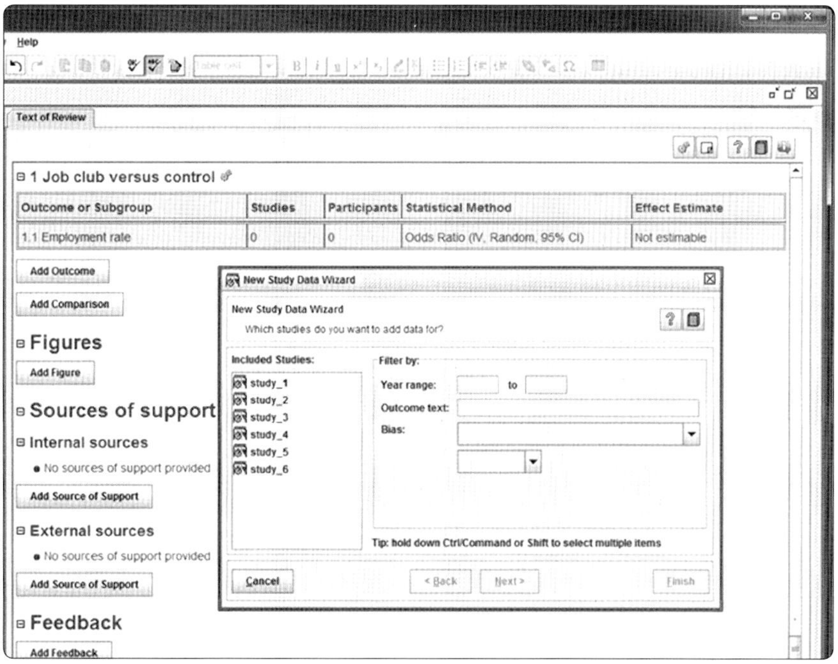

여기서 포함할 연구를 <그림 6.82>와 같이 선택하면, <그림 6.83>과 같이 이분형 데이터를 직접 입력할 준비 상태로 들어가게 된다. 이때 <그림 6.84>와 같은 이분형 데이터를 Excel에서 복사하여 갖다 붙이면 <그림 6.85> 및 <그림 6.86>과 같은 결과가 나타난다.

그림 6.82 분석에 포함할 연구를 선택한 모습

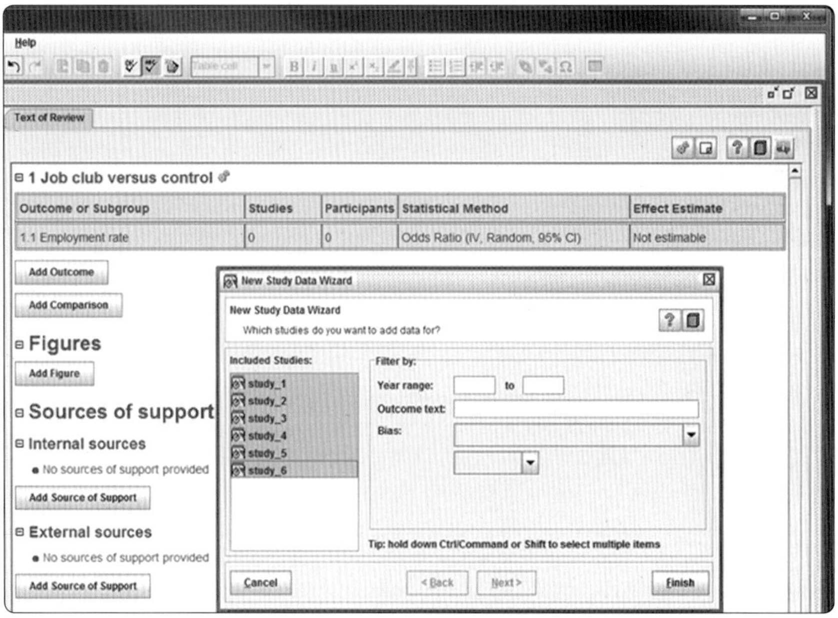

그림 6.83 선택한 연구에 데이터를 입력하기 위한 모습

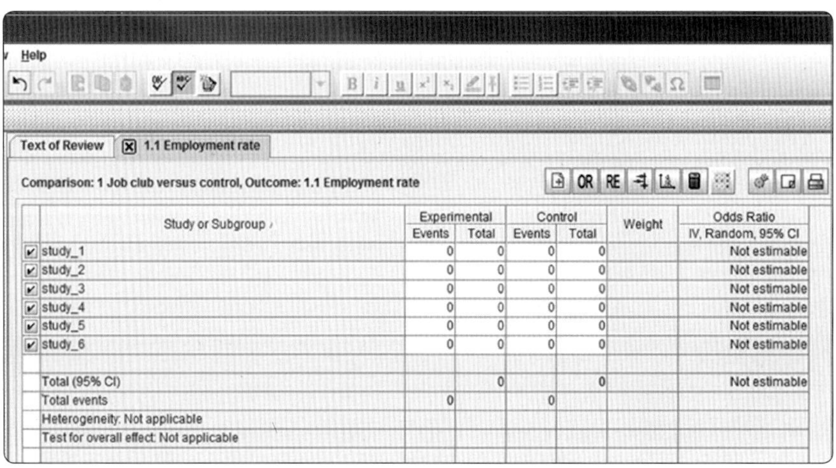

그림 6.84 RevMan에 실제 입력할 이분형 데이터

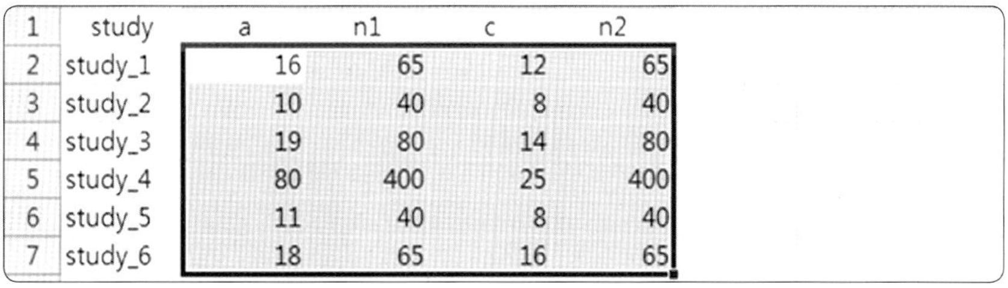

1	study	a	n1	c	n2
2	study_1	16	65	12	65
3	study_2	10	40	8	40
4	study_3	19	80	14	80
5	study_4	80	400	25	400
6	study_5	11	40	8	40
7	study_6	18	65	16	65

그림 6.85 이분형 데이터가 입력된 모습 1

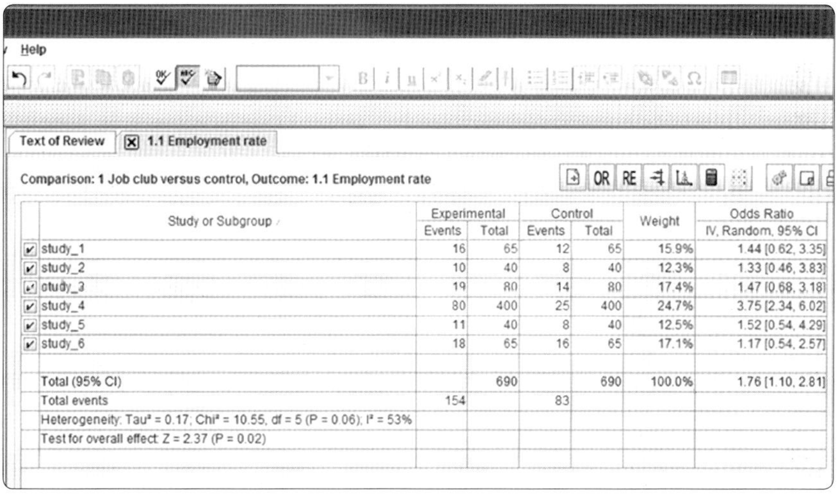

Study or Subgroup	Experimental Events	Experimental Total	Control Events	Control Total	Weight	Odds Ratio IV, Random, 95% CI
study_1	16	65	12	65	15.9%	1.44 [0.62, 3.35]
study_2	10	40	8	40	12.3%	1.33 [0.46, 3.83]
study_3	19	80	14	80	17.4%	1.47 [0.68, 3.18]
study_4	80	400	25	400	24.7%	3.75 [2.34, 6.02]
study_5	11	40	8	40	12.5%	1.52 [0.54, 4.29]
study_6	18	65	16	65	17.1%	1.17 [0.54, 2.57]
Total (95% CI)		690		690	100.0%	1.76 [1.10, 2.81]
Total events	154		83			
Heterogeneity: Tau² = 0.17; Chi² = 10.55, df = 5 (P = 0.06); I² = 53%						
Test for overall effect: Z = 2.37 (P = 0.02)						

그림 6.86 이분형 데이터가 입력된 모습 2

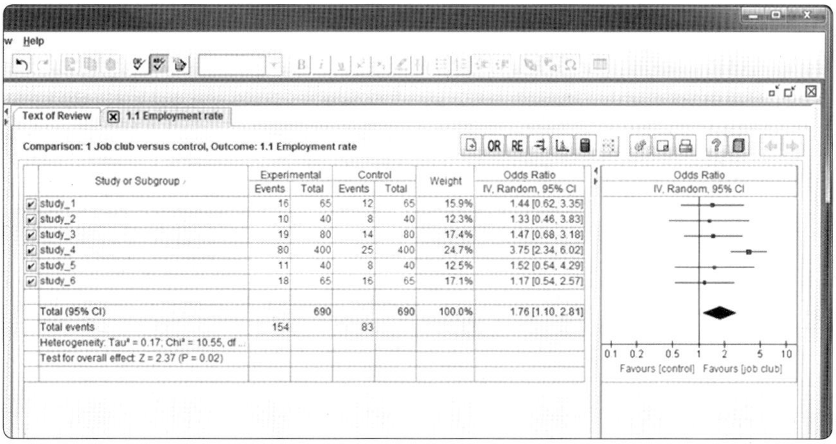

Study or Subgroup	Experimental Events	Experimental Total	Control Events	Control Total	Weight	Odds Ratio IV, Random, 95% CI
study_1	16	65	12	65	15.9%	1.44 [0.62, 3.35]
study_2	10	40	8	40	12.3%	1.33 [0.46, 3.83]
study_3	19	80	14	80	17.4%	1.47 [0.68, 3.18]
study_4	80	400	25	400	24.7%	3.75 [2.34, 6.02]
study_5	11	40	8	40	12.5%	1.52 [0.54, 4.29]
study_6	18	65	16	65	17.1%	1.17 [0.54, 2.57]
Total (95% CI)		690		690	100.0%	1.76 [1.10, 2.81]
Total events	154		83			
Heterogeneity: Tau² = 0.17; Chi² = 10.55, df ...						
Test for overall effect: Z = 2.37 (P = 0.02)						

보다 구체적인 결과로 <그림 6.87> 및 <그림 6.88>과 같은 무선효과모형의 분석 결과와 fores plot을 산출할 수 있다. 물론 고정효과모형으로 산출된 분석 결과와 forest plot을 제시할 수도 있다 (그림 6.89 및 그림 6.90).

이상의 결과는 <그림 6.91>~<그림 6.93>에서 보는 것처럼 R을 이용하여 분석한 결과와 정확하게 일치한다.

그림 6.87 무선효과모형의 분석 결과

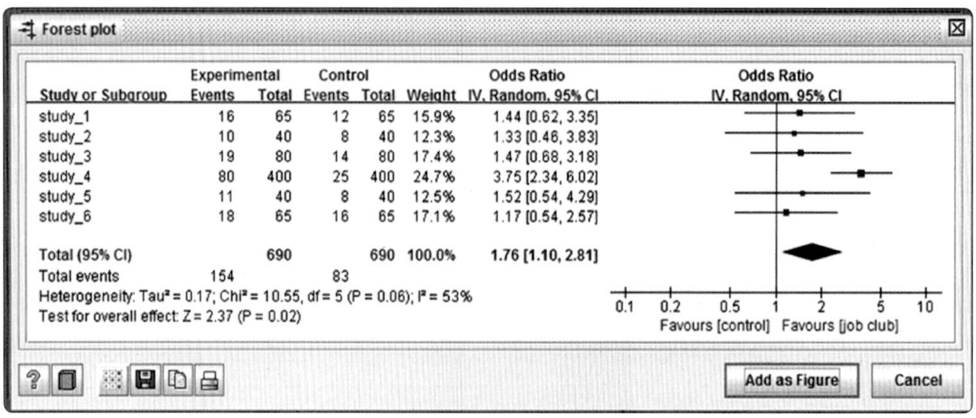

그림 6.88 무선효과모형의 forest plot

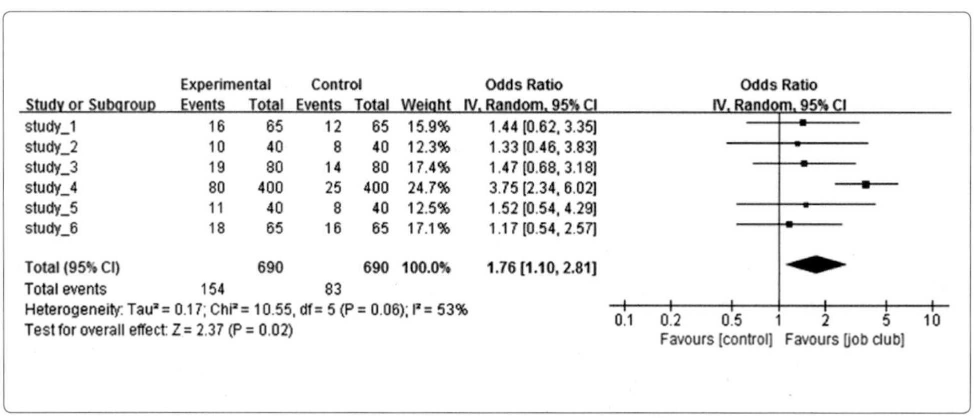

그림 6.89 고정효과모형의 분석 결과

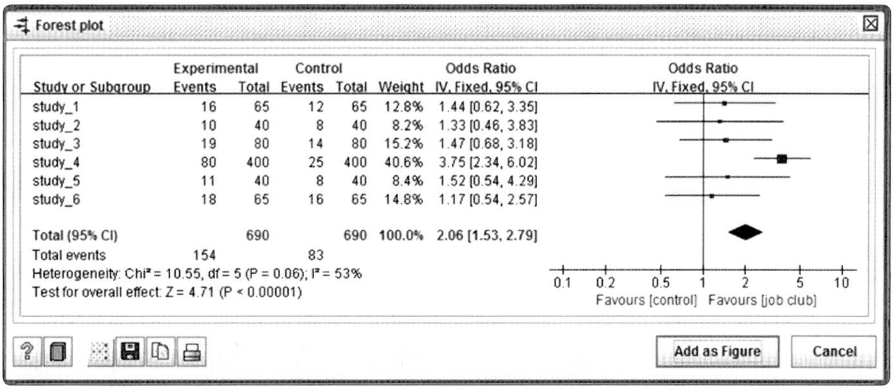

그림 6.90 고정효과모형의 forest plot

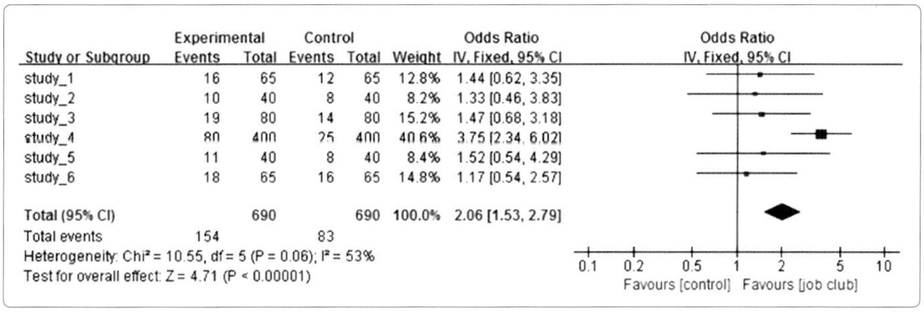

그림 6.91 R을 이용하여 분석한 결과

```
            OR            95%-CI %W(fixed) %W(random)
study_1 1.4422 [0.6206; 3.3515]     12.79      15.93
study_2 1.3333 [0.4644; 3.8282]      8.17      12.33
study_3 1.4684 [0.6777; 3.1814]     15.21      17.36
study_4 3.7500 [2.3363; 6.0193]     40.61      24.67
study_5 1.5172 [0.5362; 4.2933]      8.40      12.55
study_6 1.1729 [0.5359; 2.5672]     14.82      17.15

Number of studies combined: k=6

                         OR            95%-CI      z  p.value
Fixed effect model   2.0630 [1.5259; 2.7890] 4.7068 < 0.0001
Random effects model 1.7617 [1.1032; 2.8134] 2.3711   0.0177

Quantifying heterogeneity:
tau^2 = 0.1729; H = 1.45 [1; 2.3]; I^2 = 52.6% [0%; 81.1%]

Test of heterogeneity:
     Q d.f. p.value
 10.55    5   0.061

Details on meta-analytical method:
- Inverse variance method
- DerSimonian-Laird estimator for tau^2
> 
```

그림 6.92 R을 이용하여 고정효과모형으로 제시한 forest plot

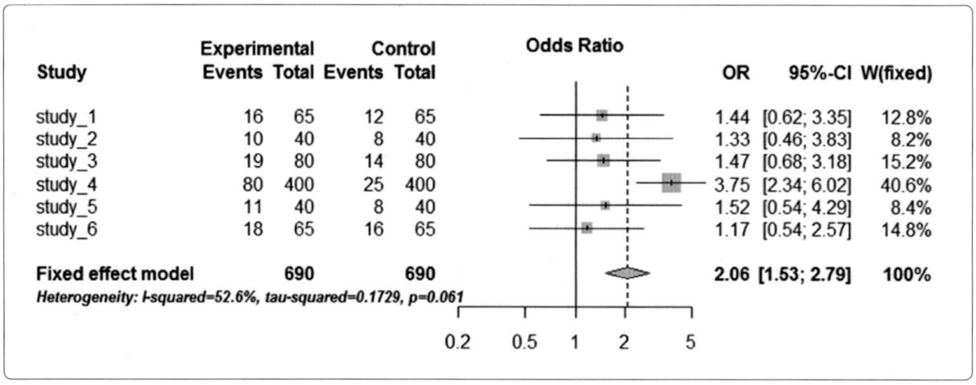

그림 6.93 R을 이용하여 무선효과모형으로 제시한 forest plot

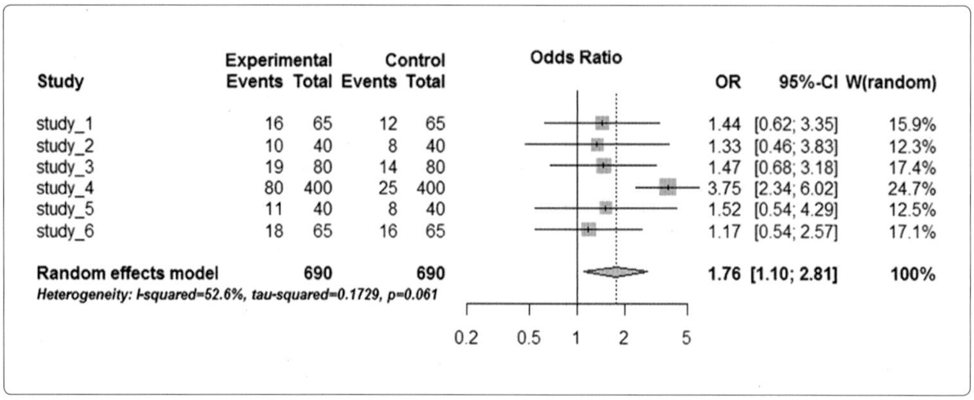

4. 일반화된 데이터의 효과크기 분석

일반화된 데이터(generic data)의 효과크기 분석은 앞서 살펴본 연속형 데이터 및 이분형 데이터 외에 가끔 사용하는 비율(rates) 데이터, 해저드(hazard ratio) 데이터 등의 데이터를 분석할 수 있는 방법으로, 보통 generic inverse variance meta-analysis/method라고 알려져 있다. 이 유형의 데이터에는 각 연구의 추정된 효과크기(estimate of effect)와 표준오차(standard error) 데이터가 필요하다. 여기서 사용할 데이터는 아동의 사회적 불안감을 해소하고자 사회기술훈련의 효과를 검증한 데이터이다(Hox, 2010).

표 6.4 사회기술훈련 효과 검증 데이터

study	g	se	n1	n2
Study_01	−0.260	0.288	23	24
Study_02	−0.225	0.319	18	20
Study_03	0.164	0.232	33	41
Study_04	0.170	0.285	26	22
Study_05	0.222	0.263	29	28
Study_06	0.287	0.276	30	23
Study_07	0.306	0.224	37	43
Study_08	0.428	0.300	35	16
Study_09	0.464	0.377	22	10
Study_10	0.606	0.303	18	28
Study_11	0.642	0.327	44	12
Study_12	0.711	0.230	41	38
Study_13	0.729	0.281	22	33
Study_14	0.734	0.285	25	26
Study_15	0.748	0.292	42	17
Study_16	0.909	0.316	17	39
Study_17	0.922	0.330	14	31
Study_18	0.948	0.285	28	26
Study_19	1.504	0.313	50	16
Study_20	1.812	0.369	31	14

먼저 새로운 리뷰(review)의 이름을 'social skills training for social anxiety among children'으로 지정하면 <그림 6.94>와 같은 초기 화면이 나타나게 된다.

이어서 리뷰에 포함할 각 연구를 입력하기 위해 <그림 6.95>에서 Add study를 클릭한 후 차례로 20개의 연구 이름을 입력하면 <그림 6.96>과 같이 20개의 연구가 포함된 연구 리스트가 나타나게 된다.

이제 <그림 6.97>과 같이 Data and analyses 메뉴에서 Add comparison을 클릭하여 비교의 이름을 'Social skills training versus control'로 입력한다(그림 6.98).

그림 6.94 리뷰의 이름을 사회기술훈련의 효과로 지정한 모습

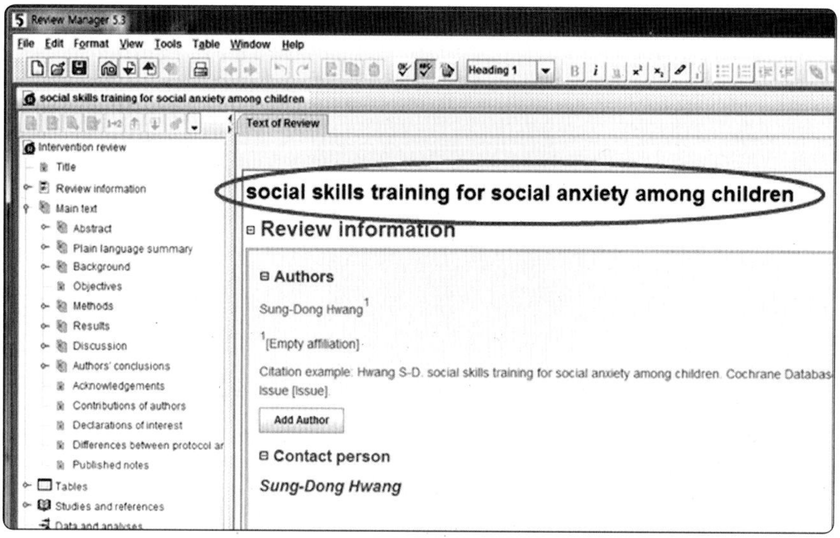

그림 6.95 리뷰에 포함할 연구를 입력하기 위해 Add Study를 클릭

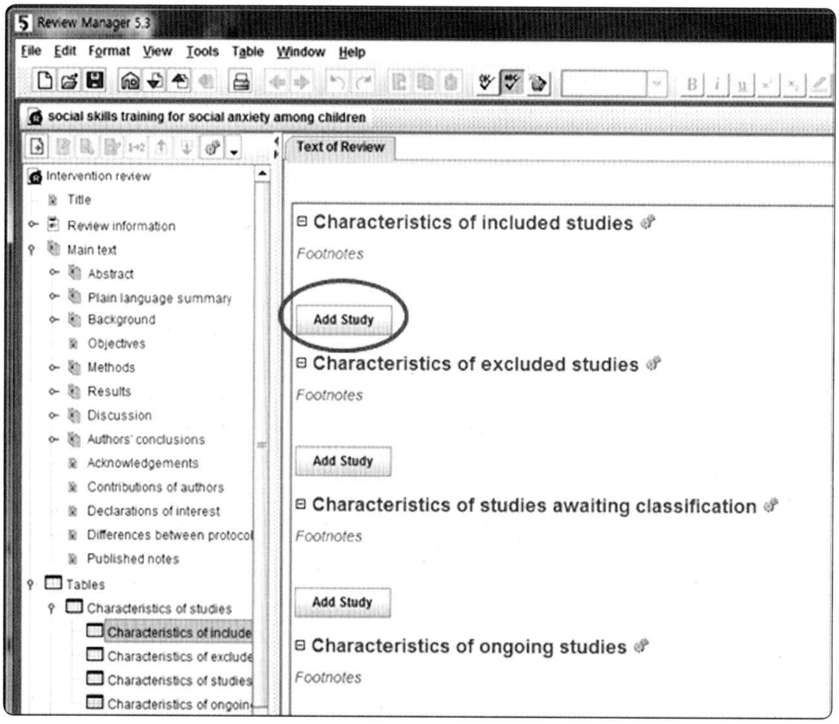

그림 6.96 포함될 20개 연구 이름을 모두 입력한 모습

그림 6.97 Data and analyses 메뉴에서 Add Comparison을 클릭

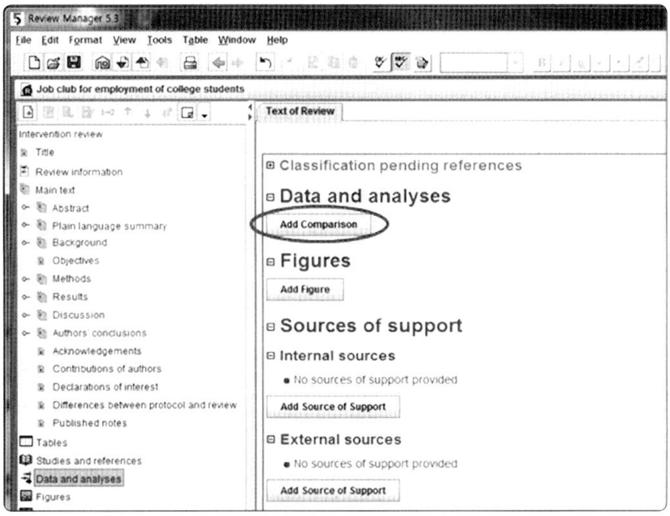

그림 6.98 개입 비교의 이름을 'Social skills training versus control'로 입력한 모습

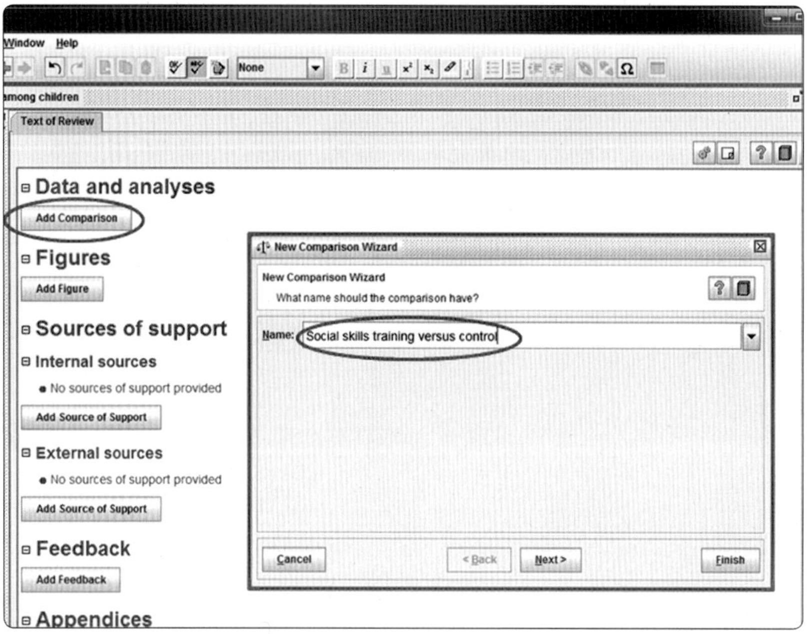

이어서 개입의 결과 이름, 즉 Add Outcome을 클릭하면 먼저 데이터 유형이 나타나는데, 여기서 일반화된 데이터를 지칭하는 Generic Inverse Variance를 선택한다(그림 6.99, 그림 6.100).

결과 이름을 'improvement in social skills'로 지정하고 나서 효과크기 유형 및 평균효과크기 분석 방법 등을 <그림 6.102>와 같이 선택한다. 그리고 일반화된 데이터 유형에서는 추가로(옵션으로) 각 집단의 대상자 수 입력하기를 선택할 수 있다(그림 6.103).

이제 분석할 연구를 포함시키고 일반화된 데이터를 직접 입력하는 단계가 남아 있는데, 우선 <그림 6.104>와 같이 Add study data for the new outcome을 선택하고 다음 단계로 클릭하면 분석에 포함시킬 연구들이 <그림 6.105>와 같이 나타난다.

여기서 포함할 연구 20개를 모두 선택하면 <그림 6.106>과 같이 데이터를 직접 입력할 수 있는 준비 상태로 들어가게 되는데 이때 <그림 6.107>과 같은 일반 데이터, 즉 각 연구의 효과크기와 표준오차를 Excel에서 복사하여 갖다 붙이면 <그림 6.108>과 같은 결과가 나타나게 된다.

그림 6.99 결과 내용을 입력하기 위해 Add Outcome을 클릭

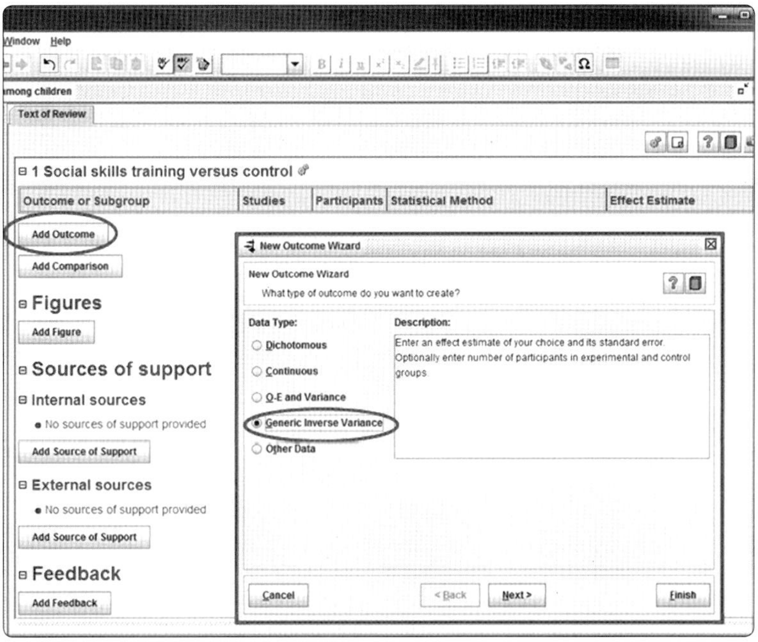

그림 6.100 데이터 유형을 Generic Inverse Variance로 선택

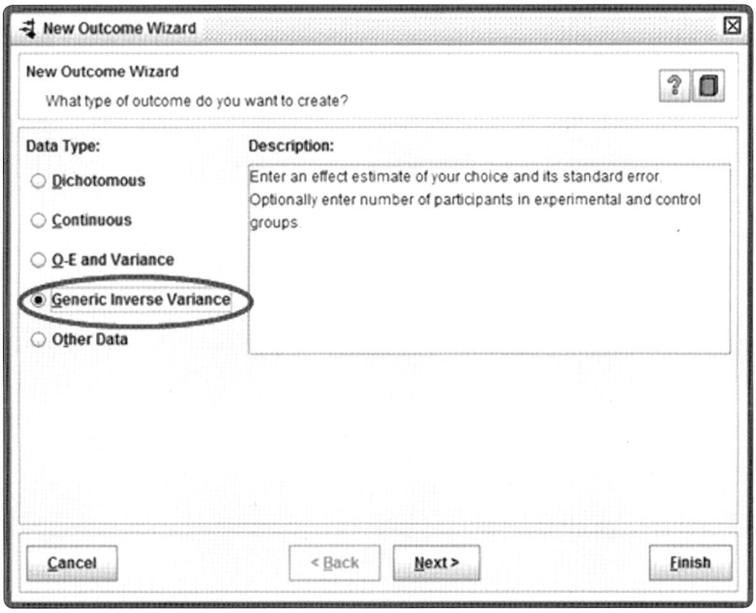

그림 6.101 분석 결과(outcome)의 이름을 'improvement in social skills'로 지정

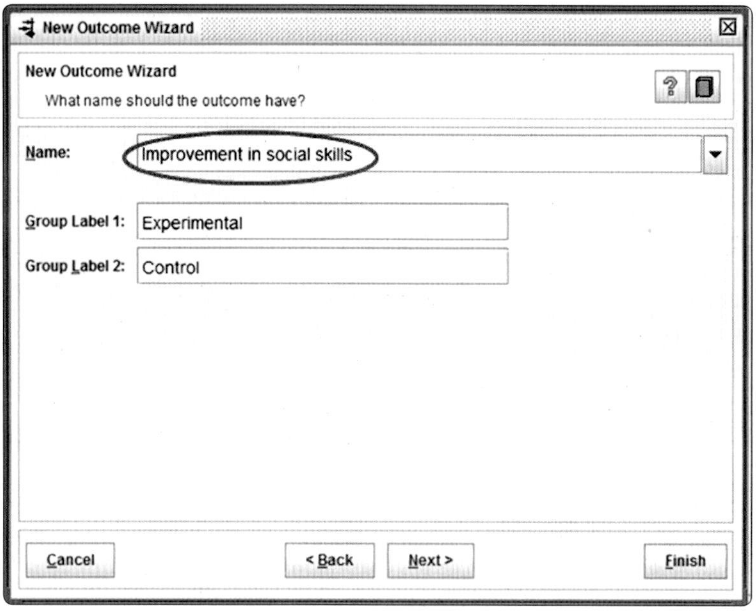

그림 6.102 가중치, 효과크기 유형 및 평균효과크기 분석방법 선택

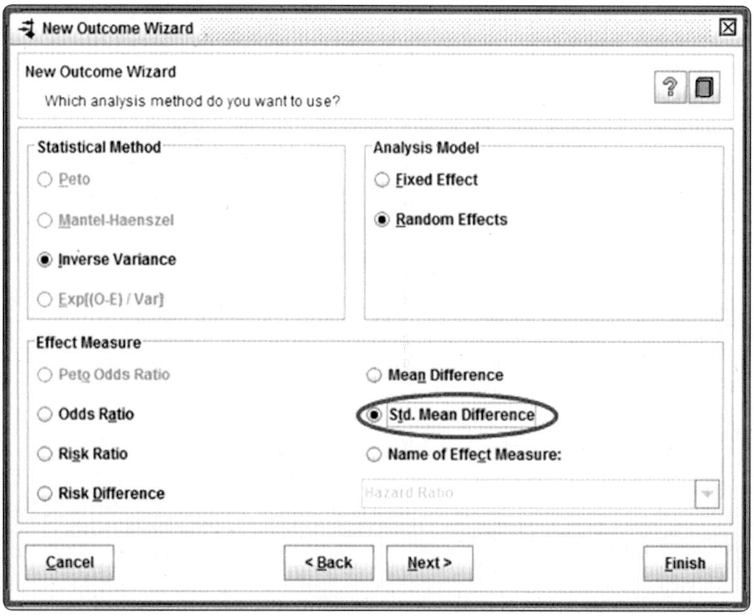

그림 6.103 추가로 각 집단의 표본 수를 입력하기 위해 선택

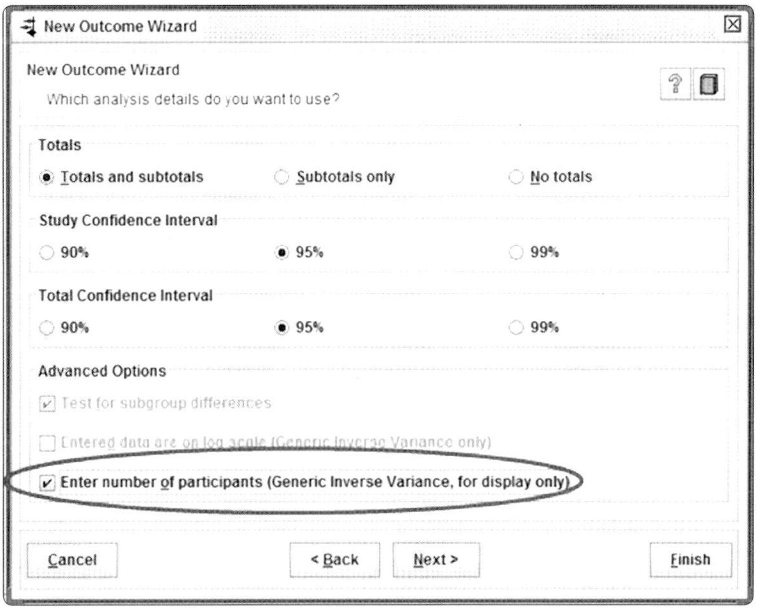

그림 6.104 각 연구의 데이터를 입력하기 위해 Add study data를 선택

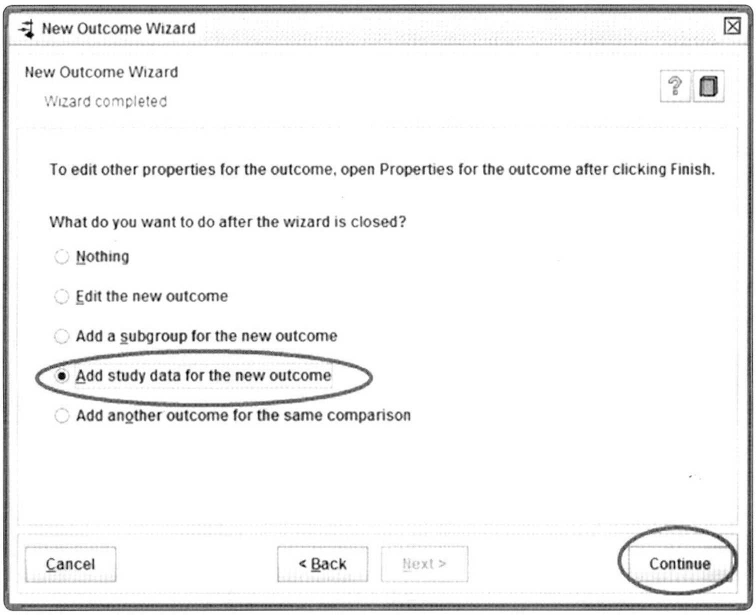

그림 6.105 리뷰에 포함된 20개의 연구 리스트가 나타난 모습

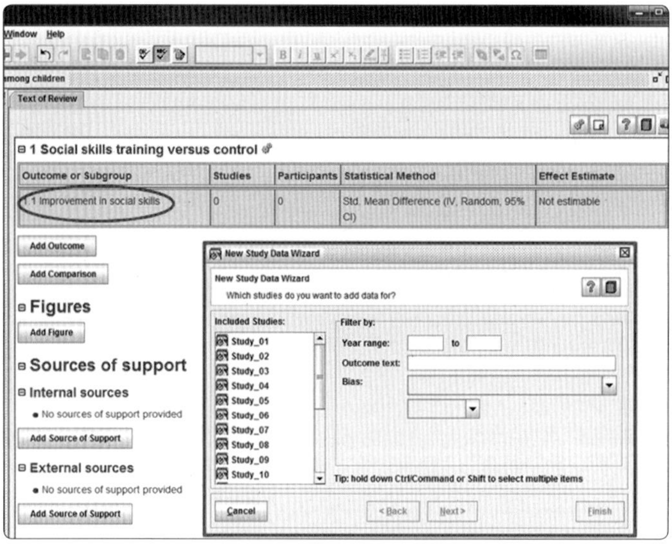

그림 6.106 선택한 연구에 데이터를 입력하기 위한 준비

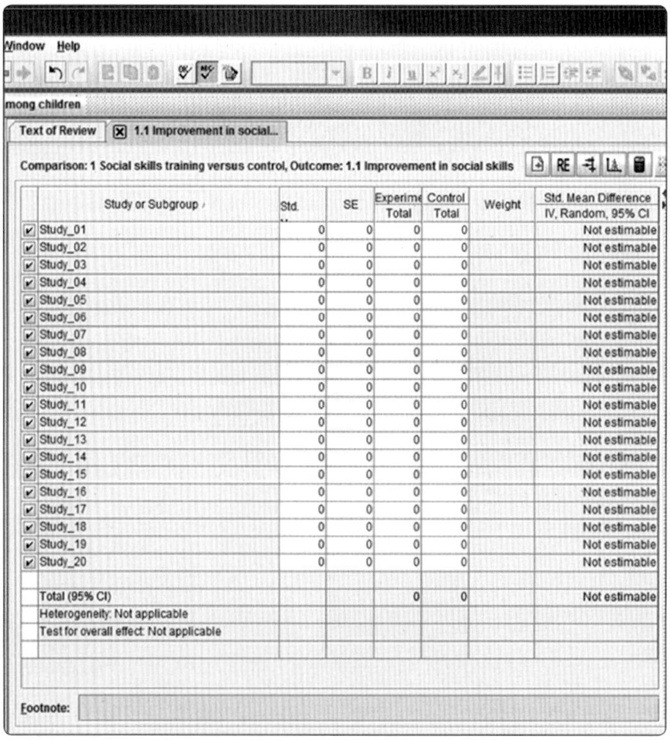

그림 6.107 RevMan에 실제 입력할 일반화된 데이터(효과크기 및 표준오차)

	A	B	C	F	G	J
1	study	g	se	n1	n2	
2	Study_01	-0.260	0.288	23	24	
3	Study_02	-0.225	0.319	18	20	
4	Study_03	0.164	0.232	33	41	
5	Study_04	0.170	0.285	26	22	
6	Study_05	0.222	0.263	29	28	
7	Study_06	0.287	0.276	30	23	
8	Study_07	0.306	0.224	37	43	
9	Study_08	0.428	0.300	35	16	
10	Study_09	0.464	0.377	22	10	
11	Study_10	0.606	0.303	18	28	
12	Study_11	0.642	0.327	44	12	
13	Study_12	0.711	0.230	41	38	
14	Study_13	0.729	0.281	22	33	
15	Study_14	0.734	0.285	25	26	
16	Study_15	0.748	0.292	42	17	
17	Study_16	0.909	0.316	17	39	
18	Study_17	0.922	0.330	14	31	
19	Study_18	0.948	0.285	28	26	
20	Study_19	1.504	0.313	50	16	
21	Study_20	1.812	0.369	31	14	
22						

그림 6.108 일반화된 데이터가 입력된 모습(효과크기, 표준오차, 각 집단 대상자 수)

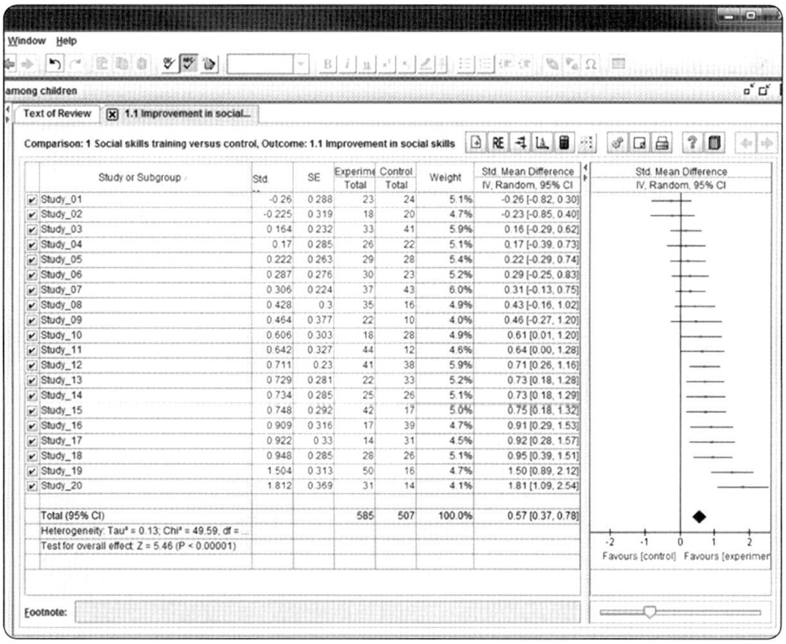

Study or Subgroup	Std.	SE	Experimental Total	Control Total	Weight	Std. Mean Difference IV, Random, 95% CI
Study_01	-0.26	0.288	23	24	5.1%	-0.26 [-0.82, 0.30]
Study_02	-0.225	0.319	18	20	4.7%	-0.23 [-0.85, 0.40]
Study_03	0.164	0.232	33	41	5.9%	0.16 [-0.29, 0.62]
Study_04	0.17	0.285	26	22	5.1%	0.17 [-0.39, 0.73]
Study_05	0.222	0.263	29	28	5.4%	0.22 [-0.29, 0.74]
Study_06	0.287	0.276	30	23	5.2%	0.29 [-0.25, 0.83]
Study_07	0.306	0.224	37	43	6.0%	0.31 [-0.13, 0.75]
Study_08	0.428	0.3	35	16	4.9%	0.43 [-0.16, 1.02]
Study_09	0.464	0.377	22	10	4.0%	0.46 [-0.27, 1.20]
Study_10	0.606	0.303	18	28	4.9%	0.61 [0.01, 1.20]
Study_11	0.642	0.327	44	12	4.6%	0.64 [0.00, 1.28]
Study_12	0.711	0.23	41	38	5.9%	0.71 [0.26, 1.16]
Study_13	0.729	0.281	22	33	5.2%	0.73 [0.18, 1.28]
Study_14	0.734	0.285	25	26	5.1%	0.73 [0.18, 1.29]
Study_15	0.748	0.292	42	17	5.0%	0.75 [0.18, 1.32]
Study_16	0.909	0.316	17	39	4.7%	0.91 [0.29, 1.53]
Study_17	0.922	0.33	14	31	4.5%	0.92 [0.28, 1.57]
Study_18	0.948	0.285	28	26	5.1%	0.95 [0.39, 1.51]
Study_19	1.504	0.313	50	16	4.7%	1.50 [0.89, 2.12]
Study_20	1.812	0.369	31	14	4.1%	1.81 [1.09, 2.54]
Total (95% CI)			585	507	100.0%	0.57 [0.37, 0.78]
Heterogeneity: Tau² = 0.13; Chi² = 49.59, df = ...						
Test for overall effect: Z = 5.46 (P < 0.00001)						

보다 구체적인 결과로 <그림 6.109> 및 <그림 6.110>과 같은 무선효과모형의 분석결과와 forest plot을 산출할 수 있다.

이상의 결과는 <그림 6.111>에서 보는 것처럼 R을 이용하여 분석한 결과와 정확하게 일치함을 알 수 있다.

그림 6.109 무선효과모형의 분석 결과

Forest plot

Study or Subgroup	Std. Mean Difference	SE	Experimental Total	Control Total	Weight	Std. Mean Difference IV, Random, 95% CI
Study_01	-0.26	0.288	23	24	5.1%	-0.26 [-0.82, 0.30]
Study_02	-0.225	0.319	18	20	4.7%	-0.23 [-0.85, 0.40]
Study_03	0.164	0.232	33	41	5.9%	0.16 [-0.29, 0.62]
Study_04	0.17	0.285	26	22	5.1%	0.17 [-0.39, 0.73]
Study_05	0.222	0.263	29	28	5.4%	0.22 [-0.29, 0.74]
Study_06	0.287	0.276	30	23	5.2%	0.29 [-0.25, 0.83]
Study_07	0.306	0.224	37	43	6.0%	0.31 [-0.13, 0.75]
Study_08	0.428	0.3	35	16	4.9%	0.43 [-0.16, 1.02]
Study_09	0.464	0.377	22	10	4.0%	0.46 [-0.27, 1.20]
Study_10	0.606	0.303	18	28	4.9%	0.61 [0.01, 1.20]
Study_11	0.642	0.327	44	12	4.6%	0.64 [0.00, 1.28]
Study_12	0.711	0.23	41	38	5.9%	0.71 [0.26, 1.16]
Study_13	0.729	0.281	22	33	5.2%	0.73 [0.18, 1.28]
Study_14	0.734	0.285	25	26	5.1%	0.73 [0.18, 1.29]
Study_15	0.748	0.292	42	17	5.0%	0.75 [0.18, 1.32]
Study_16	0.909	0.316	17	39	4.7%	0.91 [0.29, 1.53]
Study_17	0.922	0.33	14	31	4.5%	0.92 [0.28, 1.57]
Study_18	0.948	0.285	28	26	5.1%	0.95 [0.39, 1.51]
Study_19	1.504	0.313	50	16	4.7%	1.50 [0.89, 2.12]
Study_20	1.812	0.369	31	14	4.1%	1.81 [1.09, 2.54]
Total (95% CI)			585	507	100.0%	0.57 [0.37, 0.78]

Heterogeneity: Tau² = 0.13; Chi² = 49.59, df = 19 (P = 0.0002); I² = 62%
Test for overall effect: Z = 5.46 (P < 0.00001)

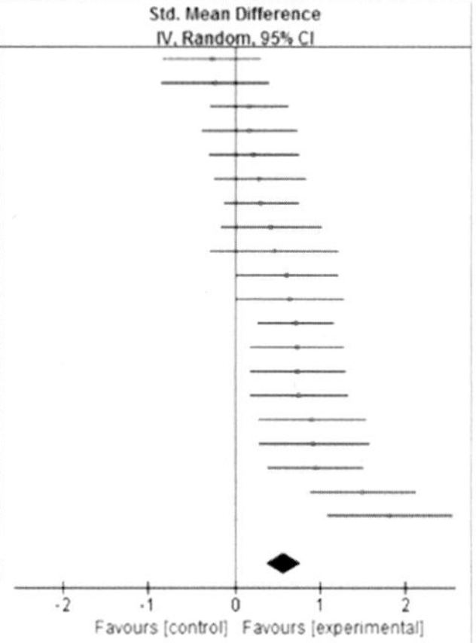

Add as Figure
Cancel

그림 6.110 무선효과모형의 forest plot

Study or Subgroup	Std. Mean Difference	SE	Experimental Total	Control Total	Weight	Std. Mean Difference IV, Random, 95% CI
Study_01	-0.26	0.288	23	24	5.1%	-0.26 [-0.82, 0.30]
Study_02	-0.225	0.319	18	20	4.7%	-0.23 [-0.85, 0.40]
Study_03	0.164	0.232	33	41	5.9%	0.16 [-0.29, 0.62]
Study_04	0.17	0.285	26	22	5.1%	0.17 [-0.39, 0.73]
Study_05	0.222	0.263	29	28	5.4%	0.22 [-0.29, 0.74]
Study_06	0.287	0.276	30	23	5.2%	0.29 [-0.25, 0.83]
Study_07	0.306	0.224	37	43	6.0%	0.31 [-0.13, 0.75]
Study_08	0.428	0.3	35	16	4.9%	0.43 [-0.16, 1.02]
Study_09	0.464	0.377	22	10	4.0%	0.46 [-0.27, 1.20]
Study_10	0.606	0.303	18	28	4.9%	0.61 [0.01, 1.20]
Study_11	0.642	0.327	44	12	4.6%	0.64 [0.00, 1.28]
Study_12	0.711	0.23	41	38	5.9%	0.71 [0.26, 1.16]
Study_13	0.729	0.281	22	33	5.2%	0.73 [0.18, 1.28]
Study_14	0.734	0.285	25	26	5.1%	0.73 [0.18, 1.29]
Study_15	0.748	0.292	42	17	5.0%	0.75 [0.18, 1.32]
Study_16	0.909	0.316	17	39	4.7%	0.91 [0.29, 1.53]
Study_17	0.922	0.33	14	31	4.5%	0.92 [0.28, 1.57]
Study_18	0.948	0.285	28	26	5.1%	0.95 [0.39, 1.51]
Study_19	1.504	0.313	50	16	4.7%	1.50 [0.89, 2.12]
Study_20	1.812	0.369	31	14	4.1%	1.81 [1.09, 2.54]
Total (95% CI)			585	507	100.0%	0.57 [0.37, 0.78]

Heterogeneity: Tau² = 0.13; Chi² = 49.59, df = 19 (P = 0.0002); I² = 62%
Test for overall effect: Z = 5.46 (P < 0.00001)

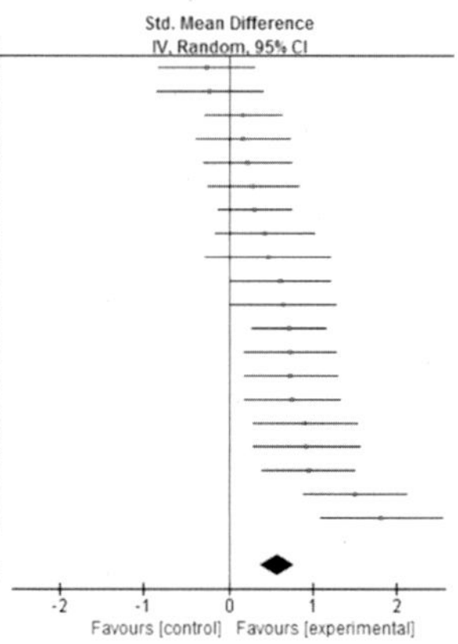

그림 6.111 R을 이용하여 분석한 결과

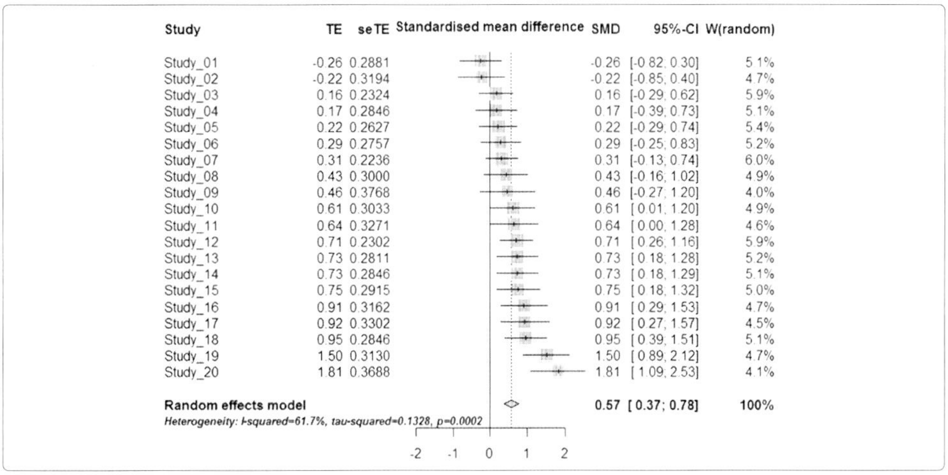

5. 하위집단분석 및 메타 ANOVA

이번에는 RevMan을 이용해 조절효과 분석을 실시해 보자. 조절효과 분석을 위해서는 메타 회귀분석과 메타 ANOVA가 이용되지만 RevMan에서는 하위집단분석(subgroup analysis) 및 메타 ANOVA만 가능하다. 여기에서 사용할 데이터는 BCG 백신이 결핵(TB) 예방에 어떤 효과가 있는지 전 세계적으로 연구한 결과를 비교한 데이터 bcg.xlsx이다.

표 6.5 BCG 백신의 결핵 예방에 대한 효과 데이터

study name	TB1	N1	TB2	N2
Ferguson & Simes	6	306	29	303
Aronson	4	123	11	139
Rosenthal et al	17	1716	65	1665
Comstock & Webster	5	2498	3	2341
Comstock et al(a)	186	50634	141	27338
Frimont-Moller et al	33	5069	47	5808
Comstock et al(b)	27	16913	29	17854
Hart & Sutherland	62	13598	248	12867
Vandeviere et al	8	2545	10	629
Coetzee & Berjak	29	7499	45	7277
TB Prevention Trial	505	88391	499	88391

먼저 새로운 리뷰(review)의 이름을 'BCG vaccine for TB'로 지정하면 <그림 6.112>와 같은 초기 화면이 나타나게 된다.

이어서 리뷰에 포함할 각 연구를 입력하기 위해 <그림 6.113>에서 Add study를 클릭한 후 차례로 11개의 연구 이름을 입력하면 <그림 6.114>와 같이 11개의 연구가 포함된 연구 리스트가 나타나게 된다.

이제 <그림 6.115>에서와 같이 Data and analyses 메뉴에서 Add comparison을 클릭하여 비교의 이름을 'BCG vaccine versus control'로 입력한다(그림 6.116).

다음으로 개입의 결과 이름, 즉 Add Outcome을 클릭하면 먼저 데이터 유형이 나타나는데 여기서 이분형 데이터를 지칭하는 Dichotomous를 선택한다(그림 6.117).

그리고 <그림 6.118>에서 결과 이름을 'TB incidence rate'로 지정하고 나서 효과크기 유형 및 평균효과크기 분석 방법 등을 <그림 6.119>와 같이 선택한다.

그림 6.112 리뷰의 이름을 'BCG vaccine for TB'로 지정한 모습

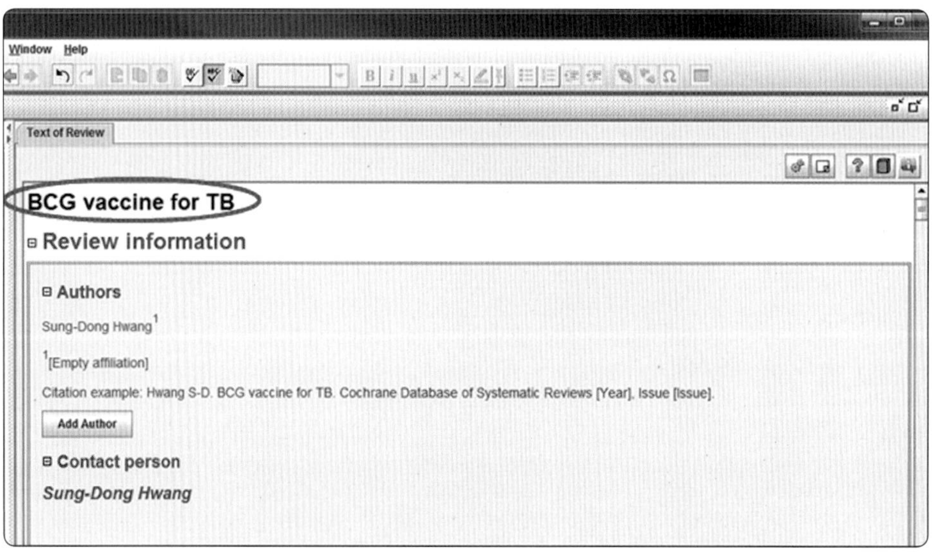

그림 6.113 리뷰에 포함할 연구를 입력하기 위해 Add Study를 클릭

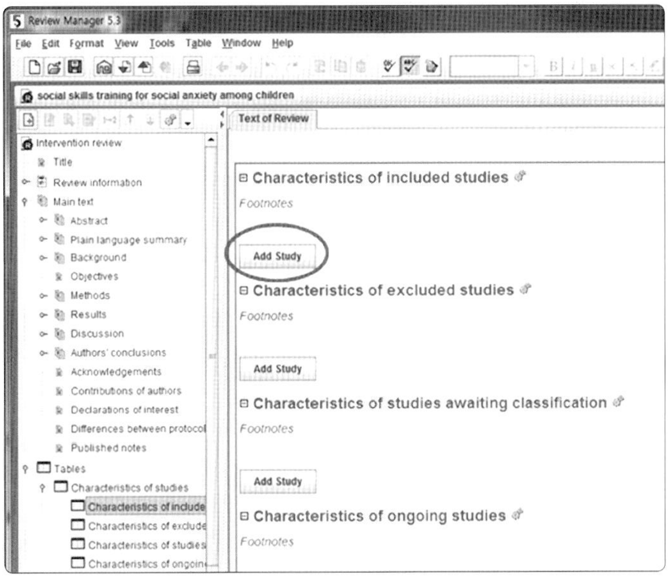

그림 6.114 포함될 11개 연구 이름을 모두 입력한 모습

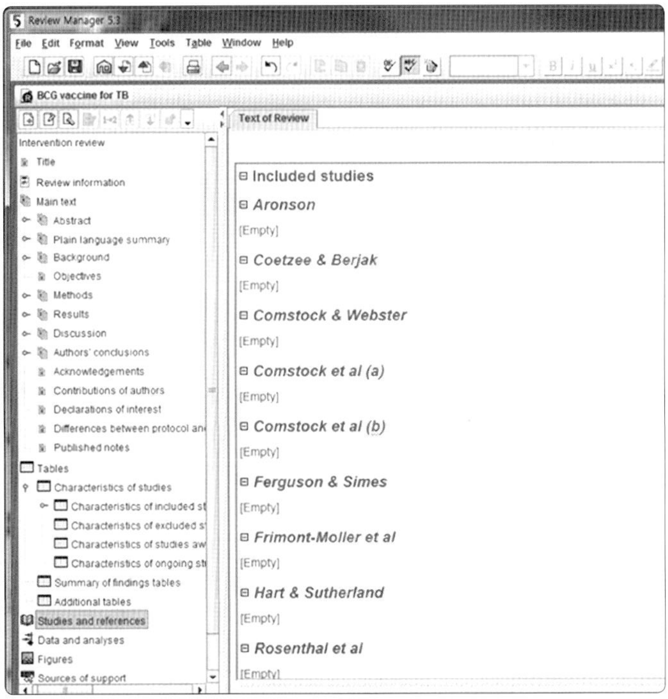

그림 6.115 Data and analyses 메뉴에서 Add Comparison을 클릭

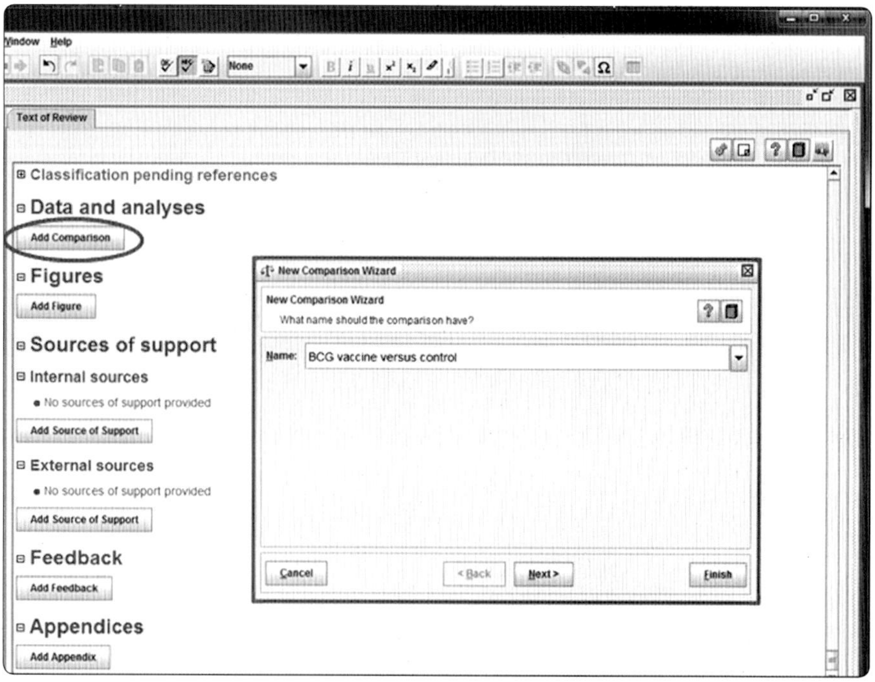

그림 6.116 비교의 이름이 'BCG vaccine versus control'로 입력된 모습

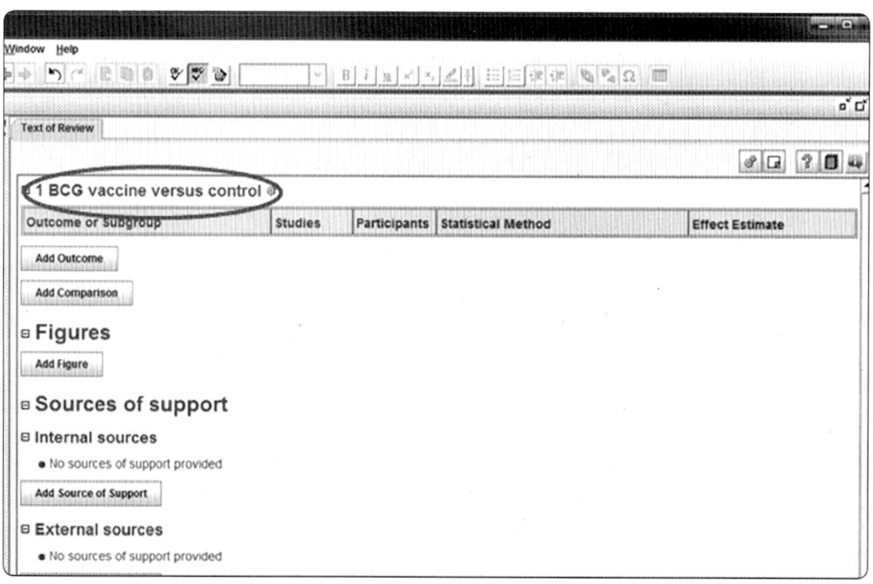

그림 6.117 Add Outcome을 클릭하고 데이터 유형으로 Dichotomous를 선택

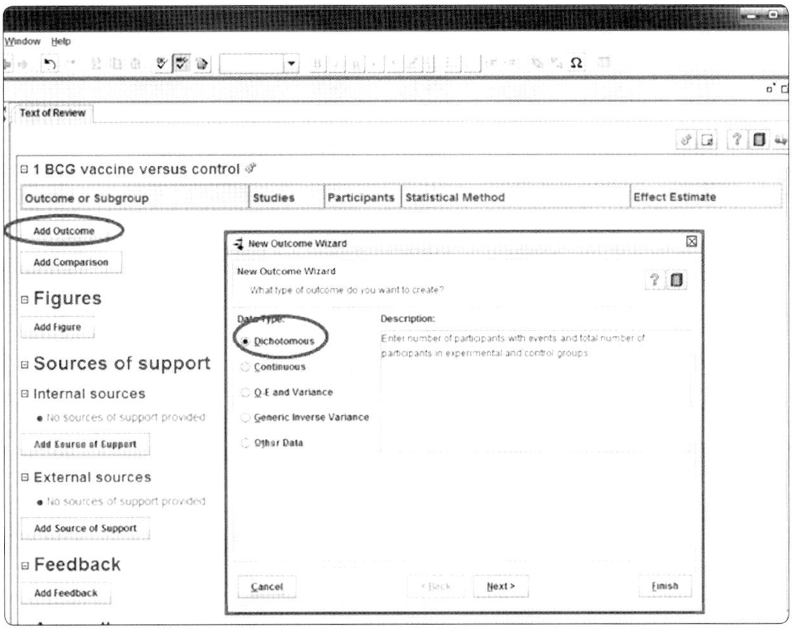

그림 6.118 분석 결과(outcome)의 이름을 'TB incidence rate'로 지정

그림 6.119 가중치, 효과크기 유형 및 평균효과크기 분석방법 선택

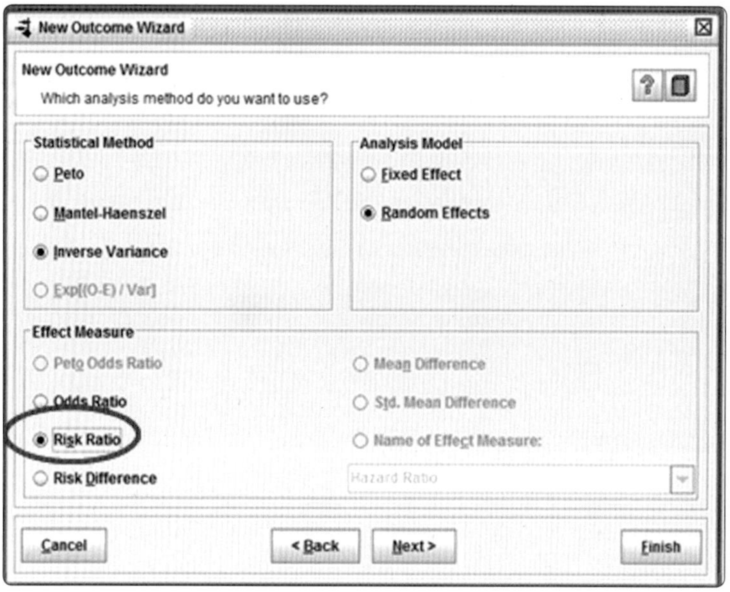

이제 남은 단계는 분석할 연구를 포함시키고 이분형 데이터를 직접 입력하는 단계이다. <그림 6.119>에서 Next를 클릭하면 <그림 6.120>이 나타나는데, 이때 <그림 6.120>에서 Add study data for the new outcome을 선택하고 다음 단계로 클릭하면 분석에 포함시킬 연구들이 <그림 6.121>과 같이 나타난다.

여기서 분석에 포함될 연구 11개를 모두 선택하면 <그림 6.122>와 같이 데이터를 직접 입력할 준비 상태로 들어가게 되는데, 이때 <그림 6.123>과 같은 이분형 데이터를 Excel에서 복사하여 갖다 붙이면 <그림 6.124>와 같은 분석 결과가 나타나게 된다.

보다 구체적인 결과로 <그림 6.125> 및 <그림 6.126>과 같은 무선효과모형의 분석 결과와 forest plot을 산출할 수 있다.

이제 본격적으로 하위집단분석을 실시해 보자. OpenMeta나 R과는 달리 RevMan에서는 집단변수를 직접 입력하는 것이 아니라 데이터 분석 결과 내의 outline 창에서 하위집단을 만들어 지정하고 이에 따라 하위집단별 분석을 실시하는 것이 특징이다. 먼저 <그림 6.127>과 같이 outline 창

에서 결과 이름 TB incidence rate에서 오른쪽 마우스 버튼을 클릭하면 Introduce Subgroup 메뉴가 나타난다.

그림 6.120 각 연구의 데이터를 입력하기 위해 Add study data를 선택

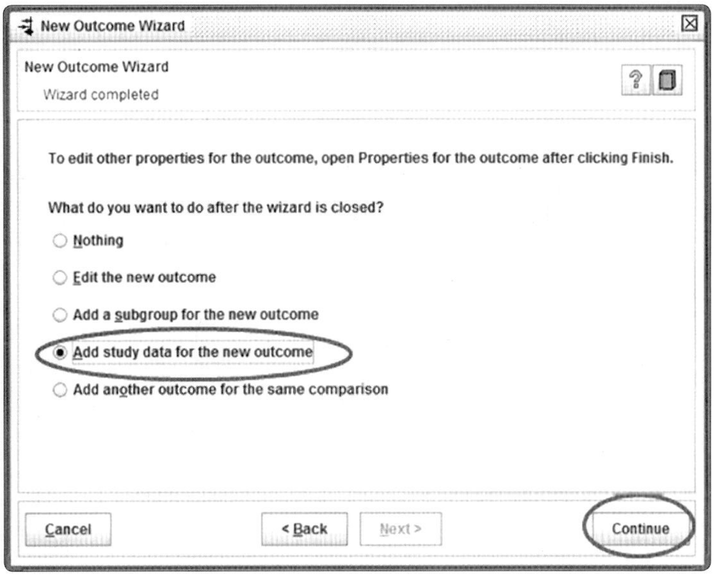

그림 6.121 리뷰에 포함된 11개 연구의 리스트가 나타난 모습

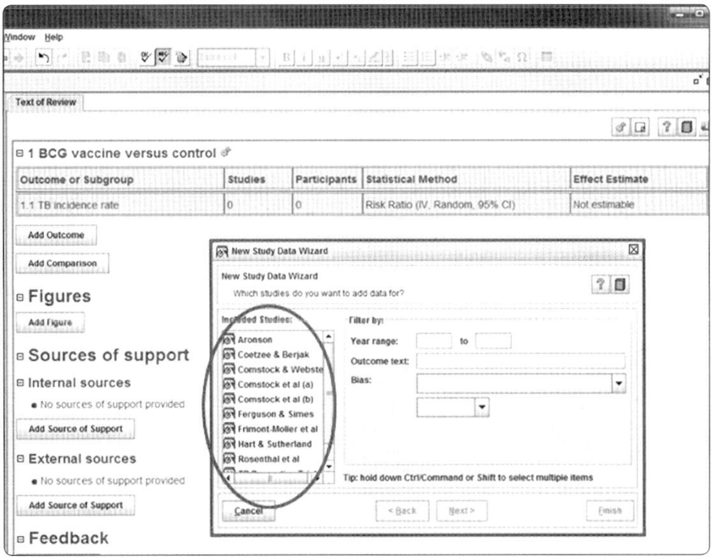

그림 6.122 선택한 연구에 데이터를 입력하기 위한 준비

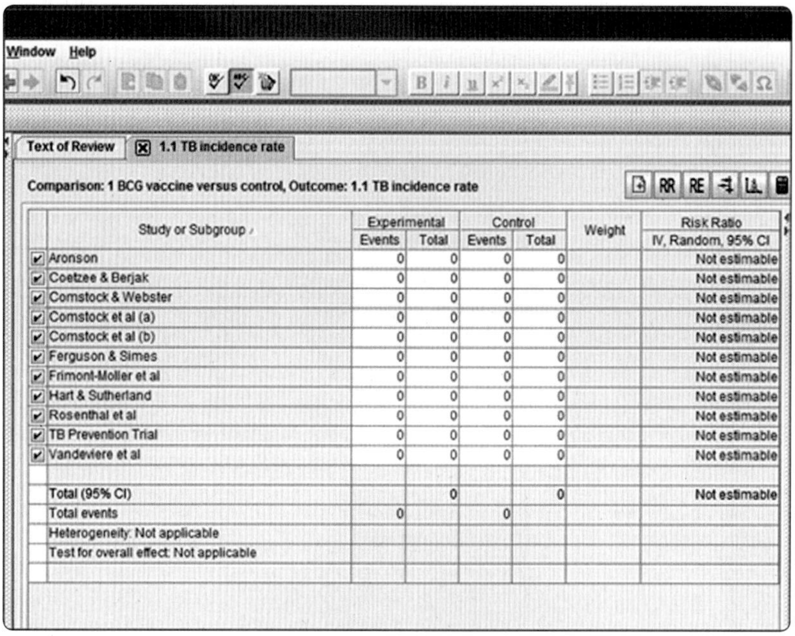

Study or Subgroup	Experimental Events	Experimental Total	Control Events	Control Total	Weight	Risk Ratio IV, Random, 95% CI
Aronson	0	0	0	0		Not estimable
Coetzee & Berjak	0	0	0	0		Not estimable
Comstock & Webster	0	0	0	0		Not estimable
Comstock et al (a)	0	0	0	0		Not estimable
Comstock et al (b)	0	0	0	0		Not estimable
Ferguson & Simes	0	0	0	0		Not estimable
Frimont-Moller et al	0	0	0	0		Not estimable
Hart & Sutherland	0	0	0	0		Not estimable
Rosenthal et al	0	0	0	0		Not estimable
TB Prevention Trial	0	0	0	0		Not estimable
Vandeviere et al	0	0	0	0		Not estimable
Total (95% CI)		0		0		Not estimable
Total events	0		0			
Heterogeneity: Not applicable						
Test for overall effect: Not applicable						

그림 6.123 RevMan에 실제 입력할 이분형 데이터

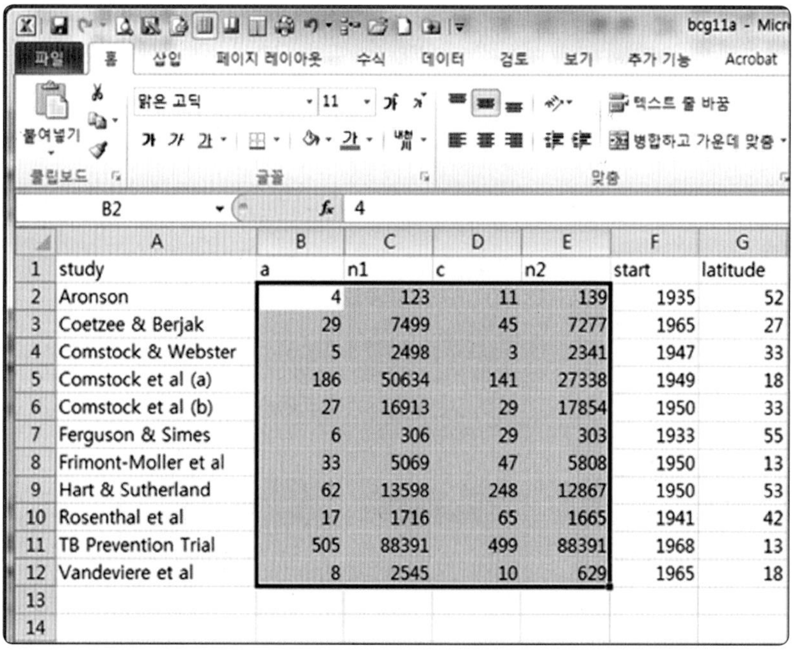

	A	B	C	D	E	F	G
1	study	a	n1	c	n2	start	latitude
2	Aronson	4	123	11	139	1935	52
3	Coetzee & Berjak	29	7499	45	7277	1965	27
4	Comstock & Webster	5	2498	3	2341	1947	33
5	Comstock et al (a)	186	50634	141	27338	1949	18
6	Comstock et al (b)	27	16913	29	17854	1950	33
7	Ferguson & Simes	6	306	29	303	1933	55
8	Frimont-Moller et al	33	5069	47	5808	1950	13
9	Hart & Sutherland	62	13598	248	12867	1950	53
10	Rosenthal et al	17	1716	65	1665	1941	42
11	TB Prevention Trial	505	88391	499	88391	1968	13
12	Vandeviere et al	8	2545	10	629	1965	18
13							
14							

그림 6.124 이분형 데이터가 입력된 후의 분석 결과

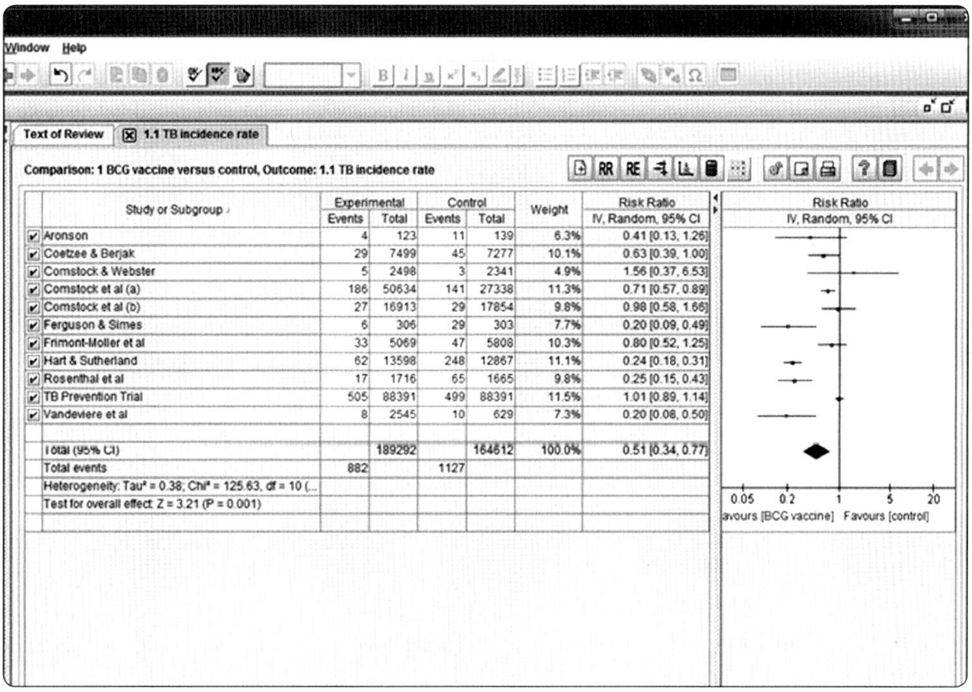

그림 6.125 무선효과모형의 분석 결과

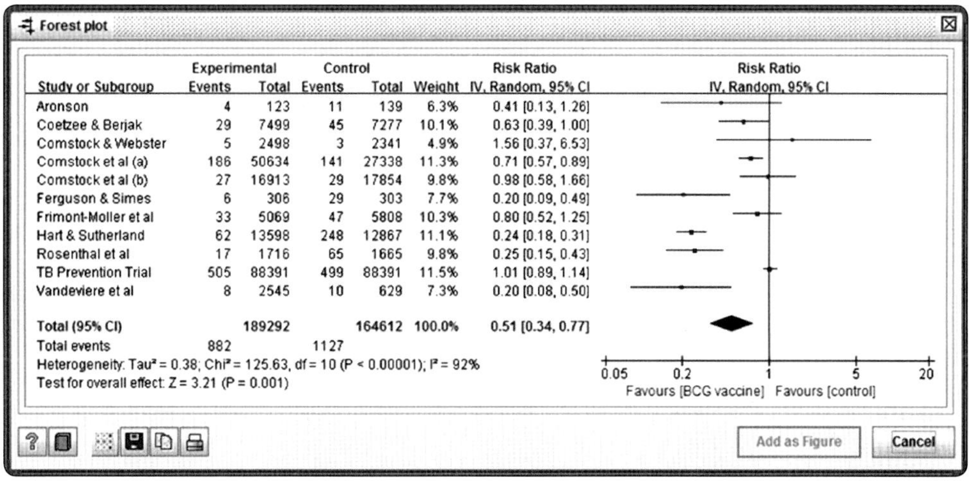

그림 6.126 무선효과모형의 forest plot

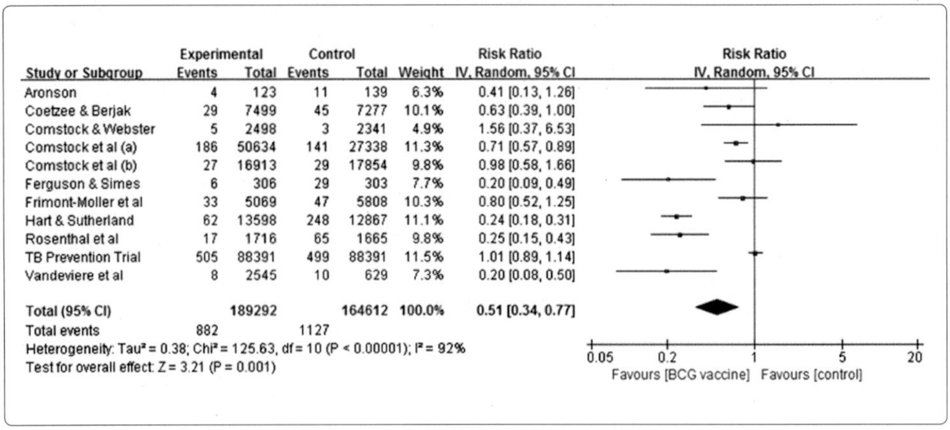

그림 6.127 outline 창에서 Introduce Subgroup을 클릭하는 모습

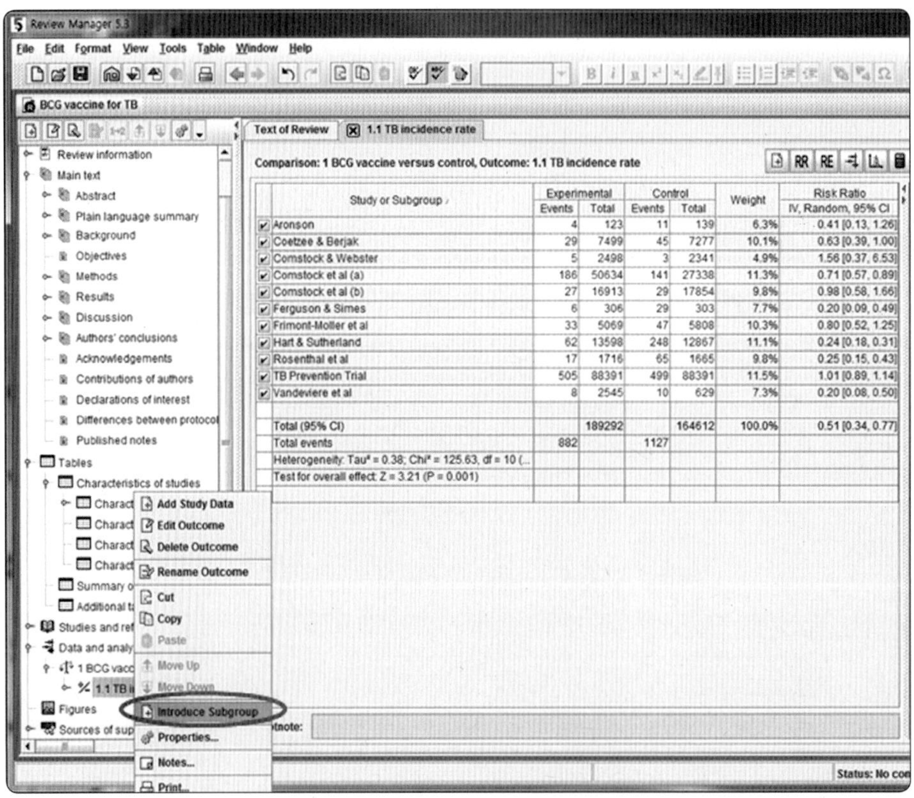

이제 <그림 6.128>에서 보는 것처럼 새로운 하위집단(New Subgroup)이 만들어져 있음을 확인할 수 있다. 다음으로 <그림 6.129> 및 <그림 6.130>에서와 같이 하위집단의 이름을 실제 이름, 즉 연구 대상자들을 무작위로 배정한 집단 이름인 'random allocation'으로 변경한다. 이어서 <그림 6.131>에서 보는 바와 같이 하위집단을 하나 더 추가하여 마찬가지로 이름을 비무작위 배정인 'alternate allocation'으로 지정한다(그림 6.132, 그림 6.133).

이제 하위집단분석을 위해 각 집단으로 적절한 연구들을 배정하기로 하자. <그림 6.134>를 보면 11개의 연구가 모두 random 집단에 소속되어 있음을 알 수 있다. 따라서 <그림 6.135>에 있는 실제 데이터를 이용하여 alternate 집단에 있는 연구들을 가려내어 이동할 필요가 있다.

이어서 <그림 6.136>~<그림 6.138>에서 보는 것처럼 먼저 Alternate allocation에 해당되는 연구들을 선택하여 오려두기를 한 후 Alternate allocation 집단에 갖다 붙인다. 그러면 두 하위집단으로 적합하게 배정된 데이터(연구)를 확인할 수 있다(그림 6.139).

그림 6.128 New Subgroup이 만들어진 모습

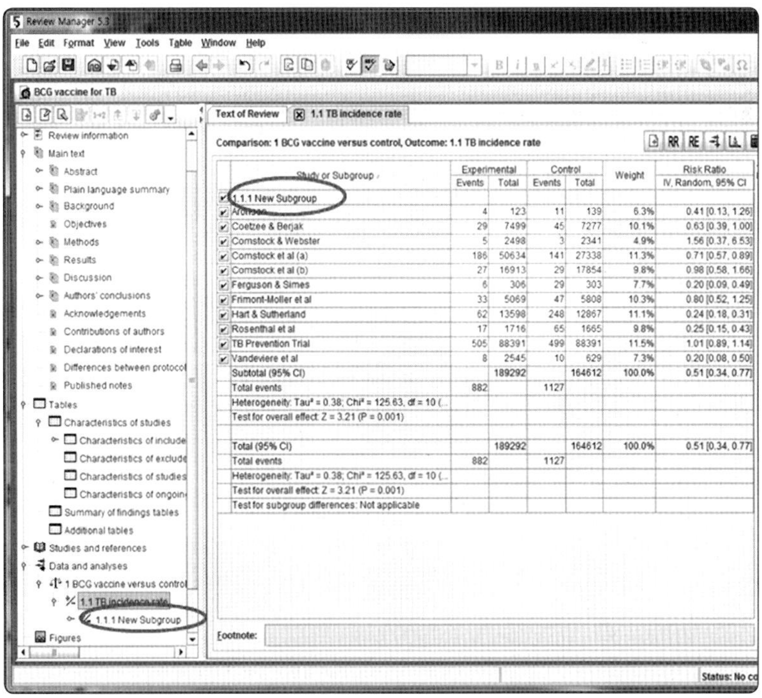

그림 6.129 Subgroup 이름을 다시 지정하는 모습

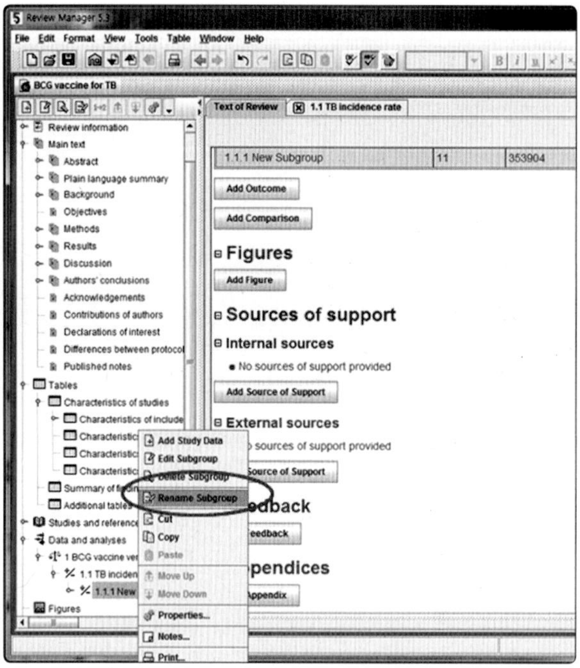

그림 6.130 하위집단 이름이 'random allocation'으로 변경된 모습

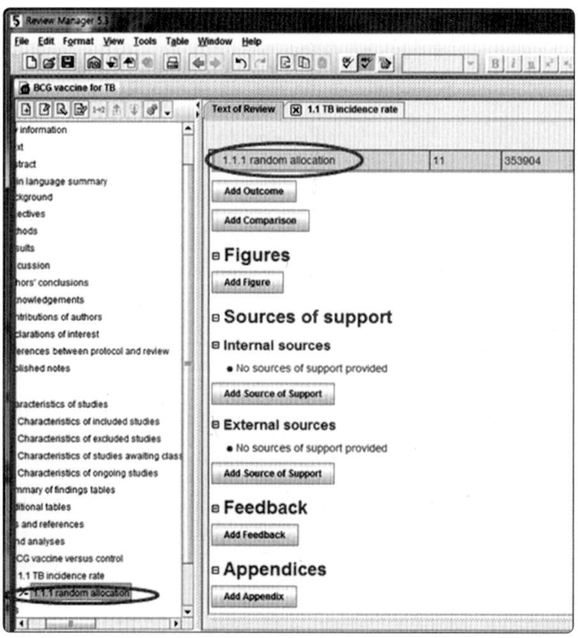

그림 6.131 Subgroup을 추가하는 모습

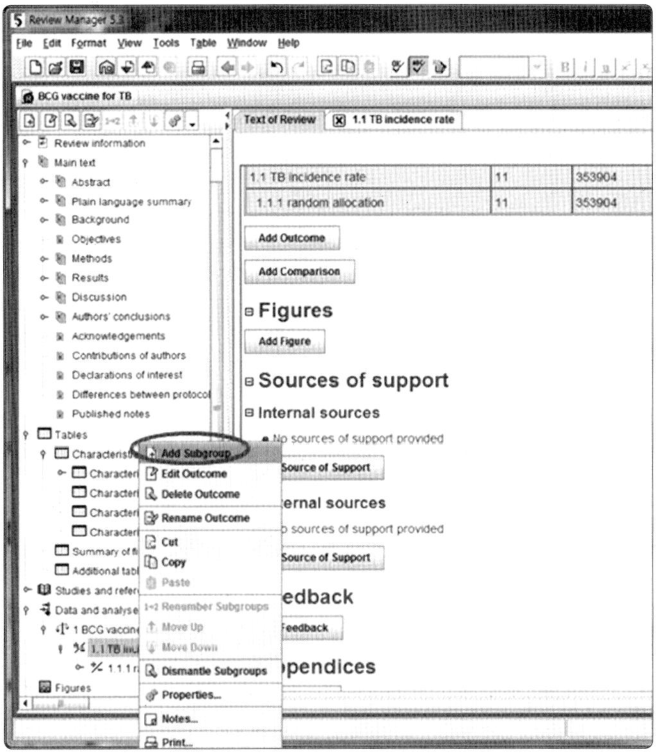

그림 6.132 하위집단 이름을 'alternate allocation'으로 입력하는 모습

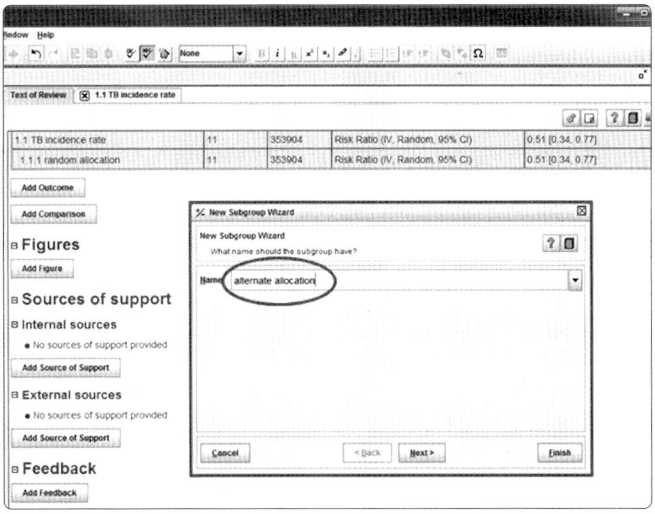

그림 6.133 두 하위집단이 만들어진 모습

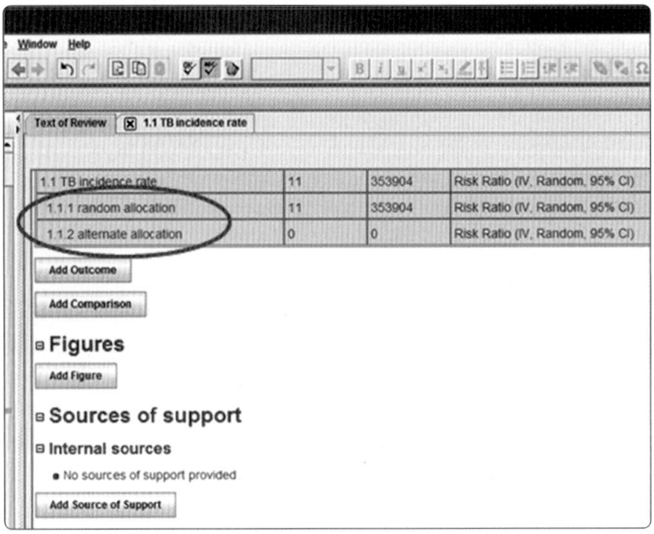

그림 6.134 하위집단을 분류하기 위한 모습

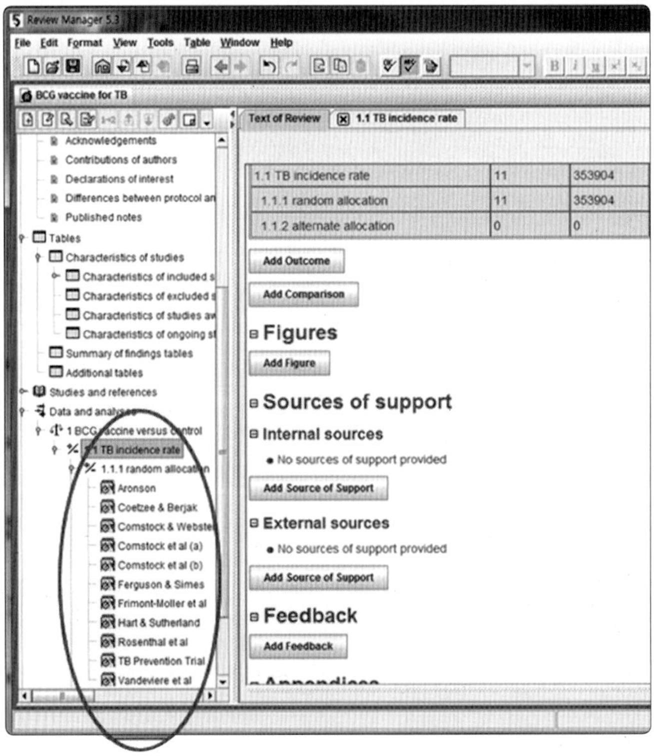

그림 6.135 각 연구별 하위집단 데이터

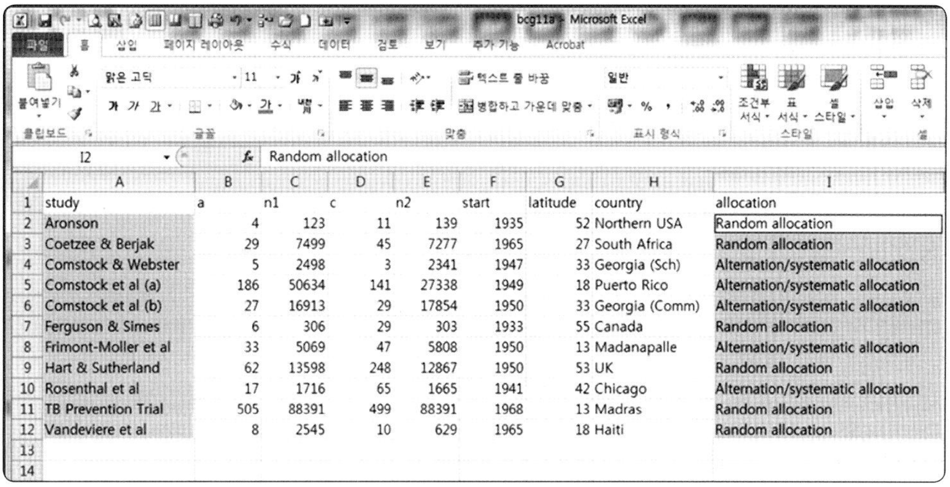

study	a	n1	c	n2	start	latitude	country	allocation
Aronson	4	123	11	139	1935	52	Northern USA	Random allocation
Coetzee & Berjak	29	7499	45	7277	1965	27	South Africa	Random allocation
Comstock & Webster	5	2498	3	2341	1947	33	Georgia (Sch)	Alternation/systematic allocation
Comstock et al (a)	186	50634	141	27338	1949	18	Puerto Rico	Alternation/systematic allocation
Comstock et al (b)	27	16913	29	17854	1950	33	Georgia (Comm)	Alternation/systematic allocation
Ferguson & Simes	6	306	29	303	1933	55	Canada	Random allocation
Frimont-Moller et al	33	5069	47	5808	1950	13	Madanapalle	Alternation/systematic allocation
Hart & Sutherland	62	13598	248	12867	1950	53	UK	Random allocation
Rosenthal et al	17	1716	65	1665	1941	42	Chicago	Alternation/systematic allocation
TB Prevention Trial	505	88391	499	88391	1968	13	Madras	Random allocation
Vandeviere et al	8	2545	10	629	1965	18	Haiti	Random allocation

그림 6.136 'alternate allocation' 집단에 해당되는 연구 선택

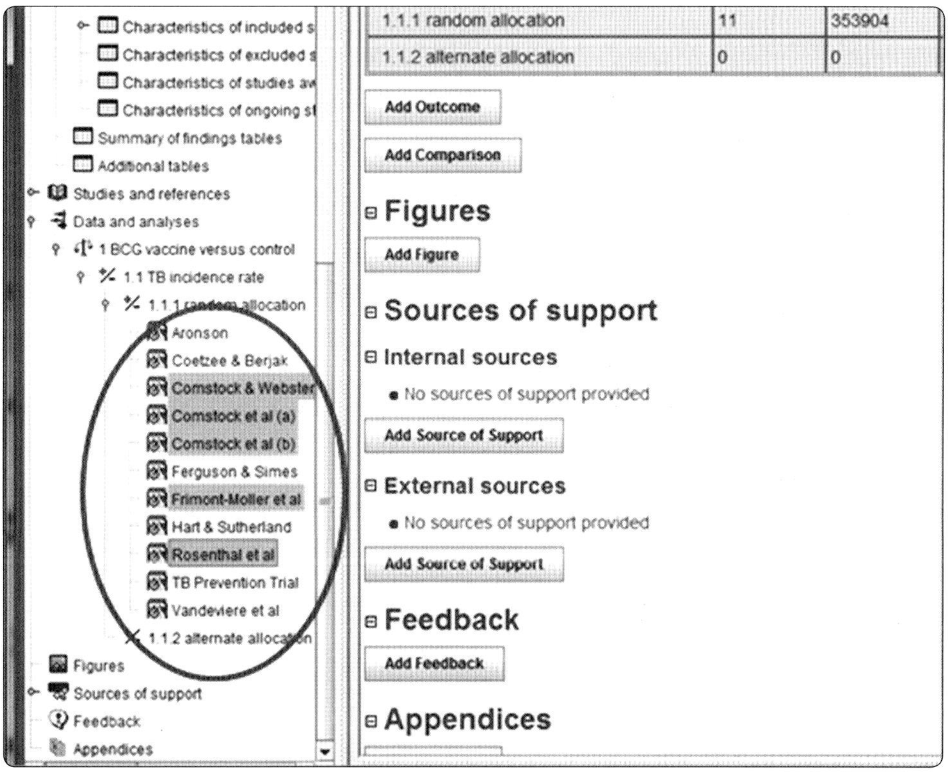

그림 6.137 해당되는 연구를 선택하여 오려두기(cut) 하는 모습

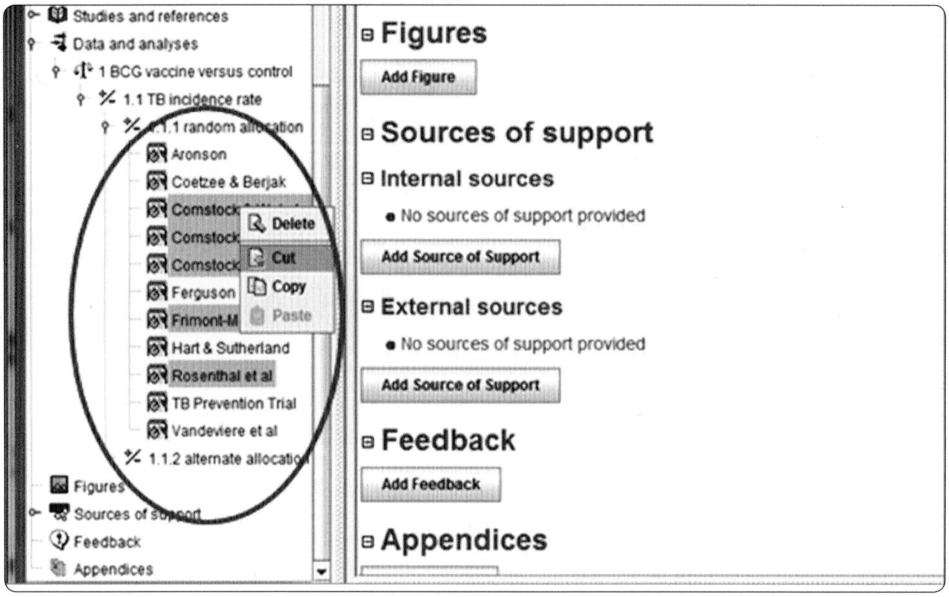

그림 6.138 해당되는 연구를 갖다 붙이는(paste) 하는 모습

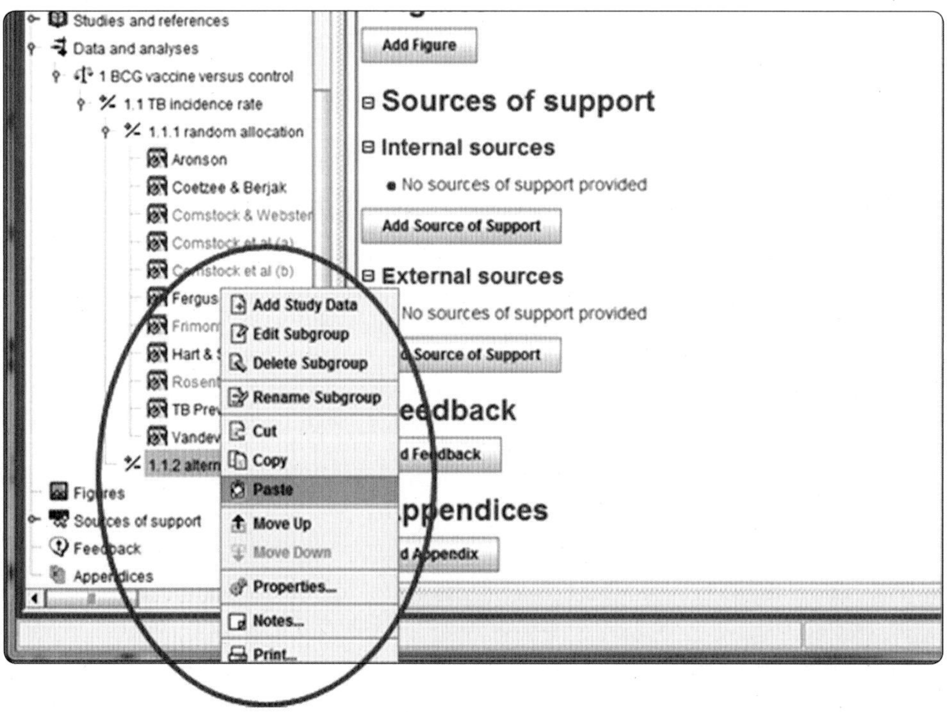

그림 6.139 두 하위집단으로 각 연구들이 분류된 모습

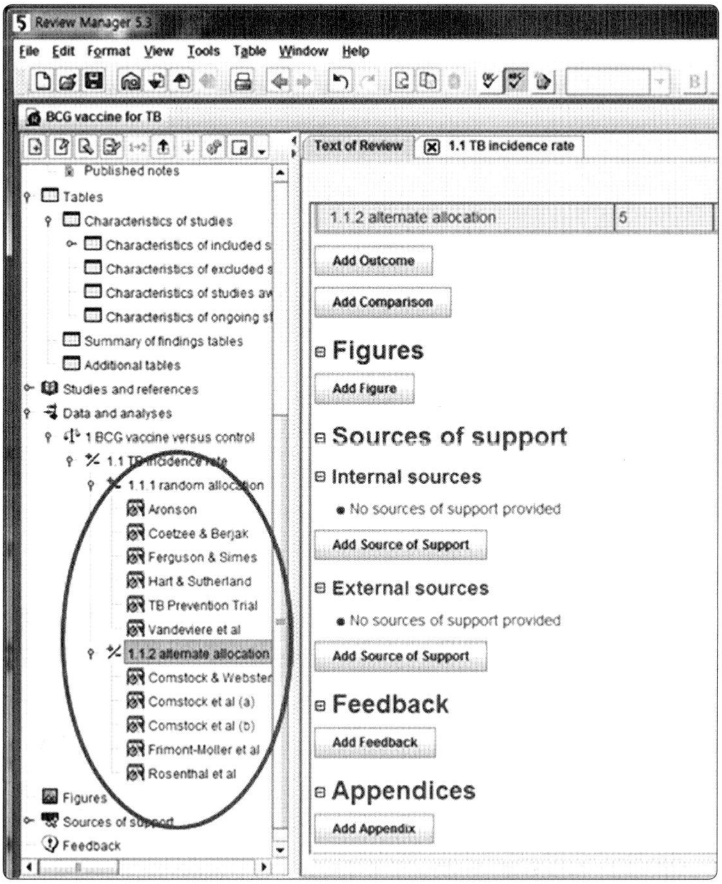

이제 <그림 6.140>과 같이 두 하위집단별로 각 연구들이 정리되어 분석한 결과가 준비되었다. 이를 클릭하면 하위집단분석 결과가 <그림 6.141>과 같이 분명하게 나타난다.

이 하위집단분석의 결과는 <그림 6.142>와 같이 구체화되어 있으며, forest plot도 <그림 6.143>에서 잘 확인할 수 있다. 그리고 메타 ANOVA의 결과도 제시되어 두 하위집단 간의 차이가 유의하지 않음을 알 수 있다(Chi^2=1.55, df=1, p=0.21).

이 결과는 OpenMeta로 분석한 결과인 <그림 6.144>와 CMA로 분석한 결과인 <그림 6.145> 및 <그림 6.146>과 정확히 일치함을 알 수 있다.

그림 6.140 각 하위집단별로 연구들이 정리된 모습

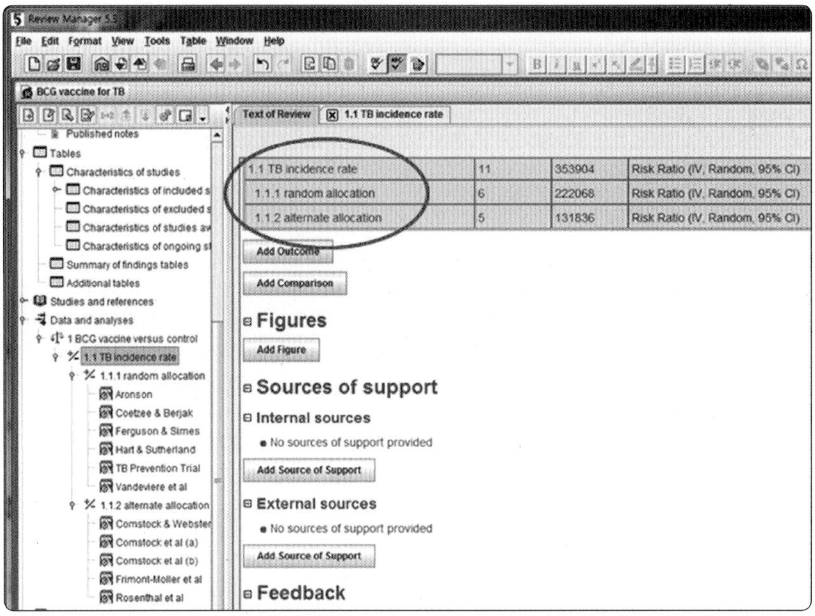

그림 6.141 하위집단별로 분석된 결과 모습

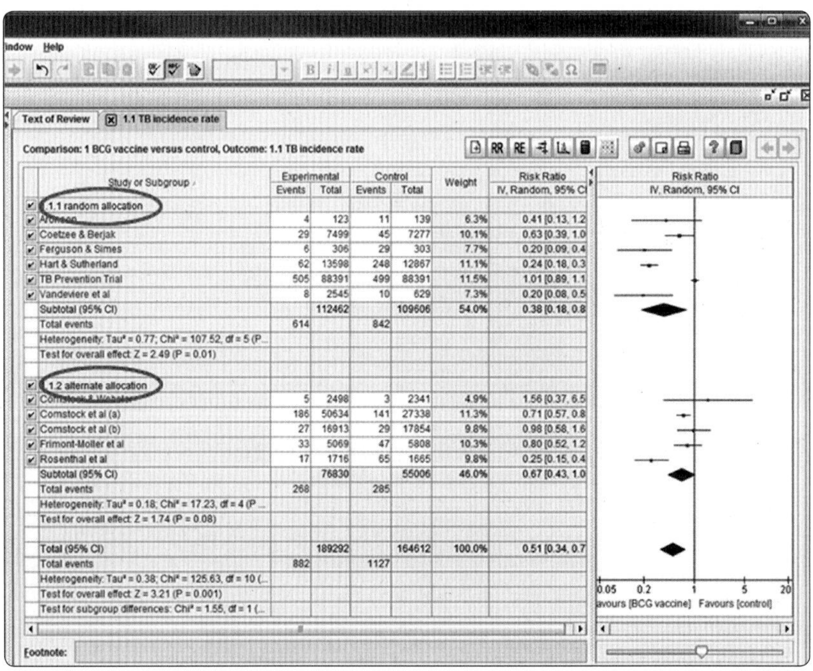

그림 6.142 하위집단분석이 이루어진 모습

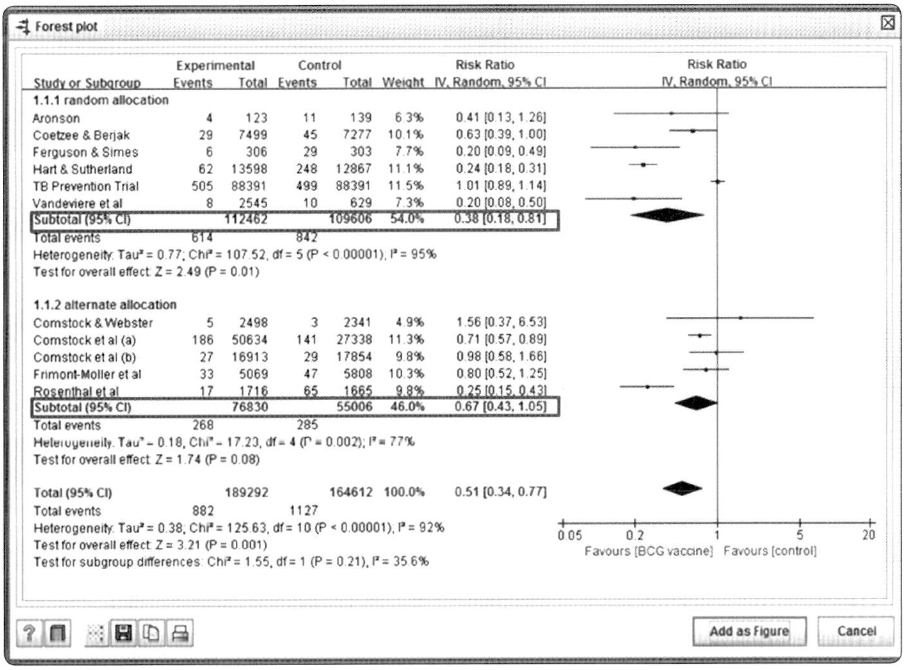

그림 6.143 하위집단분석의 결과 forest plot

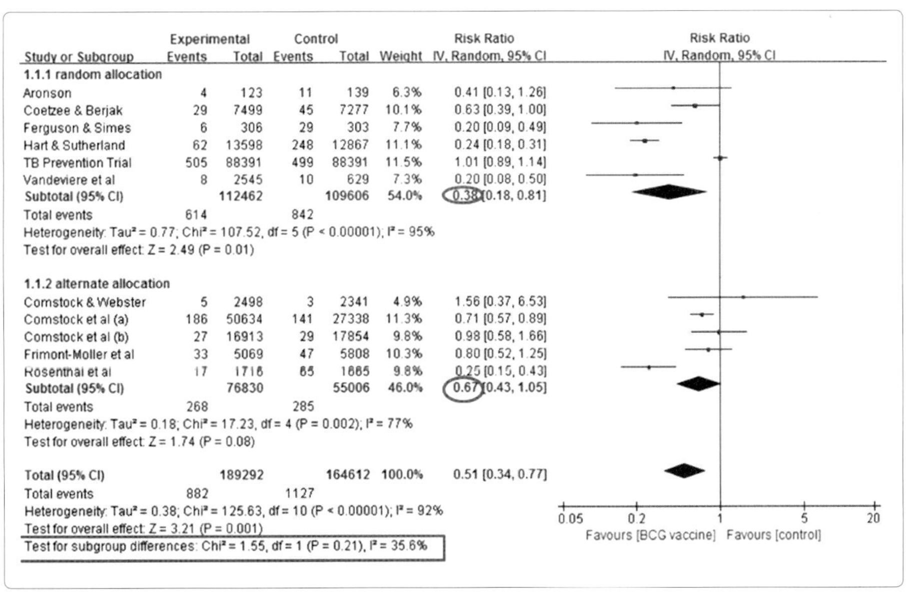

그림 6.144 하위집단분석 결과를 보여주는 forest plot

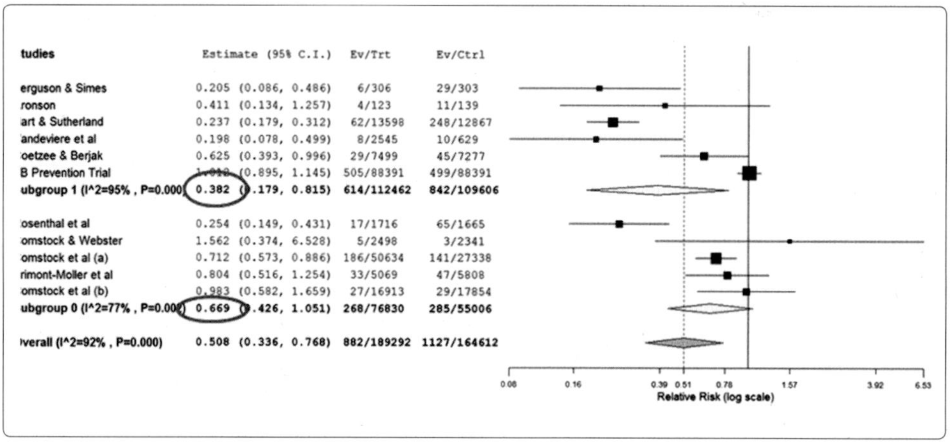

그림 6.145 CMA로 분석한 하위집단분석 결과

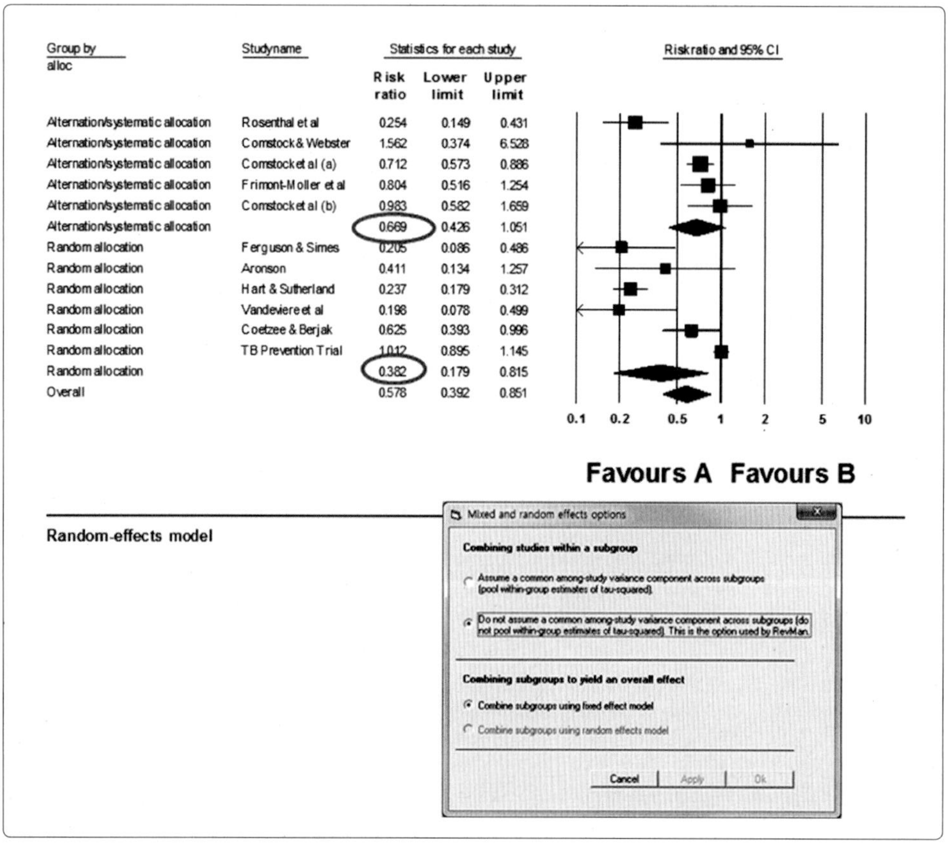

그림 6.146 CMA로 분석한 메타 ANOVA 결과

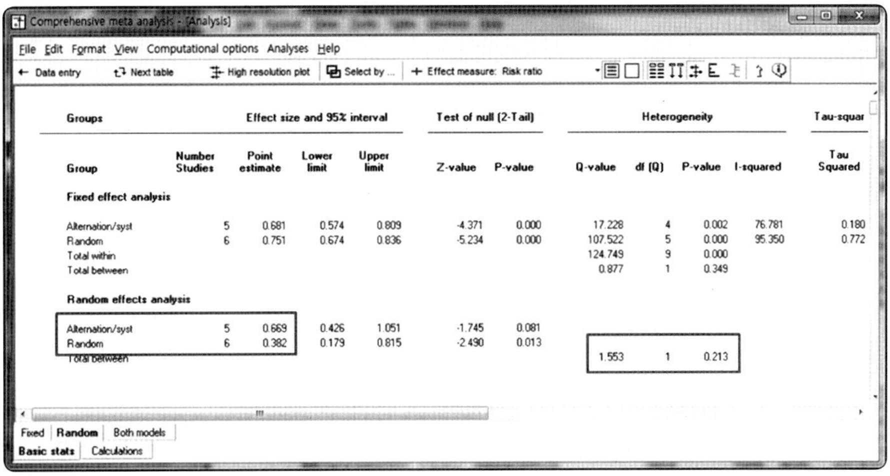

Comprehensive meta analysis - [Analysis]

File Edit Format View Computational options Analyses Help

Data entry | Next table | High resolution plot | Select by ... | Effect measure: Risk ratio

Groups	Effect size and 95% interval				Test of null (2-Tail)		Heterogeneity				Tau-squar
Group	Number Studies	Point estimate	Lower limit	Upper limit	Z-value	P-value	Q-value	df (Q)	P-value	I-squared	Tau Squared
Fixed effect analysis											
Alternation/syst	5	0.681	0.574	0.809	-4.371	0.000	17.228	4	0.002	76.781	0.180
Random	6	0.751	0.674	0.836	-5.234	0.000	107.522	5	0.000	95.350	0.772
Total within							124.749	9	0.000		
Total between							0.877	1	0.349		
Random effects analysis											
Alternation/syst	5	0.669	0.426	1.051	-1.745	0.081					
Random	6	0.382	0.179	0.815	-2.490	0.013					
Total between							1.553	1	0.213		

Fixed | Random | Both models

Basic stats | Calculations

6. 개별 연구의 질 검증: 오류위험 분석

이번에는 RevMan을 이용해 개별연구의 질 검증, 즉 개별 연구의 오류위험 분석(Risk of bias analysis, ROB)을 실시해 보자. 이 오류위험 분석은 메타분석에 포함된 개별 연구의 질(quality)에 대한 검증으로 각 연구가 연구방법론적으로 어느 정도 질적인 수준을 갖추고 있느냐에 대한 분석이다. 왜냐하면 메타분석에 포함된 연구의 질이 확보되지 않으면 분석의 결과를 신빙성 있는 것으로 받아들이기 어렵기 때문이다. 이 오류위험(ROB) 분석은 다른 메타분석 프로그램에서는 가능하지 않고 오직 RevMan에서만 가능하다. 이는 연구자들이 메타분석 패키지로서 한계가 있는 RevMan을 여전히 널리 이용하는 이유가 아닌가 생각된다. 여기서는 앞서 살펴본 청소년들의 멘토링 효과를 검증한 데이터를 활용하기로 한다.

표 6.6 자아존중감에 대한 멘토링 데이터

study	m1	s1	n1	m2	s2	n2
study_1	47	11	60	46	10	60
study_2	49	11	65	46	11	65
study_3	49	14	40	44	13	40
study_4	47	10	200	41	9	200
study_5	49	11	50	44	11	45
study_6	48	11	85	46	11	85

이 개별 연구의 오류위험 분석을 위해서는 RevMan에서 제시하고 있는 분석 구조에 따라 각 개별 연구를 충분히 검토하여 오류의 위험에 대한 데이터를 미리 코딩하여 만들어 두어야 한다. 여기서는 <그림 6.147>과 같이 Cochrane에서 요구하는 7가지 기준에 따라 미리 만들어 둔 코딩된 데이터를 활용하기로 한다. 참고로 이 일곱 가지 오류위험 기준은 다음과 같다.

- 연구대상자의 무작위 배정 여부(selection bias)
- 집단배정 시 비공개 여부(selection bias)
- 실험참가 대상자와 스텝의 집단 미인지 여부(performance bias)
- 결과 측정 시 집단 미인지 여부(detection bias)
- 결과 분석에 불충분한 데이터 여부(attrition bias)
- 결과의 선별적 보고 여부(reporting bias)
- 기타 오류(other bias)

각 연구의 질 검증, 즉 오류위험(Risk of bias) 데이터를 입력하기 전에 RevMan에서 제시하고 있는 오류의 기준을 먼저 살펴보자. <그림 6.148>에서 보는 것처럼 Tables < Characteristics of studies < Characteristics of included studies 오른쪽 아이콘에 마우스 오른쪽 버튼을 갖다 대면 <그림 6.149>와 같은 Properties 하위 메뉴를 볼 수 있는데, 이를 클릭하면 그 기준이 <그림 6.150>과 같이 나타난다.

그림 6.147 개별 연구의 질 검증 결과 데이터

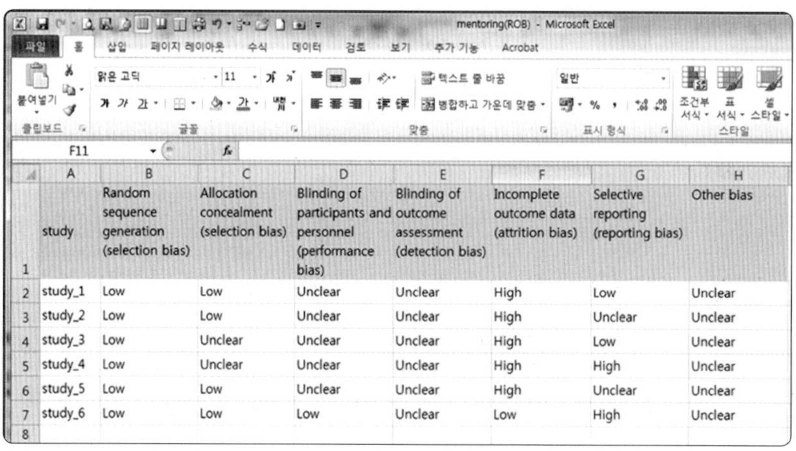

study	Random sequence generation (selection bias)	Allocation concealment (selection bias)	Blinding of participants and personnel (performance bias)	Blinding of outcome assessment (detection bias)	Incomplete outcome data (attrition bias)	Selective reporting (reporting bias)	Other bias
study_1	Low	Low	Unclear	Unclear	High	Low	Unclear
study_2	Low	Low	Unclear	Unclear	High	Unclear	Unclear
study_3	Low	Unclear	Unclear	Unclear	High	Low	Unclear
study_4	Low	Unclear	Unclear	Unclear	High	High	Unclear
study_5	Low	Low	Unclear	Unclear	High	Unclear	Unclear
study_6	Low	Low	Low	Unclear	Low	High	Unclear

그림 6.148 Characteristics of included studies의 오른쪽 아이콘

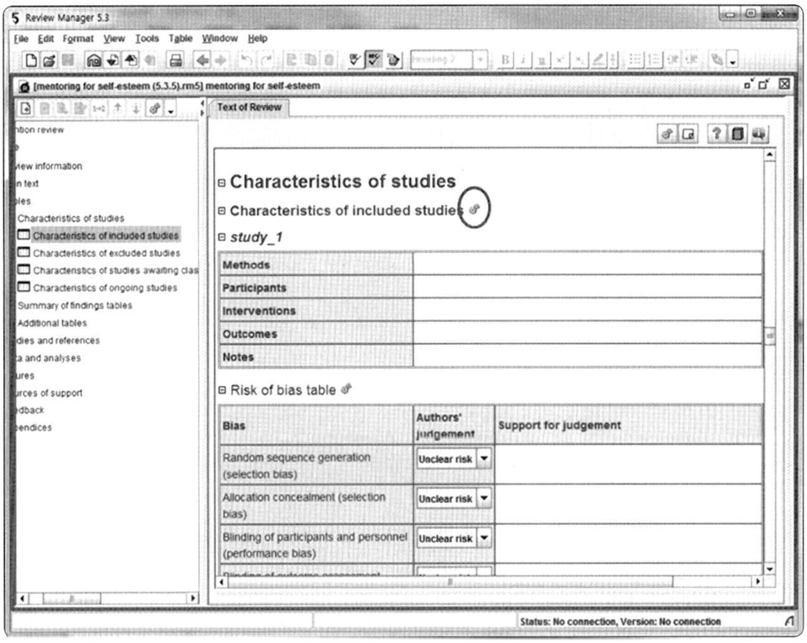

그림 6.149 아이콘에 마우스 오른쪽 버튼을 클릭

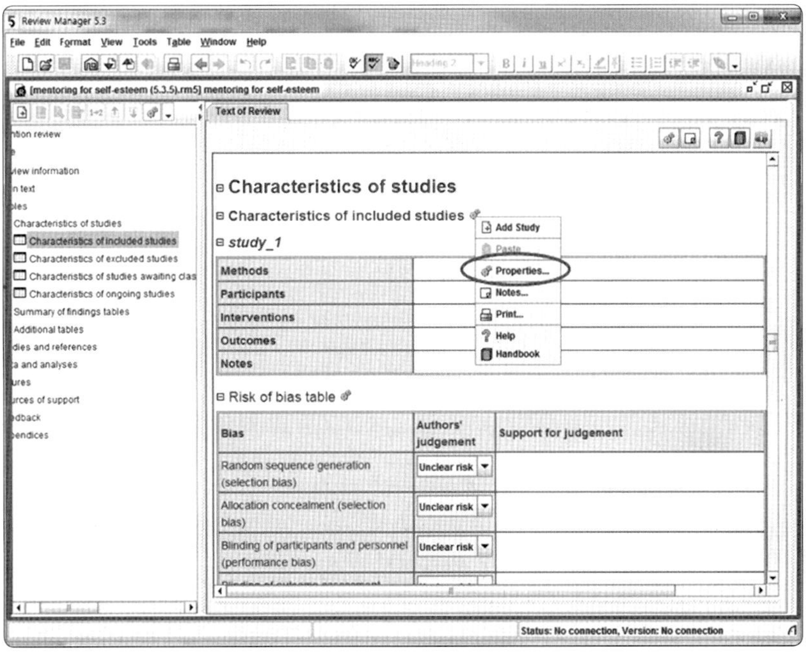

그림 6.150 오류위험의 기준에 대한 설명

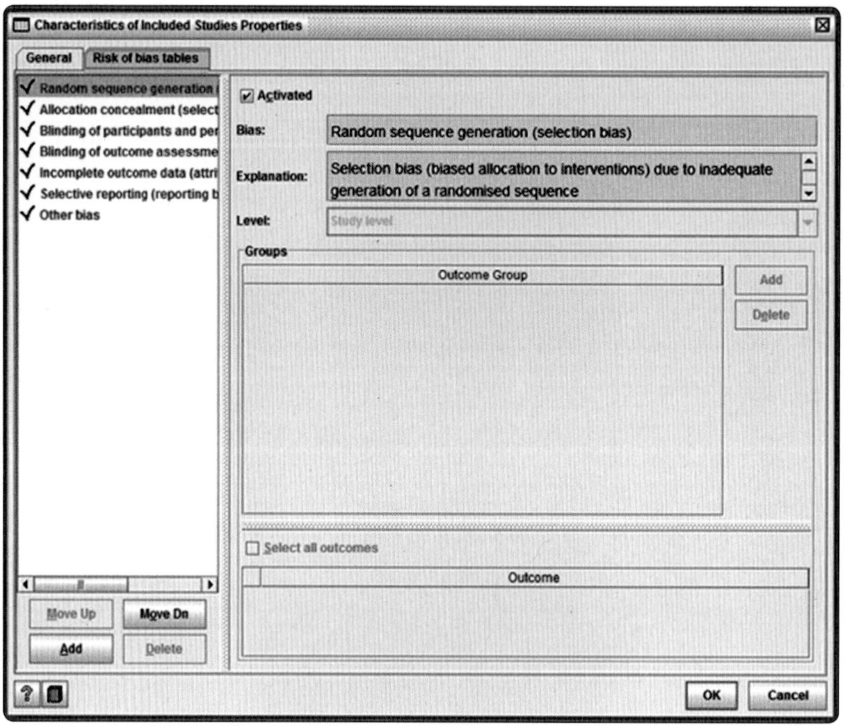

이제 <그림 6.151>에서 보는 것처럼 Risk of bias table이 나타나면, 각 연구별로 이 table의 내용을 채워나가면 된다. 우선 첫 번째 연구의 질 검증 데이터, 즉 오류위험 데이터를 입력하면 <그림 6.152>와 같이 나타난다.

<그림 6.153>과 같이 마지막 연구의 오류위험 데이터를 모두 입력하고 나면, 왼쪽 outline 창에서 Figures 메뉴로 가서 마우스 오른쪽 버튼을 클릭하면 Add Figure가 나타난다. 이 메뉴를 클릭하면 <그림 6.155>와 같이 어떤 그림을 만들 것인가를 선택할 수 있다. 여기서 먼저 Risk of bias summary를 선택하면 <그림 6.156> 및 <그림 6.157>과 같은 결과를 얻을 수 있다.

이어서 다시 Figures로 돌아가서 같은 방법으로 Add Figure를 선택한 후 이번에는 <그림 6.158>과 같이 Risk of bias graph를 선택하면 <그림 6.159> 및 <그림 6.160>과 같은 결과를 얻게 된다.

그림 6.151 Risk of bias 표에 데이터 입력 준비

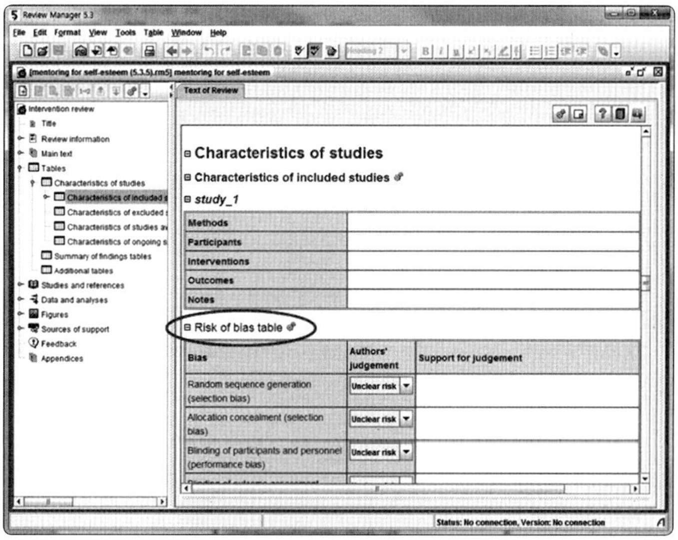

그림 6.152 첫 번째 연구의 오류위험 데이터를 입력한 모습

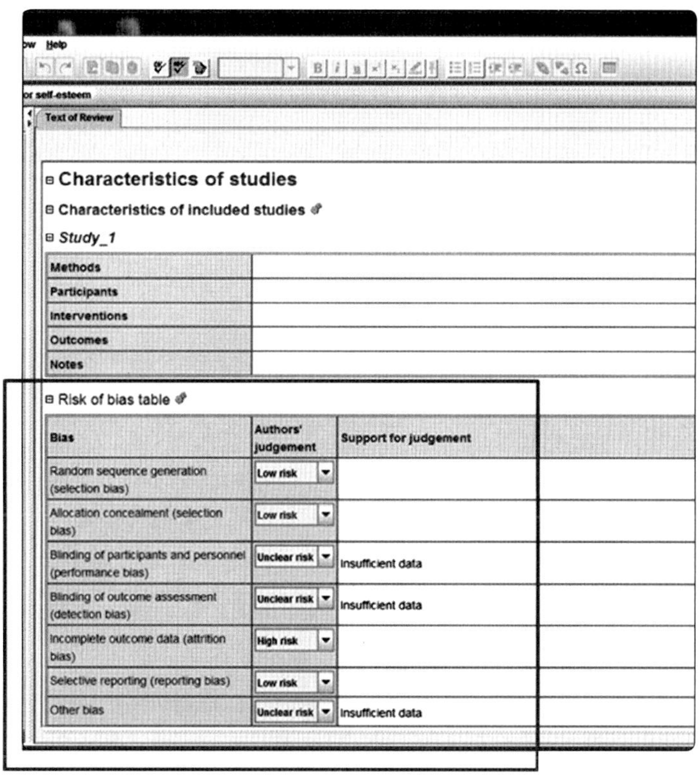

그림 6.153 마지막 여섯 번째 연구의 오류위험 데이터를 입력한 모습

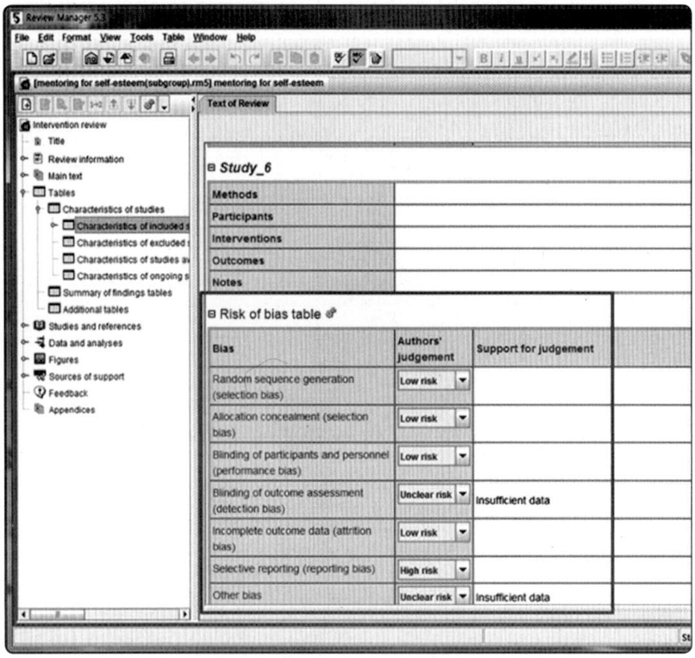

그림 6.154 Figures에서 오른쪽 마우스 버튼 클릭한 모습

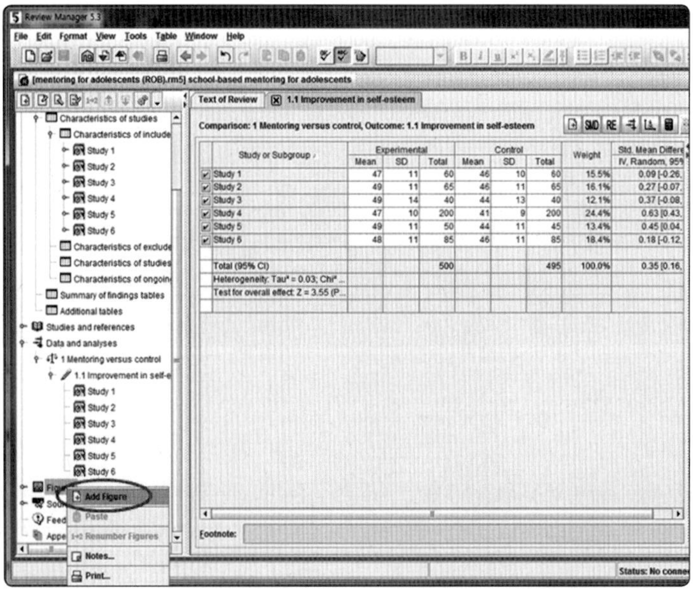

그림 6.155 추가할 그림으로 Risk of bias summary를 선택

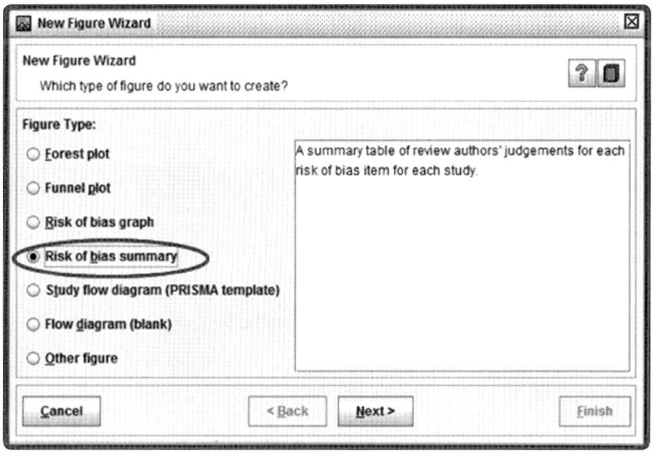

그림 6.156 Risk of bias summary가 제시된 모습

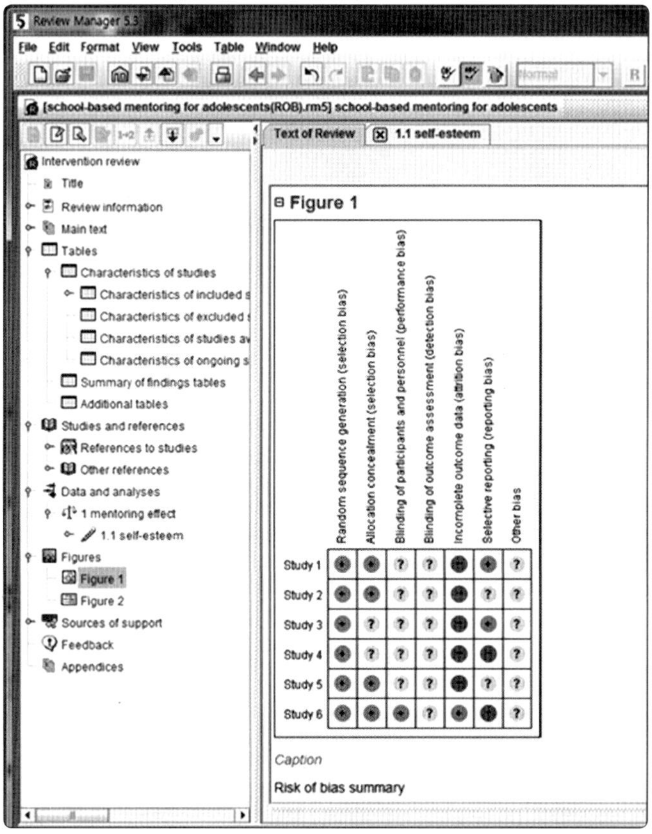

그림 6.157 Risk of bias summary의 구체적 내용

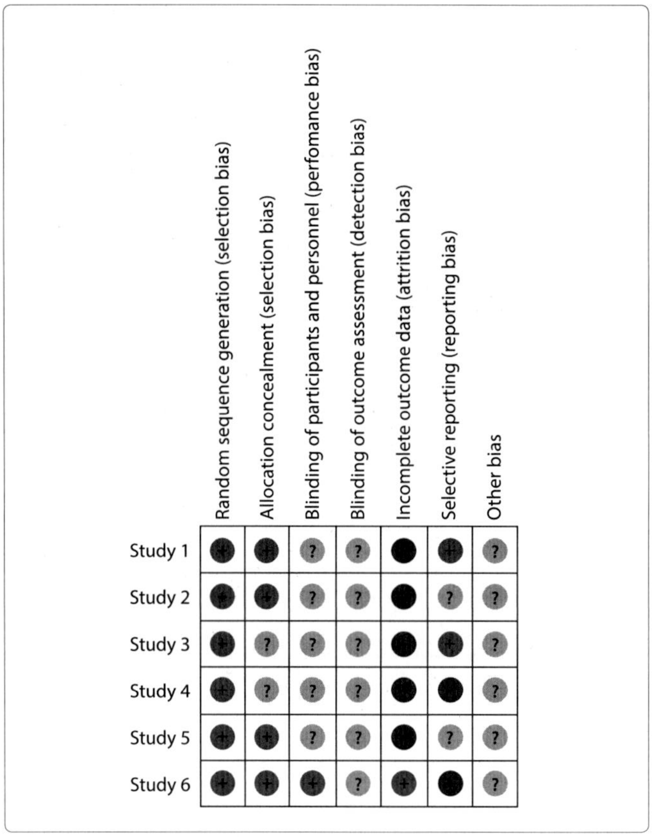

그림 6.158 Risk of bias graph를 선택

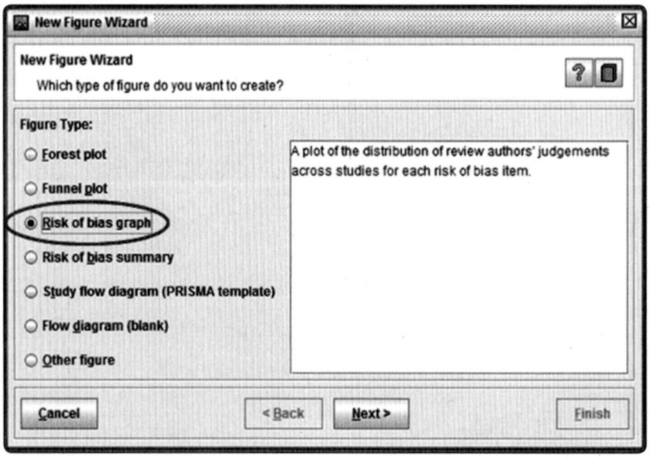

그림 6.159 Risk of bias graph가 제시된 모습

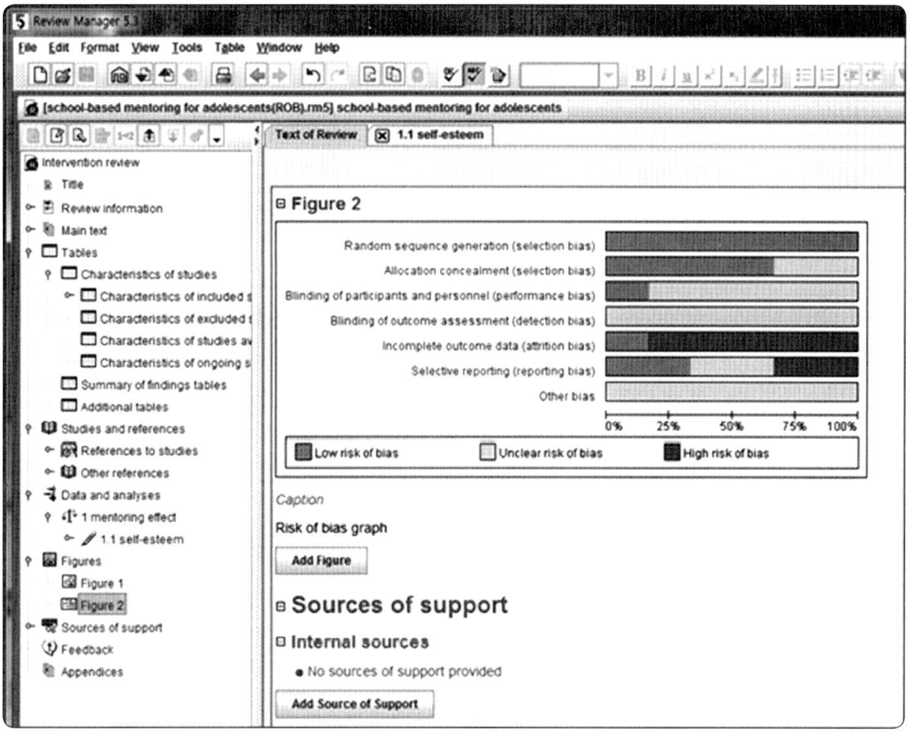

그림 6.160 Risk of bias graph의 구체적인 내용

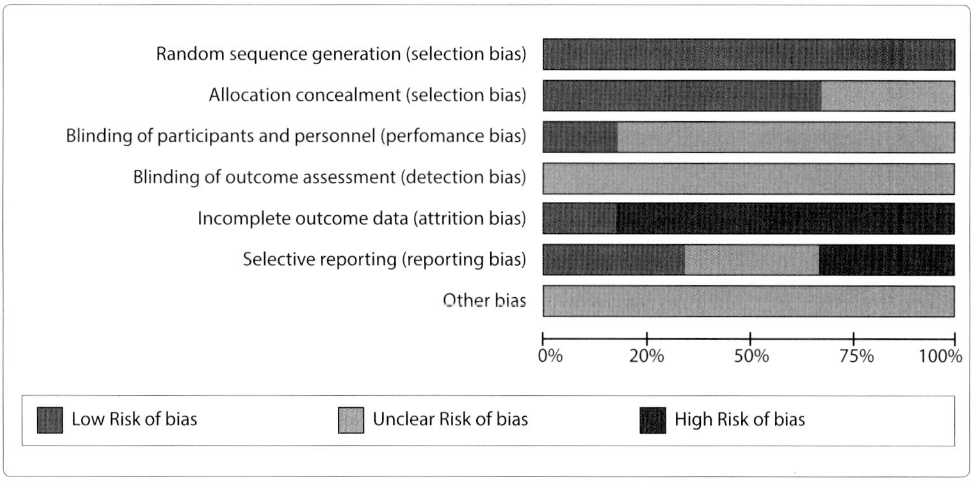

여기서 알 수 있는 RevMan의 또 한 가지 장점은 메타분석의 결과에 오류위험의 분석 결과를 덧붙일 수 있다는 점이다. <그림 6.161>에서와 같이 분석 결과 위에 있는 오류위험(ROB) 분석 아이콘을 클릭하면 <그림 6.162>와 같이 메타분석의 결과 오른쪽에 오류위험 분석 결과표가 일목요연하게 나타난다. 이 결과를 좀 더 자세히 나타내고자 하면 <그림 6.163> 및 <그림 6.164>와 같이 보다 분명하게 제시할 수 있다.

그림 6.161 효과크기 분석 결과에 Risk of bias 결과를 추가하는 모습

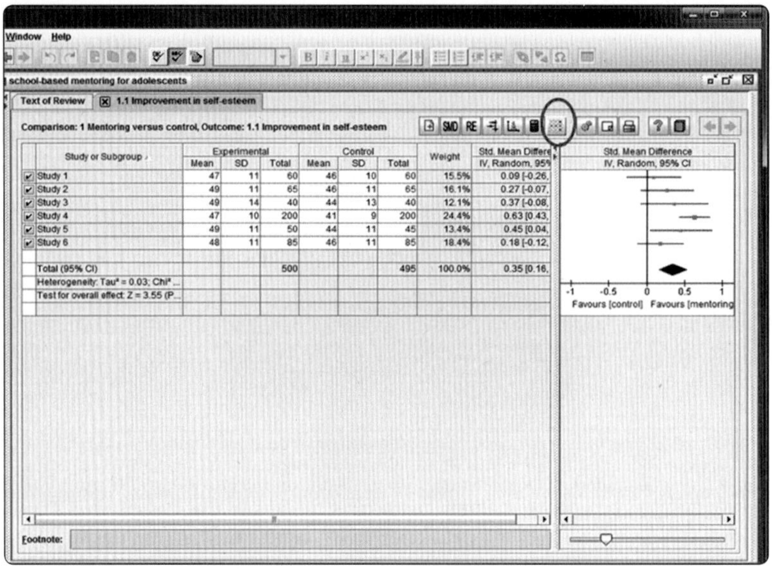

그림 6.162 분석 결과에 Risk of bis 분석 결과가 추가된 모습

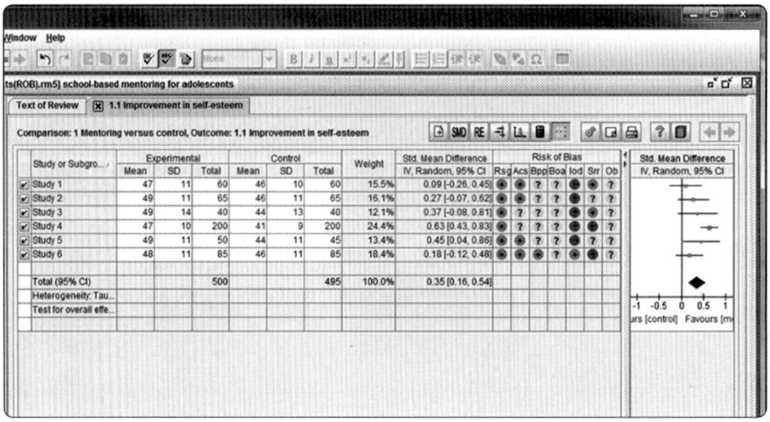

그림 6.163 Risk of bias 분석 결과가 추가된 구체적 모습

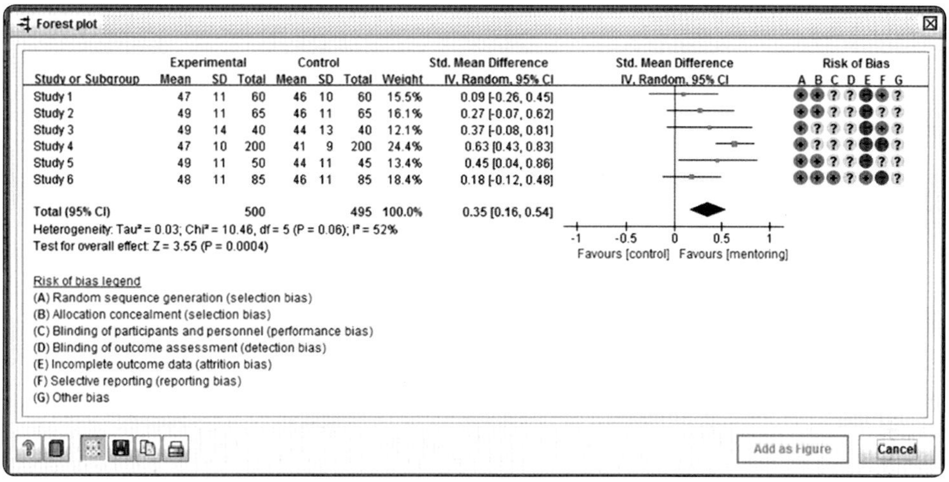

그림 6.164 Risk of bias 분석 결과가 추가된 forest plot

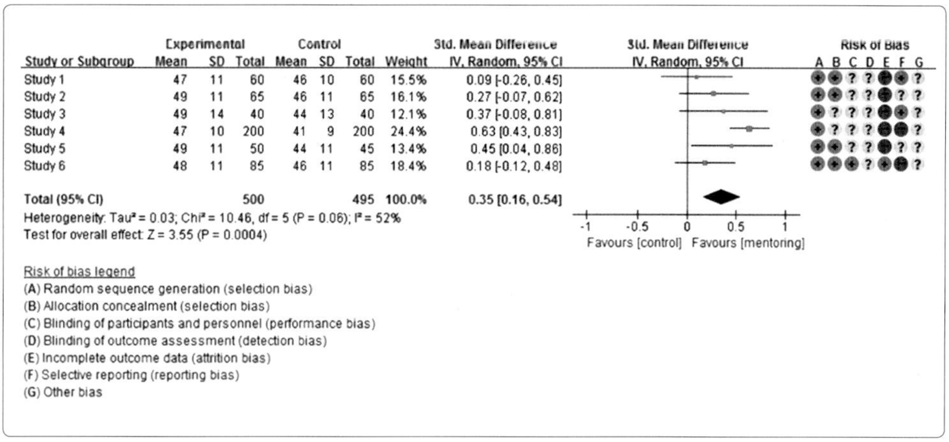

제3부

메타분석의 결과 보고

- 제7장 메타분석 결과에 대한 타당성 검증
- 제8장 메타분석 결과 보고서 작성

제7장 메타분석 결과에 대한 타당성 검증

1. 출간오류 분석

메타분석 연구도 일반적인 다른 연구와 마찬가지로 여러 가지 오류(bias)가 존재할 수 있는데, 그 유형으로는 언어적 오류, 접근성 오류, 친숙도 오류, 결과보고 오류, 비용 오류 등이 있다. 이를 정리하면 아래 <표 7.1>과 같다.

표 7.1 메타분석에서 발생할 수 있는 오류 유형(types of bias)

오류 유형	설명
언어적 오류 (language bias)	영어로 출간된 연구결과를 선별적으로 포함시킴으로써 발생하는 오류
접근성 오류 (availability bias)	연구자가 접근하기 쉬운 연구결과를 선별적으로 포함시키는 오류
친숙도 오류 (familiarity bias)	연구자가 자신의 학문 분야의 연구결과만을 선별적으로 포함시키는 오류
결과보고 오류 (outcome-reporting bias)	연구자가 연구결과를 선별적으로 보고하는 경우, 즉 통계적으로 유의한 연구결과는 그렇지 않은 연구결과보다 더 잘 보고되는 경향이 있음으로 인해 발생하는 오류
비용 오류 (cost bias)	무료 또는 저비용으로 이용 가능한 연구를 선별적으로 포함하는 경우에 생기는 오류

이 모든 오류는 메타분석 연구에 포함된 연구들이 전체 연구(the population of completed studies)를 대표하지 못한다는 '비대표성'(unrepresentativeness)과 관련되어 있다. 따라서 이 모든 오류를 연구결과의 배포 및 이용에 관한 오류를 의미하는 '배포오류'(dissemination bias)라는 포괄적 용어로 지칭하기도 한다. 하지만 이와 유사한 용어로 출간오류(publication bias)라는 용어가 이미 학계에 정착되어 있기 때문에, 출간오류라는 용어를 사용하는 것이 일반적이다. 한편 Cochrane에서는 이를 '보고오류'(reporting bias)라고 부르기도 한다.

포인트

출간오류(publication bias)

긍정적이고 통계적으로 유의미한 결과를 도출한 연구는 그렇지 않은 결과를 도출한 연구보다 더 쉽게 출간되는 경향이 있다. 따라서 출간된 연구라고 해서 모두가 높은 수준의 질을 보여주는 연구라고 할 수 없지만 통계적으로 유의한 결과를 보여주는 연구일 가능성이 높다.

배포오류(dissemination bias)

통계적으로 유의한 연구결과는 동일한 과학성을 갖추고 있지만 통계적으로 유의하지 않은 결과를 도출한 연구들보다 찾기가 더 수월하고, 또 영어(English)로 출간되었을 경우 더 쉽게 접근될 수 있다. 즉 이 배포오류는 연구결과의 언어, 익숙함, 이용가능성, 비용 등과 관련되어 있다고 하겠다.

1) 출간오류의 의미

출간오류의 일반적인 의미는 연구 결과의 속성이나 방향에 따라 연구결과가 출간되거나 출간되지 못하는 오류를 의미한다(Higgins and Green, 2011). 만약 메타분석에 포함된 연구로부터 나타난 분석 결과가 분석에 포함되어야 할 연구들이 모두 포함되었을 때 나타나는 분석 결과와 체계적으로 다르다면 출간오류가 존재한다고 하겠다. 즉 출간된 연구의 결과가 모든 (수행된) 연구의 결과를 대표하지 못할 때 출간오류가 발생하는 것이다. 그리고 메타분석에 포함된 연구가 관련된 모든 연구들의 왜곡된 표본(biased sample)이라면 그 결과, 즉 메타분석의 결과로 나타난 전체 효과크기는 왜곡된—일반적으로 과대추정(overestimated)된—결과인 것이다(Borenstein et al., 2009).

포인트

누락된 연구 문제(missing studies)

긍정적인 결과 그리고 통계적으로 유의미한 결과를 보여주는 연구는 그렇지 않은 연구보다 출간될 가능성이 높다. 그리고 이렇게 출간된 연구는 메타분석에 포함될 가능성이 높다. 따라서 통계적으로 유의하지 않거나 긍정적인 결과를 도출하지 못한 연구는 출간되지 않아서 메타분석에 포함되지 않았을 가능성이 높다.

표본추출 오류(sampling bias)

문헌 중에는 출간된 문헌뿐만 아니라 출간되지 않은 회색문헌(grey literature)도 존재하며 이는 다음과 같은 것들이다(technical reports, governmental reports, thesis/dissertation, conference papers). 만약 이러한 회색문헌이 메타분석에 포함되지 않았다면 메타분석은 표본추출 오류로부터 자유로울 수 없다.

'small-study effects'(표본크기가 작은 연구가 미치는 영향)

메타분석에 있어서 표본크기(sample size)가 작은 연구들이 상대적으로 큰 효과크기를 보이는 경향을 의미하며, 이에 대한 논리는 다음과 같다.

- 통계적 유의성에 상관없이 표본이 큰 연구들은 출간될 가능성이 높다.
- 표본이 중간 크기인 경우 출간되지 않을 가능성이 있다.
- 표본이 작은 연구들은 출간되지 않을 가능성(missing)이 가장 높다. 하지만 효과크기가 크다면 출간될 가능성이 있다.

즉 메타분석에 포함된 연구 중 표본크기가 작은 연구는 효과크기가 상대적으로 큰 연구일 가능성이 높다고 할 수 있다.

따라서 출간오류로 인해 발생하는 'small-study effects'에 대한 이러한 가설을 검정하기 위해 표본크기와 효과크기의 관계를 고찰할 필요가 있다. 만약 이 양자 간에 어떤 의미 있는 관계가 존재한다면 'small-study effects'에 대한 가설은 사실(true)이라고 볼 수 있다. 즉 메타분석에 포함된 연구들 중에서 표본크기가 작은 연구들의 효과크기가 상대적으로 크다면 이것은 'small-study effects'의 존재, 즉 출간오류(publication bias)가 존재하는 구체적인 근거로 볼 수 있다.

Tip

출간오류는 'small-study effects'가 발생하는 여러 원인 중 한 가지로 보는 것이 타당하다. 왜냐하면 'small-study effects'의 원인으로 출간오류 외에 연구 디자인의 문제 또는 연구 실행상의 문제

(예: poor quality design, lack of control, or more strict program implementation 등)가 있기 때문이다.

2) 출간오류의 분석 과정

메타분석에 있어서 출간오류(publication bias)에 대한 분석 과정은 일반적으로 다음과 같다.

(1) 우선 데이터에 대한 검토
(2) 오류가 있는지 그 근거를 확인
(3) 오류가 어느 정도인지 파악
(4) 오류에 대한 조정

포인트

일반적으로 출간오류에 대한 분석 목표는 다음 결론 중 한 가지로 볼 수 있다.

- 오류의 영향력(the impact of bias)이 미미하다.
- 오류의 영향력이 미미하지는 않지만 전체 연구결과에 영향을 줄 정도는 아니다.
- 오류가 심각해서 연구결과가 의심스럽다.

사례

Hackshaw et al.(1997)는 간접흡연과 폐암과의 관계에 대한 메타분석을 실시하여(37개의 연구결과를 분석), 연구 결과 간접흡연으로 인해 흡연 배우자를 둔 비흡연 배우자의 폐암 발생률이 24% 더 높은 것으로 밝혔다(표 7.2).

하지만 본 연구결과에 대해 의문이 제기되었다. 그 이유는 효과크기가 큰 연구들은 작은 연구들에 비해 출간될 가능성이 높고 따라서 연구에 포함될 가능성이 높기 때문이다. 하지만 효과크기가 작거나 효과가 없는 연구들은 출간될 가능성이 낮아서 연구에 포함되지 못했기 때문에 이러한 결과가 도출되었다는 것이다.

표 7.2 간접흡연과 폐암과의 관련성에 대한 데이터

study	yi	lower	upper	vi	RR
study01	-0.288	-0.84084	0.265475	0.079649	0.75
study02	0.728	-0.20691	1.662006	0.227305	2.07
study03	0.756	0.171673	1.340567	0.088916	2.13
study04	-0.223	-1.08347	0.637175	0.192668	0.8
study05	-0.236	-1.3769	0.905448	0.338993	0.79
study06	0.698	0.084369	1.311897	0.09806	2.01
study07	0.207	-0.21131	0.625334	0.045553	1.23
study08	0.182	-0.76119	1.125838	0.231731	1.2
study09	0.419	-0.1344	0.971824	0.079637	1.52
study10	0.03	-0.88426	0.943388	0.217377	1.03
study11	0.438	-0.10545	0.981966	0.076952	1.55
study12	0.03	-0.49453	0.553638	0.071497	1.03
study13	0.85	-0.20996	1.910264	0.292543	2.34
study14	0.501	0.147782	0.853768	0.032435	1.65
study15	0.174	-0.19933	0.547231	0.036271	1.19
study16	0.419	-0.94461	1.782026	0.483819	1.52
study17	0.77	0.080455	1.459759	0.123808	2.16
study18	0.077	-0.44558	0.599512	0.071079	1.08
study19	0.936	-0.30067	2.172861	0.398166	2.55
study20	0.482	-0.10432	1.069173	0.089616	1.62
study21	0.058	-0.30163	0.418171	0.033717	1.06
study22	-0.236	-0.48464	0.013193	0.016128	0.79
study23	-0.301	-1.13317	0.530963	0.180221	0.74
study24	0.82	-0.28397	1.92353	0.317124	2.27
study25	-0.03	-0.25	0.189074	0.012546	0.97
study26	0.47	-0.19086	1.13087	0.113687	1.6
study27	0.174	-0.41186	0.759763	0.089331	1.19
study28	0.507	-0.31538	1.32902	0.175972	1.66
study29	0.231	0.034836	0.42739	0.010028	1.26
study30	0.095	-0.48017	0.670789	0.086208	1.1
study31	0.507	0.115443	0.898192	0.039872	1.66
study32	0.148	-0.22551	0.522347	0.036397	1.16
study33	0.104	-0.40075	0.609472	0.066414	1.11
study34	0.166	-0.10305	0.434078	0.018775	1.18
study35	0.372	0.015283	0.727838	0.033042	1.45
study36	0.703	-0.73741	2.143606	0.540157	2.02
study37	0.182	-0.11094	0.475588	0.022388	1.2

(1) 데이터에 대한 검토

먼저 오류(bias)가 존재하는지 살펴보는 가장 좋은 출발점은 메타분석 결과 데이터를 검토해 보는 것이다. 여기에는 forest plot이 적합하다고 하겠으며, R을 이용하여 <그림 7.1>과 같은 결과를 얻을 수 있다.[1] 이때 각 연구를 표본크기 순으로 정렬하였는데, 그 이유는 표본크기별로 효과크기의 정도를 분석할 수 있기 때문이다.

```
> smoking=read.csv("smoking.csv")
> meta5 <- metagen(yi, sqrt(vi), sm="RR", Study, data=smoking)
> forest(meta5, comb.fixed=F, sortvar=seTE)
```

<그림 7.1>의 forest plot은 메타분석 결과 그 부분과 전체를 보여준다. 즉 개별 연구들의 결과(효과크기 및 통계적 유의성)와 패턴, 그리고 전체 연구결과의 모습(평균효과크기 및 통계적 유의성)을 볼 수 있다. forest plot 아래 부분을 살펴보면 그림의 아래쪽에 있는 가중치가 작은 연구들, 즉 표본의 크기가 작은 연구들이 표본이 큰 연구들보다 대체로 효과크기가 큰 것으로 나타났음을 알 수 있다. 즉 'small-study effects' 가능성이 있는 것으로 볼 수 있다.

(2) 오류의 존재 유무에 대한 확인

메타분석에서 표본의 크기와 효과크기의 관계를 잘 보여주는 방법은 funnel plot을 통해서이다. 깔때기 모양을 하고 있다고 해서 이름이 붙여진 funnel plot은, 수평축은 효과크기로 수직축은 표준오차(standard error)로 구성된다. 일반적으로 표본이 큰 연구들은 funnel plot 상단에 위치하는데 가운데의 직선, 즉 평균효과크기 주변에 몰려 있다. 하지만 표본크기가 작은 연구들은 하단에 위치하며 상대적으로 폭넓게 분포되어 있다(그림 7.2 참조). 왜냐하면 표본크기가 작은 연구들은 효과크기가 더 크고, 분산 및 표준오차가 더 크기 때문이다. 여기서 대각선은 각 효과크기의 95% 신뢰구간을 나타낸다.

```
> funnel(meta5, comb.random=FALSE)
```

1 본 장에서는 연구결과의 일관성을 위해 R 프로그램으로 분석한 결과를 제시하고자 한다.

그림 7.1 간접흡연과 폐암과의 관련성 forest plot

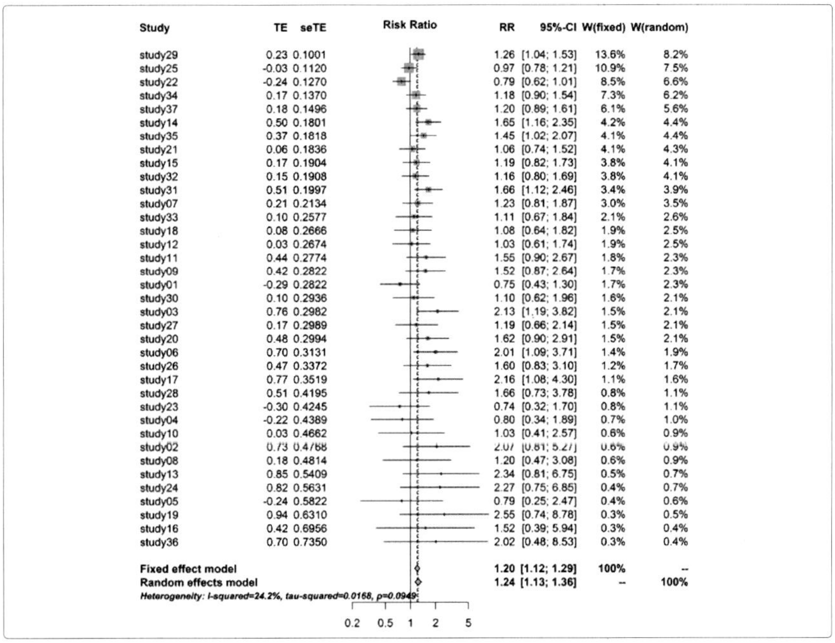

그림 7.2 간접흡연과 폐암과의 관계에 대한 funnel plot

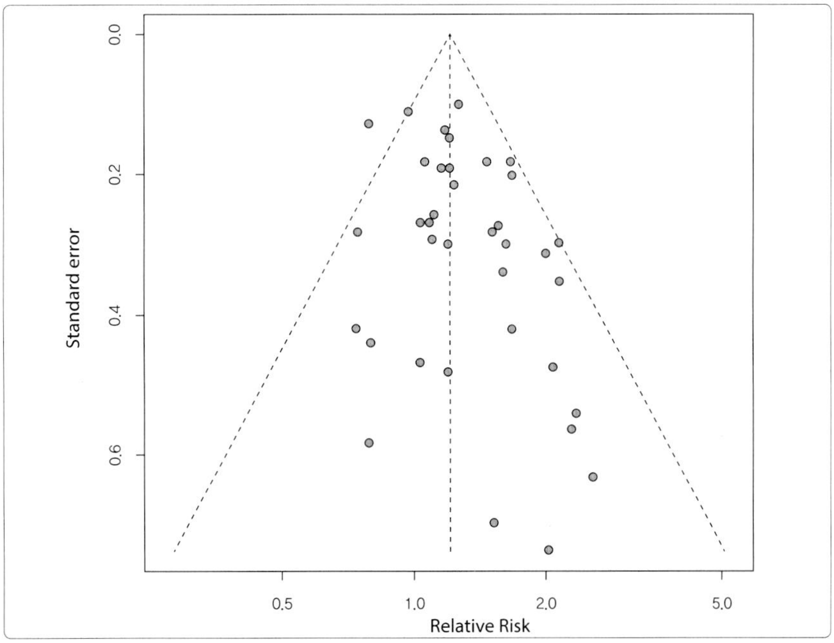

이 funnel plot에서 만약 출간오류가 없다면 (효과크기) 데이터들은 좌우대칭(symmetry)의 모습을 보일 것이며, 만약 비대칭(asymmetry)의 모습을 보인다면 이것은 데이터에 오류가 있음(biased)을 보여주는 것이다. 이 비대칭을 파악하는 방법으로는 시각적으로 확인하는 방법과 통계적으로 검증하는 방법 두 가지가 있다.

비대칭에 대한 시각적 분석

위의 <그림 7.2>에서 보듯이 X축에는 효과크기, Y축에는 표준오차(standard error)를 나타내어 그래프 하단에 표본크기가 작은 연구들이 보다 폭넓게 위치할 수 있다. 그리고 Risk Ratio=1.0을 기준으로 주로 오른쪽에 위치하고 있어 육안으로 비대칭(asymmetry)임을 쉽게 확인할 수 있다(그림 7.3 참조).

그림 7.3 비대칭을 보이는 간접흡연과 폐암과의 관계 funnel plot

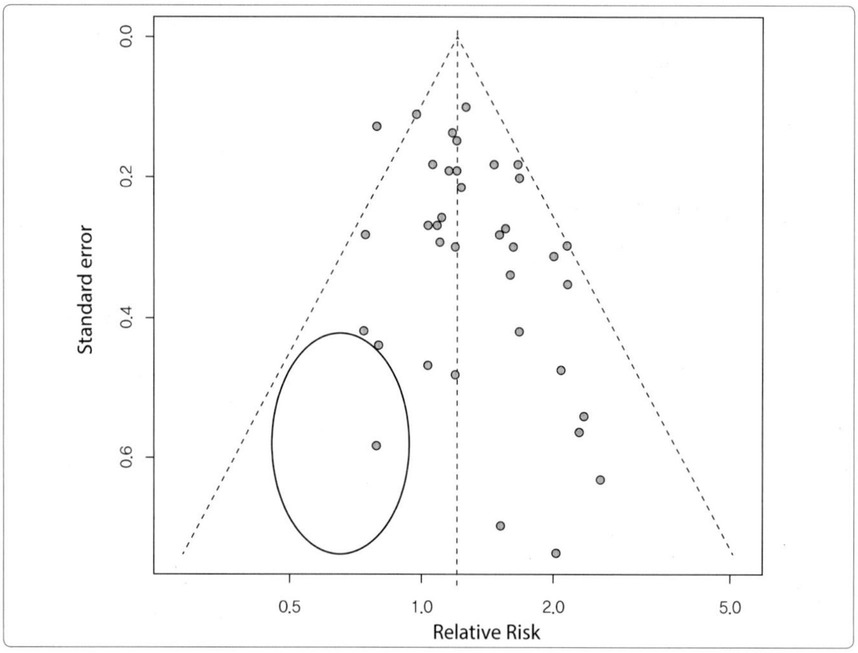

포인트

funnel plot은 오류에 대한 증명이 아니라 오류의 가능성(the possibility of bias)을 제기하기 위한 도구로서, 'small-study effects'를 검토하기 위한 하나의 일반적인 수단(a generic means)이라고 보는 것이 타당하다.(Sterne, Becker & Egger, 2005)

비대칭에 대한 통계적 분석

앞의 funnel plot을 보면 효과크기의 분포가 비대칭임을 쉽게 인지할 수 있다. 즉 대다수의 작은 연구들은 평균의 아래쪽 오른편에 몰려 있다. 하지만 funnel plot으로는 시각적으로만, 즉 주관적인 판단에 의해서만 비대칭에 대한 판단을 내리기 때문에 객관성을 담보할 수 없다. 따라서 보다 객관적인 기준, 즉 통계적인 분석이 필요한 것이다. funnel plot의 비대칭에 대한 통계적 분석으로 가장 많이 활용되는 방법으로는 회귀분석 검증(regression test)이 있다.

Egger et al.(1997)는 각 연구의 효과크기와 표준오차와의 관계를 회귀식으로 설명하고 있는데, 즉 Egger's regression test에 의하면 <그림 7.4>에서 보는 것처럼 bias의 p-value가 통계적으로 유의함(t=2.37, df=35, p=.024)을 알 수 있다. 즉 효과크기와 표준오차와의 관계가 없다는 귀무가설을 기각하게 되어 효과크기와 표준오차의 관계는 통계적으로 유의미한 관계가 있다고 말할 수 있다.

```
> metabias(meta5)
```

그림 7.4 R로 분석한 Egger의 회귀분석 결과

```
> metabias(meta5)

        Linear regression test of funnel plot asymmetry

data:  meta5
t = 2.3674, df = 35, p-value = 0.02357
alternative hypothesis: asymmetry in funnel plot
sample estimates:
       bias     se.bias       slope
0.892026897 0.376794281 0.008837408

> |
```

<그림 7.5>는 Stata로 분석한 Egger의 회귀분석 결과이다. 이는 앞서 살펴본 R의 분석결과와 동일함을 알 수 있다. 특히 <그림 7.6>에서 초기값의 신뢰구간이 0을 포함하고 있지 않아 통계적으로 유의함을 증명하고 있다. 그리고 Egger는 아래 두 방정식은 동일하다고 주장하고 있다(Sterne and Egger, 2005). 즉 정밀성(precision)을 독립변수로 하고 표준화된 효과크기(standardized effect)를 종속변수로 한 회귀식은 표준오차를 독립변수로 하고 관찰된 효과크기를 종속변수로 삼은 회귀식과 일치한다고 하였다. 따라서 <그림 7.5>와 <그림 7.6>의 결과에서 보듯이 표준오차와 효과크기는 유

의미한 관계가 있는 것으로 나타났기 때문에 효과크기와 표본크기는 통계적으로 유의한 관계에 있다고 하겠다.

$$E[Z_i] = \beta_0 + \beta_1 Prec_i$$

$$E[\theta_i] = \beta_1 + \beta_0 S_i$$

그림 7.5 Stata로 분석한 Egger의 회귀분석 결과 1

Egger's test

Std_Eff	Coef.	Std. Err.	t	P>|t|	[95% Conf. Interval]	
slope	.0087534	.0847357	0.10	0.918	-.1632692	.180776
bias	.8922971	.3767187	2.37	0.024	.1275175	1.657077

그림 7.6 Stata로 분석한 Egger의 회귀분석 결과 2

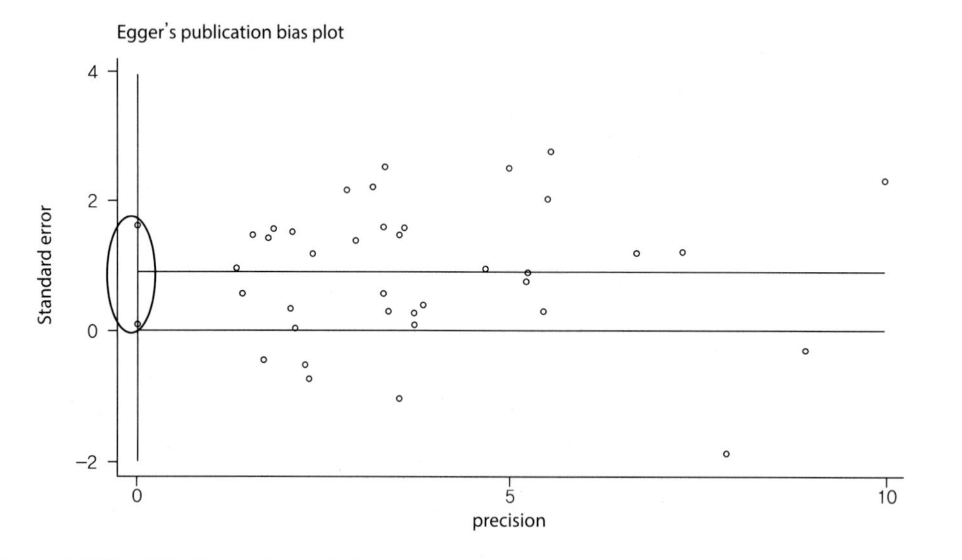

즉 전반적으로 표본의 크기가 작은 연구들은 표본의 크기가 큰 연구들보다 간접흡연과 폐암 사이의 관계, 즉 효과크기가 크다는 것을 보여 주고 있기 때문에 통계적으로도 funnel plot의 비대칭을 증명할 수 있다.

포인트

funnel plot의 비대칭을 검증하기 위한 또 다른 방법으로 Begg and Mazumdar(1994)의 rank correlation test를 이용하기도 한다. 하지만 이 분석방법은 효과크기와 그 분산과의 서열 상관관계를 검증하기 때문에, Egger의 regression test보다 검증력이 약한 것으로 평가되어 널리 사용되지는 않는다.(Schwarzer, Carpewter & Rücker, 2015)

(3) 오류의 정도에 대한 분석

오류가 있다고 판단되면 그 다음 단계에서는 오류(bias)가 어느 정도인가, 즉 전반적으로 연구결과가 얼마나 신빙성이 있는가를 살펴보는 것이 필요하다. 이를 위해서 지금까지는 일반적으로 Fail-safe N(안전성 계수) 방법을 활용해 왔다. 이 안전성 계수 분석 방법은 원래 Rosenthal(1979)에 의해 "file drawer analysis"라고 불렸는데, 이는 통계적으로 유의하지 않은 연구결과가 출간되지 못하고 파일 캐비닛 안에 보관되어 왔던 것에서 유래하여 출간되지 못해 메타분석에서 누락된 연구의 수를 계산하는 것을 의미하였다. 이는 나중에 Harris Cooper에 의해 "Fail-safe N"으로 명명되었다(Borenstein et al., 2009).

전통적인 Fail-safe N 분석으로 Rosenthal 계산 방식이 있는데, 아래 결과에서 보는 것처럼 전체 효과가 유의하지 않게(p>alpha) 되려면 398개의 추가 연구가 필요함을 보여 준다(Fail-safe N 분석은 R "metafor"패키지에서 가능하다).

```
> library(metafor)
> fsn(yi, vi, data=smoking)
> fsn(yi, vi, data=smoking type="Orwin")
> fsn(yi, vi, data=smoking type="Rosenberg")
```

Rosenthal(1979)은 이 수치(Fail-safe N)가 비록 충분히 크지는 않다 하더라도 어느 정도만 되면 대체로 신빙성 있는 결과라고 주장하였으며, 이 N의 기준은 5k+10으로 제시하였다(k: 연구 수). 5*(37)+10=195, 따라서 Fail-safe N이 195개보다 더 많으면 본 연구결과는 신빙성이 있다고 주장한다.

두 번째 방법은 Orwin(1983)의 방법으로, 전체 연구결과가 유의하지 않도록 하기 위한 기준(criterion for a "trivial" Risk Ratio) 값을 정한 후 누락된 데이터가 얼마나 되는지 계산하는 것인데, 이 방식으로 계산한 결과에서는 37개가 누락되었음을 보여 준다. 그리고 마지막으로 Rosenberg의 방식으로 구하게 되면 Fail-safe N은 206개가 산출되었다.

결론적으로 누락된 연구의 수(Fail-safe N)가 충분히 크다면 출간오류(publication bias)는 그다지 심각하지 않다고 할 수 있다.

그림 7.7 다양한 Fail–safe N 분석 결과

```
> fsn(yi, vi, data=smoking2)

Fail-safe N Calculation Using the Rosenthal Approach

Observed Significance Level: <.0001
Target Significance Level:    0.05

Fail-safe N: 398

> fsn(yi, vi, data=smoking2, type="Orwin")

Fail-safe N Calculation Using the Orwin Approach

Average Effect Size: 0.2951
Target Effect Size:  0.1476

Fail-safe N: 37

> fsn(yi, vi, data=smoking2, type="Rosenberg")

Fail-safe N Calculation Using the Rosenberg Approach

Average Effect Size:          0.1856
Observed Significance Level: <.0001
Target Significance Level:    0.05

Fail-safe N: 206

> |
```

fixed-effect model

포인트

Fail–safe N의 일반적인 계산 공식

$$N_{fs} = k(d - d_e)/d_e$$

k: 평균효과크기 산출에 이용된 연구의 수(예: 29)

d: 평균효과크기(예: 0.47)

d_e: 누락된 연구들이 추가될 때 기준 효과크기(예: 0.20)

$N_{fs} = 39$

(Dension & Seltzer 2011; Orwin, 1983)

예) 앞의 연구 결과에서 Log(1.204)=0.186, Log(1.05)=.0.049

$$\text{따라서 } N_{fs} = \frac{37(0.186 - 0.049)}{0.049} = 103.45$$

안전성 계수(Fail-safe N)에 대한 비판

그동안 메타분석 연구에서 제시되어 온 안전성 계수는 최근 들어 많은 비판을 받고 있는데, 그 이유를 정리하면 다음과 같다.

일반적으로 의학 연구, 특히 체계적 연구결과 분석에서는 특정한 유의확률(p-value)보다는 효과크기의 신뢰구간에 더 초점을 두는 것이 일반적이다. 따라서 Cochrane에서는 유의확률에 의존하는 안전성 계수를 사용하는 것을 권장하지 않는다(Higgins & Green, 2011).

이 계산 방법은 누락된 연구의 평균효과크기에 달려 있다. 즉 누락된 연구의 평균효과크기의 기준에 따라 안전성 계수에 대한 추정이 매우 다양하게 산출된다. 그리고 <그림 7.7>에서 보듯이 Fail-safe N을 추정하는 공식은 여러 가지이며, 공식에 따라 결과가 매우 다르게 나타나므로 결론도 달라진다(i.e., Rosenthal 방식, Orwin 방식, Rosenberg 방식). 특히 안전성 계수 산출에 있어서 각 연구의 표본크기나 그 이질성(heterogeneity)을 고려하지 않으며, 아울러 효과크기의 규모(magnitude)에 대한 문제의식도 없다. 또한 Fail-safe N의 해석에 대한 통계적 기준이 없다(Becker, 2005). 따라서 Becker 교수는 "Fail-safe N은 다른 더 나은 분석방법이 있다면 폐기되어야 한다."라고 주장하고 있다(2005, p. 124).

안전성 계수는 실질적인 유의성(substantial significance)에 초점을 두는 것이 아니라 통계적 유의성(statistical significance)에 초점을 두고 있다. 또한 누락된 연구의 효과크기를 0(zero)이라고 가정하고 있다(Borenstein et al., 2009).

이상의 비판을 종합하면 안전성 계수는 출간오류를 검증함에 있어 많은 문제가 있다고 하겠다. 따라서 Littell과 그 동료들은 "연구자들은 Fail-safe N 방법을 이용하지 않아야 한다."라거나(Littell et al., 2008, p. 131), "메타분석 연구자들이 출간오류와 관련된 문제를 분석하고 교정하는 더 과학적인 방법들을 선호함에 따라 안정성 계수 방법은 폐기되었다.'라고 주장하고 있다(Littell, 2013, p. 294).

(4) 오류에 대한 조정

다음 단계는 만약 오류(bias)가 있는 것으로 밝혀졌다면 오류를 조정하여 그 오류가 연구결과에 어느 정도 영향을 주는가 하는 점을 밝히는 것이다. 본 연구는 간접흡연이 폐암 발생률을 24% 증가시키는 것으로 결론을 내리고 있다. 여기서 Duval and Tweedie(2000)가 개발한 trim-and-fill 기법을 이용하여 누락되었다고 가정된 연구들을 포함시키면(여기서는 7개 투입, 그림 7.8), 즉 원래 funnel plot의 비대칭을 대칭으로 교정하게 되면 Risk Ratio가 약간 바뀌는 것을 알 수 있다(그림 7.9, 그림 7.10).

```
> trimfill(meta5, comb.fixed=TRUE)
```

그림 7.8 trim-and-fill 방법으로 만든 조정한 후의 Funnel Plot

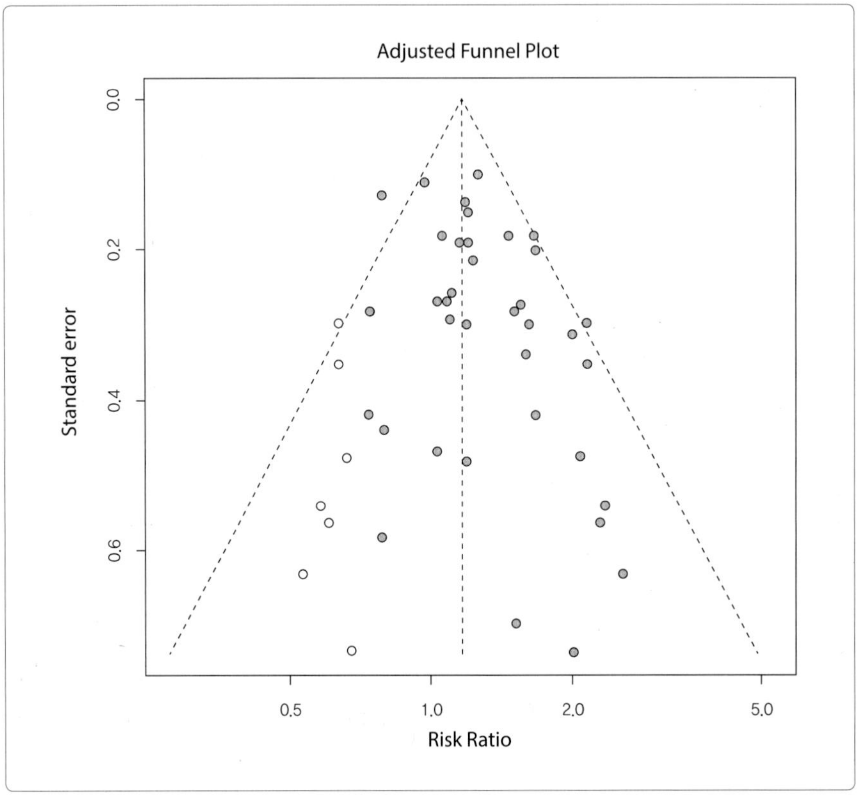

> summary(meta5)

그림 7.9 trim-and-fill 방법으로 조정하기 이전 평균효과크기

```
> summary(meta5)
Number of studies combined: k=37

                         RR             95%-CI      z  p.value
Fixed effect model   1.2041 [1.1199; 1.2946] 5.0227 < 0.0001
Random effects model 1.2377 [1.1294; 1.3565] 4.5620 < 0.0001

Quantifying heterogeneity:
tau^2 = 0.0168; H = 1.15 [1; 1.41]; I^2 = 24.2% [0%; 49.8%]

Test of heterogeneity:
     Q d.f.  p.value
 47.51   36   0.0949

Details on meta-analytical method:
- Inverse variance method
- DerSimonian-Laird estimator for tau^2
> |
```

> meta5a <- trimfill(meta5, comb.fixed=TRUE)

> summary(meta5a)

그림 7.10 trim-and-fill 방법으로 조정한 이후 평균효과크기의 변화

```
> summary(meta5a)
Number of studies combined: k=44 (with 7 added studies)

                         RR             95%-CI      z  p-value
Fixed effect model   1.1690 [1.0890; 1.2547] 4.3207 < 0.0001
Random effects model 1.1886 [1.0802; 1.3079] 3.5419   0.0004

Quantifying heterogeneity:
tau^2 = 0.0260; H = 1.2 [1; 1.45]; I^2 = 30.4% [0%; 52.2%]

Test of heterogeneity:
    Q d.f.  p-value
 61.8   43   0.0315

Details on meta-analytical method:
- Inverse variance method
- DerSimonian-Laird estimator for tau^2
- Trim-and-fill method to adjust for funnel plot asymmetry
> |
```

일반적으로 trim-and-fill 방법은 다음과 같이 진행한다.

(1) trim: 먼저 funnel plot이 대칭이 되도록 대칭이 되지 않는 연구들을 제외한다.

(2) 제외시킨 후 평균을 다시 구한다.

(3) fill: 이번에는 새로운 평균을 중심으로 제외한 연구들을 복원시켜 놓고 이와 대칭이 되도록 누락된 연구들을 채워 나간다.

위의 방법을 활용하여 비대칭(asymmetry)을 대칭(symmetry)으로 전환하기 위해 <그림 7.8>에서와 같이 7개의 연구를 투입했을 때 <그림 7.10>에서 보는 것처럼 Risk는 19% 증가하는(즉 adjusted RR=1.19) 것으로 나타난다. 한편 <그림 7.9>에서 보듯이 trim-and-fill 이전에는 24% 증가, 즉 RR=1.24였다. 따라서 의심되는 'small-study effects'는 본 연구의 결과에 그다지 큰 영향을 주지는 않는 것으로 결론 내릴 수 있다.

Tip

trim-and-fill 방법의 한계

이 방법은 데이터가 서로 이질적인(heterogeneous) 경우에 진짜 결측 연구(missing studies)가 아닌 다른 연구들로 채워 넣을 수(impute) 있다는 한계가 있다. 즉 개별 연구 차원의 특성(study-related factors)이 funnel plot의 모양을 왜곡시킬 수 있다는 것이다. 따라서 이러한 경우 하위집단별로 trim-and-fill 분석을 해보는 것이 필요하다. 예를 들면, 배우자의 흡연량, 비흡연 배우자의 건강상태, 결혼기간, 즉 노출기간별로 분석할 수 있다. trim-and-fill 방법은 민감성 분석(sensitivity analysis)의 한 가지 방법으로 사용하는 것이 적절하다고 하겠다. 왜냐하면 그 목적이 전체 효과에 대한 결측 데이터의 영향을 분석·확인하는 것이지 최종 결과, 즉 평균효과크기를 실제로 수정하는 데 있는 것이 아니기 때문이다(Duval, 2005).

요약하면 trim-and-fill 방법은 일종의 민감성 분석(sensitivity analysis) 방법으로 이해하는 것이 필요하다. 즉 출간오류와 그 밖의 오류에 대해 본 분석 결과가 얼마나 적합하냐(robust)를 해석의 기준으로 삼는 것이 적절하다.

(5) 결론

결론적으로 표본의 크기가 작은 연구들이 효과크기가 크다는 근거는 있지만 본 연구결과의 타당성을 의심할 만한 근거는 없다. 따라서 간접흡연은 임상적으로 폐암 발생률을 19~24% 증가시키는 중요한 요인이 됨을 알 수 있다고 결론 내릴 수 있다.

포인트

연구결과의 진실성

메타분석에서는 항상 출간오류(publication bias)에 대한 분석을 하는 것이 중요하다. 이는 메타분석의 결과가 신빙성이 있는 결과인지 아니면 의심스러운지 독자들이 판단할 수 있는 중요한 근거를 제공하기 때문이다. 따라서 출간오류에 대한 분석은 개별 메타분석 연구뿐만 아니라 메타분석이라는 연구방법 및 연구 분야 자체의 진실성(integrity)을 위한 기준이 된다고 할 수 있다.

2. 누적메타분석과 민감성 분석

출간오류 분석과 더불어 메타분석에서 많이 활용되는 데이터 오류, 즉 전체 연구결과에 미치는 오류에 대한 분석 방법으로 누적메타분석과 민감성 분석이 있다. 누적메타분석은 어떤 특정한 기준(예: 시간)에 따라 평균효과크기가 어떻게 변화하는가를 분석하는 기법이고, 민감성 분석은 메타분석 과정에서 분석의 기준에 따라 그 결과, 즉 평균효과크기가 어떻게 달라지는가를 분석하는 방법이다.

1) 누적메타분석

누적메타분석(cumulative meta-analysis)은 가장 빈번한 기준으로 시간의 흐름에 따라 연구결과 및 트렌드가 어떻게 달라지는가를 추적하는 분석 방법이다. 예를 들면, 출간 연도별로 정렬하여 시간이 경과함에 따라 효과크기가 어떻게 변화하는지를 분석할 수 있다. 또 다른 방법으로는 연구의 정밀성, 즉 표본이 큰 연구들부터 차례로 투입하여 표본크기에 따라 효과크기가 어떻게 달라지는지를 분석할 수도 있다.

(1) 시간적 순서에 따른 누적메타분석

먼저 시간적 순서에 따른 누적메타분석을 위해 일차 진료기관에서 우울증에 대한 전통적인 치료 방법과 여러 전문가를 참여시킨 연합적 치료 방법(collaborative care)의 치료 효과를 비교한 35개 연구를 데이터로 사용하기로 한다(Gilbody et al., 2006).

```
> Gilbody=read.csv("Gilbody.csv")
> meta6 <- metagen(yi, sqrt(vi), sm="SMD", study, data=Gilbody)
> meta6
> meta6b <- metacum(meta6, sortvar=year)
> meta6b
```

표 7.3 우울증에 대한 연합 치료의 효과를 분석한 데이터

study	yi	vi	setting	year
Adler et al,31 (2004)	0.190	0.010	1	2004
Akerblad et al,32 (2003)	0.260	0.009	0	2003
Araya et al,33 (2003)	1.130	0.030	0	2003
Blanchard et al,34 (1995)	0.430	0.050	0	1995
Brook et al,35 (2003)	0.000	0.030	0	2003
Bruce et al,36 (2004)	0.300	0.013	1	2004
Callahan et al,37 (1994)	0.050	0.073	1	1994
Cappocia et al,38 (2004)	0.170	0.079	1	2004
Coleman et al,39 (1999)	-0.140	0.040	1	1999
Datto et al,40 (2003)	0.420	0.082	1	2003
Dietrich et al,41 (2004)	0.160	0.014	1	2004
Finley et al,42 (2000)	-0.300	0.075	1	2000
Hunkeler et al,43 (2000)	0.280	0.016	1	2000
Jarjoura et al,44 (2004)	0.420	0.044	1	2004
Katon et al,45 (2001)	0.110	0.011	1	2001
Katon et al,46 (2004)	0.240	0.019	1	2004
Katon et al,47 (1995)	0.190	0.024	1	1995
Katon et al,47 (1996)	0.490	0.034	1	1996
Katon et al,48 (1999)	0.310	0.023	1	1999
Katzelnick et al,49 (2000)	0.430	0.011	1	2000
Mann et al,50 (1998)	-0.080	0.011	0	1998
Oslin et al,51 (2003)	0.610	0.072	1	2003
Peyeler et al,16 (1999)	0.210	0.027	0	1999
Rickles et al,52 (2004)	0.250	0.100	1	2004

Rost et al,53 (2001a)	0.200	0.023	1	2001
Rost et al,53 (2001b)	0.290	0.029	1	2001
Simon et al,54 (2000)	0.300	0.013	1	2000
Simon et al,55 (2004a)	0.180	0.021	1	2004
Simon et al,55 (2004b)	0.330	0.021	1	2004
Swindle et al,56 (2003)	0.180	0.060	1	2003
Unutzer et al,57 (2001)	0.405	0.002	1	2001
Wells et al,17 (2000 medication)	0.220	0.015	1	2000
Wells et al,17 (2000 therapy)	0.220	0.014	1	2000
Whooley et al,58 (2000)	0.160	0.036	1	2000
Wilkinson et al,59 (1993)	-0.290	0.066	0	1993

그림 7.11 우울증에 대한 연합치료의 효과에 대한 누적메타분석 결과

```
Cumulative meta-analysis (Fixed effect model)

                                                SMD             95%-CI  p-value     tau^2      I^2
Adding Wilkinson et al,59 (1993) (k=1)      -0.2900 [-0.7935; 0.2135]    0.259    0
Adding Callahan et al,37 (1994) (k=2)       -0.1286 [-0.4935; 0.2363]   0.4899    0           0.0%
Adding Blanchard et al,34 (1995) (k=3)       0.1001 [-0.1803; 0.3805]   0.4841    0.0784     55.7%
Adding Katon et al,47 (1995) (k=4)           0.1415 [-0.0645; 0.3475]   0.1782    0.0273     36.1%
Adding Katon et al,47 (1996) (k=5)           0.2270 [ 0.0480; 0.4059]   0.0129    0.0371     45.9%
Adding Mann et al,50 (1998) (k=6)            0.0946 [-0.0404; 0.2296]   0.1695    0.0468     59.2%
Adding Coleman et al,39 (1999) (k=7)         0.0697 [-0.0579; 0.1974]   0.2842    0.0408     55.5%
Adding Katon et al,48 (1999) (k=8)           0.1071 [-0.0101; 0.2244]   0.0734    0.0377     55.2%
Adding Peyeler et al,16 (1999) (k=9)         0.1192 [ 0.0090; 0.2294]    0.034    0.0298     49.9%
Adding Finley et al,42 (2000) (k=10)         0.1022 [-0.0057; 0.2102]   0.0634    0.0327     50.6%
Adding Hunkeler et al,43 (2000) (k=11)       0.1306 [ 0.0316; 0.2295]   0.0097    0.0289     49.7%
Adding Katzelnick et al,49 (2000) (k=12)     0.1869 [ 0.0977; 0.2761] < 0.0001    0.0364     58.5%
Adding Simon et al,54 (2000) (k=13)          0.2024 [ 0.1196; 0.2853] < 0.0001    0.0307     56.1%
Adding Wells et al17 (2000 medication) (k=14) 0.2043 [ 0.1260; 0.2826] < 0.0001   0.0254     52.5%
Adding Wells et al,17 (2000 therapy) (k=15)  0.2059 [ 0.1317; 0.2801] < 0.0001    0.021      48.9%
Adding Whooley et al,58 (2000) (k=16)        0.2042 [ 0.1314; 0.2769] < 0.0001    0.0187     45.3%
Adding Katon et al,45 (2001) (k=17)          0.1937 [ 0.1251; 0.2623] < 0.0001    0.0161     43.1%
Adding Rost et al,53 (2001a) (k=18)          0.1940 [ 0.1272; 0.2608] < 0.0001    0.014      39.6%
Adding Rost et al,53 (2001b) (k=19)          0.1977 [ 0.1322; 0.2632] < 0.0001    0.0126     36.7%
Adding Unutzer et al,57 (2001) (k=20)        0.2720 [ 0.2195; 0.3245] < 0.0001    0.0198     55.0%
Adding Akerblad et al,32 (2003) (k=21)       0.2711 [ 0.2206; 0.3216] < 0.0001    0.0172     52.7%
Adding Araya et al,33 (2003) (k=22)          0.2897 [ 0.2398; 0.3397] < 0.0001    0.034      68.3%
Adding Brook et al,35 (2003) (k=23)          0.2836 [ 0.2342; 0.3330] < 0.0001    0.0344     68.1%
Adding Datto et al,40 (2003) (k=24)          0.2846 [ 0.2354; 0.3339] < 0.0001    0.0335     66.8%
Adding Oslin et al,51 (2003) (k=25)          0.2875 [ 0.2384; 0.3365] < 0.0001    0.0334     66.1%
Adding Swindle et al56 (2003) (k=26)         0.2864 [ 0.2376; 0.3351] < 0.0001    0.0324     64.7%
Adding Adler et al,31 (2004) (k=27)          0.2807 [ 0.2334; 0.3281] < 0.0001    0.0301     63.8%
Adding Bruce et al,36 (2004) (k=28)          0.2816 [ 0.2353; 0.3279] < 0.0001    0.0279     62.4%
Adding Cappocia et al,38 (2004) (k=29)       0.2808 [ 0.2346; 0.3269] < 0.0001    0.0272     61.1%
Adding Dietrich et al,41 (2004) (k=30)       0.2762 [ 0.2309; 0.3214] < 0.0001    0.026      60.3%
Adding Jarjoura et al,44 (2004) (k=31)       0.2779 [ 0.2329; 0.3229] < 0.0001    0.0253     59.2%
Adding Katon et al,46 (2004) (k=32)          0.2769 [ 0.2325; 0.3212] < 0.0001    0.024      57.8%
Adding Rickles et al,52 (2004) (k=33)        0.2767 [ 0.2325; 0.3210] < 0.0001    0.0233     56.5%
Adding Simon et al,55 (2004a) (k=34)         0.2745 [ 0.2307; 0.3182] < 0.0001    0.0223     55.4%
Adding Simon et al,55 (2004b) (k=35)         0.2757 [ 0.2325; 0.3190] < 0.0001    0.0213     54.1%

Pooled estimate                              0.2757 [ 0.2325; 0.3190] < 0.0001    0.0213     54.1%

Details on meta-analytical method:
- Inverse variance method
```

```
> forest(meta6b)
```

그림 7.12 누적메타분석 결과(출간 연도 순)

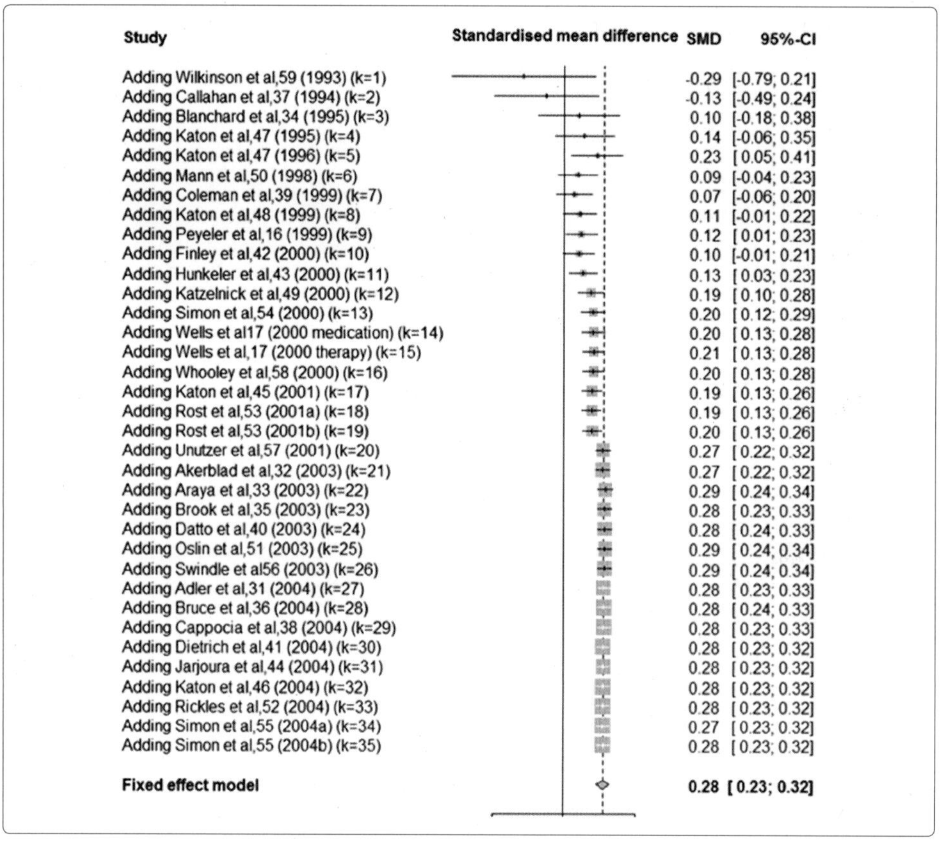

<그림 7.12>의 누적분석 결과를 보면 1990년대 중반 이후, 특히 2000년대에 들어서면서 연합적 치료 방법의 효과가 전통적인 치료 방법에 비해 긍정적이며 안정적인 결과(0.10~0.29)를 보여 주고 있음을 알 수 있다.

(2) 표본크기에 따른 누적메타분석

표본크기의 영향을 살펴보기 위해 표본이 큰 연구로부터 작은 연구의 순서(즉 most precise to least precise)로 정렬하여 누적된 효과크기를 검토해 볼 필요가 있다. 여기에도 연구를 하나씩 더하면서 분석하는 누적메타분석(cumulative meta-analysis)의 방법을 활용한다.

앞에서 언급한 것처럼 원래 누적분석은 시간의 흐름에 따라 결과가 어떻게 축적되어 나타나는 지를 검증하는 방법으로 고안되었다. 따라서 <그림 7.11>, <그림 7.12>에서와 같이 출간 연도별로 정렬하여 시간이 경과함에 따라 효과크기가 어떻게 변화하는지를 분석할 수 있다. 여기서는 표본 크기가 큰 연구들부터 차례로 투입하여 효과크기가 어느 정도 안정화(stabilized)되면 작은 연구들을 더 투입해도 효과크기에 큰 변화가 나타나지 않게 되는지를 확인한다. 만약 그렇게 되면 표본크기가 작은 연구들이 출간오류, 즉 'small-study effects'를 일으켜서 전체 연구 결과에 심각한 영향을 준다고 보기 어렵다고 하겠다.

```
> metacum(meta5)
```

그림 7.13 간접흡연과 폐암과의 관련성에 대한 누적메타분석 결과(표본 크기 순)

```
Cumulative meta-analysis (Fixed effect model)

                             RR          95%-CI  p-value    tau^2     I^2
Adding study29 (k=1)    1.2599 [1.0353; 1.5331]   0.0211   0
Adding study25 (k=2)    1.1219 [0.9692; 1.2987]   0.1233   0.0228   66.9%
Adding study22 (k=3)    1.0252 [0.9037; 1.1630]   0.6989   0.0424   77.0%
Adding study34 (k=4)    1.0517 [0.9382; 1.1789]   0.3869   0.0303   68.6%
Adding study37 (k=5)    1.0701 [0.9621; 1.1902]   0.2122   0.0235   60.9%
Adding study14 (k=6)    1.1094 [1.0019; 1.2284]   0.0458   0.0351   67.8%
Adding study35 (k=7)    1.1321 [1.0265; 1.2486]   0.013    0.0347   65.8%
Adding study21 (k=8)    1.1270 [1.0253; 1.2387]   0.0132   0.0292   60.4%
Adding study15 (k=9)    1.1307 [1.0317; 1.2391]   0.0086   0.0247   54.9%
Adding study32 (k=10)   1.1323 [1.0359; 1.2376]   0.0062   0.0206   49.3%
Adding study31 (k=11)   1.1538 [1.0579; 1.2584]   0.0012   0.0249   53.0%
Adding study07 (k=12)   1.1568 [1.0626; 1.2594]   0.0008   0.0218   48.5%
Adding study33 (k=13)   1.1555 [1.0626; 1.2565]   0.0007   0.0191   43.9%
Adding study18 (k=14)   1.1535 [1.0620; 1.2530]   0.0007   0.0167   39.4%
Adding study12 (k=15)   1.1504 [1.0601; 1.2483]   0.0008   0.0146   35.2%
Adding study11 (k=16)   1.1580 [1.0681; 1.2554]   0.0004   0.0145   34.0%
Adding study09 (k=17)   1.1646 [1.0751; 1.2615]   0.0002   0.0139   32.3%
Adding study01 (k=18)   1.1541 [1.0663; 1.2492]   0.0004   0.0161   34.7%
Adding study30 (k=19)   1.1531 [1.0662; 1.2471]   0.0004   0.014    30.9%
Adding study03 (k=20)   1.1657 [1.0785; 1.2599]   0.0001   0.0191   37.1%
Adding study27 (k=21)   1.1661 [1.0796; 1.2595] < 0.0001   0.0171   33.8%
Adding study20 (k=22)   1.1726 [1.0864; 1.2657] < 0.0001   0.0171   33.1%
Adding study06 (k=23)   1.1823 [1.0960; 1.2754] < 0.0001   0.0198   35.9%
Adding study26 (k=24)   1.1869 [1.1008; 1.2797] < 0.0001   0.0192   34.5%
Adding study17 (k=25)   1.1953 [1.1091; 1.2882] < 0.0001   0.0219   36.8%
Adding study28 (k=26)   1.1986 [1.1125; 1.2913] < 0.0001   0.0211   35.2%
Adding study23 (k=27)   1.1940 [1.1085; 1.2860] < 0.0001   0.0213   34.8%
Adding study04 (k=28)   1.1904 [1.1056; 1.2818] < 0.0001   0.0209   33.6%
Adding study10 (k=29)   1.1893 [1.1048; 1.2803] < 0.0001   0.0193   31.4%
Adding study02 (k=30)   1.1934 [1.1088; 1.2844] < 0.0001   0.0197   31.2%
Adding study08 (k=31)   1.1934 [1.1091; 1.2842] < 0.0001   0.0181   28.8%
Adding study13 (k=32)   1.1973 [1.1129; 1.2881] < 0.0001   0.0188   29.0%
Adding study24 (k=33)   1.2006 [1.1162; 1.2915] < 0.0001   0.0191   28.8%
Adding study05 (k=34)   1.1986 [1.1144; 1.2891] < 0.0001   0.0183   27.4%
Adding study19 (k=35)   1.2017 [1.1175; 1.2923] < 0.0001   0.0189   27.5%
Adding study16 (k=36)   1.2025 [1.1183; 1.2930] < 0.0001   0.0175   25.6%
Adding study36 (k=37)   1.2041 [1.1199; 1.2946] < 0.0001   0.0168   24.2%

Pooled estimate         1.2041 [1.1199; 1.2946] < 0.0001   0.0168   24.2%
```

```
> meta5b <- metacum(meta5)
> forest(meta5b)
```

그림 7.14 간접흡연과 폐암과의 관련성에 대한 누적메타분석 plot(표본 크기 순)

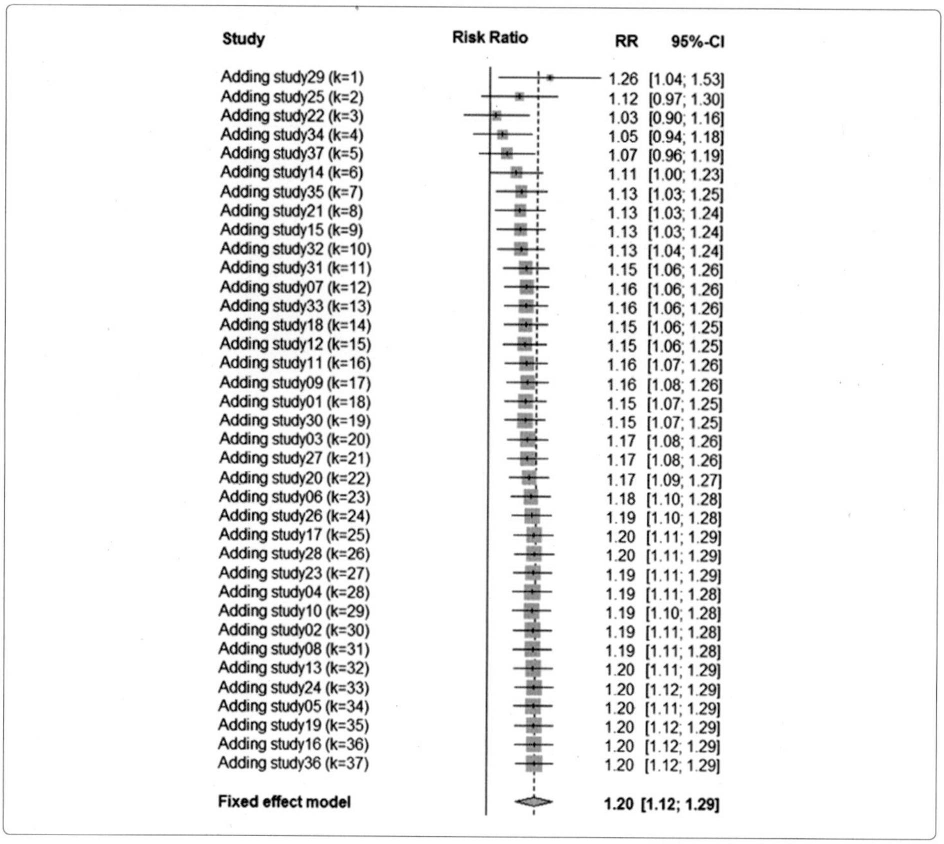

<그림 7.14>에서 보는 것처럼 연구의 크기 순서로 22개(Study 20까지) 연구를 투입했을 때 전체 효과크기는 1.17로 나타났다. 그리고 나머지 15개의 상대적으로 작은 연구들을 투입하게 되면 전체 효과크기는 1.20으로 증가해 표본 크기가 작은 연구들이 전체 결과에는 큰 영향을 미치지는 못함을 알 수 있다. 따라서 효과의 크기가 상대적으로 큰 것으로 나타난 작은 표본의 연구들이(그림 7.1 참조) 전체 결과에 영향을 주는, 즉 오류(bias)를 일으키는 원인이라고 말할 수 없다고 하겠다.

요약하자면 누적메타분석은 각 연구들이 더해지면서 평균효과크기와 신뢰구간이 어떻게 달라지는지를 보여 준다. 그리고 누적메타분석은 민감성 분석(sensitivity analysis)의 한 부분으로도 활용될 수 있다. 즉 새로운 연구들이 추가되면서 연구결과(결론)가 어떻게 달라지는지 또는 변함이 없는지를 보여 주는 것이다.

2) 민감성 분석

민감성 분석(sensitivity analysis)은 분석의 기준이나 내용에 따라 그 결과가 어떻게 변화하는지를 검토하는 분석 방법이며, 그 기준은 아래 <표 7.4>와 같이 정리될 수 있겠다.

표 7.4 민감성 분석을 위한 기준과 내용

기준	내용
연구 포함 기준	기준에 따라 어떤 특정한 연구나 몇몇 연구가 누락되면 전체적인 결론이 크게 다르게 나타나는가를 검증
통계적 방법	• 효과크기의 종류(Risk Ratio 또는 Odds Ratio) • 효과크기의 산출 모형(고정효과모형 또는 무선효과모형)
누락된 데이터를 다루는 방법	누락된 연구를 포함시켰을 때 결과가 어느 정도 달라지는가를 검증 (예: trim-and-fill)

민감성 분석은 서로 다른 조건(가정)하에서 도출된 분석 결과가 일관성을 보이는지 검증하는 방법이라고 할 수 있다. 즉 체계적 리뷰 과정에서 이루어진 여러 가지 결정의 영향력을 검증하기 위해, 그리고 누락된 데이터의 영향을 탐색하기 위해 사용되기도 한다.

민감성 분석 사례로 청소년들의 비행을 예방하기 위해 비행 위험 청소년들로 하여금 청소년 보호시설을 미리 경험하게 한 후, 이들의 비행이 실제 감소하는지를 연구한 데이터를 활용해 보자(Borenstein et al., 2009; petrosino et al., 2013).

표 7.5 민감성 분석을 위한 데이터

study	a	n1	c	n2
Study_1	12	28	5	30
Study_2	16	39	16	41
Study_3	14	39	11	40
Study_4	190	460	40	350
Study_5	43	53	37	55
Study_6	16	94	8	67
Study_7	27	137	17	90

데이터를 불러와서 아래와 같이 기본적인 분석을 하면 <그림 7.15>와 같은 결과를 얻게 된다.

```
> scared=read.csv("Scared_Straight.csv")
> meta6 <- metabin(a, n1, c, n2, sm="OR", method="I", data=scared)
> meta6
```

그림 7.15 효과크기에 대한 분석 결과

```
> meta6 <-metabin(a,n1,c,n2, sm="OR", method="I", study, data=scared)
> meta6
            OR            95%-CI %W(fixed) %W(random)
Study_1 3.7500 [1.1099; 12.6695]      4.60      11.27
Study_2 1.0870 [0.4442;  2.6599]      8.51      13.90
Study_3 1.4764 [0.5688;  3.8320]      7.49      13.40
Study_4 5.4537 [3.7371;  7.9588]     47.68      17.96
Study_5 2.0919 [0.8597;  5.0901]      8.62      13.95
Study_6 1.5128 [0.6068;  3.7718]      8.16      13.74
Study_7 1.0540 [0.5366;  2.0704]     14.95      15.77

Number of studies combined: k=7

                         OR            95%-CI      z  p-value
Fixed effect model   2.7486 [2.1172; 3.5684] 7.5925 < 0.0001
Random effects model 1.9848 [1.0502; 3.7514] 2.1107   0.0348

Quantifying heterogeneity:
tau^2 = 0.5503; H = 2.17 [1.52; 3.12]; I^2 = 78.9% [56.5%; 89.7%]

Test of heterogeneity:
     Q d.f.  p-value
 28.38    6 < 0.0001

Details on meta-analytical method:
- Inverse variance method
- DerSimonian-Laird estimator for tau^2
```

이번에는 CMA를 이용하여 각 연구의 가중치(weight)를 시각적으로 검토하면 <그림 7.16>에서 보는 바와 같이 Study 4의 가중치가 확연히 다름을 알 수 있다. 이는 <그림 7.15>에서도 확인할 수 있다.

그림 7.16 각 연구의 가중치 검토

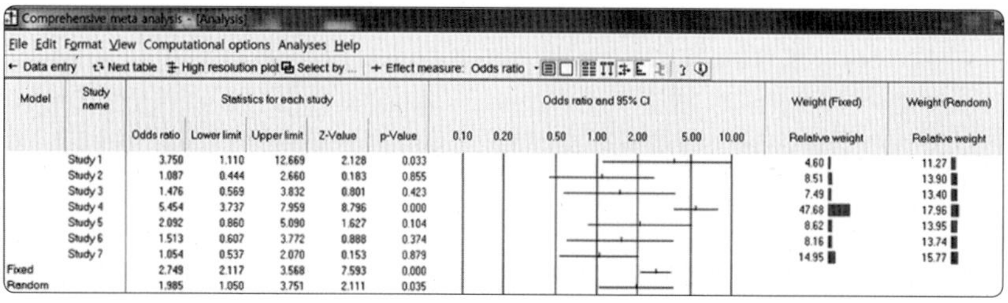

Model	Study name	Statistics for each study					Weight (Fixed)	Weight (Random)
		Odds ratio	Lower limit	Upper limit	Z-Value	p-Value	Relative weight	Relative weight
	Study 1	3.750	1.110	12.669	2.128	0.033	4.60	11.27
	Study 2	1.087	0.444	2.660	0.183	0.855	8.51	13.90
	Study 3	1.476	0.569	3.832	0.801	0.423	7.49	13.40
	Study 4	5.454	3.737	7.959	8.796	0.000	47.68	17.96
	Study 5	2.092	0.860	5.090	1.627	0.104	8.62	13.95
	Study 6	1.513	0.607	3.772	0.888	0.374	8.16	13.74
	Study 7	1.054	0.537	2.070	0.153	0.879	14.95	15.77
Fixed		2.749	2.117	3.568	7.593	0.000		
Random		1.985	1.050	3.751	2.111	0.035		

이제 본 데이터의 각 연구 간 다양성을 인정하여 평균효과크기의 분석모형을 무선효과모형으로 하여 forest plot을 만들어 보면 <그림 7.17>과 같이 나타난다.

```
> meta6a <- update(meta6, comb.fixed=F)
> forest(meta6a)
```

그림 7.17 무선효과모형 결과

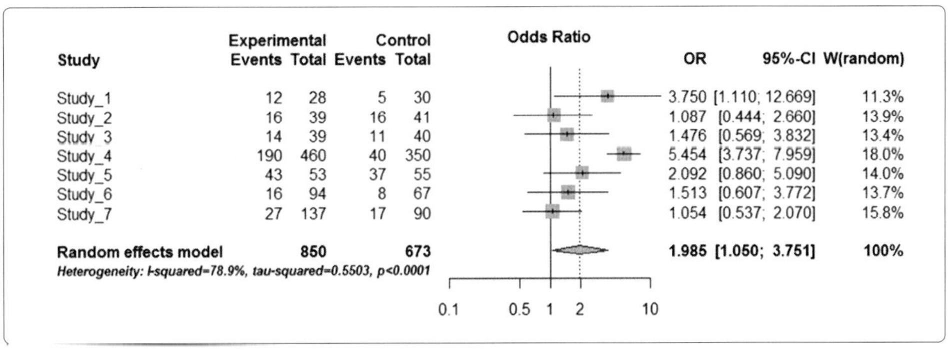

다음으로 각 연구를 하나씩 제외하였을 때 전체 평균효과크기가 어떻게 달라지는지 민감성 분석을 실시해 보자.

```
> metainf(meta6a)
```

그림 7.18 민감성 분석을 실시한 결과

```
> metainf(meta6a)

Influential analysis (Random effects model)

                    OR            95%-CI  p-value    tau^2     I^2
Omitting Study_1  1.8231 [0.8988; 3.6978]   0.096   0.6174   82.2%
Omitting Study_2  2.1883 [1.1067; 4.3270]   0.0244  0.5413   79.1%
Omitting Study_3  2.0739 [1.0183; 4.2241]   0.0445  0.6086   81.2%
Omitting Study_4  1.4720 [1.0261; 2.1117]   0.0357  0         0.0%
Omitting Study_5  1.9604 [0.9383; 4.0958]   0.0734  0.6607   82.1%
Omitting Study_6  2.0680 [1.0108; 4.2309]   0.0467  0.6155   81.2%
Omitting Study_7  2.2488 [1.1738; 4.3084]   0.0146  0.4611   74.1%

Pooled estimate   1.9848 [1.0502; 3.7514]   0.0348  0.5503   78.9%

Details on meta-analytical method:
- Inverse variance method
- DerSimonian-Laird estimator for tau^2
> forest(metainf(meta6a))
> forest(metainf(meta6a), digits=3)
> |
```

<그림 7.18>에서 보는 것처럼 Study_4를 제외하면 평균효과크기가 1.472로 크게 변화된다. 하지만 다른 연구들을 제외하였을 경우에는 전체 효과크기 1.985와 크게 다르지 않음을 알 수 있다. 이제 이 결과를 forest plot을 통해 나타내면 아래 그림과 같다.

```
> forest(metainf(meta6a), digits=3)
```

그림 7.19 민감성 분석을 실시한 후의 forest plot

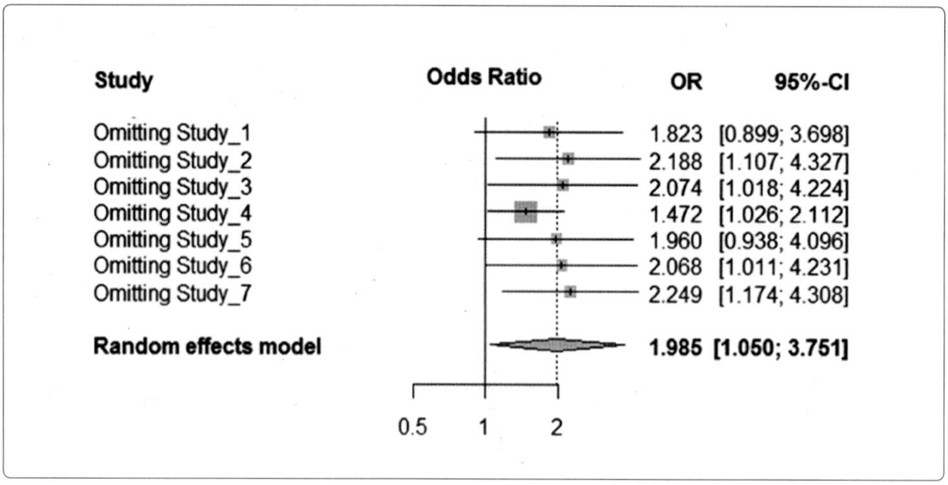

<그림 7.19>에 나타난 결과는 각 연구를 제외하였을 때의 평균효과크기를 보여 준다. <그림 7.18>에서 나타난 결과와 마찬가지로 여기서도 Study_4를 제외하였을 경우 효과크기는 1.472로 나타나 모든 연구를 포함한 결과인 1.985와 상당한 변화가 있음을 알 수 있다. 그러나 다른 연구들을 각각 제외하였을 때는 전체를 포함한 평균효과크기 1.985와 크게 다르지 않음을 알 수 있다. 즉 어떤 특정한 연구를 제외 또는 포함시켰을 때 전체 평균효과크기가 어떻게 달라지며, 연구결과에 얼마나 변화가 있는지를 검증하는 것이 바로 민감성 분석의 목적이라 하겠다.

제8장 메타분석 결과 보고서 작성

일반적으로 메타분석의 결과에 대한 결과 보고서 작성은 여타 연구의 결과 보고서 작성과 비슷하며 보고서 구성은 다음과 같이 이루어진다.

- 서론(Introduction)
- 연구방법(Method)
- 분석결과(Results)
- 논의 및 결론(Discussion & Conclusion)
- 참고문헌(References)
- 부록(Appendices)

사례

청소년들에 대한 학교기반 멘토링의 효과: 체계적 리뷰 및 메타분석

(School-Based Mentoring for Adolescents: A Systematic Review and Meta-Analysis)

1. 서론(문제의 제기, 선행연구, 연구의 필요성 및 목적 …)
2. 연구방법(포함될 연구의 기준, 연구 선정, 데이터 분석 …)
3. 연구결과(대상자 특성, 연구의 질, 개입효과 …)
4. 논의 및 함의
5. 결론

- 이해관계의 명시(Declaration of Conflicting Interests): 저작권, 저자 역할 표시 등
- 재정 지원(Funding)
- 참고문헌(References)

(Wood & Mayo-Wilson, 2012)

1. 서론

서론에서는 연구의 필요성 및 중요성이 제기되어 연구의 정당성을 확보하는 것이 필요하며 이어서 연구 주제와 관련된 이론 및 선행연구에 대한 고찰이 이루어진다. 그리고 무엇보다 명확한 연구 질문이 서술되어야 한다. 예를 들면 "기존 연구의 결과들은 …" 또는 "본 연구에서는 … 효과크기를 분석하며, 아울러 분석하고자 하는 조절효과는 …" 등과 같이 연구의 필요성과 목적을 연구 질문과 함께 분명하게 제시하는 것이 필요하다.

2. 연구방법

보통 메타분석 연구에서 연구방법에 대한 내용은 메타분석에 포함될 연구의 기준 명시, 문헌의 검색, 선정된 문헌에 대한 데이터 추출 및 코딩, 그리고 데이터 분석 방법에 대한 내용을 포함하게 된다. 이때 체계적 리뷰 및 메타분석을 보고할 때 일반적으로 따르는 기준인 PRISMA(Preferred Reporting Items for Systematic Reviews and Meta-Analyses) 가이드라인에 대한 준수 여부를 밝히는 것이 필요하다. 연구방법에 대한 내용을 세부 내용과 함께 간략히 정리하면 다음과 같다.

◆ 포함된 연구에 대한 기준
- 포함된 연구의 핵심적 기준
- 제외된 연구의 기준(예: 나이 등)
- 주요 변수(조작적 정의)

◆ 문헌(연구) 검색
- 데이터베이스(키워드) 및 저널 검색
- 주요 연구의 참고문헌을 활용한 검색
- 회색문헌(grey literature) 검색
- 필요시 연구자와 직접 접촉(전화, 이메일)

◆ 선정된 문헌, 즉 연구의 질 검증
- 개별 연구의 질, 즉 연구방법론적 과학성(타당성)을 평가

- 다양한 검증 도구를 활용(예: 실험조사 설계인 경우 Cochrane의 Risk of Bias 활용)

◆ 변수의 코딩

- 연구수준 변수의 코딩(예: 표본 특성, 연구 디자인 등)
- 효과크기 코딩(효과크기의 조정 및 계산 등)
- 코딩의 신뢰도(예: 복수의 코딩자 및 상호 검증)

◆ 데이터 분석 방법

- 평균효과크기의 계산(예: 가중치 부여 방법, 고정효과 및 무선효과모형의 선택)
- 조절효과의 검증(strategy for testing moderation)
- 전체 결과에 영향을 줄 수 있는 오류 위험 검증 방법

3. 분석결과

분석결과에서는 연구방법에서 제시된 기준과 방법에 따라 분석한 결과를 제시하는데, 일반적으로 분석결과에는 보통 다음과 같은 내용을 포함하게 된다.

- 포함된 연구의 특성(예: 데이터의 수(k), 전체 표본 수(N), 개입방법 등)
- 개별 연구의 질 검증(study quality)
- 효과크기 분석 결과 및 시각적 표현(예: funnel plot).
- 효과크기의 집중 경향치(예: 평균효과크기, 평균효과크기의 통계적 유의성 및 신뢰구간)
- 효과크기의 분포(variability in effect sizes) 및 이질성(예: Q값 및 이질성 통계치 등)
- 효과크기의 이질성을 설명하기 위한 조절효과 분석
- 전체 연구결과에 영향을 미칠 수 있는 오류 위험에 대한 검증

(Littell et al., 2008, Moore et al., 2009)

분석결과를 작성할 때는 메타분석의 목적이 기존 연구결과를 종합·분석하는 것임을 기억하고, 분석결과에 대한 내용은 아래 주요 사항을 중심으로 구체적으로 기술한다.

● 메타분석에 포함된 연구의 선정 결과

연구방법에서 제시한 선정 기준, 검색 출처, 검색 방법 등에 의해 검색된 연구 중 일차적으로 선별된 연구의 수 및 선정 기준에 따라 엄격하게 평가된 연구의 수를 제시한다. 그리고 체계적 리뷰 및 메타분석에 포함된 최종 연구 수를 단계별로 제시하는데 이때 제외된 사유를 함께 제시하며 이 모든 과정을 다이어그램(flowchart)로 제시하는 것이 일반적이다(그림 8.1).

그림 8.1 PRISMA flowchart 예시

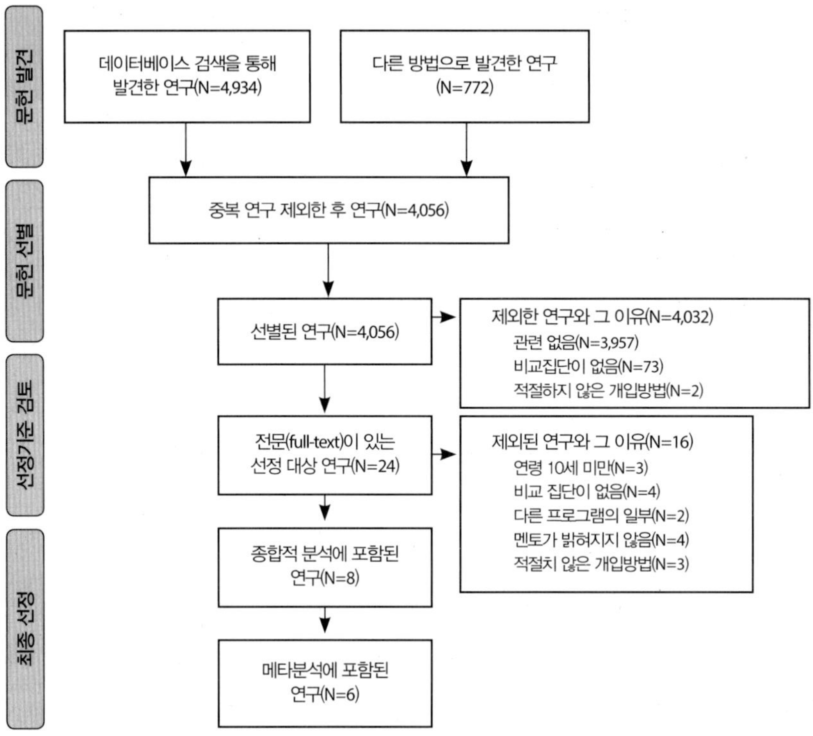

(Wood and Mayo-Wilson, 2012, p.259에서 재구성)

● 메타분석에 포함된 연구의 특성

분석결과에서 우선적으로 제시되는 것은 메타분석 연구에 포함된 각 연구들에 대한 특성을 기술하는 것이다. 여기에는 각 연구의 주저자, 출간 연도, 출간 형태(학술지 등), 표본 수, 개입 방법, 개입 기간, 척도 등을 포함하게 된다.

● 메타분석에 포함된 개별 연구의 질 검증

연구자는 메타분석을 보다 과학적이고 합리적으로 수행했음을 밝히기 위해 메타분석에 포함된 개별 연구(individual studies)의 질을 검증하여 그 결과를 밝히는 것이 필요한데, 이때 그 기준으로 삼는 것은 대체로 다음과 같다(Higgins and Green, 2011).

- 실험연구에서 무작위 배정 실시 여부 및 배정과정을 비공개로 실시했는지 여부
- 실험 참가자 및 스텝의 실험집단 및 통제집단 구분에 대한 미인지 여부
- 실험 결과 측정 시 집단 구분 미인지 여부
- 실험 도중 탈락으로 인한 불충분한 결과(데이터) 여부
- 실험 결과에 대한 선별적 결과 보고 여부

개별 연구의 질 검증 결과는 <그림 8.2>와 같이 검증 결과를 종합한 그래프로 제시하거나 아니면 <그림 8.3>과 같이 검증 결과를 연구별로 요약(summary)하는 방식으로 제시할 수 있다.

그림 8.2 포함된 연구의 질을 전체적으로 검증한 결과(graph)

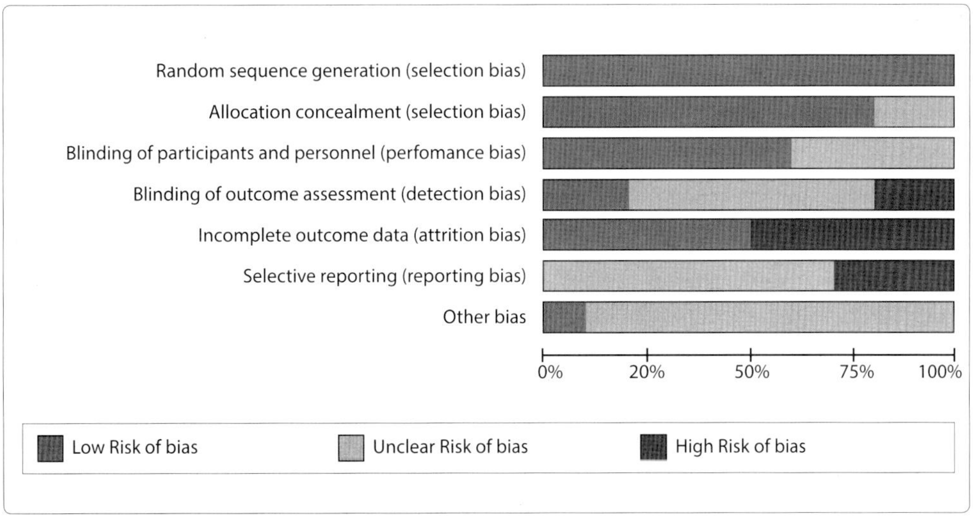

그림 8.3 포함된 연구의 질을 연구별로 분석 요약한 결과(summary)

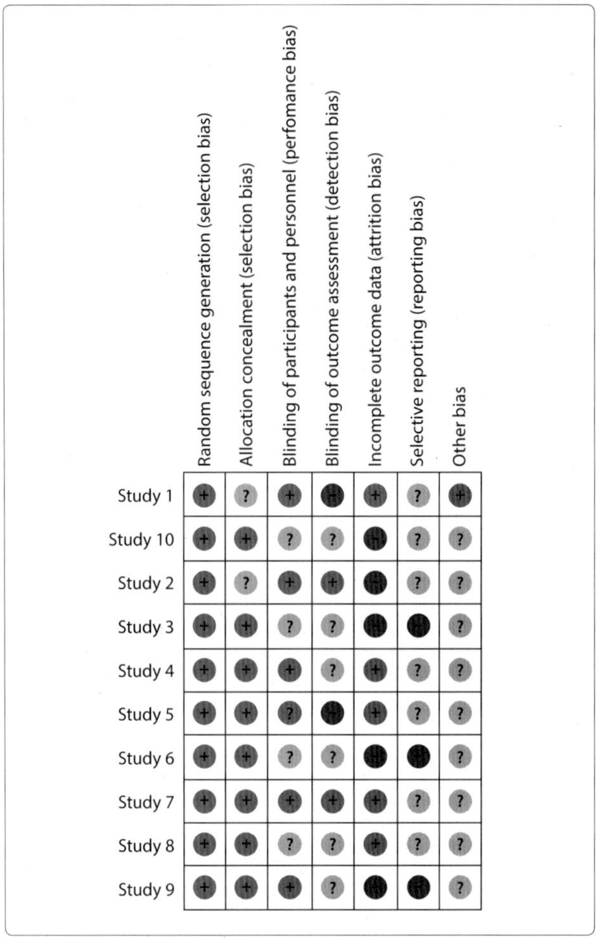

● 효과크기 및 forest plot

먼저 forest plot을 통해 개별 연구의 효과크기와 신뢰구간 및 전체 평균효과크기와 신뢰구간 등을 보고한다. 특히 분석결과, 즉 효과크기 통계치를 맥락 차원(in context)에서 이해하는 것이 중요하며 forest plot이 이 맥락을 이해하는 데 도움을 준다. 즉 forest plot을 통해 아래 내용을 구체적으로 제시할 수 있어 나무(예: 개별 효과크기)와 숲(예: 전체 효과크기)을 모두 볼 수 있다.

- 개별 효과(individual study effect)
- 평균 효과(the summary effect)

- 정밀성(the confidence interval)
- 효과크기의 일관성(consistency) 여부

그림 8.4 각 연구의 효과크기와 가중치를 보여주는 forest plot

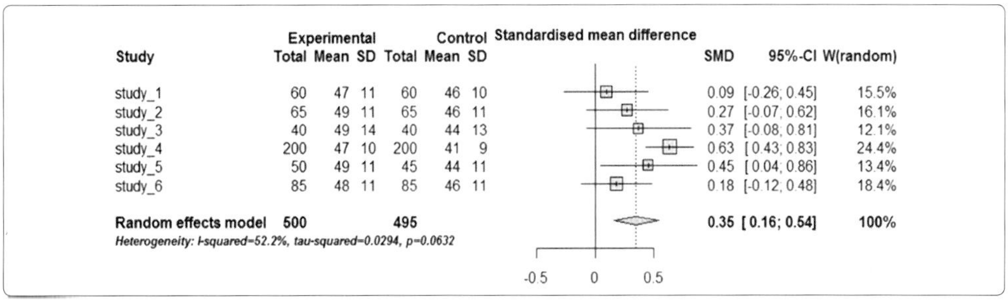

이때 연구결과 효과크기에 대한 설명과 서술은 다음 기준에 따르는 것이 일반적이다(Borenstein et al., 2009).

표 8.1 효과크기 서술에 대한 일반적 기준

만약	연구자는
효과크기에 일관성이 있다면(그림 8.5)	평균효과크기 제시에 초점을 둔다.
효과크기의 이질성이 상당하다면(그림 8.6)	평균효과크기를 보고하면서도 효과크기의 분포(the dispersion in effects)에 주의를 기울인다.
효과크기가 매우 이질적이라면(그림 8.7)	평균효과크기의 중요성은 상대적으로 덜 강조하고 오히려 효과크기의 분산(이질성)에 초점을 둔다(focus on the variance).

그림 8.5 효과크기가 대체로 일관성을 보이는 경우

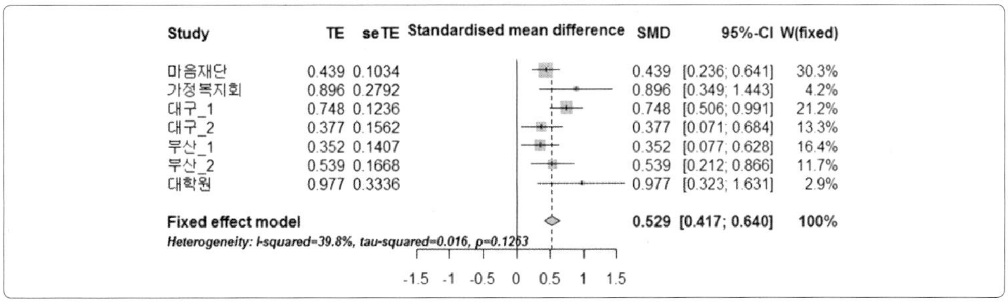

그림 8.6 효과크기의 이질성이 상당한 경우

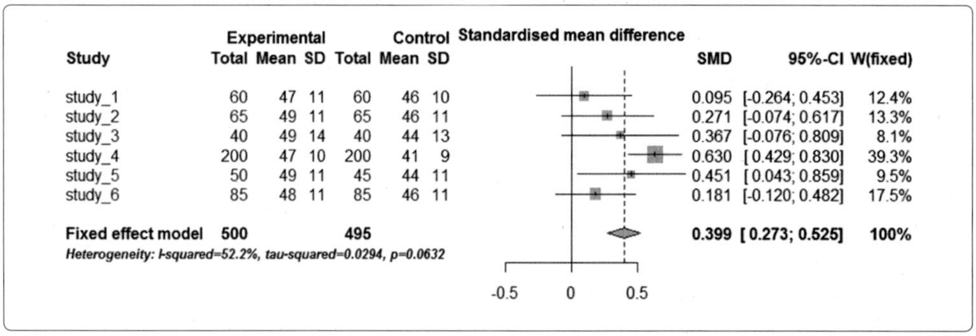

그림 8.7 효과크기가 매우 이질적인 경우

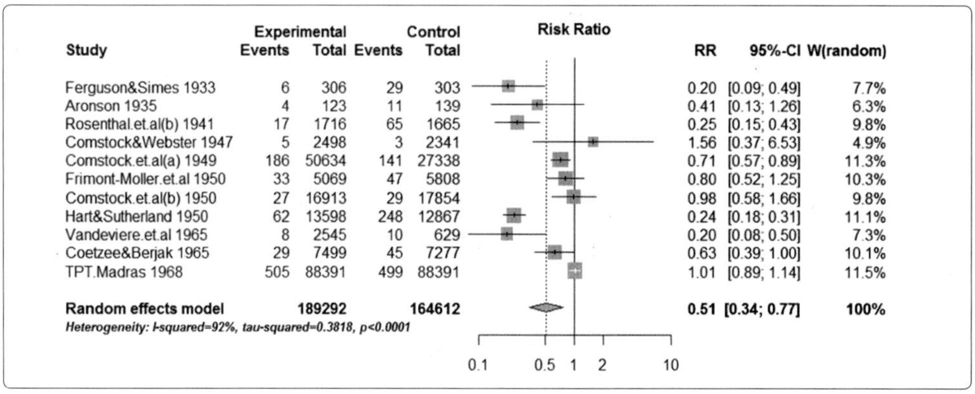

포인트

평균효과크기의 산출 모형 및 이질성

연구결과 보고에서는 평균효과크기를 산출하는 데 어떤 모형을 사용했는지, 그리고 왜 그 모형을 사용하였는지를 설명해야 한다. 일반적으로 범하는 실수는 동질성 검증 결과, 효과크기의 이질성에 대한 근거가 없다는 점을 기준으로(Q값 및 유의확률을 기초로 하여) 고정효과모형을 선택한다는 점이다. 그러나 산출 모형의 결정은 동질성 검증 결과(the significance of the homogeneity test)에 의한 것이 아니라 각 개별 연구들의 속성(the nature of studies)에 대한 개념적 이해에 기초해야 한다.

효과크기의 분산, 즉 이질성(heterogeneity) 수치는 연구들 간의 실제분산(T^2) 및 실제분산의 비율(I^2)로 나타낸다. 이 산출 과정에 Q값과 df가 사용되지만 Q값과 그에 따른 p값은 표본크기에 영향을 받으며, 그 역할은 귀무가설을 기각 또는 채택하는 데 사용될 뿐이다.

● 조절효과 분석

각 연구의 효과크기가 서로 이질적이라면, 즉 효과크기가 서로 일관성을 보이지 않는다면(예를 들어, I^2가 50% 정도 이상이라면) 연구 간 효과크기 차이, 즉 효과크기의 이질성에 대한 탐색적 설명이 필요하다. 여기에는 보통 다음과 같은 내용들이 설명되어야 한다.

- 조절변수에 대한 기본적인 설명
- 조절효과의 유의미성
- 조절변수에 따른 효과크기의 차이 등

앞서 논의한 대로 연구 간 이질성을 설명하기 위한 노력, 즉 조절효과 분석 방법으로 하위 집단 분석 및 메타 ANOVA(그림 8.8)와 메타 회귀분석(그림 8.9)을 활용하는 것이 일반적이다.

그림 8.8 하위 집단 분석(subgroup analysis) 및 메타 ANOVA 결과 모습

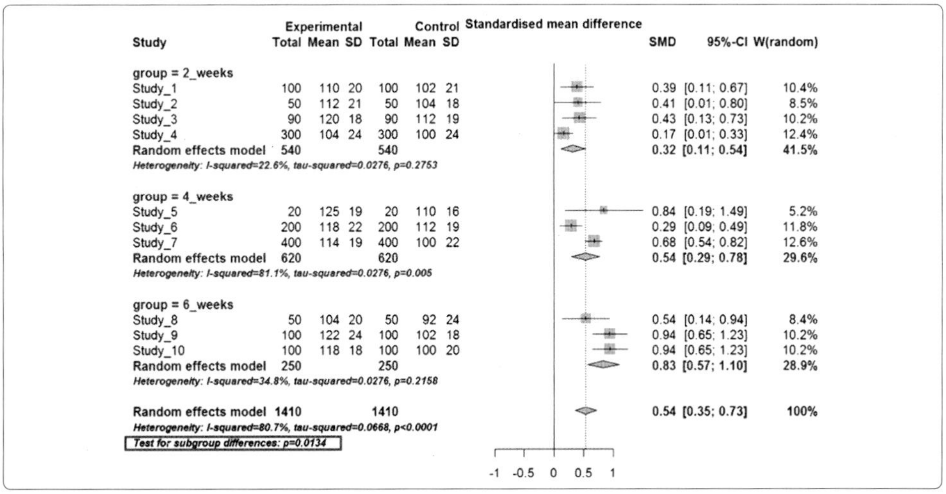

그림 8.9 메타 회귀분석 결과

```
Mixed-Effects Model (k = 11; tau^2 estimator: DL)

tau^2 (estimated amount of residual heterogeneity):     0.0652 (SE = 0.0654)
tau (square root of estimated tau^2 value):             0.2553
I^2 (residual heterogeneity / unaccounted variability): 61.80%
H^2 (unaccounted variability / sampling variability):   2.62
R^2 (amount of heterogeneity accounted for):            82.93%

Test for Residual Heterogeneity:
QE(df = 9) = 23.5614, p-val = 0.0051

Test of Moderators (coefficient(s) 2):
QM(df = 1) = 17.7319, p-val < .0001

Model Results:

                     se     zval    pval    ci.lb    ci.ub
intrcpt    0.2539 0.2333  1.0883  0.2765  -0.2034   0.7112
latitude  -0.0298 0.0071 -4.2109  <.0001  -0.0436  -0.0159  ***

---
Signif. codes:  0 '***' 0.001 '**' 0.01 '*' 0.05 '.' 0.1 ' ' 1
```

● 전체 결과에 대한 오류 위험 검증

메타분석에서는 연구결과의 진실성을 위해 연구 데이터의 오류를 검증하는 것, 즉 전체 결과에 영향을 미칠 수 있는 오류의 위험에 대한 분석 결과가 반드시 필요하다. 거의 모든 연구에는 나름대로 오류나 왜곡됨이 있기 마련이고, 그것은 메타분석에서도 마찬가지이다. 따라서 메타분석에서는 보통 다음 사항을 검토하게 되고, 따라서 연구결과 해석에 있어 보다 신중한 자세를 취하게 된다.

- 왜곡된 표본(biased sample) 또는 누락된 연구(missing data) 여부 검토
- 출간오류(publication bias)에 대한 분석으로 'small-study effects' 분석

특히 출간오류 분석을 위해서 먼저 trim-and-fill 분석을 포함한 funnel plot의 비대칭을 조정 분석하게 되고(그림 8.10), 때로는 누적분석을 포함한 민감성 분석(sensitivity analysis)을 활용한다.

그림 8.10 출간오류 분석을 위해 trim-and-fill 분석을 한 모습

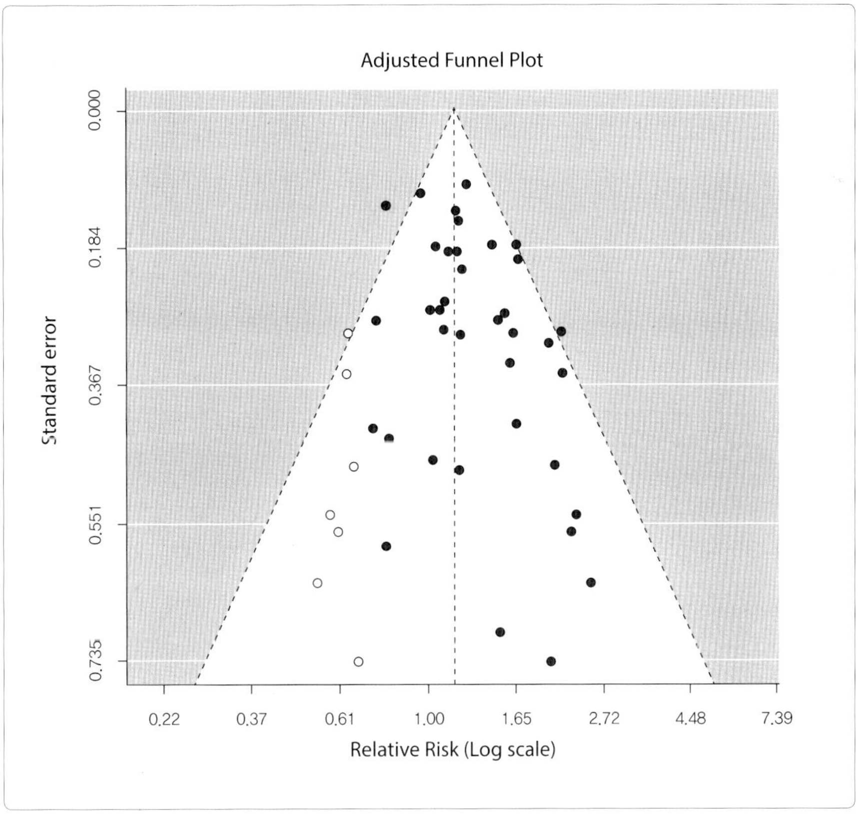

4. 논의 및 결론

메타분석 연구에 있어 마지막 단계라고 할 수 있는 논의 및 결론 부분에서는 보통 다음과 같은 내용을 보고하게 된다.

- 연구결과에 대한 간략한 요약 정리로 시작하여
- 연구결과를 기존 이론 및 본 연구로부터 도출된 새로운 이론과 연관하여 설명하고(기존 연구결과들과 비교 검토)
- 연구결과의 이론적·실천적 함의, 연구의 한계점 및 후속 연구의 방향 등을 제시한다.

5. 참고문헌

보통 연구논문과 같이 참고문헌 리스트를 제시하며, 이 중 메타분석에 포함된 문헌을 별도로 표기한다. 특히 미국 심리학회(APA)의 출간 매뉴얼에서는 다음과 같이 서술할 것을 권장하고 있다.

> 별표로 구분된 연구는 메타분석에 포함되었음(Meta-analyzed studies are marked with an asterisk)

그리고 어떤 결과보고(논문)에서는 메타분석에 포함된 논문리스트와 최종 단계에서 제외한 논문리스트를 별도로 보고하기도 한다.

6. 부록

일반적으로 부록에는 메타분석에 포함된 연구들로부터 추출되고 코딩된 변수들을 포함한 총괄표를 제시한다(예: 표본크기, 연구의 특성, 효과크기 등). 그리고 본문의 연구결과에 제시되지 않았던 주요결과를 추가로 제시하기도 한다.

특히 최근 들어서는 논문 또는 보고서의 말미에 재정을 지원한 기관이나 단체가 있으면 이를 밝히도록 한다. 그리고 연구를 수행함에 있어서 이해관계가 상충되는 사항이 있다면(예: 저작권, 저자들의 역할, 연구자 자신이 수행한 연구결과를 메타분석에 포함시키는 경우 등) 이러한 내용도 반드시 명기하도록 요구하고 있다. 이는 보다 윤리적이고 객관적인 연구결과를 담보하기 위한 과정이라고 볼 수 있다.

메타분석과 체계적 리뷰에서 통상적으로 연구결과를 보고해야 할 사항들에 대해 규정한 기준으로 PRISMA 가이드라인(Moher et al., 2009)이 있으며, 이는 학계 및 연구자들 사이에 폭넓게 인정되고 있어<표 8.2> 및 <그림 8.11>과 같이 구체적으로 제시하고자 한다.

표 8.2 PRISMA 가이드라인

섹션/주제	번호	체크해야 할 항목	페이지 번호
제목			
연구 제목	1	체계적 리뷰, 메타분석 또는 둘 다인지 밝힌다.	
요약			
구조화된 요약	2	(가능한대로) 구조화된 요약을 제공한다. 연구의 배경, 목적, 자료출처, 연구 선정기준, 대상자, 개입 방법, 선정된 연구(데이터)에 대한 평가, 종합분석 방법, 연구결과, 한계점, 결론 및 주요 결과의 함의, 그리고 체계적 리뷰 등록 번호	
서론			
필요성	3	기존에 알려진 연구결과의 맥락에서 체계적 리뷰의 배경을 설명	
연구 목적	4	연구대상자, 개입방법, 비교집단, 연구결과 그리고 연구디자인(PICOS)과 관련하여 명확한 연구 질문을 제시한다.	
연구방법			
프로토콜(연구 계획서)과 등록	5	프로토콜이 존재하는지 존재한다면 어떻게 접근 가능한지(예: 웹 주소)를 밝히고 프로토콜 등록번호를 포함한 관련 정보를 제공한다.	
선정 기준	6	연구의 특성(예, PICOS, 추후 검사 기간 등)을 밝히고 이를 선정기준으로 삼은 구체적인 이유를 보고한다(예: 연도, 언어, 출간유형 등)	
검색 출처	7	검색을 실시한 모든 정보 출처(예: 데이터베이스, 그 기간, 연구자와 접촉 등)와 최종 검색 일시를 밝힌다.	
검색 용어 및 전략	8	최소 하나의 데이터베이스를 검색함에 있어 이용한 검색 용어 및 검색 전략을 (다른 사람이 반복할 수 있도록) 밝힌다.	
연구 선정	9	검색한 연구를 선정하는 과정을 명시한다(예: 선별과정, 선정기준, 체계적 리뷰에 포함된 연구, 그리고 가능하다면 메타분석에 포함된 연구 등).	
데이터 추출 및 수집 과정	10	선정된 연구로부터 데이터를 추출하는 방법(예: 양식, 독립된 양식 아니면 동일한 양식을 사용하였는지)과 복수의 연구자들이 데이터를 추출하고 확인하는 과정을 설명한다.	
데이터 변수	11	추출된 데이터로부터 얻은 모든 변수를 목록화하고 구체화한다(예: PICOS, 재정지원 출처). 이때 변수에 대한 가정과 단순화한 것이 있다면 이를 밝힌다.	
개별 연구에 대한 오류 위험 검증	12	포함된 개별 연구에 대한 오류 위험(Risk of bias)에 대한 검증을 실시한 방법을 서술한다(예: 연구 단위별로 또는 분석결과 단위별로 실시하였는지 여부). 그리고 이 검증 결과를 어떻게 반영하였는지를 밝힌다.	
효과크기	13	분석에 사용한 효과크기의 유형을 서술한다(예: Risk Ratio 또는 평균 차이 등).	
연구결과의 종합	14	데이터 처리 방법과 데이터 종합 방법을 서술하는데, 여기에는 메타분석에서 연구결과의 일관성(예: I^2) 등을 포함한다.	

»

섹션/주제	번호	체크해야 할 항목	페이지 번호
전체연구에 대한 오류의 위험	15	전체 연구결과에 영향을 미칠 수 있는 오류 위험(Risk of bias)에 대한 평가를 구체적으로 제시한다(예: 출간 오류, 연구 내 선택적인 결과 보고 등).	
추가적인 분석	16	연구방법 등에서 미리 제시한 추가적인 분석(예: 민감성 분석, 하위 집단 분석, 메타 회귀분석 등)이 있었다면 이에 대한 내용을 서술한다.	
연구결과			
연구 선정	17	검색된 연구 중 일차적으로 선별된 연구의 수, 그리고 선정기준에 따라 평가된 연구의 수, 그리고 체계적 리뷰 및 메타분석에 포함된 최종 연구 수를 밝히고, 각 단계에서 제외된 이유를 제시한다(이상적으로는 다이어그램(flow diagram)을 포함한다).	
연구의 특성	18	개별 연구의 출처와 함께 각 개별 연구로부터 추출된 데이터에 대한 특성을 제시한다(예: 연구의 규모, 즉 표본크기, PICOS, 추후 검사 기간 등).	
개별연구의 오류 위험	19	개별 연구에 대한 오류 위험 검증에 대한 데이터를 제시한다. 그리고 가능하다면 각 연구결과별로도 제시한다(항목 12번 참고).	
개별연구의 분석결과	20	분석하고자 했던 모든 연구결과에 대해 개입 유형별로 단순 종합된 데이터, 효과크기 신뢰구간 및 이상적으로는 forest plot을 제시한다.	
분석결과의 종합	21	체계적 연구결과 분석의 주요 결과를 제시한다. 메타분석이 실시되었다면 신뢰구간과 효과크기의 일관성을 이에 대한 설명과 더불어 제시한다.	
전체 결과에 대한 오류 위험	22	전체 분석결과에 대한 오류 위험(Risk of bias)에 대한 분석 결과를 제시 한다(항목 15번 참고).	
추가적인 분석	23	추가적인 분석이 있었다면(예: 민감성 분석, 하위 집단 분석, 메타 회귀분석 등) 이에 대한 결과를 제시한다(항목 16번 참고).	
논의			
결과(근거)의 요약	24	주요 결과를 요약하며 이때 각 하위 결과의 강점에 대한 내용을 포함한다. 그리고 관련 집단(예: 서비스 제공자 및 이용자, 정책 결정자 등)에 대한 연관성을 고려한다.	
제한점	25	개별 연구의 한계 및 연구결과 차원의 제한점(예: 오류 위험), 체계적 연구결과분석 차원의 한계(예: 충분하지 못한 검색 및 데이터 추출 등)도 제시한다.	
결론	26	기존의 연구결과 맥락에 비추어 본 연구결과의 일반적인 해석 및 평가, 그리고 향후 연구를 위한 시사점을 제시한다.	
재정 지원			
재정 지원	27	재정지원의 출처 및 기타 지원(예: 데이터 공급)에 대한 내용, 그리고 재정지원자(기관)의 역할에 대해 밝힌다.	

(Moher et al., 2009)

그림 8.11 PRISMA flowchart

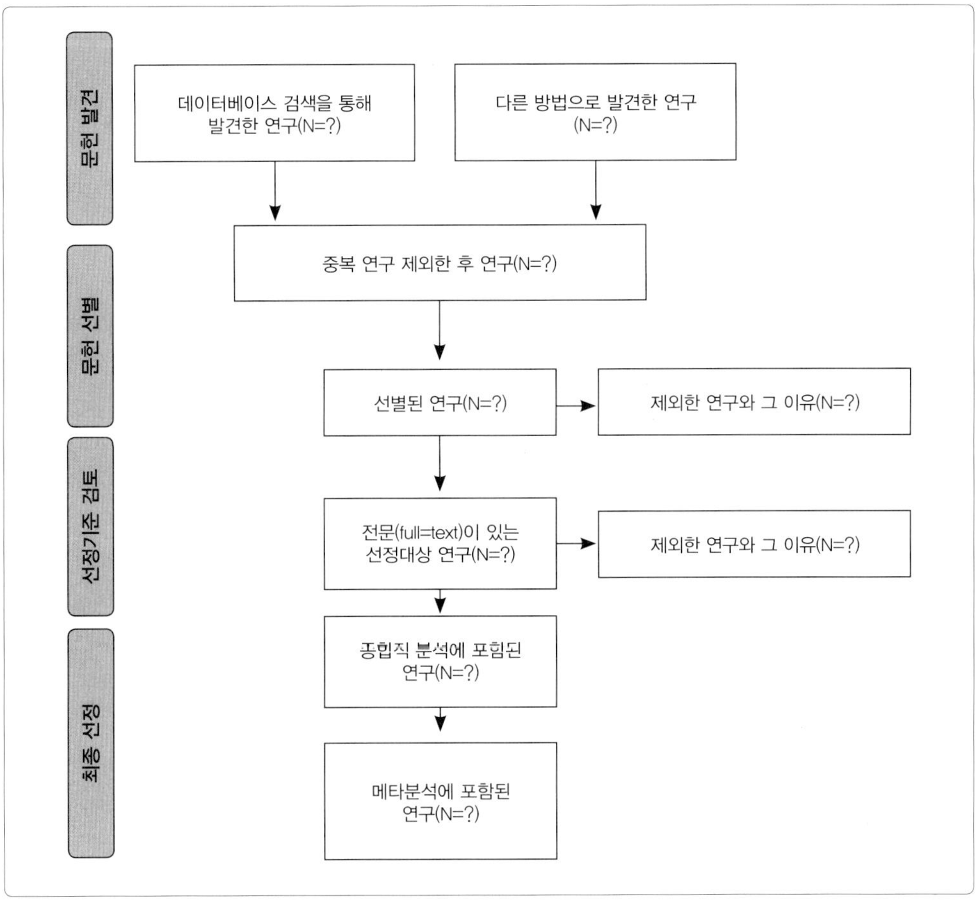

(Moher et al., 2009)

참고문헌

박완주·박신정·황성동(2015). 한국 학령기 ADHD 아동을 위한 인지행동중재의 효과 연구: 메타분석. *대한간호학회지*, 45(2), 169-182.

진윤아(2011). Meta Analysis. 워크샵 자료. 한국사회과학자료원.

홍세희(2012). 위계적 자료 분석을 위한 횡단 다층모형. 에스앤엠 리서치그룹.

황성동·임혁·윤성호(2012). 다문화교육프로그램의 효과성 검증. *한국사회복지학*, 64(1), 125-150.

Becker, B.J.(2005). Failsafe N or file-drawer number. In H.R. Rothstein, A.J. Sutton & M. Borenstein(eds), *Publication Bias in Meta-Analysis: Prevention, Assessment and Adjustments*. Chichester, UK: John Wiley & Sons, Ltd.

Beeson, P. & Robey, R.(2006). Evaluating single-subject treatment research: Lessons learned from the aphasia literature. *Neuropsychological Review*, 16, 161-169.

Begg, C.B. & Mazumdar, M.(1994). Operating characteristics of a rank correlation test for publication bias. *Biometrics*, 50, 1088-1101.

Bernard, R. & Borokhovski, E.(2009). Effect Size Calculation for Meta-Analysis. Presented at the 2009 Campbell Colloquium in Oslo, May 12, 2009.

Bischoff-Ferrari, H. et al.(2004). Effects of Vitamin D on Falls. *JAMA*, 291(16), 1999-2006.

Beyne, J.(2010). Meta-Analysis: An Introductory Overview. Presented at the 2010 Cochrane and Campbell Joint Colloquium in Keystone, CO, Oct. 16, 2010.

Borenstein, M. Hedges, L.V., Higgins, J.P.., & Rothstein, H.R.(2009). *Introduction to Meta-Analysis*. Chichester, UK: Wiley.

Campbell Collaboration.(2010). Introduction to Systematic Reviews. C2 Training Workshop August 2010.

Cannon, C.P., Steinberg, B.A., Murphy, S.A., Mega, J.L. & Braunwald, E.(2006). Meta-analysis of cardiovascular outcome trials comparing intensive versus moderate statin therapy. *Journal of the American College Cardiology*, 48, 438-445.

Card, N.(2012). *Applied Meta-Analysis for Social Science Research*. New York: the Guilford

Press.

Cheung, M.(2009). Meta-analysis: A Brief Introduction. National University of Singapore.

Cheung, M.(2008), A Model for Integrating Fixed-, Random-, and Mixed-Effects Meta-Analyses Into Structural Equation Modeling, *Psychological Methods*, Vol. 13, No. 3, 182.202.

Cochrane(2014). *Review Manager 5.3 Tutorial*. Cochrane.

Cohen, J.(1988). *Statistical Power Analysis for the Behavioral Sciences*(2nd ed.) Hillsdale, New Jersey: Lawrence Erlbaum Associates.

Colditz, G.A., Brewer, T.F., Berkey, C.S., Wilson, M.E, Burdick, E., Fineberg, H.V. and Mosteller, F.(1994). Efficacy of BCG vaccine in the prevention of tuberculosis: Meta-analysis of the published literature. *Journal of the American Medical Association*, 271(9), 698-702.

Cooper, H.(2010). *Research Synthesis and Meta-Analysis*. 4th Edition. Thousand Oaks, CA: Sage Publications.

Denson, N. & Seltzer, M.(2011). Meta-analysis in higher education: An illustrative example using Hierarchical Linear Modeling. *Research in Higher Education*, 52, 215-244.

Dickerson, K. & Mayer, M.(2012). Understanding Evidence-based Healthcare: A Foundation for Action. Johns Hopkins School of Public Health. US Cochrane Center.

Duval, S.J.(2005). The trim and fill method. In H.R. Rothstein, A.J. Sutton & M. Borenstein(eds), *Publication Bias in Meta-Analysis: Prevention, Assessment and Adjustments*, 127-144. Chichester, UK: John Wiley & Sons, Ltd.

Duval, S. & Tweedie, R.(2000). A nonparametric 'trim and fill' method of accounting for publication bias in meta-analysis. *Journal of the American Statistical Association*, 95, 89-98.

Eagly, A., Johannesen-Schmidt, M. & Van Engen, M.(2003). Transformational, transactional and Leissez-Faire leadership styles: A Meta-analysis comparing women and men. *Psychological Bulletin*, 129(4), 569-591.

Egger, M., Smith, G. W. & Altman, D. G.(2003). *Systematic Reviews in Health Care: Meta-Analysis in Context*(2nd ed.). London, UK: BMJ Books.

Feldstein, D.(2005). Clinician's guide to systematic reviews and meta-analyses. *Wisconsin Medical Journal*, 104(3), 25-29.

Gilbert, R., Salanti, G., Harden, M., & See, S.(2005). Infant sleeping position and the sudden infant death syndrome: systematic review of observational studies and historical review of recommendations from 1940 to 2002. *International Journal of Epidemiology*,

34, 874-887.

Gilbody, S., Bower, P., Fletcher, J, Richard, D. and Sutton, A.(2006). Collaborative care for depression: A cumulative meta-analysis and review of longer-term outcomes. *Archives of Internal Medicine*, 166: 2314-2321.

Hacksaw, A., Law, M., & Wald, N.(1997). The accumulated evidence on lung cancer and environmental tobacco smoke. *BMJ*, 315, 980-988.

Harbour, R. and Miller, J.(2001). A new system for grading recommendations in evidence based guidelines. *BMJ*, 323(11), 334-336.

Hedges, L. & Olkin, I.(1985). *Statistical Methods for Meta-analysis*. San Diego, CA: Academic Press.

Higgins, J. and Green, S.(eds.)(2011). Cochrane Handbook for Systematic Reviews of Interventions Version 5.1.0, The Cochrane Collaboration. Retrieved from http://handbook.cochrane.org.

Hox, J.(2010). *Multilevel Analysis: Techniques and Applications*(2nd Ed.). New York. Routledge.

Lietz, P.(2006). A meta-analysis of gender differences in reading achievement at the secondary school level. *Studies in Educational Evaluation*, 32, 317-344.

Littell, J., Corcoran, J. & Pillai, V.(2008). *Systematic Reviews and Meta-Analysis*. New York: Oxford University Press.

Lipsey, M. & Wilson, D.(2001). *Practical Meta-Analysis*. Thousand Oaks: Sage Publications.

Moher, D., Liberati, A., Tetzlaff, J. & Altman, D.(2009). Preferred reporting items for systematic reviews and meta-analyses: The PRISMA statement, *Journal of Clinical Epidemiology*, 62, e1-e34.

Petrosino, A., Turpin-Petrosino, C., Hollis-Peel, M. & Lavenberg, J.(2013). Scared Straight and other juvenile awareness programs for preventing juvenile delinquency: A systematic review. In the Campbell Collaboration Library. Retrieved February 3, 2014, from http://www.campbellcollaboration.org/docpdf/Campbell Review_Scared_Stright_Update.pdf.

R Core Team(2015). *R: A Language and Environment for Statistical Computing*. R Foundation for Statistical Computing, Vienna, Austria. URL http://www.r-project.org/.

Richardson, K. and Rothstein, H.(2008). Effects of occupational stress management intervention programs: A meta-analysis. *Journal of Occupational Health Psychology*, 13, 69-93.

Rosenthal, R.(1979). The File drawer problem and tolerance for null results. *Psychological Bulletin*, 86, 638-641.

Rubin, A.(2008). *Practitioner's Guide to Using Research for Evidence-Based Practice*. Hoboken, NJ: John Wiley & Sons.

Sackett, D, Strauss, S., Richardson, W, Rosenberg, W. & Haynes, R.(2000). *Evidence-Based Medicine: How to Practice and Teach EBM*(2nd ed.). New York: Churchhill-Livingstone.

Salanti, G. and Chaimani, A.(2011). Heterogeneity: Random and Fixed Effects. Presented at the 2011 Cochrane Colloquium.

Schwarzer, G.(2015). *meta: General Package for Meta-Analysis. R package version 4.3-0.* http://CRAN.r-project.org/package=meta.

Schwarzer, G., Carpenter, J.R. & Rücker, G.(2015). *Meta-Analysis with R*. Switzerland, Springer International Publications.

Smedslund, G., Hagen, K. B., Steiro, A., Johme, T., Dalsbo, T. K., & Rud, M. G.(2006). Work programmes for welfare recipients. In the Campbell Collaboration Library. Retrieved July 10, 2013, from http://www.campbellcollaboration.org/doc-pdf/Smedslund_Workprog_Review.pdf.

Smith, M. and Glass, G.(1977). Meta-analysis of psychotherapy outcome studies. *American Psychologist*. 752-760.

Sterne, J.(2009). *Meta-Analysis in Stata: An Updated Collection from the Stata Journal*. College Station, TX: Stata Press.

Sterne, J., Becker, J.B. & Egger, M.(2005). The funnel plot. In H.R. Rothstein, A.J. Sutton, and M. Borenstein(eds). *Publication Bias in Meta-Analysis: Prevention, Assessment and Adjustments*. Chichister, UK: John Wiley & Sons, Ltd.

Ttofi, M., Farrington, D., & Losel, F.(2012). School bullying as a predictor of violence later in life: A systematic review and meta-analysis of prospective longitudinal studies. *Aggression and Violent Behavior*, doi: 10.1016/j.avb.2012.05.002.

Veroniki, A. and Mavridis, D.(2011). Effect Measures for Dichotomous Outcomes. Presented at the 2011 Cochrane Colloquium.

Viechtbauer, W.(2010). Conducting meta-analyses in R with the metafor package. *Journal of Statistical Software*, 36(3), 1-48.

Wood, S. & Mayo-Wilson, E.(2012). School-based mentoring for adolescents: A systematic review and meta-analysis. *Research on Social Work Practice*, 22(3), 257-269.

부록

- 부록1 효과크기 및 이질성 통계치 계산 공식
- 부록2 메타분석 관련 전문 하회
- 부록3 메타분석 상용 소프트웨어: CMA, Stata

부록1 효과크기 및 이질성 통계치 계산 공식

ES_1	1. 연속형 데이터: 두 집단(사후)	비고
Effect Size(ES) (Cohen's d) standardized mean difference	D = $\overline{X_1} - \overline{X_2}$ d = $\frac{\overline{X_1} - \overline{X_2}}{S_p}$ $S_p = \sqrt{\frac{(n_1 - 1)S_1^2 + (n_2 - 1)S_2^2}{(n_1 + n_2 - 2)}}$	$d = t\sqrt{\frac{n_1 + n_2}{n_1 n_2}}$ $d = \sqrt{\frac{F(n_1 + n_2)}{n_1 n_2}}$
V_d	$\frac{1}{n_1} + \frac{1}{n_2} + \frac{d^2}{2(n_1 + n_2)}$	$\frac{(n_1 + n_2)}{n_1 n_2} + \frac{d^2}{2(n_1 + n_2)}$
g (교정된 ES) (Hedges' g)	$g = J \times d\ (J : correction\ \ factor)$ $J = \left[1 - \frac{3}{4(n_i + n_2) - 9}\right] or \left(1 - \frac{3}{4df - 1}\right)$ $df = (n_1 + n_2 - 2)$	Cohen's d는 샘플이 작을 때 과대평가되는 경향이 있다. N=60, g is 99% of d N=20, g is 96% of d N=10, g is 90% of d
V_g	$V_g = J^2 \times V_d$	
SE_g (g의 표준오차)	$SE_g = \sqrt{V_g}$	표본이 작으면 표준오차는 커지고 표본이 크면 표준오차는 작아진다. SE = $\frac{SD}{\sqrt{n}}$
95% CI	$CI = g \pm (1.96 \times SE_g)$	표 본 이 클 수 록 신 뢰 구 간 이 작아진다(more precise).
W_i 가중치 (weight)	inverse variance $W_i = \frac{1}{V}$ $W_i = \frac{1}{(SE)^2}$	표본이 클수록 가중치가 크다(proportional to the sample size).
평균 효과크기 (M, $\overline{g}$, $\overline{d}$)	$M = \frac{\sum w_i d_i}{\sum w_i}$ weighted mean effect size summary effect overall effect	$V_M = \frac{1}{\sum W}$ $SE_M = \sqrt{V_M}$ $LL_M = M - (1.96 \times SE_M)$ $UL_M = M + (1.96 \times SE_M)$ $Z = \frac{M}{SE_M}$ $p = (1\text{-}NORMSDIST(z)) * 2$

ES_1	1. 연속형 데이터: 두 집단(사전-사후)	비고

사례)

실험집단 사전평균	실험집단 사전표준편차	실험집단 사후평균	실험집단 사후표준편차	실험집단 표본크기	통제집단 사전평균	통제집단 사전표준편차	통제집단 사후평균	통제집단 사후표준편차	통제집단 표본크기	사전사후 상관관계
61.47	5.87	68.24	5.91	17	64.60	8.68	64.80	9.09	5	0.50

사전-사후 차이의 평균	평균 차이1 ($\overline{X_{d1}}$)=실험집단사후-사전차이 평균 차이2 ($\overline{X_{d2}}$)=통제집단사후-사전차이 평균 차이=평균 차이1-평균 차이2= $\overline{X_{d1}} - \overline{X_{d2}}$	평균 차이1=68.24-61.47=6.77 평균 차이2=64.80-64.60=0.20 평균 차이($\overline{X_{d1}} - \overline{X_{d2}}$) =6.77-0.20=6.57
(A) 통합 표준편차 차이에 의해 표준화된 평균 차이 (SMD standardized by Change SD)	실험집단 표준편차 차이 $S1_{diff} = \sqrt{S1^2_{pre} + S1^2_{post} - (2 \times Corr \times S1_{pre} \times S1_{post})}$ $= \sqrt{5.87^2 + 5.91^2 - (2^* 0.50^* 5.87^* 5.91)} = 5.890$ 통제집단 표준편차 차이 $S2_{diff} = \sqrt{S2^2_{pre} + S2^2_{post} - (2 \times Corr \times S2_{pre} \times S2_{post})}$ $= \sqrt{8.68^2 + 9.09^2 - (2^* 0.50^* 8.68^* 9.09)} = 8.892$ 통합 표준편차 차이 $S_{diff \cdot p} = \sqrt{\frac{(n_1 - 1) S1^2_{diff} + (n_2 - 1) S2^2_{diff}}{(n_1 + n_2 - 2)}}$ $= \sqrt{\frac{(17 - 1)^* 5.890^2 + (5 - 1)^* 8.892^2}{(17 + 5 - 2)}} = 6.601$	표준화된 평균 차이(SMD): $\frac{\overline{X_{d1}} - \overline{X_{d2}}}{S_{diff \cdot p}} = \frac{6.57}{6.601} = 0.995$ 표준화된 평균 차이의 표준오차: $\sqrt{\left(\frac{1}{n1}\right) + \left(\frac{1}{n2}\right) + \frac{SMD^2}{2(n1 + n2)}}$ $= \sqrt{\left(\frac{1}{17}\right) + \left(\frac{1}{5}\right) + \frac{0.995^2}{2(17 + 5)}}$ $= 0.530$
(B) 통합 사후표준편차에 의해 표준화된 평균 차이 (SMD standardized by Post SD)	실험집단사후표준편차 = $S1_{Post} = 5.91$ 통제집단사후표준편차 = $S2_{Post} = 9.09$ n1=17, n2=5 통합 사후표준편차 = $S_{post \cdot p} = \sqrt{\frac{(n_1 - 1) S1^2_{post} + (n_2 - 1) S2^2_{post}}{(n_1 + n_2 - 2)}}$ $= \sqrt{\frac{(17 - 1) 5.91^2 + (5 - 1) 9.09^2}{(17 + 5 - 2)}} = 6.668$	표준화된 평균 차이(SMD): $\frac{\overline{X_{d1}} - \overline{X_{d2}}}{S_{post \cdot p}} = \frac{6.57}{6.668} = 0.985$ 표준화된 평균 차이의 표준오차: $\sqrt{\left(\frac{1}{n1}\right) + \left(\frac{1}{n2}\right) + \frac{SMD^2}{2(n1 + n2)}}$ $= \sqrt{\left(\frac{1}{17}\right) + \left(\frac{1}{5}\right) + \frac{0.985^2}{2(17 + 5)}}$ $= 0.530$

ES_1	연속형 데이터: 단일 집단(사전-사후)	
Std mean gain score	$d = \frac{\overline{X}_{post} - \overline{X}_{pre}}{S_p}$ $\quad S_p = \frac{S_{diff}}{\sqrt{2(1-r)}}$	$V_d = \left(\frac{1}{n} + \frac{d^2}{2n}\right) \times 2(1-r)$ $SE_d = \sqrt{V_d}$
Paired difference SD	$S_{diff} = \sqrt{S_1^2 + S_2^2 - (2 \times r \times S_1 \times S_2)}$	$SE_{diff} = \frac{S_{diff}}{\sqrt{n}}$ $J = 1 - \left(\frac{3}{4df - 1}\right) \quad df = n - 1$

ES_2	2. 이분형 데이터 (OR, RR, RD)	

	Events	Non-Events	N
Treated	A	B	n_1
Control	C	D	n_2

Risk Ratio	$\frac{A/n_1}{C/n_2}$ LogRiskRatio=ln(RiskRatio) RiskRatio=Exp(LogRiskRatio)	$V_{LogRiskRatio} = \frac{1}{A} - \frac{1}{n_1} + \frac{1}{C} - \frac{1}{n_2}$
Odds Ratio	$\frac{A/B}{C/D} = \frac{AD}{BC}$ LogOddsRatio=ln(OddsRatio)	$V_{LogOddsRatio} = \frac{1}{A} + \frac{1}{B} + \frac{1}{C} + \frac{1}{D}$
Risk difference	$\left(\frac{A}{n_1}\right) - \left(\frac{C}{n_2}\right)$	$V_{RiskDiff} = \frac{AB}{n_1^3} + \frac{CD}{n_2^3}$

ES_3	3. 상관관계 데이터(r)	
correlation coefficient (r)	Pearson correlation coefficient	$V_r = \frac{(1-r^2)^2}{n-1} \quad SE_r = (1 - r^2)SE_z$
convert to	Fisher's z $\quad z = 0.5 \times \ln\left(\frac{1+r}{1-r}\right)$	$V_z = \frac{1}{n-3} \quad SE_z = \sqrt{V_z}$
convert back to	$r = \frac{e^{2z} - 1}{e^{2z} + 1}$	

ES_3	3. Hunter-Schmidt 방법(상관관계 r)	
adjusted correlation coefficient	$r_a = r - \left[\frac{2(1-r^2)}{2(n-3)}\right]$	to remove the slight positive bias found from Fisher's Z
mean	$\bar{r} = \frac{\sum n_i r_i}{\sum n_i}$	
variance	1) the variance of sample effect sizes $\hat{\sigma}_r^2 = \frac{\sum n(r-\bar{r})^2}{\sum n}$ 2) the sampling error variance $\hat{\sigma}_e^2 = \frac{(1-\bar{r}^2)^2}{\bar{N}-1}$ ($\bar{N}$: 표본평균) 3) the variance in population effect sizes $\hat{\sigma}_p^2 = \hat{\sigma}_r^2 - \hat{\sigma}_e^2$	Credibility Intervals* (reflect whether validity can be generalized): $C_r I = \bar{r} \pm 1.96 \times \sqrt{\hat{\sigma}_p^2}$ To measure homogeneity of effect sizes: $x^2 = \sum \frac{(n-1)(r-\bar{r})^2}{(1-\bar{r}^2)^2}$

<table>
<tr><th colspan="4">연구 간 효과크기의 이질성(heterogeneity)</th></tr>
<tr><td colspan="4">Measures of Heterogeneity (heterogeneity: dispersion of effect sizes from study to study)</td></tr>
<tr><td rowspan="3">Q</td><td colspan="2">관찰된 분산(전체 분산)
observed (or total) weighted sum of squares
관찰된 분산=실제분산+표집오차분산</td><td>$Q = \sum W_i (d - \bar{d})^2 = \sum\left(\frac{d - \bar{d}}{S}\right)^2$
$Q = \sum wd^2 - \frac{(\sum wd)^2}{\sum w}$</td></tr>
<tr><td colspan="2">동질성검증 통계치(statistical test of homogeneity) 영가설(H0: true dispersion=0)을 검증하고 초과분산(excess variance)을 산출하기 위해 필요</td><td>$Q = (4) = 2.58$, x^2분포를 따름
CHIDIST(2.58, 4) = .63 p = .63</td></tr>
<tr><td colspan="3">Q-통계치와 p값은 귀무가설의 진위만을 검증할 뿐, 초과분산의 크기는 알 수 없다.
귀무가설=포함된 모든 연구의 모집단 효과크기는 동일하다. 즉 연구 간 분산은 제로(0)다.</td></tr>
<tr><td>df</td><td colspan="2">각 연구의 모집단의 효과크기가 동일하다고 가정할 때, 즉 메타분석에 포함된 각 연구의 효과크기의 차이는 표집오차(sampling error within studies or within-study error)에 의한 것이라고 가정할 때의 기대분산(expected WSS)</td><td>$df = k - 1$ (k: 포함된 연구의 수)
$(Q - df)$는 초과분산(excess variation)이며 연구 간 실제 차이(분산)를 의미한다.</td></tr>
<tr><td>$(Q - df)$</td><td colspan="3">관찰된 총분산에서 기대분산을 빼준 값, 즉 연구 간 실제 효과 차이에 기초한 분산의 정도(excess variation) 만약 Q>df이면 각 연구의 모집단 효과크기는 서로 다르다. 하지만 Q<df이면 연구 간 실제분산은 0이다. 즉 모집단 효과크기는 모두 같다고 하겠다.</td></tr>
<tr><td rowspan="2">T^2</td><td colspan="2">실제 서로 다른 모집단 효과크기에 의한 분산, 즉 연구 간 분산(실제분산, between-studies variance) Tau-squared로 읽으며, 실제분산의 절대값이다.</td><td>$T^2 = \frac{Q - df}{C}$</td></tr>
<tr><td colspan="2">C: scaling factor(T^2을 표준화된 단위로 표시하며 효과크기와 같은 단위로 만든다.)
한편, T^2은 고정효과모형에서만 계산된다.</td><td>$C = \sum W - \frac{\sum W^2}{\sum W}$</td></tr>
<tr><td rowspan="2">T</td><td colspan="2">연구 간 효과크기의 표준편차
(between-studies standard deviation)</td><td>실제 효과크기의 분포(the range of true effects)를 추정하기 위해 활용, 즉 prediction interval을 구하기 위해 사용</td></tr>
<tr><td colspan="3">Tau(τ)는 1차 연구(primary study)에서의 표준오차와 같은 의미로서, 추정구간(Prediction Interval, PI) 계산에 사용하며, 모집단의 평균효과크기가 속할 범위를 지정해 준다.
모집단 PI = $\mu \pm Z \cdot \tau$ 표본 PI = $M^* \pm t \cdot \sqrt{T^2 + V_{M^*}}$</td></tr>
<tr><td rowspan="4">I^2</td><td colspan="2">실제분산 비율(the proportion of true variance)</td><td>$I^2 = \frac{Q - df}{Q} \times 100\%$ $\left(\frac{V_{between}}{V_{total}}\right)$</td></tr>
<tr><td rowspan="3">전체 관찰 분산 중 실제(연구 간) 분산이 차지하는 비율로서, 분산의 크기를 계산하지 않는 상대적 분산을 의미(relative variance)</td><td>I^2 = 25%</td><td>작은 크기 이질성 (heterogeneity)</td></tr>
<tr><td>I^2 = 50%</td><td>중간 크기 이질성</td></tr>
<tr><td>I^2 = 75%</td><td>큰 크기의 이질성</td></tr>
<tr><td colspan="4">Q통계치 p값이 0.10보다 작고 I^2가 50% 이상일 때 상당한 정도의 이질성(substantial heterogeneity)이 있다고 본다(Higgins and Green, 2011).</td></tr>
</table>

부록2 메타분석 관련 전문 학회

메타분석과 체계적 리뷰를 전문으로 하는 학회는 두 곳이 있는데, 이 중 보건 및 의학 분야의 전문 학회인 Cochrane Collaboration과 사회과학 분야 전문 학회인 Campbell Collaboration이 대표적이다. 이 두 학회를 간단히 소개하면 다음과 같다.

1. Cochrane(http://www.cochrane.org)

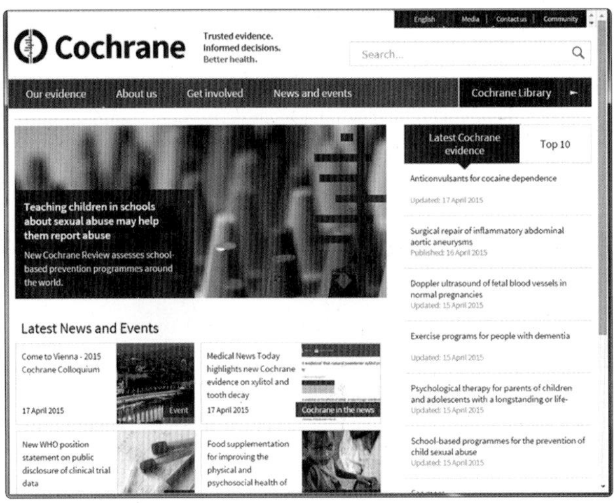

Cochrane 학회는 1979년 영국의 의학자 Archie Cochrane의 주장에 기원을 두고 있으며 1993년에 설립되었다. 현재 100개 이상의 국가에서 28,000명의 연구자들이 소속되어 있고, 52개의 체계적 리뷰 그룹이 존재하며 세계적으로 13개의 지부(Cochrane Center)를 두고 있다. 지금까지 약 4,500개 이상의 체계적 리뷰 자료를 축적하고 있다.

그림 부록 1 Cochrane 로고

Cochrane 학회에서는 학회의 로고로 체계적 리뷰가 왜 중요한지를 보여주는 사례를 그림으로 표현하여 학회의 로고로 사용하고 있다. 이 그림은 "조산 위험이 있는 산모에게 저렴한 비용의 스테로이드를 투여함으로써 조산을 예방할 수 있는가?"라는 질문에 대한 체계적 리뷰의 결과를 보여주고 있는 것이다. 즉 수평으로 나타난 선들은 스테로이드와 플라시보 효과를 비교한 7개의 실험조사(RCT)를 표시한다. 그리고 수직선의 왼쪽은 스테로이드의 효과를, 오른쪽은 플라시보의 효과를 보여준다. 맨 아래의 다이아몬드 그림은 7개의 연구결과를 종합했을 때의 결과를 보여주고 있다. 여기서는 스테로이드의 효과가 있는 것으로 나타났다.

2. Campbell Collaboration(http://www.campbellcollaboration.org)

2000년에 설립된 Campbell 학회는 Cochrane 학회가 주로 의료 및 보건 분야를 중심으로 활동하는 것에 비해, 주로 교육학, 사회복지학, 경찰행정학 등에 중점을 두고 체계적 리뷰와 메타분석 연구를 수행하고 이에 대한 연구결과를 국제적으로 배포하고 있다. 이 학회는 미국 학술원 회원으로서 공공프로그램의 효과를 검증하기 위해서 실험조사 접근이 필요함을 적극 옹호한 Donald Campbell(1916~1996) 박사의 이름을 따서 명명되었다. 그는 과학적 연구결과는 더 나은 정책을 만들고 더 효과적인 실천을 가능하도록 귀결되어야 하며, 이를 통해 인간과 사회의 삶의 질이 개선되는 데 기여해야 한다고 주장하였다.

부록3 메타분석 상용 소프트웨어: CMA, Stata

메타분석을 수행하는 상용 소프트웨어로는 Comprehensive Meta-Analysis(CMA)와 Stata가 가장 널리 사용되고 있다. 하지만 CMA 및 Stata는 상용 프로그램으로서는 가격이 꽤 비싼 편이라 연구자들과 학생들에게 여간 부담스러운 것이 아니다. 따라서 본서에서는 open software로 널리 사용되고 있는 R과 미국 브라운 대학에서 개발한 OpenMeta, 그리고 Cochrane에서 개발한 RevMan을 통한 메타분석 방법을 제시하였다. 이 세 가지 프로그램은 모두 free software로 누구나 인터넷상에서 다운받아 설치할 수 있다는 장점을 지닌다. 여기서는 지금까지 가장 널리 사용되고 있는 CMA와 Stata를 통한 간단한 메타분석 결과를 예시로 제시하고자 한다.

1. CMA

미국 Biostatics, Inc. Michael Borenstein 박사를 위시한 일련의 메타분석 과학자들에 의해 개발된 CMA는 지금까지 가장 보편적인 메타분석 프로그램으로 사용되어 왔다. 그 특징은 무엇보다 GUI(Graphic User Interface)로 만들어져 있어 누구나 쉽게 배우고 사용할 수 있다는 것이다. 이는 다양한 유형의 메타분석 데이터를 편리하게 분석할 수 있다는 장점으로 인해 널리 사용되고 있으며, 특히 메타분석을 처음 배우는 사람들에게 매우 유용한 프로그램이라고 하겠다.

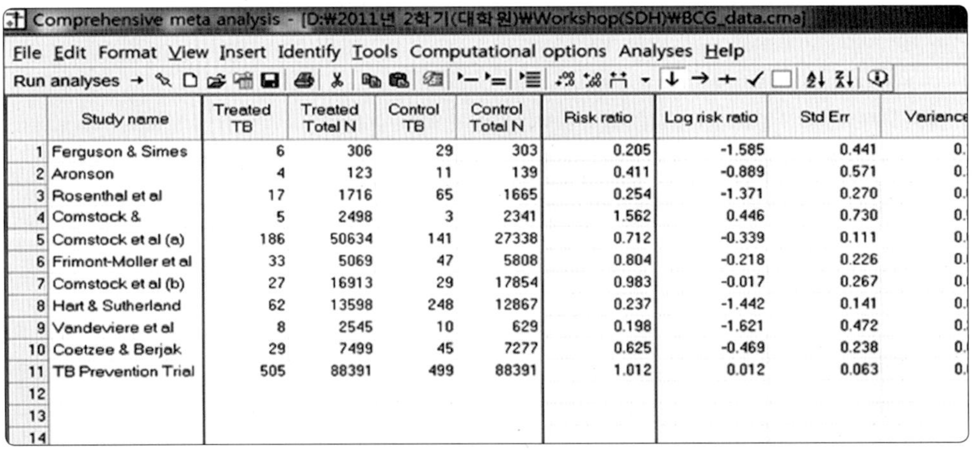

	Study name	Treated TB	Treated Total N	Control TB	Control Total N	Risk ratio	Log risk ratio	Std Err	Varianc
1	Ferguson & Simes	6	306	29	303	0.205	-1.585	0.441	0.
2	Aronson	4	123	11	139	0.411	-0.889	0.571	0.
3	Rosenthal et al	17	1716	65	1665	0.254	-1.371	0.270	0.
4	Comstock &	5	2498	3	2341	1.562	0.446	0.730	0.
5	Comstock et al (a)	186	50634	141	27338	0.712	-0.339	0.111	0.
6	Frimont-Moller et al	33	5069	47	5808	0.804	-0.218	0.226	0.
7	Comstock et al (b)	27	16913	29	17854	0.983	-0.017	0.267	0.
8	Hart & Sutherland	62	13598	248	12867	0.237	-1.442	0.141	0.
9	Vandeviere et al	8	2545	10	629	0.198	-1.621	0.472	0.
10	Coetzee & Berjak	29	7499	45	7277	0.625	-0.469	0.238	0.
11	TB Prevention Trial	505	88391	499	88391	1.012	0.012	0.063	0.
12									
13									
14									

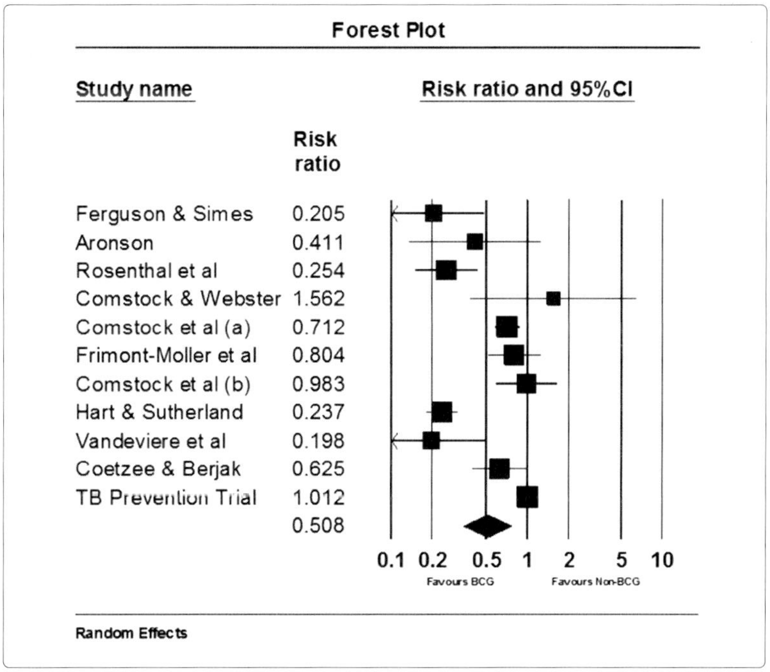

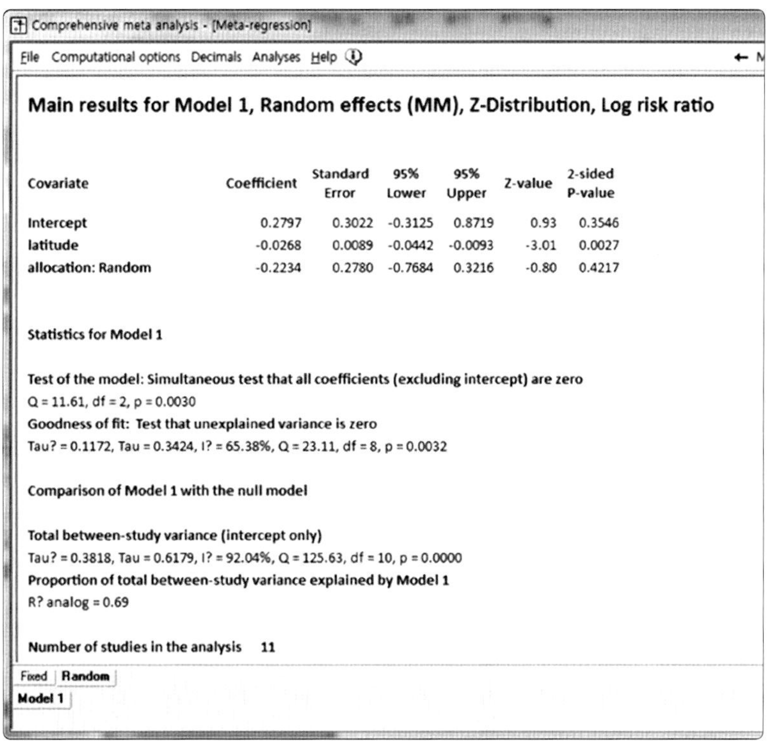
Comprehensive meta analysis - [Meta-regression]

File Computational options Decimals Analyses Help

Main results for Model 1, Random effects (MM), Z-Distribution, Log risk ratio

Covariate	Coefficient	Standard Error	95% Lower	95% Upper	Z-value	2-sided P-value
Intercept	0.2797	0.3022	-0.3125	0.8719	0.93	0.3546
latitude	-0.0268	0.0089	-0.0442	-0.0093	-3.01	0.0027
allocation: Random	-0.2234	0.2780	-0.7684	0.3216	-0.80	0.4217

Statistics for Model 1

Test of the model: Simultaneous test that all coefficients (excluding intercept) are zero
Q = 11.61, df = 2, p = 0.0030
Goodness of fit: Test that unexplained variance is zero
Tau? = 0.1172, Tau = 0.3424, I? = 65.38%, Q = 23.11, df = 8, p = 0.0032

Comparison of Model 1 with the null model

Total between-study variance (intercept only)
Tau? = 0.3818, Tau = 0.6179, I? = 92.04%, Q = 125.63, df = 10, p = 0.0000
Proportion of total between-study variance explained by Model 1
R? analog = 0.69

Number of studies in the analysis 11

Fixed | Random
Model 1

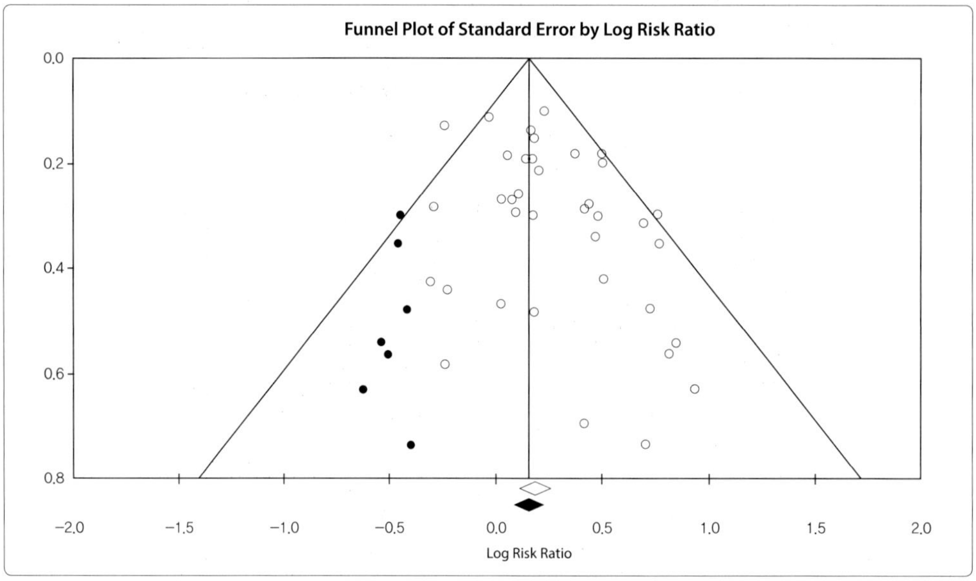

2. Stata

일반 통계분석 프로그램으로 널리 사용되고 있는 Stata는 그래픽 환경이 아니라 텍스트, 즉 명령문에 기초한 프로그램이라 초보자가 이용하기에는 약간 불편함이 있다. 하지만 메타분석의 강력한 기능(예: 네트워크 메타분석)을 포함하고 있어 특히 메타분석의 고급 이용자들에게 널리 사용되고 있다.

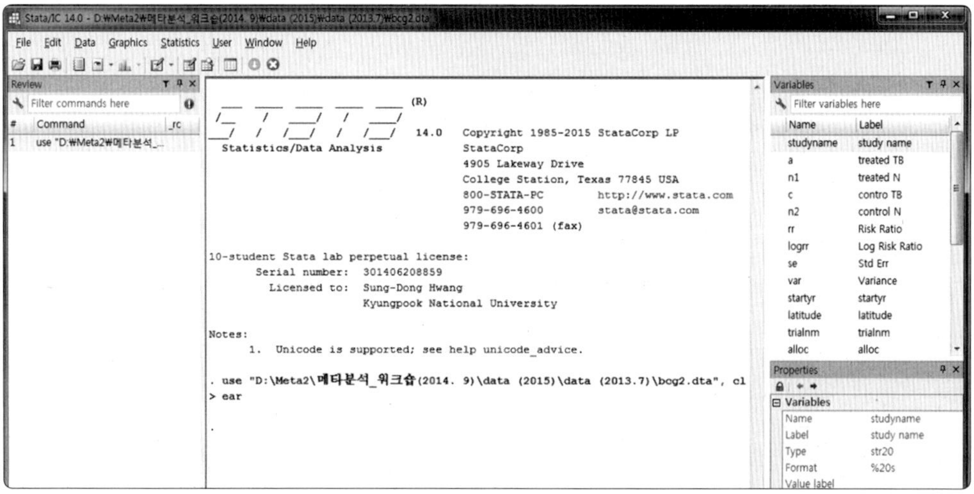

```
. metan logrr se, fixedi second(randomi) eform lcols(studyname)

            Study     |     ES    [95% Conf. Interval]     % Weight
---------------------+---------------------------------------------------
Ferguson & Simes     |  0.205       0.086      0.486          1.11
Aronson              |  0.411       0.134      1.257          0.66
Rosenthal et al      |  0.254       0.149      0.431          2.96
Comstock & Webster   |  1.562       0.374      6.528          0.41
Comstock et al (a)   |  0.712       0.573      0.886         17.42
Frimont-Moller et al |  0.804       0.516      1.254          4.22
Comstock et al (b)   |  0.983       0.582      1.659          3.03
Hart & Sutherland    |  0.237       0.179      0.312         10.81
Vandeviere et al     |  0.198       0.078      0.499          0.97
Coetzee & Berjak     |  0.625       0.393      0.996          3.83
TB Prevention Trial  |  1.012       0.895      1.145         54.58
---------------------+---------------------------------------------------
I-V pooled ES        |  0.730       0.667      0.800        100.00
D+L pooled ES        |  0.508       0.336      0.768        100.00
---------------------+---------------------------------------------------

  Heterogeneity chi-squared = 125.63 (d.f. = 10) p = 0.000
  I-squared (variation in ES attributable to heterogeneity) =  92.0%

  Test of ES=1 : z=   6.75 p = 0.000
```

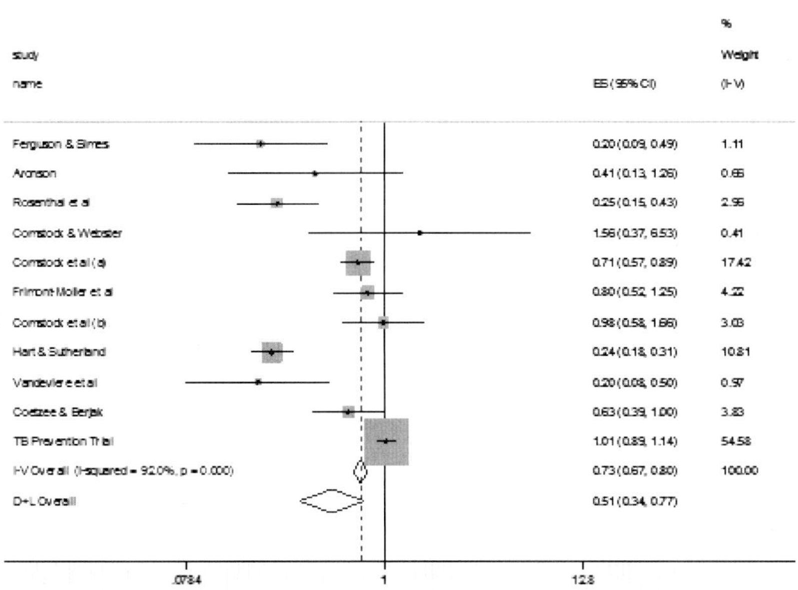

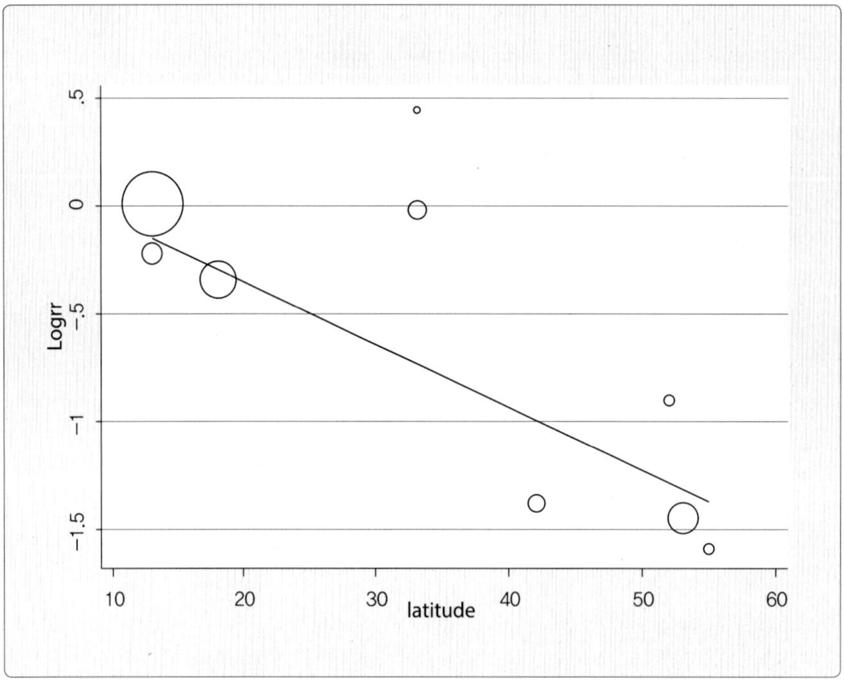
.5
0
-.5
Logrr
-1
-1.5
10
20
30
latitude
40
50
60

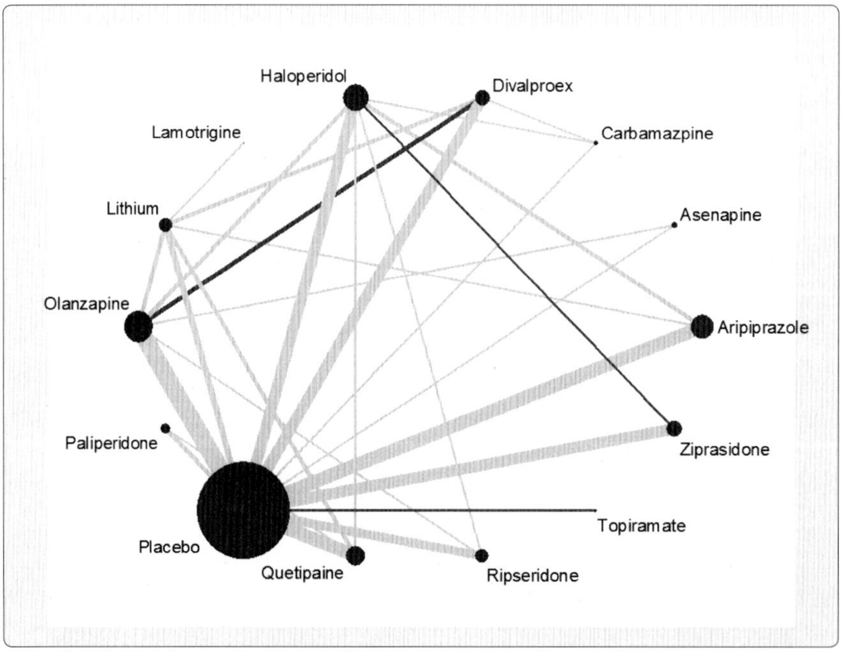
Haloperidol
Divalproex
Lamotrigine
Carbamazpine
Lithium
Asenapine
Olanzapine
Aripiprazole
Paliperidone
Ziprasidone
Topiramate
Placebo
Quetipaine
Ripseridone